建筑产业现代化背景下
新型建造方式与项目管理创新研究

中国建筑业协会工程项目管理专业委员会　编著

中国建筑工业出版社

图书在版编目（CIP）数据

建筑产业现代化背景下新型建造方式与项目管理创新研究 / 中国建筑业协会工程项目管理专业委员会编著 . —北京：中国建筑工业出版社，2018.10

ISBN 978-7-112-22769-3

Ⅰ.①建⋯　Ⅱ.①中⋯　Ⅲ.①建筑业—产业发展—研究—中国　Ⅳ.①F426.9

中国版本图书馆CIP数据核字（2018）第224428号

本书内容共9章，包括：绪论；新型建造方式的技术经济范式解构；精益建造方式与建筑产业现代化；装配建造方式与建筑产业现代化；智慧建造方式与建筑产业现代化；绿色建造方式与建筑产业现代化；3D打印建造方式与建筑产业现代化；工程建造组织方式创新与建筑产业现代化；新型建造方式背景下项目管理创新的政策建议。

本书适合于建筑行业相关从业人员阅读。

责任编辑：赵晓菲　张　磊　王　治
责任校对：焦　乐

建筑产业现代化背景下
新型建造方式与项目管理创新研究
中国建筑业协会工程项目管理专业委员会　编著
*
中国建筑工业出版社出版、发行（北京海淀三里河路9号）
各地新华书店、建筑书店经销
北京点击世代文化传媒有限公司制版
北京京华铭诚工贸有限公司印刷
*
开本：787×1092毫米　1/16　印张：24　字数：479千字
2018年10月第一版　2018年10月第一次印刷
定价：58.00元
ISBN 978-7-112-22769-3
　　　（32864）

本书编委会

主　编　吴　涛

副主编　王秀兰　陈立军　尤　完

人　员　吴　涛　陈立军　许杰锋　刘　波　尤　完

　　　　　张　巍　贾宏俊　刘占省　刘　刚　赵　丽

　　　　　卢彬彬　梁洁波　张　键　刘　春　郭中华

　　　　　关　婧　董　爱　刘学之　李欣函

前言 Preface

　　党的十九大确定了全面建成社会主义现代化强国的奋斗目标，科学规划了中华民族伟大复兴的时间表、路线图、任务书，描绘了新时代的宏伟蓝图，也为建筑业的未来发展指明了方向。习近平总书记在 2018 年 1 月 30 日主持中央政治局第三次集体学习时强调，建设现代化经济体系是一篇大文章，既是一个重大理论命题，更是一个重大实践课题，需要从理论和实践的结合上进行深入探讨。建设现代化经济体系是我国经济体制改革和发展的战略目标，也是转变经济发展方式、优化经济结构、转换经济增长动力的迫切要求。我们一定要深刻认识建设现代化经济体系的重要性和艰巨性，科学把握建设现代化经济体系的目标和重点，推动我国经济发展焕发新活力、迈上新台阶。对于建筑业而言，通过发展新型建造方式，进一步深化项目管理创新，推进建筑产业现代化是"建设现代化经济体系"在建筑行业实现形式、总体要求和工作目标的具体化。

　　2013 年，中国建筑业协会工程项目管理专业委员会开展了《新型城镇化建设与建筑产业现代化》课题的研究，在其课题研究报告及相关研究成果中首次提出了建筑产业现代化的概念。2014 年全国住房城乡建设工作会议明确提出要促进建筑产业现代化，并要求以住宅建设为重点，抓紧研究制订支持建筑产业现代化发展的政策措施。在此之后，随着与建筑产业现代化相关的一系列政策文件的出台，建筑产业现代化逐步成为行业的共识。2017 年国务院办公厅在《关于促进建筑业持续健康发展的意见》（19 号文件）中从推广智能和装配式建筑、提升建筑设计水平、加强技术研发应用、完善工程建设标准等方面进一步强调推进建筑产业现代化。

　　在全球科技革命的推动下，科技创新、传播、应用的规模和速度不断提高，科学技术与传统产业和新兴产业发展的融合更加紧密，一系列重大科技成果以前所未有的速度转化为现实生产力。以信息技术、能源资源技术、生物技术、现代制造技术、人工智能技术等为代表的战略性新兴产业迅速兴起，现代科技与新兴产业的深度融合，既代表着科技创新方向，也代表着产业发展方向，对未来经济社会发展具有重大引领带动作用。因此，在这个大趋势下，对于建筑业而言，唯有快速从传统建筑业走向现代建筑业才能跟上时代发展的步伐。从本质上说，建筑产业现代化是建筑业转型升级的方向性目标，也是一个涵盖范畴广泛、指标多元内涵丰富、多层次的历史发展动态过程，并且随着时代的进步、科技发展变化而不断增添新的内涵、展现新的特征。

现代科学技术与传统建筑业的融合，极大地提高了建筑业的生产力水平，变革了建筑业的生产关系，形成了多种类型的新型建造方式。精益建造方式、装配建造方式、智慧建造方式、绿色建造方式、融资承包建造方式、增材建造方式（3D 打印）等是具有典型特征的新型建造方式，这些新型建造方式有力推动了建筑产业现代化的发展进程。

新型建造方式的运行离不开具体的项目管理模式。换言之，任何一种新型建造方式总是与一定形式的项目管理模式相适应的。某种类型的新型建造方式的形成和成功实践，必然伴随着项目管理模式的创新。例如，装配式建造方式是来源于施工工艺和技术的根本性变革而产生的新型建造方式，则在项目层面上，项目管理的所有要素或知识领域都必须进行相应的变革、调整或创新，从而才能促使工程建设目标得以顺利实现。

《建筑产业现代化背景下新型建造方式与项目管理创新研究》是中国建筑业协会 2018 年度的重点研究课题，由中国建筑业协会工程项目管理委员会组织实施。推进建筑产业现代化必须首先从推广应用新型建造方式做起，而新型建造方式的基础是精益化管理，而管理的重心又必须放在工程项目层次，三者相互关联，紧密结合，协同发展是本课题研究的重点。建筑产业如何借助于新型建造方式的变革，深入贯彻落实十九大精神和创新、协调、绿色、开放、共享的发展理念，不断揭示新时代工程项目管理的新特征、新规律、新趋势，推进传统建筑业逐步向现代化产业体系的转型升级，又是本课题研究的首要目的。为此，课题深入研究新型建造方式的内涵和内容构成，着力探索新型建造方式背景下，工程项目管理创新对推进建筑产业现代化的作用机制和有效路径，从多个层面上提出发展新型建造方式的政策建议，从而为建筑业企业在新时代加快转变发展方式，推动工程建设组织实施方式创新、企业商业模式创新和工程项目管理模式创新，提供具有实践指导意义的参考。

本课题研究是在中国建筑业协会的直接指导下在江苏省建筑业协会、浙江省建筑施工协会、云南省建筑业协会、南通市建筑业协会、南京市住房城乡建设委员会、浙江省建设投资集团、云南省建设投资集团、中冶科工集团等数十家建筑企业和一百多位专家、学者、企业实际工作者的大力支持下完成的，在此我们向给予本课题调研和支持的所有企业、学者专家、领导表示衷心感谢！同时在研究报告撰写过程中，我们还参考了国内外专家的部分观点和研究成果，在此一并致以真诚谢意！

吴涛

2018 年 9 月 13 日

目录 | Contents

第 1 章

绪论

1.1 研究背景与意义

1.1.1 建筑业发展的总体态势和特征

1. 建筑业发展的总体态势

党的十八大以来，在以习近平同志为核心的党中央坚强领导下，全国住房城乡建设系统认真贯彻落实党中央、国务院决策部署，住房城乡建设事业蓬勃发展，特别是建筑业发展成就斐然，为完成投资建设任务和改善人民居住条件做出了巨大贡献。

（1）建筑业总产值持续增长，2017 年达到 213953.96 亿元，比上年增长 10.53%，连续两年以较快速度反弹，见图 1-1。

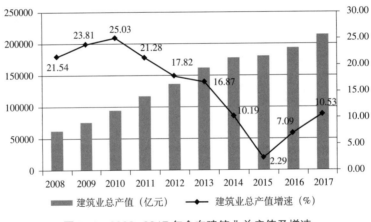

图 1-1　2008-2017 年全车建筑业总产值及增速

（2）建筑业实现增加值 55689 亿元，比上年增长 4.30%，增速低于国内生产总值增速 2.60 个百分点，见图 1-2。建筑业增加值占国内生产总值的比例达到 6.73%，见图 1-3，建筑业国民经济支柱产业的地位稳固。

（3）建筑业从业人数和企业数量增加，劳动生产率再创新高。2017 年底，全社会就业人员总数 77640 万人，建筑业从业人数 5536.90 万人，增加 352.36 万人，增长 6.80%。建筑业从业人数占全社会就业人员总数的 7.13%，见图 1-4。

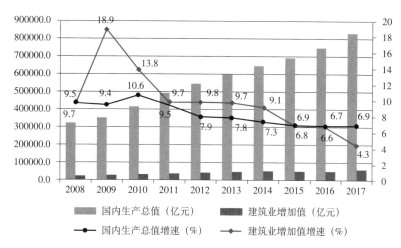

图 1-2 2008-2017 年国内生产总值、建筑业增加值及增速

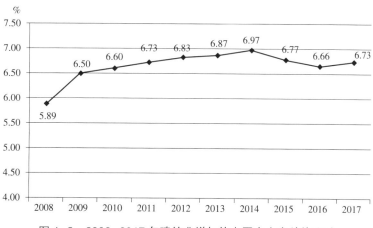

图 1-3 2008-2017 年建筑业增加值占国内生产总值比重

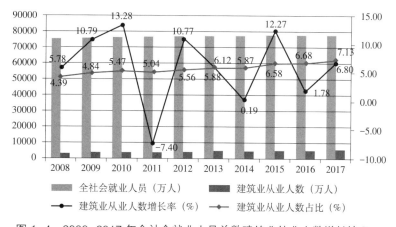

图 1-4 2008-2017 年全社会就业人员总数建筑业从业人数增长情况

（4）建筑业企业数量持续增加，建筑行业依然受到投资青睐。2017年底，全国共有建筑业企业88059个，比上年增加5042个，增速连续两年增加，见图1-5。

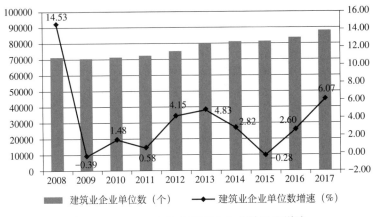

图1-5　2008-2017年建筑业企业数量及增速

（5）建筑业企业利润总量继续保持增长态势。2017年，全国建筑业企业实现利润7661亿元，比上年增加674.95亿元，增速为9.66%，见图1-6。

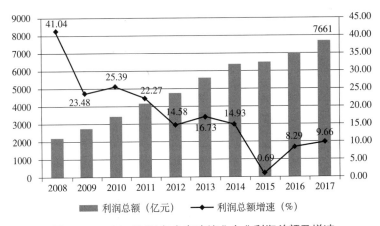

图1-6　2008-2017年全车建筑业企业利润总额及增速

近10年来，建筑业产值利润率一直在3.5%上下徘徊。2017年，建筑业产值利润率为3.58%，见图1-7。

（6）建筑业企业签订合同总额、新签合同额增速回升。2017年，建筑业企业签订合同总额439524.36亿元，增长18.10%，本年新签合同额254665.71亿元，增长20.41%，见图1-8。

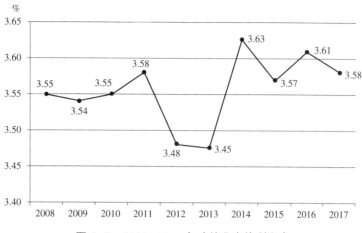

图 1-7　2008-2017 年建筑业产值利润率

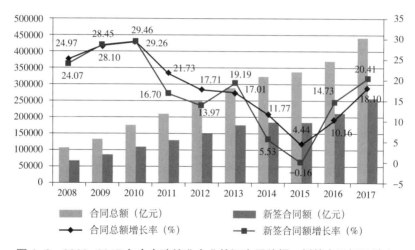

图 1-8　2008-2017 年全车建筑业企业签订合同总额、新签合同额及增速

（7）房屋施工面积增速连续两年保持增长。2017 年，建筑业企业房屋施工面积 131.72 亿平方米，比上年增长 4.19%，增速连续两年保持增长。竣工面积 41.91 亿平方米，比上年下降 0.78%，见图 1-9。

（8）对外承包工程完成营业额增速上升、对外承包工程竞争力稳步提升。2017 年，对外承包工程业务完成营业额 1685.80 亿美元，比上年增长 5.75%，新签合同额 2652.80 亿美元，比上年增长 8.72%，见图 1-10。

美国《工程新闻记录》（ENR）杂志公布的 2017 年度全球最大 250 家国际承包商共实现营业收入 4681.2 亿美元。我国内地共有 65 家企业入选 2017 年度全球最大 250 家国际承包商榜单，入选企业共实现海外市场营业收入 987.2 亿美元，比上年增长 5.4%，占 250 家国际承包商场营业收入总额的 21.1%。

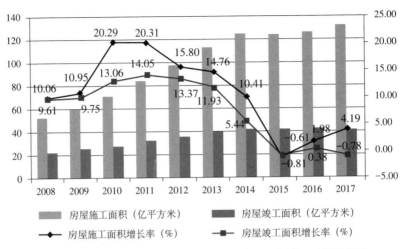

图 1-9　2008-2017 年建筑业企业房屋施工面积竣工面积及增速

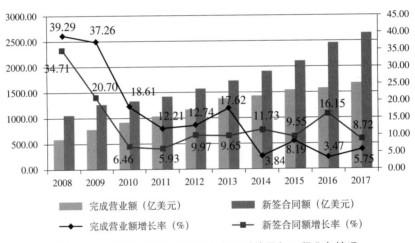

图 1-10　2008-2017 年建筑业企业对外承包工程业务情况

2. 建筑业发展的鲜明特征

建筑业在持续稳步发展的同时，发展质量不断提升，日益显现出新的发展特征，主要体现在以下几个方面。一是行业地位彰显新效能。建筑业在保持国民经济支柱产业地位的同时，民生产业、基础产业的地位日益突显，在改善和提高人民的居住条件生活水平以及推动其他相关产业的发展等方面发挥了巨大作用。二是工程建造能力大幅度提升。建筑业先后完成了一系列设计理念超前、结构造型复杂、科技含量高、质量要求严、施工难度大、令世界瞩目的重大工程。三是以 BIM 技术为代表的信息化技术的应用日益普及，信息化技术正在全面融入工程项目管理过程。根据《中国建筑施工行业信息化发展报告（2016）》提供的调查统计数据，建筑企业对

BIM 技术、云计算、大数据、物联网、虚拟现实、可穿戴智能技术、协同环境等信息技术的应用比率为 43%，工程项目施工现场互联网技术应用比率为 55%。四是工程总承包方式、装配式建造方式、绿色建造方式等新型工程建造方式正在逐步成为工程建设和管理的主流方式。

3. 建筑业发展存在的问题

建筑业在取得令人赞赏的发展成绩的同时，依然还存在许多长期积累形成的诸多疑难问题，严重制约了建筑业的持续健康发展。

一是安全生产事故呈现高压态势。根据住房城乡建设部《关于 2017 年房屋市政工程生产安全事故情况的通报》，2017 年全国共发生房屋市政工程生产安全事故 692 起、死亡 807 人，比 2016 年事故起数增加 58 起、死亡人数增加 72 人，分别上升 9.15% 和 9.80%。房屋市政工程生产安全事故按照类型划分，高处坠落事故 331 起，占总数的 47.83%；物体打击事故 82 起，占总数的 11.85%；坍塌事故 81 起，占总数的 11.71%；起重伤害事故 72 起，占总数的 10.40%；机械伤害事故 33 起，占总数的 4.77%；触电、车辆伤害、中毒和窒息、火灾和爆炸及其他类型事故 93 起，占总数的 13.44%。

二是劳务队伍管理涣散，操作技能水平偏低。农民工仍然是建筑施工现场操作工人队伍的主体。根据国家统计局《2017 年农民工监测调查报告》提供的数据，2017 年全国农民工总量为 28652 万人，其中，从事建筑业的农民工数量为 5415 万人，占 18.9%。农民工队伍中，未上过学的占 1%，小学文化程度占 13%，初中文化程度占 58.6%，高中文化程度占 17.1%，大专及以上占 10.3%。接受非农职业技能培训的占 30.6%，比上年下降 0.1 个百分点。

三是市场治理仍需加大力度。建筑业虽然是最早从计划经济走向市场经济的领域，但市场运行机制的规范化仍然差距甚远。由于体制、政策导向等原因，违规挂靠、转包、围标、恶性竞争等乱象难以根除，市场治理任重道远。

四是企业转型升级面临困局。尽管大多数建筑业企业认识到转型升级对于企业发展的重要性，但在转型的方向、目标、路径选择、资金支持、人才配置等方面困难重重，短期内难以打开新的局面。

五是创新驱动发展动能不足。由于建筑业的发展长期依赖于固定资产投资的拉动，同时企业自身资金积累有限，因而导致科技创新能力不足。在新常态背景下，当经济发展动能从要素驱动、投资驱动转向创新驱动时，对于以劳动密集型为特征的建筑业而言，创新驱动方式更加充满挑战性，创新能力成为建筑业企业发展的短板。

4. 建筑业改革发展的新趋势

习近平新时代中国特色社会主义思想是建筑业改革发展的行动指南和根本遵循。在实现"两个一百年"的奋斗目标中，建筑业承担着艰巨的建设任务。党的十九大报告指出，我国经济已由高速增长阶段转向高质量发展阶段，正处在转变发展方式、优化经济结构、转换增长动力的攻关期，建设现代化经济体系是跨越关口的迫切要求和我国发展的战略目标。必须坚持质量第一、效益优先，以供给侧结构性改革为主线，推动经济发展质量变革、效率变革、动力变革，提高全要素生产率，着力加快建设实体经济、科技创新、现代金融、人力资源协同发展的产业体系，着力构建市场机制有效、微观主体有活力、宏观调控有度的经济体制，不断增强我国经济创新力和竞争力。习近平总书记在报告中明确提出要建设现代化经济体系，必须把发展经济的着力点放在实体经济上，加快发展先进制造业，推动互联网、大数据、人工智能和实体经济深度融合，在中高端消费、创新引领、绿色低碳、共享经济、现代供应链、人力资本服务等领域培育新增长点、形成新动能。支持传统产业优化升级，加快发展现代服务业，瞄准国际标准提高水平。促进我国产业迈向全球价值链中高端，培育若干世界级先进制造业集群。加强水利、铁路、公路、水运、航空、管道、电网、信息、物流等基础设施网络建设。建设知识型、技能型、创新型劳动者大军，弘扬劳模精神和工匠精神，营造劳动光荣的社会风尚和精益求精的敬业风气。

从国内经济发展道路新抉择以及应对国际贸易摩擦的战略措施看，今后相当长时期，新型城镇化和关系国计民生的重大基础设施建设，将成为我国现代化建设的历史任务和经济持续快速发展与扩大内需的最大潜力所在。"一带一路"倡议的持续实施和国际社会的高度响应，将中国开放和国际合作格局推向新高度，也为建筑业的持续健康发展提供了更为广阔的上升空间。在实现中华民族伟大复兴的历史进程中，建筑业承担着极其重要的经济建设任务和历史使命。

1.1.2 建筑产业现代化呼唤新型建造方式

建筑产业现代化是建筑业发展演变规律的客观要求，建筑产业现代化是应对新技术革命和第四次产业革命挑战的需要，建筑产业现代化是转变建筑业发展方式的根本要求。现代建筑业是随着当代信息技术、先进建造技术、先进材料技术和全球供应链系统而产生的。现代建筑业的基本含义与传统建筑业的区别在于：现代建筑业就是用现代科学技术武装起来的建筑业，是现代科学技术与建筑业相结合的产物。现代建筑业的实质是建筑业结构的全面升级和优化。与传统建筑业相比，现代建筑业更加强调以知识和技术为投入元素，即应用现代建造技术、现代生产组织系统和现代管理理念所进行的以现代集成建造为特征、知识密集为特色、高效施工为特点的技术含量高、附加值大、产业链长的产业组织体系。

建筑产业现代化是以现代科技进步为支撑，以新型建造方式为核心，广泛应用节能、环保新技术、新设备、新材料，与现代信息技术和先进的管理手段，将建筑产品生产全过程的融投资、规划设计、开发建设、施工管理、预制件生产、使用服务、更新改造等环节联结为完整的一体化产业链系统，依靠高素质的项目管理人才和新型产业工人队伍，以世界先进水平为目标，实现全面提高工程质量、安全生产水平和生产效率，提供满足用户需求的低碳绿色建筑产品，不断推动传统建筑业向可持续发展的现代建筑业转变。建筑产业现代化的基本特征表现为：(1) 产品优质绿色化；(2) 建筑设计标准化；(3) 建筑部件生产工厂化；(4) 中间产品系列化；(5) 施工作业机械化；(6) 从业管理人员专职化；(7) 工程项目管理信息化；(8) 产业工人技能化；(9) 建造过程精益化；(10) 全产业链集成化。

从建筑产业现代化的定义和基本特征可以看出，建筑产业现代化作为建筑业转型过程的方向和目标，必须要有相应的新型建造方式作为实践的载体。换言之，只有大力发展新型建造方式，才能更加有效地推动建筑产业现代化的进程。现代科学技术与传统建筑业的融合，极大地提高了建筑业的生产力水平，变革了建筑业的生产关系，形成了多种类型的新型建造方式。这些新型建造方式包括精益建造方式、装配建造方式、智慧建造方式、绿色建造方式、3D 打印建造方式等。

1.1.3 新型建造方式与项目管理模式创新

新型建造方式的运行离不开具体的项目管理模式。换言之，任何一种新型建造方式总是与一定形式的项目管理模式相适应的。某种类型的新型建造方式的形成和成功实践，必然伴随着项目管理模式的创新。例如，装配式建造方式是来源于施工工艺和技术的根本性变革而产生的新型建造方式，则在项目层面上，项目管理的所有要素或知识领域都必须进行相应的变革、调整或创新，从而才能促使工程建设目标得以顺利实现。

在建筑产业现代化背景下，研究新型建造方式与工程项目管理创新的目的在于探讨在十九大精神指引下，建筑产业如何借助于新型建造方式的变革，贯彻落实创新、协调、绿色、开放、共享的发展理念，不断揭示新时代工程项目管理的新特征、新规律、新趋势，推进传统建筑业逐步向现代化产业体系的转型升级。为此，课题深入研究新型建造方式的内涵和内容构成，着力探索新型建造方式背景下，工程项目管理创新对推进建筑产业现代化的作用机制和有效路径，从多个层面上提出发展新型建造方式的政策建议，从而为建筑业企业在新时代加快转变发展方式，推动工程建设组织实施方式创新、企业商业模式创新和工程项目管理模式创新，提供具有实践指导意义的参考。

1.2 现代化经济体系对建筑产业现代化的要求

党的十九大确定了全面建成社会主义现代化强国的奋斗目标，科学规划了中华民族伟大复兴的时间表、路线图、任务书，描绘了新时代的宏伟蓝图，也为建筑业的未来发展指明了方向。习近平总书记在 2018 年 1 月 30 日主持中央政治局第三次集体学习时强调，建设现代化经济体系是一篇大文章，既是一个重大理论命题，更是一个重大实践课题，需要从理论和实践的结合上进行深入探讨。建设现代化经济体系是我国经济体制改革和发展的战略目标，也是转变经济发展方式、优化经济结构、转换经济增长动力的迫切要求。全党一定要深刻认识建设现代化经济体系的重要性和艰巨性，科学把握建设现代化经济体系的目标和重点，推动我国经济发展焕发新活力、迈上新台阶。

现代化经济体系是由社会经济活动各个环节、各个层面、各个领域的相互关系和内在联系构成的一个有机整体。要建设创新引领、协同发展的产业体系，实现实体经济、科技创新、现代金融、人力资源协同发展，使科技创新在实体经济发展中的贡献份额不断提高，现代金融服务实体经济的能力不断增强，人力资源支撑实体经济发展的作用不断优化。要建设统一开放、竞争有序的市场体系，实现市场准入畅通、市场开放有序、市场竞争充分、市场秩序规范，加快形成企业自主经营公平竞争、消费者自由选择自主消费、商品和要素自由流动平等交换的现代市场体系。要建设体现效率、促进公平的收入分配体系，实现收入分配合理、社会公平正义、全体人民共同富裕，推进基本公共服务均等化，逐步缩小收入分配差距。要建设彰显优势、协调联动的城乡区域发展体系，实现区域良性互动、城乡融合发展、陆海统筹整体优化，培育和发挥区域比较优势，加强区域优势互补，塑造区域协调发展新格局。要建设资源节约、环境友好的绿色发展体系，实现绿色循环低碳发展、人与自然和谐共生，牢固树立和践行绿水青山就是金山银山理念，形成人与自然和谐发展现代化建设新格局。要建设多元平衡、安全高效的全面开放体系，发展更高层次开放型经济，推动开放朝着优化结构、拓展深度、提高效益方向转变。要建设充分发挥市场作用、更好发挥政府作用的经济体制，实现市场机制有效、微观主体有活力、宏观调控有度。以上几个体系是统一整体，要一体建设、一体推进。我们建设的现代化经济体系，要借鉴发达国家有益做法，更要符合中国国情、具有中国特色。

建设现代化经济体系需要扎实管用的政策举措和行动。要突出抓好以下几方面工作。一是要大力发展实体经济，筑牢现代化经济体系的坚实基础。实体经济是一国经济的立身之本，是财富创造的根本源泉，是国家强盛的重要支柱。要深化供给侧结构性改革，加快发展先进制造业，推动互联网、大数据、人工智能同实体经济深度融合，推动资源要素向实体经济集聚、政策措施向实体经济倾斜、工作力量向实体经济加强，营造脚踏实地、勤劳创业、实业致富的发展环境和社会氛围。二是要加快实施创新驱动发展战略，强化现代化经济体系的战略支撑，加强国家创新体系建设，强化战略科技力量，推动科技创新和经济社会发展深度融合，塑造更多依靠创新驱动、更多发挥先发优势的引领型发展。三是要积极推动城乡区域协调发展，优化现代化经济体系的空间布局，实施好区域协调发展战略，推动京津冀协同发展和长江经济带发展，同时协调推进粤港澳大湾区发展。乡村振兴是一盘大棋，要把这盘大棋走好。四是要着力发展开放型经济，提高现代化经济体系的国际竞争力，更好利用全球资源和市场，继续积极推进"一带一路"倡议框架下的国际交流合作。五是要深化经济体制改革，完善现代化经济体系的制度保障，加快完善社会主义市场经济体制，坚决破除各方面体制机制弊端，激发全社会创新创业活力。

现代经济体系的内涵和要求必然反映于建筑业改革发展取向和体制机制变革。建筑业是现代经济体系的重要组成部分，建筑产业现代化是现代经济体系的表象特征之一。对于建筑业而言，通过发展新型建造方式，进一步深化项目管理创新，推进建筑产业现代化是"建设现代化经济体系"在建筑行业的实现形式、具体要求和工作目标。

第 2 章

新型建造方式的技术经济范式解构

2.1 新型建造方式概述

2.1.1 新型建造方式的概念

最初提出新型建造方式是针对装配式建筑而言的。例如,2016 年 2 月印发的《中共中央国务院关于进一步加强城市规划建设管理工作的若干意见》明确提出,发展新型建造方式,大力推广装配式建筑,减少建筑垃圾和扬尘污染,缩短建造工期,提升工程质量。力争用 10 年左右时间,使装配式建筑占新建建筑的比例达到 30%。同年 9 月,《国务院办公厅关于大力发展装配式建筑的指导意见》明确了"健全标准规范体系、创新装配式建筑、优化部品部件生产、提升装配施工水平、推进建筑全装修、推广绿色建材、推行工程总承包、确保工程质量安全" 8 项重点任务,并将京津冀、长三角、珠三角城市群列为重点推进地区。2017 年 3 月,住房城乡建设部连发《"十三五"装配式建筑行动方案》《装配式建筑示范城市管理办法》《装配式建筑产业基地管理办法》,全面推进装配式建筑发展。由于各级政策的行政推动力度大,并且鼓励在财政、金融、税收、规划、土地等方面出台支持政策和措施,引导和支持社会资本投入装配式建筑,因而全国装配式建筑发展势头迅猛。

后来,人们在实践扩展了新型建造方式的范畴。例如,江苏省于 2017 年 11 月 3 日发布的《江苏建造 2025 行动纲要》提出,以精细化、信息化、绿色化、工业化"四化"融合为核心,以精益建造、数字建造、绿色建造、装配式建造四种新建造方式为驱动,逐步在房屋建筑和市政基础设施工程等重点领域推广应用新建造技术,更灵活、多样、高效地满足人民群众对建筑日益增长的需求。

因此,本文给出的新型建造方式的定义是宽泛的,即新型建造方式是指在工程建造过程中能够提高工程质量、保证安全生产、节约资源、保护环境、提高效率和效益的技术和组织管理方式。为此,本文所讨论的新型建造方式包括精益建造方式、装配建造方式、智慧建造方式、绿色建造方式、3D 打印建造方式、融资承包建造方式等。

2.1.2 新型建造方式的基本特征

新型建造方式在技术路径上,通过建筑、结构、机电、装修的一体化,从建筑设计、构件工厂生产、绿色施工技术的协同来实现绿色建筑产品;在管理层面上,通过信息化手段实现设计、生产、施工的集成化，以工程建设高度组织化实现项目效益。新型建造方式的特征体现在以下几方面：

（1）强调现代科学技术的支撑力量。现代科学技术对建筑业的巨大影响在于推动了建筑结构技术、建筑材料技术、建筑施工技术、建筑管理技术的创新。

（2）强调建筑产品生产工艺和方式的变革。改变传统的现场湿作业的施工方法，提倡用现代工业化的生产方式建造建筑产品。

（3）强调中间产品的工业化生产。无论是建筑材料、设备还是施工技术，都应当具有节约能源、资源、保护环境的功能。

（4）强调现代信息技术和管理手段的应用。现代信息技术和管理手段是推动新型建造方式的不可或缺的重要力量，特别是建筑信息化将成为建筑产品生产的重要途径。建筑业信息化包括建筑企业信息化和工程项目管理信息化。

（5）强调建筑产品生产的全寿命周期集成化。建筑产品的生成涉及多个阶段、多个过程和众多的利益相关方。建筑产业链的集成，在建筑产品生产的组织形式上，需要依托工程总承包管理体制的有效运行。

（6）强调项目经理人才队伍的作用。项目经理是工程建设领域特殊的经营管理人才。在建筑产品生产过程中，项目经理是工程项目的组织者、实施者和责任者，是工程项目管理的核心和灵魂。项目经理对于工程项目的成败、对于促进新型建造方式的应用效果具有举足轻重的作用。

（7）强调新型建筑产业工人对于推进新型建造方式的重要性。在工程项目管理上实行"两层分开"之后，长期以来操作工人队伍建设没有得到应有的重视，乃至于出现"成也劳务、败也劳务"的现象。为此，要通过重新打造新型产业队伍扭转这种局面。

（8）强调建筑业所提供的产品应当是满足人们需要的绿色建筑。作为最终产品，绿色建筑是通过绿色建造过程来实现的。绿色建造包括绿色设计、绿色施工、绿色材料、绿色技术和绿色运维。

新型建造方式与传统建造方式相比有很大的不同，主要表现为理念不同、方法不同、模式不同、路径不同、效益不同。

2.2　新型建造方式的生产力理论解析

2.2.1　马克思生产力理论的启示

马克思生产力理论的提出源自于古典政治经济学对生产力概念的界定和阐释，

尤其是魁奈的土地生产力概念、斯密和李嘉图的劳动生产力概念、李斯特的精神生产力概念。在《德意志意识形态》中，马克思和恩格斯首次系统地从生产力与交往形式（生产关系）辩证运动的原理中提出了生产力理论。在《资本论》中，马克思将唯物史观中的生产力与生产关系相统一的基本原理应用于对资本主义生产方式的科学分析中，与此同时，也论证了该原理的科学性和正确性。

马克思生产力概念的形成过程是马克思对古典政治经济学中生产力概念理解和把握过程，批判和继承古典经济学生产力概念的科学内涵，不断地确立和完善马克思生产力概念的过程。

马克思生产力概念具有丰富的内涵，从人的发展角度来阐发马克思生产力概念，其主要包括三个方面：（1）从人自身的发展来看生产力，生产力本身就是人的生产能力，（2）从生产力结构来分析人的发展，从生产力与人之间的关系来看，人是生产力中最活跃的因素，人是生产活动的主要发起者和主导者，人只有在具体的、现实的生产实践活动中才能发挥自己的本质力量。（3）从人与人们之间的相互关系来看，生产力是人们共同活动方式，人们在共同活动方式产生了一种巨大的生产力。

马克思生产力的本质，实际上就是人的生产能力，是人的本质力量发挥，是人的能力的自由而全面发展。对生产力本质的揭示，正在于既强调物质生产力是历史发展的决定性因素，又强调人是生产力首要的内在因素以及人的发展使生产力发展最终目的。马克思生产力理论具有很强的真理性和发展性。根据马克思主义基本原理，马克思主义生产力理论在我国建筑业的实践与应用中，在不同的历史时期和领域，被赋予了不同的内涵。

2.2.2 新型建造方式与项目生产力

新型建造方式中包含了生产力的范畴。在项目层面上，新型建造方式的生产力也就是项目生产力。项目生产力理论是根据马克思主义生产力理论的层次性原理以及建筑施工企业生产要素结合场所的特殊性而提出来的。借用"生产力是人们征服、改造自然的能力"的定义，项目生产力的概念可以表述为"项目生产力是项目管理组织实现项目建设目标的能力"。劳动者、生产资料和劳动对象这三大要素只有在工程项目层面上实现优化配置和动态组合，才能形成较好的现实生产力。企业生产力是项目生产力的前提和条件，项目生产力是建筑生产力的落脚点。项目生产力具有技术属性、价值属性、文化属性和很强的管理属性。项目生产力的内涵是以生产组织和管理方式为核心、以技术进步与管理创新为支撑、以生产要素和资源配置为基础、围绕实现工程项目建设目标、反映以人为本的社会化大生产。从外延来看，项目生产力是物质生产力、文化生产力、人才成长能力以及项目集约化管理能力的统一体。

2.2.3　新型建造方式的生产力特征

按照系统论的观点，新型建造方式生产力（项目生产力）本身是一个多元化的系统，在这个系统中包含了基础性要素、发展性要素和组合性要素。基础性要素包括以生产工具为主的劳动资料、劳动对象以及从事物质资料生产的劳动者；发展性要素主要是科学技术和先进的施工工艺；组合性要素重在组织管理和信息沟通。其系统是具有质、量、时空结构的有机整体。在这四大要素中，组合性要素极为重要，它关系着项目生产的成败，在一定程度上体现了"管理本身就是生产力"（管理具有二重性）的观点。

一般而言，新型建造方式生产力具有四大特征：

第一是效益性管理特征。新型建造方式生产力运行的首要目标是要获取经济效益。效益是项目组织、建筑企业赖以生存的经济基础，效益性体现了项目生产力的经济能力。

第二是创新性管理特征。工程项目的营造过程具有"单件定制"的特点，每一个工程项目都要根据其功能标准采取不同施工工艺和技术方法，要求企业在组织实施时不断推进技术进步和管理创新。

第三是集约性管理特征。集约的原义是指在社会经济活动中，在同一经济范围内，通过经营要素质量的提高、要素结构的改善、要素投入的集中以及要素组合方式的调整来增进效益的经营方式，实现以最小投入获得最大产出的目的。

第四是多元性管理特征。从生产力要素的资本构成和技术构成看，新型建造方式生产力呈现多种形态；从生产力的整体功能角度看，新型建造方式生产力又呈现多层次能力，例如，有工程总承包、项目群承包、专业承包等，其对应的管理组织方式和协调关系也有很大差异。

2.3　新型建造方式的生产关系理论解析

2.3.1　马克思生产关系理论的启示

生产关系是指人们在自己的生活的社会生产中发生一定的、必然的、不以他们的意志为转移的经济利益关系。"经济利益"是生产关系的灵魂，它贯穿在生产力全过程中，构成了生产关系的三大要素：第一是围绕利益之母——社会的生产性资源而形成的生产资料所有制及其实现形式；第二是围绕生产管理活动而形成的人们在生产中的权力和地位关系；第三是围绕生产出来的物质利益本身而形成的物质利益分配方式。生产关系是生产力发展的形式，生产关系是生产方式的社会形式。

生产关系揭示的是经济形态社会的内在逻辑。生产力是内容，生产关系是生产力的社会形式。因此，生产关系一定要与历史阶段的生产力状况相适应、相适合，这是社会历史发展的规律。

2.3.2 新型建造方式与项目生产关系

新型建造方式范畴中包括生产关系即项目生产关系。项目生产关系即在项目实施过程中涉及的项目所需资源归谁所有、项目生产过程中利益相关者之间的关系、利益分配形式以及项目生产建造方式等。

根据马克思生产力理论，可以知道生产力最终决定生产方式的存在、发展和变革；生产关系则直接规定生产力的性质。生产力和生产关系的矛盾运动构成了生产关系一定要适合生产力状况的规律。因此在项目实施过程中，项目生产力与项目生产关系之间存在着对立又统一，相互依存、相互作用的关系。

当项目生产关系与项目生产力相适应的时候，项目生产力能够较快地发展，项目可以按照既定计划实施，项目目标可以高效的实现。而随着项目生产力的进一步发展，原有的项目生产关系会从适应逐渐变成不适应，这时就需要调整生产关系使之适应项目生产力，调整之后的项目生产关系又会进一步促进项目生产力的发展。这里就体现为项目生产关对项目生产力的促进作用。

当项目生产关系与项目生产力不适应，而又不调整或无法调整项目生产关系的时候，项目生产力就会下降，导致项目工期延长、成本增加等现象。这里就体现为项目生产关系对项目生产力的阻碍作用。随着项目实施过程中矛盾的日益积累，最终将会导致项目目标无法实现，项目实施失败。这里就体现为项目生产关系必须适应项目生产力，也就是项目生产力决定项目生产关系。

2.3.3 新型建造方式与项目生产方式

虽然建筑业的发展取得了很大的成就，但我国建筑业仍是一个劳动密集型的传统产业，建造方式相对落后，传统粗放的生产方式已不适应当今时代科学技术高速发展的要求。

建筑业落后的生产方式突出体现在以下几方面：一是设计、生产、施工相互脱节，导致建造过程不能高效地组织；二是施工现场以手工操作、湿作业为主，机械化程度低，生产手段落后；三是以单一技术推广应用为主，导致技术集成化程度低；四是生产组织依赖劳务分包进行粗放式管理，企业缺乏核心能力；五是产业工人技能和素质低，施工队伍以农民工等低廉劳动力为主。生产方式决定了产品和服务的质量、效率和资源消耗水平，因此，必须实现传统生产方式向现代生产方式转变。

新型建造方式不仅是传统建造方式的变革，也是建筑业生产方式的革命。大力发展精益建造方式、装配式建造方式、绿色建造方式、智慧建造方式、融资承包建设方式，就是发展先进的生产力，也说是工程建设新型生产关系的变革，即是通过发展先进的项目生产力来驱动落后的项目生产关系的变化。也就是说，通过大力发展新型建造方式，推动建筑业从技术、管理以及体制机制上发生根本性变革，从而实现建筑业的转型升级和建筑产业现代化的目标。

2.4　基于技术经济范式原理的新型建造方式解构

新型建造方式是基于习近平新时代中国特色社会主义思想、为实现现代经济体系下的建筑产业现代现代化目标而提出的，是对中国建筑业未来发展路径的深刻揭示和准确定位。新型建造方式是一种新的经济技术范式的确立，与传统的建造范式相比较，新旧范式之间存在着递进和转换关系，范式转换意味着技术轨道、管理发展模式的变革和发展理念的整体性转换。因此，从技术经济范式的视角研究新型建造方式，对于建筑业持续健康发展具有重要的现实意义。

2.4.1　范式及其要义

1. 范式的定义与相关概念

（1）范式的定义

范式（paradigm）一词源于希腊文，有"共同显示"之意，由此引申出模式、模型、范例、规范等意，而范式概念在理论分析中的广泛使用，可以追溯到库恩（K.S.Kuhn）在 1962 年出版的经典著作《科学革命的结构》（The Structure of Scientific Revolution）。在此书中，库恩创造性地引入"范式"概念，其意在于说明科学理论发

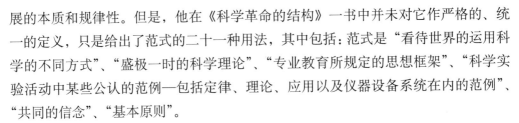

展的本质和规律性。但是，他在《科学革命的结构》一书中并未对它作严格的、统一的定义，只是给出了范式的二十一种用法，其中包括：范式是"看待世界的运用科学的不同方式"、"盛极一时的科学理论"、"专业教育所规定的思想框架"、"科学实验活动中某些公认的范例—包括定律、理论、应用以及仪器设备系统在内的范例"、"共同的信念"、"基本原则"。

（2）范式的主体

为了消除人们对范式含意的误解，库恩在《再论范式》中进一步指出："范式"一词无论实际上还是逻辑上都很接近于"科学共同体"这个词。一种范式是，也仅仅是一个科学共同体成员共有的东西。反过来说，也正由于他们掌握了共有的范式才组成了这个科学共同体，库恩把"科学共同体"这一概念引进范式，从而给范式注入了活力。范式的产生、形成、发展直至危机、转换，无一不与科学共同体成员创造、拥护、怀疑以及叛离活动相联系。

（3）范式的结构和层次

在范式系统中处于最高层次的是世界观和价值。库恩认为，"范式的中心是它的哲学方面"，没有它就没有范式。因此，在库恩的理论中，形而上学（世界观）不排斥在科学的大门之外，而是被纳入了科学的范式中，并作为范式的深层结构起到了中心的作用。此外，范式之得到承认，还因为科学共同体成员有共同的价值观念和标准。

在范式系统中处于第二层次的是某一特定时代和特定领域中的基本定律和基本理论。它们构成范式的特定思想内容，库恩列举了历史上科学范式的一些例子，如哥白尼的日心说等，这些理论都在一定时期内为某一学科的发展思想定了方向，为科学共同体的研究活动提供了共同的基本理论、基本观点和基本方法，以及如何研究和解决问题的模式或范例。

在范式中处于第三层次的是模式、方法和技术，它们是把基本的定律、定理和假设应用于各种场合的中介。

（4）范式的功能

第一，规范功能。"范式"亦译作"规范"。在库恩看来，范式并不仅是纯粹认识论上的知识体系，而且是知识的社会形式，即一定社会集团的信念和行为规范。他认为，在一定历史时期，科学家集团的成员们由于接受共同的教育和训练，以共同的基本理论、基本观点和基本方法取得了相当的成绩，从而在心理上产生了一种共同的信心，认为这种基本理论、观点和方法是该学科解决一切疑难的钥匙，从而成为该学科的规范。范式一旦形成，便成为该学科的一种共同的传统，为该学科的发展规定了共同的方向，提供了共同的理论模型和解决问题的框架。一门学科自出现统一的范式以后，就进入了渐进性发展的常态科学时期，科学共同体的成员们对范式坚信不疑，在范式所规定的思想框架里从事解难题的活动。

第二，纲领功能。库恩认为，范式能够把一些坚定的拥护者吸引过来，毫无限制地为一批重新组合起来的科学工作者留下各种有待解决的问题，而且提供了解决这些问题的途径，因此，范式对科学共同体的工作有定向作用。这种定向作用在一定意义上限制了科学工作的范围。正因为有了这种限制，科学工作才能做得细致而深入。范式在留下问题之时，也隐含着选择问题的标准，即哪些问题值得研究，哪些问题不值得研究，从而使科学工作成为有目的的活动。

第三，认识功能。库恩指出，一个人要成为他所属的科学共同体的成员，掌握这个科学共同体范式，必须通过做习题，这种习题就是范例—共同体的典型事例。通过范例，他不仅学会解类似问题，更重要的是掌握了共同体的范式，并在对范式的把握中，获得了一种心理定向或视觉定向，这种定向使他获得了类似感，从而使新题得到了解。因此，一个科学工作者，他掌握了范式就能识别应该解决的科学问题，也就能找到解决这些问题的途径．这就是库恩所提出的范式的认识功能。

2.范式转换

范式的演绎框架主要是"常态科学"和"反常危机"。所谓常态科学，实际上就是那些构成科学革命的背景支持系统。它是前一种范式演绎框架理性突破的区集；而反常危机则指常态科学的量变积累到前一范式框架的临界值后的质变结果。

库恩指出，一门学科自有了统一的范式以后，就进入了常态科学时期。常态科学就是在范式支配下的解难题活动。范式给科学工作者提出了难题，又指出了解这些难题的途径。当按照范式解题得不到解时，就出现了反常，即与范式的预期不相符合的现象．在常态科学时期，科学家们对这类反常现象的存在和继续出现并不过分介意，因为范式本身是有弹性韧性的结构，可以设法同化反常，使之成为预期现象。但是，当有些反常非常顽固，既不能排除，又不能同化，甚至有些反常打击了范式的基本原则时，就会有少数几个科学家开始对范式本身产生怀疑，因而范式的权威也就开始动摇了，接着范式将日益陷入"危机"。这时，一场创造新范式、更换旧范式的科学革命就要到来了。库恩认为，科学革命是世界观的改变。如果说，在常态科学时期，科学家是一个地地道道的埋头具体研究工作的科学家，那么，在科学革命时期，"科学家们必须转向哲学分析，作为解开他们研究领域中的谜的工具"。其次，科学革命还表现为旧范式中的概念网被重新定义和划定了范围，其意义和指称发生了根本性的改变。

库恩认为科学革命通常是无形的，"科学家和医生两者都从权威的来源获得了他们对创造性科学活动的许多印象，部分出于重要的功能方面的理由，故意隐蔽科学革命的存在和意义。只有当那个权威的本质已被认识和分析时，人们才能希望做出充分有效的历史事例。"

库恩认为"只要一种规范曾经取得胜利，它就必须得到一些最初的支持者，这些人会把它推进到能产生和增加精确而实际的论据的地步。即使那些论据，当它们出现时，也不是各自具有决定意义的。因为科学家们是有理性的人，这样那样的理由最终会说服他们中间的许多人。但是没有一个理由能够或应当说服他们全体。与其说一个集体的转变，不如说发生的是专业人员的忠诚分布状态中有日益增长的转变。规范的新的候补者一开始可以有少数支持者，有时这种支持者的动机也许是可以怀疑的。可是，只要他们是有能力的，他们就会改进它，探索它的可能性，并证明它将属于由它引导的团体。照这样继续下去，只要这种规范是一种注定要获胜的，对它有利的有说服力的论据的数量和力量就会增加。于是更多的科学家们就会转变，对新规范的探索就会继续。以这种规范为基础的实验、仪器、论文和书籍的数量就会逐渐增加。还有更多的人相信这种新观点不会有成果，就会采取新的方式去检验常规科学，直到最后只有几个比较老的坚持者留下来。即使是他们，我们也不能说，是错误的。"

科学共同体用新范式代替旧范式指导科学研究，标志着科学认识的进步，"必须把规范的改变看成是进步的。"然而库恩认为，不同范式有不同的标准，新旧范式是不可比的。科学共同体之所以放弃旧范式选择新范式，仅仅是因为新范式能成为更好的解题工具。

因此，科学共同体在新范式的指导下进行的研究并不是趋向绝对真理，而仅仅是有更高的解决难题的能力，科学认识的进步只能有实用、方便、效用等意义。范式转化的动态模式可以用如下形式来表达：前科学时期—常规科学时期—危机时期—科学革命时期—新常规科学时期。

范式形成的条件可以归纳为以下几点：

第一，科学知识历史发展的逻辑因素，能够在激烈的竞争中上升为新范式的公理性理论规范，蕴涵的逻辑空间不仅比旧范式宽阔，而且也较其他与之竞争的理论和观点更优越。简单地说，新范式的逻辑系统必须能够覆盖更加宽阔的现实内容。

第二，范式形成或转换时期该学科以外的知识或思想形态的状况。范式的形成和转换发生于该学科思想体系的开放性逻辑层次，因此这一过程受该学科以外的知识和思想形态的作用。这些产生影响的观念形态主要有：①一定的历史时期人类关于经济过程总体所达到的一般哲学观念；②一定的历史时期人类知识在其他科学领域所取得的进展情况：包括思想、观点和方法论；③一定的历史时期人类社会所形成的政治意识形态和社会道德理念。

第三，范式形成和范式转换时期的社会经济发展水平和既得利益格局。既得利益格局对范式形成和范式转换的作用是两方面的：一是社会经济的既得利益格局；另一是学术圈内的既得利益格局。过去对这个问题的理解往往较强调前者，而忽视后者，实际上因旧范式而获得学术和实际利益的学者总是要保卫旧范式，而伴随着新范式蓬勃而起的新人则竭力鼓吹新学说。由于成为新范式的理论是获得大多数人拥护的理论，所以在该学科的知识逻辑之外，经济利益和学术圈利益的社会生活内容在范式的形成和转换过程中也有其一席之地。

2.4.2　技术范式

创新经济学家 Dosi 借助库恩科学发展范式来考察技术演化特点时提出了技术范式的概念，并将其描述为基于自然科学的高度选择性原理的、解决特定技术经济问题途径的"图景"（或模式），以及那些以获取新的知识为目标、并尽可能地防止这些新知识过快地扩散到竞争者的特定规则。根据 Dosi 的定义，技术范式并非某种具体的技术，而是经济社会在一定时期由各种具体技术组成的一个技术体系。基于此，Sahal 把技术范式看成是技术路标（Technological Guideposts），即技术发展通过范式的形式能够获得一个比较准确的选择发展方向；同时范式又使得技术知识能够不断地得到积累并使企业通过汲取技术知识积累来产生创新的机会。

2.4.3　技术经济范式及其演化

1. 技术经济范式

1986 年，Freeman 和 Perez 根据 Dosi "技术范式"的定义，提出了技术经济范式这一概念，从而将技术范式和经济增长直接联系了起来。Freeman 和 Perez 把一定类型的技术进步定义为"技术经济"模式的进步，并把影响经济发展的技术创新分为增量创新、基本创新、新技术体系的变革和技术经济模式的变革四种类型。其中，增量创新是指这一类创新并非经常性深思熟虑研发的结果，而是工程师和其他直接参与生产活动人员的发明和提出的改进意见的结果，或者在"干中学"、"用中学"时连续发生的结果，它有助于改进生产要素的使用效率，而且在时间上具有连续性。基本创新产生于深思熟虑的研发，常常包括一种联合的产品、工艺和组织的创新，它在时间上是非连续的，其分布也是不均匀的。新技术体系的变革指若干对经济领域产生影响，同时导致全新部门出现的影响深远的技术进步，它是增量创新和基本创新的一种组合，往往伴随着机构创新和管理创新。

"技术经济模式"的变革指技术体系的变革，这些变革对整个经济行为都有重要影响。这些变革含有多组基本创新和增量创新，而且最终可能包含若干新技术体系。

在 Freeman 和 Perez 看来，"技术经济"模式变革与前三种模式相比是一场技术革命。这种革命的极其重要的特征是具有在整个经济中的渗透效应，直接或间接地影响了经济的几乎每个其他领域。这种革命导致相互关联的产品和工艺、技术创新、组织创新和管理创新的结合。显然，技术经济范式已经突破了技术范式所着眼的技术变革的轨迹。

技术经济范式中的核心概念是"关键生产要素"，Freeman 和 Perez 认为，"关键生产要素"是技术经济范式中的"一个特定投入或一组投入"，它可能表现为某种重要的资源或工业制成品，它决定着技术经济范式的特征并成为划分不同类型的技术经济范式的依据。依据 Freeman 和 Perez 的解释，成为"关键生产要素"需满足三个条件：（1）使生产成本具有明显下降的能力；（2）在很长时期无限供应能力；（3）广泛被应用和易于扩散的能力。

一般来说，"关键生产要素"并不表现为孤立的投入，而是处于技术创新、制度创新和管理创新迅速增长体系的核心，其中某些创新与关键生产要素自身的生产有关，其他则与"关键生产要素"的利用有关。关键生产要素既是所在技术经济范式中科学技术发展水平的集中体现，又决定着技术经济范式的生产可能性边界，因而在各种不同的技术经济范式中居于核心地位。

2. 技术经济范式的演化形式

技术经济范式的演化方式分为两类：一是范式进步，它是一个渐变的过程，是一种常态。一种技术经济范式一旦形成，它将在相当长的时期影响宏观和微观经济的结构和运行，随着技术经济条件的变化，在既有范式内核基本保持不变的前提下，通过对保护带的调整来增强范式的适应性。二是范式转换，正如前文所述，它是一个突变的过程，即抛弃既有的范式的内核，用一种新的内核取代原有的内核，由此形成一个新范式。范式演进的现实形态是范式进步→范式转换→新范式的形成的动态演进，是渐变与突变相统一的过程，如 Dosi 所言："科技进步通常是新范式发展的一个必要条件，随着旧技术范式成本和改进的困难，新范式将变得富有吸引力"。

新的技术经济范式是特定的经济、技术变量共同作用的结果，是有迹可寻的。新的技术经济范式确立的前提是："只有当上一个周期的关键生产要素及其相关技术群，给出了收益递减或者对于进一步提高生产率或对于新的盈利性投资的潜力已接近极限的强烈信号时"。Freeman 和 Perez 认为，新的技术经济范式包括 9 种特征，其中核心是"关键生产要素"、主导技术群和适宜的组织形式等。

2.4.4　新型建造方式的技术经济范式蕴涵

工程建造方式的每一次变革都是由内在的技术范式演进推动的，技术进步是建筑业发展格局转换的基本动力。作为一种新的技术经济范式，新型建造方式的蕴涵有其内在的规定性，是范式演变的必然结果。正如现代工业体系需要彻底变革原有的传统工业基础一样，新型建造方式也必须采用高度智能化的先进技术，改造传统的建筑业生产方式。

新型建造方式作为建设领域技术经济范式的确立是建筑业发展状况、技术进步程度、资源和环境约束的现实要求。当今世界已进入信息化时代，西方一些发达国家早已进入后工业化社会，与之相比，我国以及众多新兴经济体所进行的工业化仍然处于上升阶段。我国的国情是人口众多、科技水平低、人均资源占有量少、环境污染加剧、就业压力大，所以运用高新技术改造提升传统的建筑产业，对于能否在这一轮产业变革中赢得主动，同样至关重要。我国是一个发展中大国，无论是扩大就业还是改善人民生活，都不能没有传统产业。应当借科技革命和产业革命的机会，充分把握信息技术革命带给我们的重大历史机遇，发挥后发优势，用信息化带动工业化，大力提升传统建筑产业。传统建筑产业只有与科技紧密结合，实现跨越式发展才有出路。特别是前沿技术的突破、战略性新兴产业的发展，为传统建筑产业发展开辟了新的方向，展示了光明前景。因此，基于范式变革和创新的新型建造方式是工业化与信息化的客观发展规律与中国建筑产业现代化进程实际相结合的产物，是我国建筑业转变发展方式的必然选择。

2.4.5　技术经济范式视角下新型建造方式解构

正如前文所述，关键生产要素是技术经济范式中的核心概念，关键生产要素决定着技术经济范式的特征并成为划分不同类型的技术经济范式的依据。精益建造方式、装配建造方式、智慧建造方式、绿色建造方式、融资承包建造方式等都有其特定的关键生产要素，这些关键生产要素可能表现为某种重要的资源、产品或服务，具有能够使生产成本明显下降的能力、在很长时期无限供应的能力、广泛被应用和易于扩散的能力。

例如：精益建造方式的关键生产要素体现为准时生产制度（JIT）、并行工程、价值工程、末位计划者方法、6S 现场管理、看板管理、TPM 设备保全管理技术在建筑产品生产过程中的应用；装配建造方式的关键生产要素体现为标准化系列化的构配件中间产品的工业化生产及其在施工现场的组装；智慧建造方式的关键生产要素体现为 BIM、物联网、云计算、移动互联网、大数据、可穿戴智能设备等信息化技术在工程设计及仿真、工厂化加工、精密测控、自动化安装、动态监测、信息化管理等工程建设领域的应用；绿色建造方式的关键生产要素体现为坚持以人为本，在保证安全和质量的前提下，通过科学管理和技术进步，最大限度地节约资源和能源，提高资源利用效率，减少污染物排放，保护生态环境，实现可持续发展。3D 打印建造方式的关键生产要素体现为 3D 打印机械将需要生产的建筑产品转化为一组三维模型数据，制造出所需要的三维零件或产品，实现设计、模具及材料制备到最终产品的一体化。

2.4.6　新型建造方式的数字化变革

研究表明，随着新技术革命的兴起，技术因素在对组织影响的最关键因素当中的排序迅速上升。以信息和通信技术为代表推动了各个行业的技术变革和创新，技术因素对所有的行业都在产生着天翻地覆的改变，这样的因素超越了客户、超越了市场对组织的影响，成为决定企业是否发展、是否能够保持现状的第一因素。

新型建造方式之所以能够成为推动建筑产业现代化的先进生产方式，是因为精益建造方式、装配建造方式、智慧建造方式、绿色建造方式等新型建造方式所带来的数字化变革。未来的发展趋势日益显现出这样的轨迹，在《中国制造 2025》、《中国建造 2025》的推动下，从 BIM、互联网、物联网到人工智能，数字化变革与建筑业实体的紧密融合创新，将引发整个管理范式的变革、生产范式的变革、商业模式的变革，将衍生更多形态的新型建造方式。

第 3 章

精益建造方式与建筑产业现代化

3.1 精益建造方式对建筑产业现代化的推进作用

3.1.1 精益建造基本原理

1.精益建造概述

精益建造是由英文 Lean Construction 翻译而来，经常也被译为精益建筑、精益建设等，目前对于精益建造还没有统一的概念。Koskela 将精益建造定义为"一种为建筑业企业设计的，以尽量减少生产过程中浪费，包括时间浪费和材料浪费，并努力为顾客创造最大价值的一种生产系统"。同济大学的谢坚勋认为精益建造是结合精益生产理论和建筑生产管理论而建立的一种建筑生产管理模式。蒋书鸿和苏振民认为精益建造是追求项目价值最大化，建设过程浪费最小化，顾客需求最大化满足的一种新的项目交付方式。戴栎认为精益建造是一个生产过程，在该生产过程中需要应用和实践精益思想。黄宇和高尚认为精益建造是精益生产原则及技术方法在建筑业的应用。其中由 Koskela 提出的关于精益建造的定义是被学术界广泛认可的。

本书将精益建造定义如下：精益建造是在建筑业中应用精益理念及其技术手段，比较制造业与建筑业的不同，注重"精益思想"与建筑业的实际结合，以便实现浪费最小化，同时为客户创造最大的价值，见表 3-1。

建筑业与制造业的不同　　　　　　　　　　　表 3-1

比较方面	建筑业	制造业
生命周期	长	短
生产类型	一次性、不可重复性	大批量、重复性
生产地点	暂时性，根据具体项目来定	固定性，某一固定厂房
所需物料	不是标准化，不同项目需要的不同	标准化，生产同一产品，物料固定
物料供应	按项目计划驱动	按客户的订单驱动
安全规定	低强制性	高强制性
劳动力	季节性、流动性大、低就业保障	不是季节性、流动性小、高就业保障
所有者	高参与性	低参与性
与供应商关系	临时性	长期性
监管干预	设计方案及施工各个阶段都需要检查和审批	检查审批少

由表 3-1 可知，建筑业与制造业的各个方面都有着很大的不同，这使得来源于制造业的精益生产相关的一些技术不能只是简单的拿过来，要想对项目的全生命周期进行管理控制，达到项目预期目标，必须与建筑业融合。

2. 精益建造理论框架

精益建造是以 TFV（Transfer 转化、Flow 流、Value 价值）理论为基础，以精益生产的原则为原则，通过准时生产制度（JIT）、全面生产管理（TQM）、并行工程（CE）、末位计划系统（LPS）等应用技术，达到浪费最小化和客户价值最大化。其理论技术框架如图 3-1。

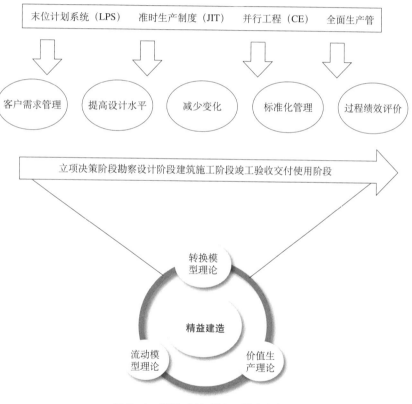

图 3-1　精益建造理论及技术框架

TVF 理论，即转化理论、流理论和价值理论，是精益建造的基础理论。转化理论是将整个生产过程看作是原材料经过一定的时间、空间的变化，转换为半成品，最终转换为产品，主要为了消除浪费;理论认为在整个生产过程包括信息和物的流动，流动过程通过反馈系统使之达到预期目标，主要提高转换效率，同时减少不增值活动;

价值理论是以顾客为中心，在产品设计阶段，就把顾客的各项需求最大化考虑进去，主要实现顾客价值最大化。

精益建造具有如下管理特点：

（1）客户需求管理

在项目开始设计之前需要对项目的利益相关者（主要是业主和最终使用者）的具体需求进行分析，做好项目的前期策划，充分利用各种沟通方式达到双方信息的有效交流，并通过客户的反馈及时了解更多的需求信息，以便最终产品是符合相关利益者的需求，使之满意。

（2）设计模式革新

传统的设计模式根据一些固定的原则在项目开始之前已经对项目进行分解，实际的设计活动并不是最有资格的人进行设计，更没有在详细了解客户需求的基础上进行，将精益思想运用到设计中，能更好地考虑到项目利益相关者的需求，并对整个工程进行建造优化。

（3）减少可变性提高绩效

精益思想认为为了达到降低生产成本、提高效率的目的，减小可变性提高项目对可变性的管理控制是一种有效的方式，通过减少整个生产系统的输入流的变动，使得整个生产系统产出更加稳定、高效。

（4）标准化管理

标准化管理是针对项目管理程序、内容、施工作业根据已经提出的标准化要求进行相关操作，同时标准化管理人力、费用与用以验证是否满足标准要求的设计。

（5）项目过程绩效评价

项目过程绩效评价贯穿于项目建设的整个阶段，评价发生于项目建设各个阶段的任何活动，对得到的分析数据进行分析，给出相关的改进方案，精益思想要求组织应建立精益组织，而精益组织要求必须用已经设计好的绩效评价系统对整个生产系统的各项活动进行指导，实现项目管理的持续改进，提高管理水平。

3.1.2 精益建造国内外发展现状

1. 精益建造理论国外研究现状分析

1992 年丹麦学者 Lauris Koskela 提出将制造业的三大生产原则以及精益生产理论应用于建筑业，并于 1993 年在 IGLC（International Group of LeanConstruction）大会上首次提出"精益建造"（Lean Construction）概念。随后，国际上许多学者及建筑企业纷纷投入到精益建造的理论研究和实践的应用中。尤其是成立于 1993 年的国际精益建造组织及成立于 20 世纪 90 年代末期的精益建造协会两大组织对精益建造理论及实践的发展作出了非常大的贡献。

最初国外学者对精益建造的研究主要集中于建筑业生产性质。最早 Koskela 提出了适用于传统制造业的 TVF 生产理论同样适用于建筑业，这种思想为以后的学者研究精益建造奠定了坚实的理论基础。Gidado 认为建筑生产过程由一系列的实际作业活动和管理活动组成，这些活动之间相互衔接，相互重叠，使得建设项目具有复杂性；而通过管理层的活动可以实现工作流的稳定性，将建设过程由复杂转向简单。Bertelson 认为随着建筑产品对质量、工期和成本等目标的要求越来越高，建筑生产过程涉及的参与单位也越来越多，使得建筑产品生产具有复杂动态性，因此精益建造不仅仅是精益生产思想在建筑业的简单应用，还应该充分考虑建筑业的生产性质及建筑产品的特征。

随着对精益建造理论的探索和进一步的研究，学者将精益建造的研究重点转向如何减少施工过程中的浪费以及如何最大限度地满足客户的需求等实际应用方面。Womack 深入研究了价值管理，他认为产品的最终价值是由顾客来决定的，只有深度了解顾客的需求，才能实现产品价值最大化。Tommelein 和 Weissenberger 提出了准时化的思想（Just In Time），即在施工流水中上一道工序完成后可立即进入下一道工序，这个过程需要前道工序所完成的工作必须满足后道工序工作的要求，同时要求供应商准时供应所需数量和质量的材料，企业可以准时提供所需资金，从而可以减少工序间等待的时间和物流成本的浪费。Piotr 和 Jerzy 分析了精益建造理论在波兰市政府办公楼工程成本管理中的应用，他们具体阐述了如何在现场管理中引入精益建造技术方法。Bhargav Dave 认为虽然目前精益建造管理中已经开始引入 VisiLean、KanBIM 等电子信息管理系统，但是由于这些都需要相应的技术人员可以熟练使用计算机来操作，因此他提出了在精益建造过程中引入物联网技术以改善建筑管理信息系统，实现项目全生命周期的自动化通信功能。Ahmad 认为可持续建造和精益建造技术在减少建造过程中的浪费、实现较高的环境效益和经济效益等方面具有共同的特性，但是很少有学者或者企业可以将二者很好的集成，因此他通过广泛调研，分析企业在可持续建造和精益建造各个维度的应用情况，为将二者有效集成应用奠定了坚实的理论基础。Matti Tauriainen 提出将 BIM 技术和精益建造技术共同引入建筑设计过程，这样可以使设计师及时获取相关信息，减少设计的变更，提高客户价值。他还通过专家访谈法分析了 BIM 技术应用于精益设计管理过程中的问题，最终确定了 13 个主要问题，这些问题主要原因是设计团队中设计师之间责任分担不清晰，BIM 指令不足，BIM 经验不足，设计经理知识不足以及设计团队之间缺少沟通等，而最后计划者技术和基于集的设计是解决这些问题很好的技术方法。Laila 应用文献分析法和相关矩阵法分析了建筑设计和工程项目管理过程中精益理念与可持续建造原则之间的相互作用关系，验证了精益建设和可持续建设之间相互作用的领域，该研究结果为结合精益建设和可持续建设原则来管理设计和施工过程提供了较高的参考价值。

2. 精益建造理论国内研究现状分析

我国对精益建造的研究最早开始于 2000 年之后。最早研究精益建造的学者有同济大学的谢坚勋、南京工业大学的蒋书鸿、苏振民等。他们主要结合我国建筑业发展的特征研究了我国建筑业实施精益建造的必要性和适用性以及精益建造的应用模式。谢坚勋在详细阐述建筑业生产理论的的基础上给出了精益建造的内涵，他认为我国建筑业实施精益建造首先应该解决由于建筑生产的特殊性产生的问题，其次是精益建造管理系统的设计和建立。蒋书鸿和苏振民认为精益建造是可以减少建设项目从立项到交付全过程中价值浪费的一种全新的项目交付方法，他们构建了以拉动式准时化（Pull Just In Time）、全面质量管理（TQM）、团队工作法（Team Work）、并行工程（Concurrent Engineering）为核心的精益建造理论体系，并以澳大利亚 Jennings 公司的一个案例对该理论体系进行了实证分析。闵永慧从组织结构、业务流程、生产体系、质量管理和优化方式等五个方面对精益建造和传统建造进行了比较，在这些方面精益建造都展现出了特有的优势，精益建造总是以顾客价值最大化为目标，循环的计划与控制体系保证了施工过程工作流的稳定性，减少了施工过程中的浪费，提高了生产效率。邱光宇等人认为精益建造不仅可以改变建筑业由粗放式发展转为精细化发展，还可以降低建筑企业的经营成本和提高企业人员素质，他通过江苏省苏中建设集团和中铁建工集团上海分公司的案例分析了我国建筑业实施精益建造的可行性。

目前在我国关于精益建造的理论研究已经逐步走向成熟，许多学者将研究目标定位在精益建造在实际生产过程中的应用，主要体现在精益建造在成本、工期、质量、安全等方面的应用，精益建造在绿色施工管理中的应用，精益建造在建筑业供应链管理方面的应用，精益建造与 BIM 的协同应用，精益建造在建筑工业化模式中的应用。赵金煜和尤完提出了以 BIM 为技术支撑平台的精益建造管理模式，他们认为 BIM 技术的可视化、协调性、模拟性和优化性为精益建造的实施提供了很好的支撑体系，对于并行工程的执行、减少设计变更、消除浪费、提升客户价值、为项目团队提供交流平台、为项目供应链管理提供技术平台等方面都作出了非常大的贡献。尤完和袁裕财从进度管理、质量管理、成本管理、安全文明施工管理、绿色施工管理、技术创新管理的角度分析了精益建造方法在常熟电厂引水隧道工程中应用措施，实践表明精益建造技术方法的应用使该项工程不仅顺利完成了施工任务，而且在工期、质量、成本等方面取得了比预期更好的效果。方俊等人认为 BIM 技术的推广使用为精益建造的实现提供了技术支持，他构建了 BIM 支持精益建造的实现机制模型，并以腾讯北京总部大楼项目为例具体阐述了 BIM 技术在技术管理、进度管理、质量管理、成本管理、安全管理以及项目运维方面支持精益建造运行的模式，研究表明 BIM 技术可以为精益建造提供全方位、多维度的功能支持和价值集成。尤完等人提出了以建筑供应链中涉及的全部要素即人员、技术、物资、资金、信息等为核心的精益建造供应链管理，他阐述了全要素精益建造供应链的特征，构建了全要素精益建造供应链的结构模型，并通过结构方程模型方法对该模型进行了实证分析。李忠富和李晓丹对建筑工业化与精益建造之间的协同关系进行了研究，他们分析了精益建造对建筑工业化的支撑作用，研究表明精益建造可以有效地减少建筑工业化过程中的浪费。最后计划者体系是精益建造实施计划与控制的有效工具，韩美贵等人应用系统动力学模型的方法对最后计划者系统中的内外部相互关系进行了深刻分析，结果表明随实际生产指数增加，PPC 持续波动均值不断增加，该结果可以用于解释生产战略和一些指标对生产绩效的影响。高玲等人将精益建造的理论应用于建筑企业的成本管理中，他们认为精益成本管理应该从精益采购成本、精益设计成本、精益生产成本、精益交付成本、精益维护成本等五个方面着手，在他们的研究中还构建了建筑工业化企业的精益成本管理模型，该模型涵盖了精益成本管理的目标、精益成本管理的方法体系、精益成本管理内容、精益企业文化、精益成本管理评价机制。

3.1.3　精益建造对建筑产业现代化的推动作用

在我国，建筑业是完成全社会固定资产投资建设的重要部门。对促进国家经济发展和提升国民生活水平以及其他方方面面都发挥着重要作用。传统建筑生产过程中存在许多弊端，例如施工现场浪费现象严重、安全事故频发、建设生产率偏低等。精益建造借鉴精益生产的先进思想和理论，形成了精益建造理论和一系列精益建造辅助技术，这个理论和技术的应用对于建筑业目前存在的生产和管理问题具有明显的改善和提升，对建筑产业现代化发展具有积极的推动作用精益建造对建筑产业现代化的推动作用主要体现在如下几个方面：

1. 精益建造促进建筑业快速高效发展

（1）增强建筑业企业国际竞争力

传统的建筑管理模式使得我国建筑企业在国际建筑市场中的占有率非常低。随着一带一路倡议的实施，我国越来越多的建筑企业走出国门，走向国际市场。基于精益建造的工程项目管理模式提倡利用价值流分析工具消除施工过程中不为顾客创造价值的活动，实现零库存、零浪费、零事故。这种管理模式的升级可以提升我国建筑业企业的国际市场竞争力，从而顺利走向国际市场，并在国际建筑市场中立于不败之地。

（2）提升建筑业从业人员素质

精益建造要求全员参与到施工项目的管理过程中，从企业中高层管理人员到施工现场管理人员，乃至现场作业人员，都必须具备精益建造知识和精益思想。同时，精益建造追求持续改进的思想，要求管理人员不断对工作流程进行改进，不断找出管理中存在的问题，并不断提出改进措施。因此，精益建造的实施在一定程度上会促使建筑业从业人员素质整体上得到提升。

（3）推动建筑业管理由粗放式管理向精细化管理发展

当前我国建筑业属于粗放式管理模式，建筑业从业人员整体素质较低，农民工数量占建筑业从业人员的将近75%，生产效率也低于发达国家。建筑业技术创新能力较低，新技术新设备投入较少。精益建造管理模式提倡采用扁平式的组织结构、循环的计划与控制体系、精益建造辅助技术工具，这些管理思想和管理工具都会促进建筑业由粗放式管理向精细化管理转变。

2. 精益建造提升工程项目管理水平

（1）拉动式生产减少库存及浪费

拉动式生产是指生产过程中始终以顾客的最终需求为导向，由后一道工序向前一道工序发出指令，前一道工序或部门根据后一道工序或部门的要求和指令来进行生产，以此来完成整个建筑产品的生产。拉动式生产只需要制定最终产品计划，前一道工序只需要根据后一道工序对其发出的指令和要求进行施工，这样可以保证生产过程根据设计变更实时进行调整，从而保证适时适量生产，避免生产过多或过少而造成的浪费。

（2）改善施工现场管理方式，提升现场管理水平

传统工程项目管理是一次性的管理，而且在管理过程中大多是凭借管理人员的经验，管理人员的知识水平相对较低，管理效果较差。精益建造倡导持续改进的思想，要求以项目目标为导向，不断改进管理过程中存在的问题，减少和消除错误的根源，从而提升管理效率。此外，精益建造推行6S现场管理模式，以施工现场为中心，使每个员工主动参与到现场管理中，不断改善现场环境，提高现场管理水平。

（3）提升建筑产品的质量

传统建造模式下，建筑产品的质量通常是前一道工序施工完成后进入下一道工序施工时，才发现前一道工序的质量问题，此时该工序的施工作业人员早已进入其他工序作业，很难找出该工序出现问题的根本原因，且对该工序进行返修重建更是造成大量人力、物力和时间的浪费。而精益建造采用拉动式的生产方式，当前一道工序出现问题时，后一道工序的施工作业人员可以第一时间了解情况，并采取纠偏措施，提升隐蔽工程的质量，从而提升建筑产品的质量。

（4）提升工程项目信息管理水平

精益建造管理模式对施工过程的信息流和信息管理都提出了更高的要求，不仅要使企业内部实现信息共享，还需要使项目各个利益相关方可以实时共享项目信息。企业实施精益建造必然要提高自身的信息管理水平，采用更加先进的信息管理软件，促进信息更加快速、高效的流动，保证项目参与各方可以及时准确地获取项目信息。

3.2　精益建造的技术体系

国内外学者和精益建造实践者通过对精益思想和制造业精益生产的研究，并结合建筑产品特征和建筑生产的特性，形成了适用于建筑设计管理、采购管理、施工管理的精益建造辅助技术体系，如图 3-2 所示，其中并行工程、价值工程、末位计划者方法、6S 现场管理、看板管理、TPM 设备保全是目前应用较多的几种。

3.2.1　并行工程

并行工程（Concurrent Engineering，CE）是指将产品生产的各个阶段工作进行并行，即设计、制造以及其他生产过程并行实施，在产品的设计阶段将全寿命周期内的生产因素考虑进去，目的是缩短产品开发周期，降低产品成本，提高产品的质量。应用于建筑业的并行工程主要是指设计 - 施工一体化的建造模式。并行工程要求在项目的投资策划阶段对顾客的需求进行全面分析，在设计阶段充分考虑顾客的需求和施工可建造性，力求实现顾客价值最大化，减少由于设计不合理而返工造成的浪费。并行工程对建造过程组织结构形式和信息共享提出了更高的要求，因此并行工程技术的实施必须建立在一个扁平化的组织和高效的信息共享平台的基础上。

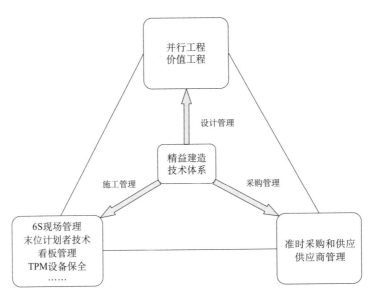

图 3-2　精益建造技术体系

3.2.2　价值工程

价值工程（ValueEngineering 简称 VE），也称价值分析（Value Analysis，简写 VA），是指以产品或作业的功能分析为核心，以提高产品或作业的价值为目的，力求以最低寿命周期成本实现产品或作业使用所要求的必要功能的一项有组织的创造性活动，有些人也称其为功能成本分析。由于工程项目投资一般都比较大，开展价值工程活动所产生的经济效益也是十分巨大的。所以在工程项目中推广价值工程活动前景十分广阔。在项目的设计阶段、招投标阶段、施工阶段以及项目建成投产阶段都可以开展价值工程活动。并且，研究和实践经验证明，尽管在项目实施和运营的全寿命过程中都可以进行价值工程研究，但是就其效益和效果来说，价值工程研究是越早越好。

3.2.3　末位计划者方法

计划是为了确定项目目标标准，控制是当施工过程与计划有所偏差时，进行研究并重新计划。精益建造采用循环的计划控制体系来进行生产，强调计划和控制同时并循环出现。建筑产品生产过程是动态的，建造系统非常复杂，计划与控制并行可以提高施工的可靠性，减少浪费。末位计划者技术与传统自上而下的计划体系截然不同，它通过工作流上最后施工作业人员来拉动计划的制定，运用长期计划和短期计划相结合来共同控制工作的完成,可以有效地缩短施工作业人员等待作业的时间,增加工作流的可靠性与稳定性,是精益建造的核心技术。

末位计划者方法通常包含三层计划:面向项目的主控计划,面向工序的周计划以及面向阶段的前瞻计划,三者相互结合,相辅相成,可以最大程度地减少计划的不确定性,充分调动参与项目的上层计划者至底层操作者的积极性,减少项目执行过程中的变化,保证工作流的稳定性。末位计划者技术的实施步骤如图 3-3 所示。

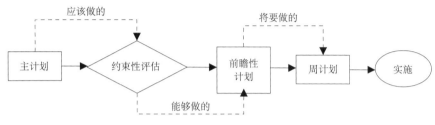

图 3-3 末位计划者方法实施过程

3.2.4 6S 现场管理

6S 指整理、整顿、清扫、清洁、素养及安全,是一种生产现场中对人员、机器、材料、环境等生产要素进行有效管理的方法。整理是将施工现场物品分类为常用、偶尔使用和不使用三类,分别安置在固定的储存处或清除。目的是发现危险隐患,降低风险系数。整顿即清除不使用物品,对现场布置重新规划与安排,划分设备警戒、运行、检修等不同区域。同时在现场设置管理看板,将危险因素以及对应的防范措施明确表示,让现场工作人员迅速判断现场环境的安全性以及设备所处的状态,帮助现场人员提高安全意识,提醒现场人员正确、安全施工。清扫的目的是工作现场无垃圾、无污脏。制定现场清洁标准,及时清除现场垃圾,改善施工现场环境,提高安全可靠性。清洁是基于以上 3 个步骤的管理,将暂时行动转化为常规行为,目的是总结方法,形成管理制度,长期贯彻实施,并不断检查改进。整理、整顿、清扫、清洁是实施 6S 的基础,通过对现场不断的整理、整顿、清扫、清洁,使现场管理人员和施工作业人员养成良好习惯,最终达成全员品质的提升,体现了企业管理中"以人为本"思想。6S 的推行步骤如图 3-4 所示,其实施过程是一个提出问题、分析问题、解决问题的闭合循环。以前期决策阶段的目标为导向,实施阶段为主要环节,其中培训主要以说明和教育为主,结合课程向全体人员解释说明实施 6S 管理的必要性以及相应的内容。考核与纠偏阶段必须以科学、可操作的考核标准为依靠,是提高管理水平的基础。

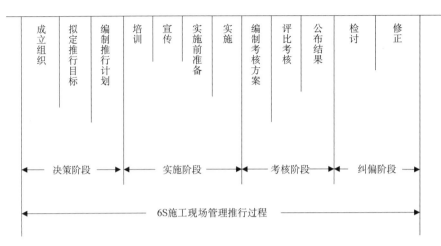

图 3-4　6S 管理推行步骤

3.2.5　看板管理

看板管理是一种可视化管理模式，可以将施工过程各种信息简洁明了地传递给信息接受者。看板管理最早起源于日本丰田汽车公司，由于其具有非常大的优势，后被制造业及其他行业广泛应用。看板实质是一种传递信息的载体，即将与施工项目和施工工序有关的信息通过看板传递给施工作业人员和现场管理人员。看板可以实现对施工过程的事前和事后控制，实现信息的快速传递，显著提升建筑生产效率和管理水平，尤其在流水施工作业过程中，这种优势更加明显。

施工现场的看板包括总看板、阶段看板、周看板、工序看板。不同类型的看板需要根据项目的进展情况进行变更。通常总看板会展示项目的总体概况信息，一般不会变更。阶段看板每月更新一次，主要展示项目阶段的进度、成本、质量信息。周看板会展示近一周的进度、成本、质量等信息，同时也会展示下周施工目标。工序看板随着施工工序变化而灵活变化，主要展示施工指令、关键技术操作指令、工序物料信息等。

传统的看板大多以实物的形式展示，随着 BIM 技术的逐渐成熟和广泛应用，看板管理也变得更加灵活。目前，施工现场的看板不仅包括实物看板，还可以采用电子信息技术将看板信息置于电子设备中，管理人员可以通过现场预先设置的二维码获取施工信息。

3.2.6　TPM 设备保全

设备的良好运行可以减少施工中因设备故障造成的窝工现象，因此建立良好的设备保全方式是实施精益建设的重要基础。TPM 设备保全是指在施工过程中树立全方位的设备维护观念，同时全员参与设备保护。全方位预防维护和设备保全分担是 TPM 设备保全的核心。全方位维护观念要求做好定期保全、预知保全、事后保全、改良保全。设备保全分担要求不仅仅是机械管理部门要做好设备的保养维护，施工作业部的操作人员也需要参与设备的维护。实践表明，对一线作业人员进行一定的教育培训，可以事先排除大部分设备故障，从而减少等待作业的时间，降低施工项目成本，减少安全事故的发生。

除了以上几种常用的辅助技术外，精益建造辅助技术还有模块化施工、标准化作业流程、价值工程等。模块化建设方法是指在建筑生产过程中将建筑物分成若干可以组装的模块，尽可能减少施工现场的湿作业，现场主要完成各模块的组装，这样可以简化建设过程，降低成本，提高生产率，降低安全事故发生率，缩短工期。标准化作业流程是指对于施工过程中重复的作业活动建立标准化操作规程，如施工作业方法及顺序，完成每项施工作业所需的合理时间，每项施工作业活动所需的机械设备以及材料库存要求等。价值工程是以产品或作业的功能为核心，力求以最低的成本换取最大的价值。价值工程可应用于项目全寿命周内，但是越早使用价值工程，取得的效果会越好。

3.3　精益建造与项目管理创新

3.3.1　基于精益建造的工程项目成本管理创新

工程项目无论规模大小，何种类型，都具有多个目标。质量、工期、成本、安全、环境保护、技术创新构成现代工程项目的目标体系。由于项目目标之间相互联系、相互制约、相互作用，使得项目成本目标受到其他几个目标的影响。基于精益建造的工程项目成本管理重点考虑工程项目质量目标、工期目标、安全目标、环境保护目标和技术创新目标等对成本的影响，采用一定技术手段减少这些目标对成本的影响，实现质量、工期、安全、环境保护、技术创新与成本的最佳组合模式。

1. 基于精益建造的工程项目成本管理的特征

基于精益建造的工程项目成本管理是指以精益思想为指导，面向工程项目全寿命周期，以精益建造方法为技术基础，围绕工程项目的质量目标、工期目标、安全目标、环境保护目标、技术创新目标对成本的影响，进行预测、计划、控制、核算和考核等一系列活动的总称。与传统建造模式下的成本管理相比，精益成本管理具有以下五个特征。

（1）成本管理目标的全局性

精益成本管理的目标与企业战略目标具有一致性，不仅仅是项目成本的最低，还有为顾客创造价值。精益建造理论认为价值是由最终客户决定的，因此在项目一开始让顾客参与到项目的设计中，充分考虑顾客的意愿，使最终建造的项目满足顾客的需求。只有顾客认可了，项目的价值才能实现，成本才可能回收。

（2）多主体参与成本管理

精益成本管理不仅要求项目部的每一位成员参与到项目成本管理中，与项目建设相关的所有单位（建设单位、设计单位、监理单位、总承包商、分包商、供应商及其他单位）也应该参与进来，这些参与单位组成一个跨功能团队，一起致力于成本控制活动，分别承担不同的工作任务，各参与方之间通过建立公平、公正、公开的合同管理制度和激励机制，以达到多方共赢和全寿命期成本最低的目标。

（3）多目标集成管理

传统成本管理将项目的质量、工期、安全、环境保护、技术创新等目标与成本割裂开来，认为这些目标与成本之间是相互矛盾，相互独立的关系。精益成本管理把项目的质量、工期、安全、环境保护和技术创新等目标与项目成本集成，以达到各个目标最佳，成本最低的效果。这也是精益成本管理的最大特征。

（4）面向工程项目全寿命期

精益成本管理从项目的决策、设计、施工、竣工交付、运营维护一直到报废的整个生命周期过程来考虑成本问题，并将各阶段进行有效的集成，综合考虑全寿命期内各个目标与成本之间的关系。同时，运用精益思想在各个环节减少无价值活动和消除浪费，以实现项目全寿命期成本最小化和最大限度地满足客户需求的目标。

（5）以精益建造方法为技术基础

精益成本管理的实现得益于精益建造辅助技术的实施。国内外学者通过对精益思想和制造业精益生产的研究，结合建筑产品特征和建筑行业生产特点提出了一系列适合建筑业精益成本管理的方法。精益成本管理辅助技术主要有准时采购，准时施工，最后计划者，看板管理，6S现场管理，标准化作业操作流程，模块化建设方法，设备保全法等。

2. 基于精益建造的工程项目成本管理模式

工程项目管理是一项系统工程，其中各组成要素相互作用，各个利益相关方相互关联协作。因此，要从系统性、整体性的角度进行施工项目的成本管理，从而达到整体效益大于部分的协同效果。因此，基于精益建造的工程项目成本管理应该在精益成本管理思想的指导下，综合考虑工程项目的质量目标、工期目标、安全目标、环境保护目标和技术创新目标对成本的约束，充分联系局部与整体之间的关系，由局部走向整体。

基于精益建造的工程项目成本管理是以减少工程建设过程中的浪费、为顾客创造价值为根本目标，从项目的决策、设计、施工、竣工交付、运营维护等环节全面地控制成本，以达到项目全寿命期成本最优，价值最大，最终形成产品全生命周期的精益成本管理价值链。

工程项目精益成本管理关系到各个相关方的利益，是一个整体，需要在各参与方的共同努力下才能更好地发挥作用，因此需要建设单位、设计单位、监理单位、总承包商、分包商、供应商及其他涉及的单位组成一个跨功能团队，形成精益成本管理的组织体系。所有参与单位建立长期稳定、相互信任的密切伙伴关系，来实现系统的最佳运行。

成本管理信息是成本管理的一个关键内容，可以帮助施工组织更好的管理成本。传统建造模式下由于项目参与方之间基于自己的利益，不愿意进行成本信息的共享，不利于成本管理。精益建造模式建立信息共享平台，一方面可以使个参与方及时准确获取关于施工项目的信息，确保成本管理工作有效地进行，另一方面有利于项目部对已经发生的成本进行核算，及时调整费用偏差。精益成本管理信息平台与精益建造方法体系共同构成实施精益成本管理的支撑体系。

成本管理包括成本预测、计划、控制、核算和考核等诸多内容。精益成本管理必须在精益思想的指导下，运用精益建造方法对工程项目成本进行精益预测、精益以计划、精益控制、精益核算和精益考核，才能实现对成本的有效控制，如图 3-5 所示。

3. 基于精益建造的工程项目成本管理的优势

基于精益建造的工程项目成本管理模式将精益思想与项目质量目标、工期目标、安全目标、环境保护目标和技术创新目标有效集成，在工程项目的成本管理中具有以下优势。首先基于精益建造的工程项目成本管理模式以丰富的精益建造技术作为其支撑体系，可以帮助企业实现对成本的精益预测、精益计划、精益控制、精益核算和精益考核。例如最后计划者技术可以通过工作流上最后施工作业人员来拉动计划的制订，运用长期计划和短期计划相结合来共同控制工作的完成，可以有效地缩短施工作业人员等待作业的时间，增加工作流的可靠性，从达到缩短工期、减少成本的效果。第二基于精益建造的工程项目成本管理模式建立了精益成本管理信息平

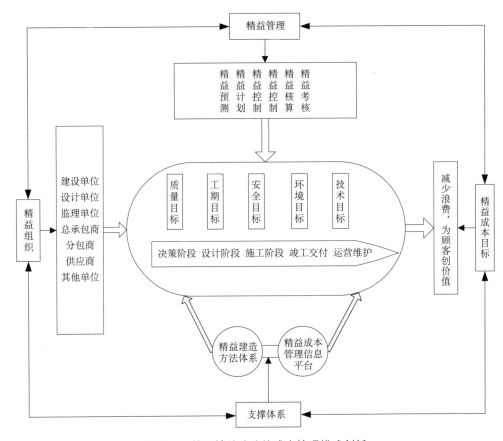

图 3-5　基于精益建造的成本管理模式创新

台，使所有参与项目建设的单位通过该平台及时准确地获取成本管理相关信息，及时发现成本管理中的问题，并对成本管理问题进行交流，确保成本管理工作的有效进行。第三基于精益建造的工程项目成本管理模式中组成精益组织的所有参与单位在项目寿命期的早期阶段均介入成本目标的制定，并且项目的实施过程中一起致力于项目成本控制活动，形成相互信任，风险共担的利益共同体，更有助于成本的控制。

3.3.2　基于精益建造的工程项目进度管理创新

传统项目进度管理更多的是着眼于建筑产品的整体的结果，过于强调计划方法的作用，脱离了建筑产品所在整个系统环。在传统的进度计划中，计划的层次，比较笼统，重整体而轻局部，多团队而少个人，在计划对象的明确性与实施者的模糊性上就形成了一种矛盾，计划执行的绩效无从考察，难以提升控制的有效性和效率。

基于精益建造的工程项目进度管理的重点是计划和流程控制。计划和控制是保证一个施工项目成功的最基本的工作,而计划和控制的效率高低也就决定了项目实施的整体绩效。由于建筑产品本身的特性,生产过程复杂多变,微小的变更有可能会影响成本增加、浪费产生,为实现精益建造尽量减少和消除浪费的思想,这就需要在产品付诸建设之前就要进行详细的计划,尽量避免在之后的生产过程中发生诸多变故。

1. 基于精益建造的工程项目计划与流程控制

施工的流程控制是保证施工过程畅通的必要手段。精益建造实现施工现场流程控制的主要手段就是"看板管理"和"拉式"生产模式。所谓拉式生产模式,就是对施工过程中的各个工序,每个工序上所需要加工(生产)的产品(工件)数量要根据与其相邻的下一个工序所需求的产品(工件)的数量来决定,某个工序的需求决定了与之相邻的上一个工序的生产,这样依次推之决定最终的生产量(图 3-6)。而看板管理通过类似卡片等其他传递工具在施工工序内或是施工工序间进行信息、物料的流动指示,起到了工序之间信息传递的作用,它连接着施工过程中不同的相邻工序。这样,施工项目通过"看板"的方式,逐步分解到每一个施工工序,相应工序的人员根据看板能够知道工序所需的各项资源量(亦包括前道工序生产量)及该工序生产量,能有效避免产能过剩、多次无效搬运,通过这种信息的传递,从而达到了精益的目的。由此"看板"的作用就起到了对施工过程的计划与控制的作用。

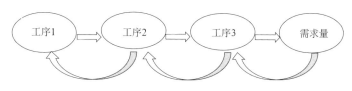

图 3-6　拉式生产与看板

(注:箭头方向即为看板方向)

在建筑施工管理中的各种计划也实际上是一种信息传递的工具,计划的生成需要以外在或内在的各种信息为基础,长期计划笼统但规定了生成过程的基本约束,短期计划则详细又加入了各种因素的临时变动,随时指导建筑施工过程的进度控制、成本控制等等,因此,从这个角度上讲,各种计划,尤其是各种短期计划,实质上就担当了精益生产中"看板"的角色。

2. 基于精益建造的工程项目计划任务与层次

在建筑产品的生产过程中(尤其是在其施工中),由于受到各种外界因素的制约,发生变更是在所难免的。但是,如何才能有效地管理这些可能会发生的变更,依靠传统的长期计划很难解决这个问题的。实际上，变更的发生一般都是根源于具体的工作面，开始很微小的变更如果不能加以有效的矫正，可能就会酿成更大变更，更加难以控制。传统的计划方法，一般都没有将计划细致到具体的工作层面上，因此，也就不可能对细微的变更进行有效的控制，施工中的任意一项变更可能就是源于具体的作业的变更。

基于精益建造的工程项目计划的基本任务就是为施工过程中的控制提供一系列的基准数据和要求。精益化施工项目进度计划是有层次的,对应于组织中的三个层次：战略层、管理层和运作层，也就可以产生三个层次的计划，即战略计划、管理计划和作业层计划（如图3-7）。根据各个层次所在组织中的位置，所产生的计划的属性也是有所区别的。战略层计划会过多地着眼于宏观，管理层和运作层则可能会更多地关注具体工作的执行；在运作层上，可以更有效地做到控制与突破有效结合。

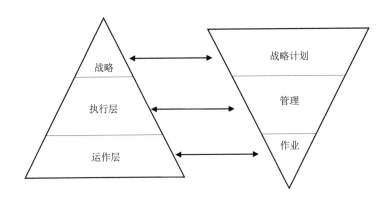

图 3-7　组织层次与计划层次的对应

对应于不同的组织层次，其计划层次的着眼点也是不同的。对于战略层来讲，其计划要符合整个组织的战略目标，要面向整个组织的发展。战略计划受到的约束因素最多，有内部的也有外部的，有环境的也有自身的。对于管理层来讲，其计划是战略计划的细化，它是战略目标的进一步分解，也约束着运作层的具体的计划的实施；其计划的范围要比战略计划少得多，也没有作业层的计划那么详尽，可以看作是从战略计划向实施计划的一种过度。在运作层上的计划是战略层计划和管理层计划的落实，其计划面向是具体的作业，计划的范围比较小，计划受到的约束因素比较单一，也容易处理（可能只会受到诸如资源、时间等因素的制约），而这种计划的详细程度和准确度较战略层和管理层的计划都有很大的提高，因此，它是最可行的计划；但是，由于这些计划一般都是短期计划，仅仅是面向最基层的作业，它需要与战略计划和管理计划相结合，才能发挥其作用。

3. 基于精益建造的工程项目进度计划方法

LP，即 Last Planner，是精益化施工项目进度计划于与控制的主要方法。LP 就是要尽量将计划做到最底层，从而彻底改变那种从上到下的计划方法，从字面上理解 Last Panner 应该是一个人，他应该直接面向作业，而又具有独立计划的能力；如果允许，他可以是真实的个人，只要这个人具有作为一个计划者所需要的能力；当然，他也可以是个作业的团队（图 3-8），但必须要直接面向作业，这样才能使得生成的计划更为可靠。

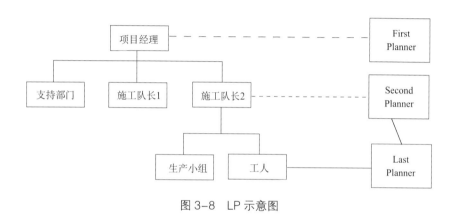

图 3-8　LP 示意图

在公司的不同组织层次上，计划者所面向的计划对象是不同的。在 Last Planner 的层次上，计划者要面向基本的作业。在一个公司内部，为完成（或达到）其公司目标，需要将其整个目标按照公司层次，在每个层次上都制订相应的计划（图 3-9）。我们可以在项目管理模式中计划的制订为例，说明计划的产生与相应的组织层次的划分。

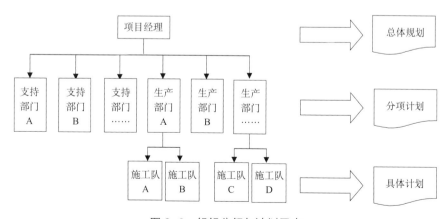

图 3-9　组织分解与计划层次

LP 方法是基于一种对组织的合理分解基础之上的，它需要结合 WBS 中对工作的分解。在 LP 计划系统中，组织中的最终计划（last plan）的制订者需要正好面向 WBS 中的最底端的工作包。因此，WBS 与 OBS（组织分解）的有效对应是实现 LP 的基础工作。

对于一个处于 Last Planner 位置上的计划制订者而言，计划制订的过程就是一个工作需求与实际工作能力的匹配过程，最后生成一个可以执行的计划（图 3-10）。

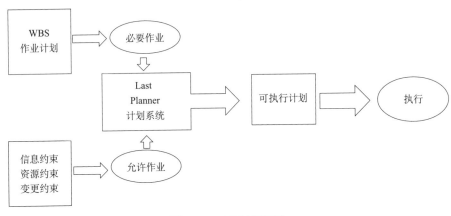

图 3-10 LP 计划系统

4. 基于精益建造的工程项目进度计划的实施措施

随着消费者对建筑产品质量、成本和个性化设计要求越来越高，建筑产品的设计周期越来越短，开发商为了赢得市场竞争的胜利，就迫切需要解决缩短工期，提高设计和施工的柔性问题，为了达到缩短工期目的。按照精益建造的思想和方法，通常可以采取并行工程、工期计划的制定和落实、拉动式 JIT 施工管理、准时精准的材料计划管理、准时精确的机械设备管理等措施来进行施工进度计划的实施。

3.3.3 基于精益建造的工程项目质量管理创新

传统工程项目质量管理手段主要是监督、检查等事后检验。虽然通过多次的检验在一定程度上可以有效地发现工程项目中存在的质量问题，并通过相关的措施来进行控制。但是,这种事后检验的质量控制方式只是对分部分项,或者是隐蔽工程进行控制,并没有从整体上进行质量管理。这种质量控制过程不仅浪费了大量的人力物力，也不能从根本上解决工程项目的质量问题。而把精益建造理论应用到质量管理中，建立一种新的质量管理模式，可以有效地对建筑质量进行管理，促进建筑业的健康发展。

1. 基于精益建造的工程项目质量管理内涵

基于精益建造的工程项目质量管理就是结合工程项目的特点，把精益思想应用到工程项目质量管理中，在建筑产品生产过程中消除浪费，创造价值，以此来不断地提高建筑工程项目质量的管理过程。精益建造质量管理认为施工项目的质量是通过设计施工过程等建造出来的而不是通过外部的监督检查来实现的。工程项目部尽可能少设专职的质量检查员，把保证工程项目质量职能转移到操作员，尽可能实行各主体工序、辅助工序和各工艺工序的质量控制。

精益建造理论认为每个人都对建筑产品最终质量负责，而且质量返工是一种极大地浪费，必须坚决予以消除。因此，从设计阶段开始一直到项目的竣工验收阶段要求每一个参与者都要参与到质量管理中。同时，每个参与者要对自己的工作进行自检，只有检验合格之后才能进行下一步的工作。然后，下一步的施工人员首先要对上一步的工作进行复检，如果出现不合格的情况下要立即进行相关的修复工作，只有上一步的工作质量彻底合格之后才能进行下一步的工作。这样不仅可以保证施工项目的质量，还可以降低施工项目的成本费用。

2. 基于精益建造的工程项目质量管理特征

（1）以客户为中心的质量经营观

精益建造理论明确地指出产品价值由客户来定义，工程建设应该紧紧围绕客户确定的价值来开展。精益质量管理强调以客户为中心的质量经营观，要求从产品质量的策划、功能设计、生产制造到交付整个过程都站在客户的角度去思考产品的价值。只有产品质量为客户所认可和接受，针对质量管理和作业的过程中所采取的各项活动才是有用功。

（2）基于价值流观点的质量管理流程

精益建造思想的核心是以客户为中心消除浪费、创造价值，其起点就是识别施工过程的价值流。精益建造思想将价值流上的活动分为三类：第一类为增值活动，是真正增加价值的活动；第二类为必要的非增值活动，也称第一类浪费，这些活动本身不增加产品的价值，但是不进行这类活动，可能会严重影响增值活动的进行，例如种类繁多的工作会议；第三类为不必要的非增值活动，也称第二类浪费，这类活动既占用资源又不增加价值，是造成是施工项目进度、质量、成本、安全等问题的源头。基于价值流的观点重新构建质量管理流程，保持和提高增益活动的效率同时努力消除不增值活动，有助于提高质量管理的效率。

（3）持续改进

持续改进是精益建造的重要思想，在施工项目管理中具有重要的作用。持续改进认为标准只是当前工作的最优方式,之后还会有更好的方式取而代之。因此,在质量管理的过程中每次发现问题,都要进行深入分析,提出改进措施以及新的操作标准,不但可以提升质量管理的效率还可以能促进整个企业葆有精益求精的精神,长期指导全体员工自觉、习惯性地持续改进工作方式。

3. 基于精益建造的工程项目质量管理模式

基于精益建造的工程项目质量管理通过把精益建造的理论和方法应用到施工项目的质量管理中,把建筑质量管理的各个参与方和精益建造的思想体系有效地结合起来,真正地实现精益建造的质量管理,促进工程项目质量的提高,改变传统的质量管理中存在的问题。基于精益建造理论的施工项目质量管理模型主要由意识层、管理层、执行层、支撑层和基于价值流观点的质量管理流程五部分组成,如图 3-11 所示。

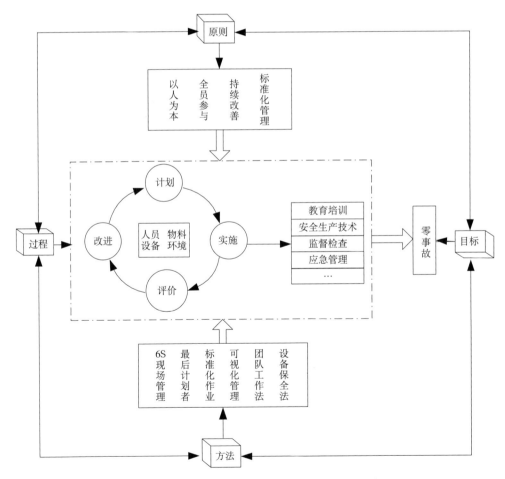

图 3-11 基于精益建造的工程项目质量管理模式

（1）基于精益建造的工程项目质量管理意识层

意识层主要是指精益建造的思想体系，用来指导管理层各个主体进行精益质量管理的各种活动。意识层主要的职责是在项目前期组织工程相关方的技术人员，根据国家目前的建筑标准与行业法规，结合项目建设目标与设计图纸，对项目的各项施工任务进行准确描述，从而形成指导整个项目施工的纲领性文件，指导后续的施工过程。管理层与执行层根据意识层制定的纲领性文件，在实施的过程中建立相应的质量管理责任制。

（2）基于精益建造的工程项目质量管理管理层

精益建造质量管理模式下将总承包企业、专业分包企业、劳务分包企业、现场管理人员、一线作业人员作为质量管理的主体。与传统建造模式不同的是精益建造质量管理将一线操作人员也作为质量管理的主体，使一线作业人员主动参与到质量管理中，提高他们的质量意识，从而更好地保证施工项目的质量。在这五个参与管理的主体中，总包企业和专业分包企业是管理决策层，是精益建设思想的主要提倡者和实施者。总包企业制定相关的制度和措施保证在施工过程中运用精益建设的思想进行质量管理和控制。同时总包企业通过信息共享平台与劳务分包企业和现场建筑工人对建筑质量信息进行交流，及时解决施工中的质量问题。劳务分包企业在质量管理模式中要接受精益建造的思想，并在施工过程中积极推广，同时对劳务人员进行相关的教育和培训，使其树立精益建设的意识，在质量工作中能够处处体现出精益建设的思想。

为了使劳务分包企业可以更好地参与到项目的质量管理中，总承包企业首先需要优化劳务分包企业的选择机制，严格审查劳务分包企业的资质，优先选择具有较高素质和能力的劳务分包企业。其次要与劳务分包企业建立长效合作机制，使劳务分包企业更加愿意并主动参与施工项目的质量管理。最后可以建立激励和处罚机制，调动劳务分包企业积极性，减少因为质量不合格造成的返工次数，提高施工项目质量。

（3）基于精益建造的工程项目质量管理执行层

执行层是指实施精益建造质量管理的具体操作方法，这也是精益质量管理得以实现的基础。用于精益建造质量管理的主要技术方法有 6S 现场管理、最后计划者体系、拉动式准时化建造、标准化管理、可视化管理。参与精益建造质量管理的各个主体需要在精益建造思想的指导下，应用这些技术方法编制质量计划、进行现场管理、指导施工操作过程以及控制材料的供应等。

（4）基于精益建造的工程项目质量管理支撑层

在传统的质量管理模式中，大多数是自上而下的命令式安排，总包企业，劳务分包企业和现场建筑工人缺乏有效的沟通，而且建筑工程质量管理过程中的信息量比较大，信息比较复杂。充分利用信息技术，在质量管理中建立基于局域网和Internet 为基础的信息共享平台，建立质量管理数据库，把纵向的信息交流方式变成横向，保证信息的有效流通。这样在施工过程出现的质量问题可以通过信息共享平台及时交流和共享，使问题得到及时处理，保障建筑施工质量。

质量信息共享平台作为精益建造质量管理模型的支撑层，首先应该实现建筑产品生产过程中质量管理工作活动中质量信息的创建、存储、交换等功能；其次要做到各参与方可以共享各种质量数据、文档、视频；最后还要可以通过网络等实现各个参与方对质量相关问题的沟通交流，完成意见交换，协调各个参与方之间的工作，保证质量管理。

（5）基于价值流的质量管理流程

传统的质量管理过程主要是以监督检查为主，在这个过程中虽然有时候也能发现建筑工程项目中存在的质量问题，但是这些质量检查一般只是关注自身的问题，并没有从全局的角度考虑。同时各种各样的抽检还浪费了大量的物力财力，一旦发现质量问题就得重新返工进行整改，这不仅影响建筑工程的工期，还造成施工总成本的增加。精益质量管理以价值流分析为核心，重新构建质量管理流程，消除非增值工作中的浪费，减少质量检验的流程，重视工序质量的提升，这也是施工项目质量管理模型构建的理论基础。

3.3.4 基于精益建造的工程项目安全管理创新

传统的施工项目安全管理模式逐渐凸显其自身的不足和局限性，给施工现场安全管理带来了很多不利之处，甚至会造成不可挽回的损失。近年来，精益建造理论和方法被应用于建筑企业安全管理中，由此形成了建筑业的精益安全管理创新模式。

1. 基于精益建造的工程项目安全管理内涵

安全作为建筑工程项目的核心价值目标，其实现不能脱离生产与管理而孤立存在。在传统管理体系中，常常将安全活动视为非增值活动，在安全与生产发生冲突时，往往将安全活动置于可有可无的地位；而孤立地行使安全监管职能，又常常会导致监管者与被监管者之间的敌对状态出现，制约安全管理效率的提高，因此，安全管理的变革必须有机融入精益生产和管理变革之中，将安全活动作为增值活动系统地体现在日常生产与管理过程中。

施工项目精益化安全管理是将精益建造思想和精益建造辅助技术工具应用到施工项目安全管理中，是建立在现有的安全管理体系的基础之上并与之有机地融合的一种安全管理创新模式。施工项目精益化安全生产管理创新模式把非增值活动定义为浪费，产生非增值活动的行为或者状态即为浪费源，施工现场存在着许多浪费源，安全隐患寄生在这些浪费源中，使安全隐患的存在具有隐蔽性和不可预知性。通过在施工过程中合理地应用精益管理思想和管理方法对传统的施工过程进行优化管理，从而减少现场杂乱和施工人员闲散等现象的发生，使其能够更好地预防安全隐患，并且有效地改进以往安全管理的不足。在保证工程项目施工正常的情况下，分清增值活动和非增值活动，对增值活动进行重点管理，对协调增值的必要工作进行精简，从而提高工作效率，使增值活动更为完善，进而减少安全隐患的寄生源。

2. 基于精益建造的工程项目安全管理模式

基于精益建造的工程项目安全管理应该始终坚持以人为本、全员参与、持续改进以及标准化管理的精益安全生产管理原则，同时将 5S 现场管理、最后计划者技术、可视化管理、标准操作规程及团队合作法等精益建造技术作为方法手段，期望形成施工项目安全生产管理的持续改进机制，并使安全管理的水平不断提升，最终达到施工项目"零事故"的效果，如图 3-12 所示。

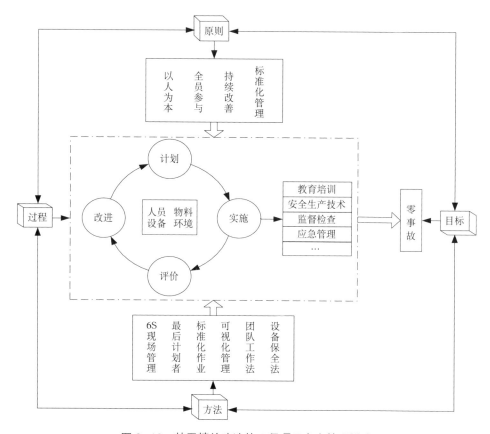

图 3-12　基于精益建造的工程项目安全管理模式

与传统安全生产管理过程不同的是，在精益安全生产管理系统中加入持续改进的机制。精益安全生产管理围绕施工过程中的人员、物料、设备以及环境进行计划、实施、评价、改进，最终形成一个不断循环往复的过程。通过计划、实施、评价和改进动态循环的过程可以快速精准识别安全隐患，持续优化安全生产流程、安全管理流程，最终不断改进安全生产管理中的不足，提升安全生产管理水平。通过改进与安全相关的行为习惯过程来减少不安全动作发生，了解不同工序施工人员所有可能的行为习惯，分析产生该行为习惯的原因，最终对所有可能的行为习惯进行监督，并解决这些行为，如此循环反复，直到该工序没有出现这些浪费现象。实施阶段主要包括对员工的安全教育培训、安全生产技术的实施、安全监督检查、发生安全事故时的应急处理等工作。

3. 基于精益建造的工程项目安全管理原则

（1）以人为本

精益安全生产管理认为人作为管理中最基本的要素，他是能动的，与环境是一种交互作用：创造良好的环境可以促进人的发展从而带来企业的发展。在施工项目安全生产管理中应该以人为出发点和中心，充分激发和调动人的主动性、积极性、创造性，使全体人员积极参与到项目的安全管理活动中。建立以人为本的精益安全文化，尊重员工在项目安全管理中的重要作用，形成支撑员工与企业生命的一种精神力量，培养员工精益求精，尽善尽美的精神，提升面对应急事件处置时的快速反应能力。

（2）全员参与

施工项目精益安全生产管理要求项目的全体成员在项目实施的全过程中参与到安全管理的各个方面中。项目部全体员工包括上层的项目经理、书记，一直到施工现场操作工人都有义务和责任参与安全生产管理活动中，而且应该根据不同的职务承担不同的安全管理职责，每个员工都应该具有高度的责任感。

（3）持续改进

安全隐患是反复出现和不断变化的，甚至很多安全问题很难用改革的方式彻底改变。同时施工安全生产是一种动态的生产活动，要求我们必须使用动态的方法或手段来适应变化的生产活动。持续改进作为精益安全生产管理模式的精髓，旨在通过精益管理中的"工作标准"到"标准工作"的持续交替过程，不断改进施工过程中出现的安全问题，优化安全生产管理流程，从而提升项目安全管理水平，达到持续改进的目标。

（4）标准化管理

标准化管理体现在管理流程的标准化和作业标准化两个方面。精益安全生产管理坚持以标准化管理为原则，一方面通过制定标准化的管理流程，不断修订和完善应急预案，可以在发生安全事故时提升管理人员的应急处理能力；另一方面通过实施作业标准化，使施工人员执行标准化的作业和使用机械设备时执行标准化的规程，可以减少安全隐患，降低安全事故发生的频率。

4. 基于精益建造的工程项目安全管理模式的运行

结合精益建造模式下的安全生产管理的内涵以及构建的精益建造体系下的安全管理创新模式，从施工工序连续性、施工现场动态性、施工环境的不确定性以及建筑工程并行集成的 3 个域，即执行域、支撑域、和管理域，来运行精益安全生产管理创新模式，如图 3-13 所示。执行域是对施工过程的集成，应用现场管理的各种方法对与安全相关的所有人力、物资、设备的安排、定位、开始（结束）时间的分配过程进行集成。支撑域主要是指运行精益安全生产管理的精益组织体系、安全管理团队以及安全生产管理制度。管理域是对执行域进行有效地监督和管理。通过对人员的集成，减少事故发生，对与安全相关的人员进行集成，筛选符合要求的人员。

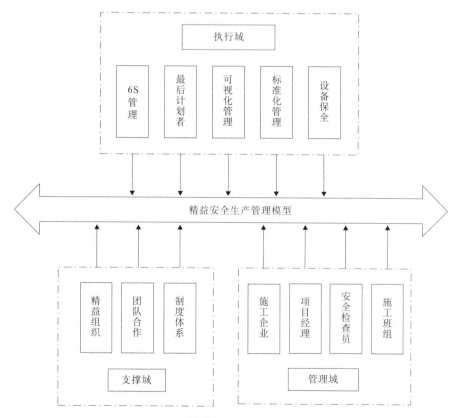

图 3-13　精益安全生产管理运行模式

执行域、支撑域和管理域三者相互联系相互制约。以支撑域中的团队合作作为支撑平台，根据最后计划者体系，计划自下而上制定，即下一个工作所需的资源计划由前一工作流末位的人员制定，前一工作流末位的人员应该与管理域中的四方进行沟通交流，建立一个信息反馈平台，通过实际情况来详细制定接下来的工作人数、人员分配（排除与工作无关的人员出现）、需要材料的数量、资源的进场时间、其他方协作等所需资源，达到信息透明化。坚持以人文本的原则，转化建筑工人的职能，使其参与项目的计划过程，工作安全成果直接面对"顾客"（下一道工序的工人），体现了建筑工人主动的自我安全监督效果，这种运行模式最终又形成了一个人员精干，一人多个职务，一专多能的合作团队。在管理域中建筑施工企业是安全生产第一责任人，他必须对现场的安全管理起到带头的作用。通过精益建造体系的思想，对每个参与者、每个过程每道工序每个行为都进行精益求精。传统安全生产管理模式大多是命令式的安排任务，缺乏与操作人员的沟通，因此安全管理合作团队为安全生产管理工作提供了一个良好的沟通平台，通过沟通交流，改变以往被动、信息独占的局面，达到信息的共享，使每个人对安全隐患的潜在可能性提出疑问，消除安全隐患或减少安全隐患带来的后果。而利用最后计划者体系又可以通过一线工作人员参与计划与决策来调动了一线人员的参与积极性，使其工作使命感更强，安全意识更强烈。

3.4 精益建造方法在常熟电厂引水隧道工程中的应用

3.4.1 工程概况

中国铁建十四局集团公司承建的中电投江苏常熟发电有限公司 2×1000MW 机组扩建工程 F 标段包括循环水泵房及其配电间土建工程、雨水泵房区域土建工程、取水工程（包含取水隧道和垂直顶升取水立管、取水头等）、盾构穿越长江大堤加固，以及上述建筑工程的上下水、消防、暖通、照明、接地等施工。

循环水泵房主体结构为地下深基础构筑物，采用钢筋混凝土沉井结构，沉井下设 144 根 ϕ100cm，深 41m 的钻孔灌注桩基础，沉井外包尺寸为 45m×46m，壁厚 1.5m，下沉深度约 19.7m；沉井分三节浇筑，一次下沉。两条取水隧道起始于循环水泵房沉井进水间，隧道内径为 4.2m，外径为 4.8m，采用网格挤压式盾构法施工；单根进水隧道投影长度约为 943.2m，穿越长江大堤后延伸至长江水道内约 870m。隧道端部分别设置取水立管，设计采用多点式垂直顶升方案，沿隧道轴线并列布置 7 个小型取水头，立管截面平面尺寸 1.79m×1.79m，每根立管共计 13 节管节，采用 C50 强度预制钢筋混凝土结构，取水立管从隧道特殊段内部向上逐节顶出江底泥面。每根竖管顶端设 1 个烟斗式钢结构取水头，取水头的施工采用水上吊运沉放法，为保证取水立管安全稳定，需在立管周围进行护坦抛石保护。

3.4.2　精益建造方法应用背景

目前，国内许多工程施工还处于粗放的管理状态。施工生产操作较为松散，施工材料计划编制粗糙，现场浪费极大；施工工艺落后，管控力度小，工期拖延、质量下滑等现象较多，极大地影响了企业效益和信誉。精益建造是以生产转换理论、生产流程理论和价值理论为理论基础，以精益思想原则为指导，对工程项目实施过程进行重新设计，在保证工程质量、施工安全、工期短、消耗少的条件下建造用户满意的建筑产品为目标的新型工程建设项目管理模式。

常熟发电厂扩建工程 F 标段是我国发电厂工程中首座深水引水隧道工程。引水隧道工程位于长江下游徐六泾河交汇处南段，由循环水泵房、取水隧洞和取水立管组成，引水隧道最深处离长江水面 26m。盾构机在施工时要穿越长江大堤和多个富含沼气、上软下硬的地层、流沙土等地质复杂地段。施工技术难度之大，工程管理风险之高，在我国水下引水隧道施工中极为罕见。

项目部运用精益建造方法，对常熟发电厂扩建工程进行创新性的管理，确保在 2014 年 1 月底全面投产后，大大缓解江苏、上海地区电网供电紧张状况。此外，可以为同类工程创造项目管理经验，促进中铁十四局工程项目管理水平的提高。

3.4.3　施工难点分析

1. 循环水泵房施工难点。一是沉井结构体积大、下沉重量 2.95 万吨，制作及下沉施工控制难度大。二是地质条件极为复杂，所处地层土质为素填土、充填土、粉质粘土、淤泥质粉土、粉砂夹粉土，而且地下水位高，多为液化层，易产生流砂现象。沉井在这样的软土地基中预制下沉，沉井底可能会出现突涌等风险，下沉速度控制和纠偏难度大，同时沉井下沉过程中，如果倾斜很容易挤断钻孔桩。

2. 取水隧道施工难点。一是地质条件复杂、施工难度大。取水隧道经过了厂区陆域、长江大堤、潮间带浅滩、深水岸坡等多种场地类型；施工穿越 2 层粉砂加粉土、1 层淤泥质粉质粘土、1 层粉质粘土夹粉砂，易发生流砂和管涌等不良地质现象，而且土层含有沼气等有害气体。二是水利部门要求盾构穿越大堤时，大堤的允许沉降量必须满足二级堤防沉降要求，控制要求高。三是隧道埋深浅，水压大。穿越流沙土层，最大渗透系数达 2.4×10^{-4}cm/s，且地下水与长江水形成补给关系。四是每条隧道长 943.2m，盾构长距离推进给网格式盾构盾尾防渗漏、出土泥浆输送、水平运输均带来较大的不确定性。五是垂直顶升和取水头安装等水上作业施工精度控制较困难，风险因素多。

3.4.4　施工过程的精益化管理措施

结合本项目的特点，围绕本工程不同施工阶段的管理目标，在编制施工组织设计过程中，融入精益建造的管理思想，形成运用精益建造方法的实施工作计划，使精益建造方法和应用领域的实施建立在切实可行的基础上。

1. 精益化的进度管理

采用准时化施工管理技术进行工程进度管理。以业主方"中电投"对总工期的需求为依据，精准地组织每个施工环节。一方面，在编制进度计划和实施过程中，缩短各工序、各分项工程转换时间，尽量使各分项工程之间的转换时间接近于零。确保在任何一个分部、分项工程或工序结束，立即转入下一道工序，实现施工工序转换的间隔时间趋近最小的状态。在具体操作时主要做好施工现场作业人员、施工机械和建筑材料三个方面的工序转换。另一方面，严格要求各专业分包单位在必要的时间完成必要的工作量。按照供应链管理原理与建筑材料供应商建立良好的合作关系，要求供应商按工程进度计划需要的数量准时地把材料送到施工现场。项目财务部门准时地划拨资金。施工过程中，每一道工序都按照后工序所需工程量向前工序提出人员、材料、施工机械等的要求，从而为每道工序在既定的时间内完成计划的工作量奠定前提条件。

2. 精益化的质量管理

在施工阶段，采用"末位计划技术"编制质量控制计划，通过逆向拉式流程把质量计划控制在准确的范围内，也使得现场操作工人能够主动地关注与其相关的全流程的质量控制，并通过"看板管理"等方式清楚地知道质量控制的标准和达到要求应采取的措施，从而把质量损失控制在最小的程度。

（1）结合沉井下沉、江底取水隧道等工程具有长江边软基施工技术难度大、地质复杂、季节性强的特点，项目部严格执行重大技术方案国内知名专家评审制度，确保技术方案可行、有效。

（2）坚持盾构施工质量综合评估制度，分析出现问题的原因，采取措施，使问题及时得到整改，指导下一步的施工，保证了施工质量。

（3 对采购进场的建筑材料、构配件、半成品由项目质量总监组织工程、质量、技术、物资部门的责任人员进行验收，在监理工程师的现场见证下，由试验人员进行取样送检，对经试验达不到标准的材料，坚决清退出场。各种建筑材料、半成品等进场后分门别类堆码存放，标识检验和试验状态防止误用，并实现可追溯性。

（4）项目部建立了工区、项目部两级的测量跟班作业制度。为保证沉井下沉和江底取水隧道盾构施工取得好的效果，项目在现场设置两个高标准的永久测量控制点。在沉井下沉过程中，分组 24 小时跟班作业，每小时观测一次，对沉井下沉进行数据指导，从而保证了沉井下沉质量。在盾构取水隧道施工中，在沉井顶部设立固定观测墩，保证了下井控制点的精度。

3. 精益化的成本管理

在项目建设过程中，涉及到的材料种类繁多，数量庞大，且对于不同材料的使用时间一般都不同，呈现出较明显的阶段性和技术关联性，如管片生产的结束必须在隧道主体工程开工之前。因此，材料供应的准时化是实现材料成本精益化管理的重要前提。第一步，编制材料使用计划。对项目所需消耗材料总量进行测算，按照施工进度计划将其分配在对应的进度期间。材料使用计划编制建立在类似项目施工历史经验数据和本项目较为详细的材料测算基础之上，在各种约束条件下，根据设计方案中材料的预算量，再结合工程项目的进度计划，制订一个粗略的材料使用计划。第二步，计算材料供应的订货时间。为实现材料供应的准时化，必须为每种材料设置供应的预订货时间。施工中使用的材料，有些可以在现场实时订货，供应商可以快速送达；有些材料则必须要提前订货，才能保证供应商的供货准时，例如对各种异形钢管制订适宜的预订货时间是实现钢管准时供货的基本前提。第三步，确定最佳订货量。定货量的大小对于施工方和供应商都是成本控制的一个重要因素。订货少会出现停工待料现象，订货太多又会增加现场堆放困难和库存费用。因此，确定定货量时要考虑供应商能够提供的数量、订货费用、存货费用等因素。

4. 精益化的安全文明施工管理

项目部坚持高起点、高标准、严要求，按照 5S 现场管理技术要求，规范现场物品和设施布置，使现场所有的生产要素均处于受控状态，在确保安全生产零事故、质量零缺陷、工期零滞后的同时，狠抓现场安全文明施工，着力打造现场文明施工亮点，保证了作业人员的人身安全和设施安全。具体做法如下：

（1）建立健全安全管理制度。项目部实行专项责任制，使安全生产管理系统化、规范化。在施工中，坚持安全例会制度、建立安全管理措施先报批后执行制度、建立安全检查制度、建立工班"三上岗"和"三工制"制度，做到在安全生产上各项工作有章可循。积极落实"中央企业安全生产禁令"采取全员学习、张贴宣传等方式，把"中央企业安全生产禁令"贯彻落实到施工全过程中。

（2）开展形式多样的安全教育活动。聘请安全专家进行安全知识培训，把生硬、教条的安全教育说教，采用"亲人心语"等形式，让操作人员深刻体会到安全生产事故给他人、家人带来何等的痛苦，变"要我安全"为"我要安全"。

（3）编制各种应急预案，并进行演练，落实应急预案制度。项目部编制了触电事故、防台防汛、高空坠落、机具伤害、坍塌事故、物体打击、消防、盾构逃生等应急预案，并对各种应急预案的实用性、可操作性进行演练，通过演练考验抢险队伍的应对安全生产事故的应急能力，检验项目部和工区的协作能力。

（4）制定严格的隧道洞内施工管理制度。在盾构施工出入口处，设置了值班岗亭，每天24小时有专人值班，严格做好进出隧道人员的登记，严格禁止酒后、身体不佳者进入隧道。进入洞内禁止吸烟，禁止带火种，禁止携带手机，禁止乱扔垃圾，一旦发现上述违章现象，对管理人员和作业人员严肃处理。

（5）组织进行重大危险源辨识活动。为切实做到预防为主，将危险消除在萌芽状态，针对本工程的特点，项目部经常组织相关人员进行重大危险源辨识活动，确定重大危险源清单，并制作成标识牌，如沉井下沉过程中的防高空坠落、防漏电、防管涌等，使所有作业人员清晰知道施工区域的重大事故隐患和重大危险源，做好预防，确保施工安全。

（6）根据施工现场的需要设置了专门的警卫室和警卫人员，24小时值班站岗。为加强现场乱抽烟现象，设置了专门的吸烟室和茶水房，以便施工作业人员临时休息。为防止火灾发生，在易发火灾区配备了专人负责的灭火器、沙箱等消防器材，并定期进行检查。

5. 精益化的绿色施工管理

根据本项目专项工程施工特点，在施工组织设计中，针对绿色施工制定出详细的方案。例如，钻孔灌注桩、沉井下沉和盾构掘进等施工过程中会产生大量泥浆，若处理不当将会对环境造成极大污染，为此，在施工现场西侧开挖了容量约1.5万立方的泥浆池，做到"水入沟、泥入池"，最后统一排放至当地环保部门指定地点。

严格执行生产垃圾与生活垃圾等废弃物分类存放，并按业主和当地环保部门要求进行处理。严格控制空调温度、电器开关位置、水龙头位置张贴提醒标志，强化所有参建员工的节约意识。现场施工道路全面硬化，定时洒水、压尘。在围墙一侧设明沟排水，排水沟上盖铁篦子，并设有沉淀池。在施工场地大门处设置洗车平台，所有驶出施工场地的车辆均需进行清洗，清洗后的污水经过沉淀池后回收利用，确保不会对道路及市政管道造成污染。所用加工地场均作隔音处理，如搭设防护、隔音棚等。需要在夜间进行施工的部位，严格选择符合要求的施工机械，若不能满足噪声控制，相应部位夜间停止施工。

6. 精益化的技术创新管理

该工程在我国水下隧道建设中首次采用了"下插式"取水立管施工新技术，盾构机施工先后穿越长江大堤和多条富含沼气、上软下硬地层、流沙土等错综复杂的不良地质段。按照设计，在水下 22m 至 26m 深处的隧道顶部安装取水口，液压振动锤最高要产生 520t 的冲击力，才能把重 55t、直径 3.5m、高 27m 的钢护筒打入土层中，与隧道拱顶开孔口对接。在长江潮水高达 4.8m 的浪击下，对接定位的控制相当艰难。取水立管处于长江中心的深水区，不仅水下压力大，而且要防止卵石、块片石、流砂等冲积物的影响，在这种条件下确保对接的精确度无误是一项巨大挑战。项目部与业主、设计、监理单位密切协作，编制了"正头保尾、无损漏偏、规范操作、稳步推进"的施工作业方案，采用"应力传感器"等国内先进的监测设备，实时监控隧道结构受力变形情况，成功实现了取水管与隧道拱顶精确、安全对接，取水立管与取水隧道拱顶的对接精度误差控制在 2cm 之内，还创造性地在隧道顶部沿钢护筒四周打入 66 根冻结管，利用冷冻技术封堵止水，并在隧道内加装 40m 钢内衬，保证了已经贯通的隧道无渗水、不变形。特别是东线取水隧道特殊段是一项填补国内设计、施工领域空白的高技术难度、高风险工程，从设计到施工在国内外都无任何可借鉴的类似工程实例。

3.4.5　结语

在施工过程中，遵循精益建造的管理原理，科学组织、精心施工，严把安全质量关，严控项目风险因素，循泵房大体积沉井圆满下沉到位、东西线江底盾构隧道及其垂直顶升立管等施工任务顺利完成，并于 2014 年元月 24 日顺利贯通交付使用，实现了工程项目的工期、质量、成本、安全、环保、技术创新等六大预期目标，荣获山东省建设工程泰山杯奖。这一深水引水隧道工程整体建成，为常熟电厂 2 台 100 万千瓦机组按期发电创造了有利条件。国内专家评价认为，这标志着我国复杂地质地层条件下特殊结构的长江深水漩涡的水域中首次采用下插入式的引水隧道的设计、施工管理与技术创新取得重大突破。

参考文献

[1] 尤完，袁裕财，崔楠，刘春. 建设工程项目精益建造理论与应用研究. 北京：中国建筑工业出版社，2018.

[2] 谢坚勋. 精益建设——建筑生产管理模式的新发展 [J] 建设监理. 2003（06）：62-63.

[3] 蒋书鸿，苏振民. 精益建造：一种先进的建造体系 [J] 基建优化. 2004（03）：11-16.

[4] 闵永慧，苏振民. 精益建造的优越性分析 [J]. 经济师. 2006（06）：56-57.

[5] Lauri Koskela, Application of the New Production Philosophy to Construction，Technical Report#27 of CIFE，Stanford University，USA，1992.

[6] Gigado, K. I. . Project Complexity：The Focal Point of Construction Production Planning [J]. Construction Management and Economics. 1996（14）. 213-225.

[7] Bertelsen S. . Complexity--Construction in A New Perspective[A]. IGLC-11 [CJ. Virginia：IGLC . 2003：56-57.

[8] Womack J. P. and Jones D. T. . Lean Thinking [M]. New York：Simon and Schuster. 2004. 12-14.

[9] Tommelein, Weissenberger. More Just-In-Time：Location of Buffers in Structural Steel Supply and Construction Processes[J] . Proceedings IGLC-8，Berkeley. 2006.

[10] Manfred Breit，Manfred Vogel，Fritz Häubi，Fabian Märki，Micheal Raps. 4D Design and Simulation Technologies and Process Design Patterns to Support Lean Construction Methods [J] Tsinghua Science & Technology，2008（13）179-184.

[11] Remon Fayek Aziz，Sherif Mohamed Hafez，Applying lean thinking in construction and performance improvement[J]Alexandria Engineering Journal，2013（52），679-695.

[12] Piotr Nowotarski，Jerzy Pas awski，Jakub Matyja，Improving Construction Processes Using Lean Management Methodologies-Cost Case Study[J]Procedia Engineering，2016（161），1037-1042.

[13] Bhargav Dave，Sylvain Kubler，Kary Främling，Lauri Koskela. Opportunities for enhanced lean construction management using Internet of Things standards[J]Automation in Construction，2016（61），86-97.

[14] Ahmad Huzaimi Abd Jamil，Mohamad Syazli Fathi. The Integration of Lean Construction and Sustainable Construction：A Stakeholder Perspective in Analyzing Sustainable Lean Construction Strategies in Malaysia[J]Procedia Computer Science，2016（100），634-643.

[15] Matti Tauriainen，Pasi Marttinen，Bhargav Dave，Lauri Koskela. The Effects of BIM and

Lean Construction on Design Management Practices[J]Procedia Engineering，2016（164），567-574.

[16] Laila M. Khodeir，Reem Othman，Examining the interaction between lean and sustainability principles in the management process of AEC industry[J]Ain Shams Engineering Journal，2016（12），126-135.

[17] 邱光宇，刘荣贵．精益建设在我国建筑业运行的可行性研究 [J] 四川建筑科学研究．2008（2）：253-256.

[18] 刘春．基于价值链理论的精益建造适用性分析 [J] 建设科技．2017（17）：88-90.

[19] 黄宇，高尚．关于我国建筑业实施精益建造的思考 [J] 施工技术．2011（11）：93-95.

[20] 赵金煜，尤完．基于 BIM 的工程项目精益建造管理 [J] 项目管理技术．2015（4）：65-70.

[21] 尤完，袁裕财．精益建造方法在常熟电厂引水隧道工程中的应用 [J] 项目管理技术．2015（03）：61-64.

[22] 方俊，龚越，陈旭辉．基于 BIM 技术的施工总承包项目精益建造模式研究 [J] 建筑经济．2016（08）：33-36.

[23] 尤完，马荣全，崔楠．工程项目全要素精益建造供应链研究 [J] 项目管理技术．2016（7）：63-69.

[24] 李忠福，李晓丹．建筑工业化与精益建造的支撑和协同关系研究 [J] 建筑经济．2016（11）：92-97.

[25] 韩美贵，王卓甫，施珺．面向精益建造的最后计划者系统动力学模型 [J] 系统工程．2016（06）：119-127.

[26] 高玲，潘郁，潘芳．基于精益价值链的建筑企业精益成本管理研究 [J] 会计之友．2016（17）．

[27] 张洪波，范敏．精益建造的理论与实践 [J] 建筑设计管理．2015（6）：31-32

[28] 包剑剑，苏振民，王先华．IPD 模式下基于 BIM 的精益建造实施研究 [J] 科技管理研究．2013（03）：219-223.

[29] 刘春．精益建造关键技术与 BIM 的协同应用研究 [J] 住宅与房地产．2017（9）：25-26

[30] 肖天明．精柔建造探讨：先进建造新发展 [J] 建筑经济．2016（12）：26-30.

[31] 郭玉莹，刘全．基于 KanBIM 的施工现场可视化管理研究 [J] 项目管理技术 2016（12）：74-79.

[32] 刘哲．应用 BIM 技术的建筑精益设计初探 [J] 重庆建筑．2016（01）：36-39.

[33] 刘春．基于精益建造的施工项目成本管理研究 [J] 中国建设信息化．2017（8）：70-71

[34] 朱宾梅，刘晓君，王智辉．基于精益建造下工程项目质量、成本、工期三要素管理的新思维 [J] 建筑经济 2007（17）13-15

[35] 黄恒振．基于 BIM 与精益建造的工程进度管理研究 [J] 项目管理技术 2016（07）：58-62.

[36] 覃爱民，夏松，杨波．融合精益建造提高建筑施工管理水平 [J].2015（03）：17-19.

[37] 孙炯，杨正清，苏峥嵘．业主视角下的全生命周期精益建造理论研究——以安谷水电站项目为例 [J]. 2015（08）：98-102.

[38] 刘晓伟，李彤煜，何仁龙．实施施工项目精益成本管理 [J] 技术经济与管理研究．2009（5）60-62.

[39] 郑志林，徐霞．基于精益思想的建筑工程项目成本管理研究．[J] 商业时代．2008（22）49-50.

[40] 周榕冰，范建双．建设项目全寿命期精益成本管理研究 [J] 建筑管理现代化．2009（04）164-167.

[41] 李明，李前进，刘芳．精益建造中的施工质量控制模式初探．[J] 建筑经济．2009（06）：18-21.

[42] 周福新，李清立，黄莺．基于精益建造思想的工业化建筑质量管理研究 [J] 建筑经济．2016（07）：11-14.

第 4 章
装配建造方式与建筑产业现代化

4.1 引言

4.1.1 装配式建造是实现建筑工业化、产业化的必由之路

装配式建筑就是由预制部品部件在工地装配而成的建筑，是一种典型的工业化建筑，采用装配式建造方式是实现建筑工业化乃至产业化的主要途径。

建筑工业化是随西方工业革命出现的概念，工业革命让造船、汽车生产效率大幅提升，随着欧洲兴起的新建筑运动，实行工厂预制、现场机械装配，逐步形成了建筑工业化最初的理论雏形。二战后，法国、英国、德国等国家亟需解决大量的住房而劳动力严重缺乏的情况下，为推行建筑工业化提供了实践的基础，因其工作效率高而在欧美风靡一时。其后迅速传播到东欧、苏联、美国和日本。

美日西欧等发达国家建筑工业化、产业化发展历程大致经历了四个阶段见图 4-1 所示。

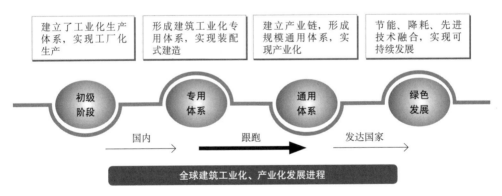

图 4-1 建筑工业化、产业化发展进程及其特征

第一阶段是产业化形成的初期阶段，重点是建立工业化生产体系，其特征是实现了工厂化生产。

第二阶段是推进产业化的发展期，重点是提高建筑的质量和性价比，其特征是形成专用体系，实现装配式建造。

第三阶段是工业化发展的成熟期，重点是建立了建筑工业化产业链，其特征是形成规模化通用体系，实现产业化。

第四阶段是产业化的提高期，重点是降低建筑的物耗和对环境的负荷，其特征是发展资源循环型绿色建筑。

建筑工业化发达国家目前正处在第三阶段向第四阶段的过渡，其实，40 多年前我国装配式建筑已有较大的发展，当时国家建委曾就此下发了《建筑工业化发展纲要》，在 10 多个城市进行试点。但由于构件节点构造以及外墙防水等问题就"一刀切"地停止了。可以说，在这个领域我们耽误了几十年，远远落后于发达国家，以至于目前我国还处在第一个阶段向第二阶段的过渡，在跟跑的进程中，要实现建筑工业化、产业化的目标，第二阶段即采用装配式建造方式是不可逾越的环节，因此，发展装配式建筑是实现建筑工业化、产业化的必由之路。

4.1.2　发展装配式建筑是大势所趋

从全球范围看，绿色化、信息化和工业化是国际建筑产业发展的三大趋势。欧、美等主要发达国家都在积极推进绿色建筑和建筑工业化，把发展绿色建筑作为是应对环境和经济双重挑战的良方，将绿色建筑及建筑工业化作为新一轮科技创新和产业转型升级的主要方向。

2016 年 9 月 3 日，全国人大常委会批准中国加入《巴黎气候变化协定》，则成为完成了批准协定的缔约方，中国争取到 2020 年实现碳强度降低 40% ~ 45% 目标。另外，在中美气候变化联合声明中，中国计划 2030 年左右二氧化碳排放达到峰值且将努力早日达峰，并计划到 2030 年非化石能源占一次能源消费比重提高到 20% 左右。这是一个负责大国对世界的庄严承诺，也是我们贯彻落实"创新、协调、绿色、开放、共享"五大发展理念的现实要求。

据不完全统计，与建设和运行相关的建筑领域能耗已占到我国总能耗的 40%以上，是造成我国碳排放量高的主要原因之一。国务院《能源发展战略行动计划（2014 ~ 2020 年）》中明确指出，"到 2020 年，城镇绿色建筑占新建建筑的比例达到 50%"。我国 2030 年左右碳排放达到峰值，意味着建筑领域节能减排形势更为严峻。重点之一就是发展绿色建筑和建筑工业化，从可操作的角度，建筑领域转型升级、大力发展装配式建筑成为大势所趋。

目前，我国已经成为世界第二大经济体，拥有世界上规模最大建筑市场，在社会发展、经济基础、科技水平等具备了发展装配式建筑的条件。2016 年国务院关于大力发展装配式建筑的指导意见国办发〔2016〕71 号大力推广钢结构和装配式建筑，加大政策支持力度，力争用 10 年左右时间，使装配式建筑占新建建筑的比例达到 30%。

4.1.3 集中力量研发制约装配式建筑发展的关键核心技术

在技术层面上，制约我国装配式建筑产业化发展的瓶颈主要体现在两个方面：首先是缺乏适合工业化、产业化特征的典型结构体系，部品部件体系，标准化、模块化、通用化、装配化的技术体系和设计、制造、装配、运维一体化的产业化技术体系；其次是关键共性技术缺乏工业化、产业化解决方案，例如与工业化、装配化配套的建筑体系和围护体系、装配连接技术以及系统集成建造技术和平台等。

仅以结构体系为例，按照目前我国现行建筑结构设计规范的规定，特别是基于多重抗震结构设计要求，理论上讲，由于每一个建筑所承受水平荷载（地震、风载等）不相同，几乎每一个结构都是独一无二，换句话说就是每一个工程的结构构件都是不同的，在这种情况下，构件的工厂化预制就无法做到规模化、标准化生产，建筑工业化和产业化就是一句空话，"像造车一样建房子"就是一个伪命题。

因此，研发和推广具有工业化、产业化特征的结构体系，就是摆在我国工程技术领域一个核心技术问题，对此，我们可以借鉴国际上先进设计理念，采用抗重力和抗侧力可分的高性能结构体系（图4-2），由于同类建筑物的重力设计荷载是一样的，这样就很容易将抗重力结构设计成标准化，结构构件设计成通用化，实现工业化、产业化的目标。对于抗侧力结构可以借助消能减震构件，形成高性能减震结构体系。

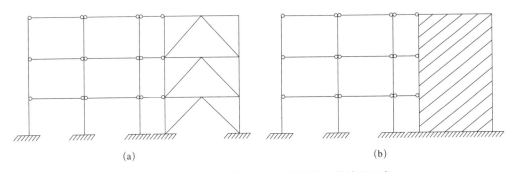

(a)   (b)

图4-2 抗重力和抗侧力可分的高性能结构体系示意

(a) 铰接框架＋耗能支撑；(b) 铰接框架＋耗能墙（核心筒）

4.1.4 走中国特色的装配式建筑发展之路

当前，建筑工业化发达国家已从工业化专用体系走向大规模通用体系，以标准化、系列化、通用化建筑构配件、建筑部品为中心，组织专业化、社会化生产和商品化供应的住宅产业现代化模式，已经进入了重点转向节能、降低物耗、降低对环境的压力以及资源循环利用的可持续发展阶段,这一阶段中现场施工合理化问题普遍受到重视,现场施工的技术服务体系得到建立和完善,先进技术(机器人、数字化制造、3D 打印、三维扫描、精益制造)和现代化管理技术(BIM 等信息化技术)得以广泛应用。

我国地域广阔,气候条件多样,抗震防灾设防要求不同,发展装配式建筑注定要走因地制宜、差异化发展之路。工业厂房等工业建构筑物基本上发展全装配式建筑,公共建筑特别是大跨度、超高层建筑发展装配式钢结构或者组合结构建筑,住宅建筑重点发展装配式混凝土建筑。

由于各地社会经济发展不平衡,生活居住习惯差异大,发展装配式建筑需要分地区、阶段性推进,以京津冀、长三角、珠三角三大城市群为重点推进地区,常住人口超过 300 万的其他城市为积极推进地区,其余城市为鼓励推进地区,因地制宜发展装配式混凝土结构、钢结构和现代木结构等装配式建筑。同时,逐步完善法律法规、技术标准和监管体系,推动形成一批设计、施工、部品部件规模化生产企业,具有现代装配建造水平的工程总承包企业以及与之相适应的专业化技能队伍。

在发展装配式建筑的启动期,除了健全法规标准体系、全产业链建设、专业化配套以及质量检测设备等以外,从关键技术的角度重点推进以下三个方向:一是主体结构由预制构件的应用向建筑各系统集成建造转变;二是装饰装修与主体结构、围护结构一体化发展,推广全装修,鼓励集成装修模式;三是部品部件向标准化、通用化发展;从生产要素的角度重点推进产业工人建设,形成稳定的、训练有素的建筑产业工人群体,是发展装配式建筑的根本,也是推动社会管理方式的转变,推动我国供给侧结构深化改革,改变城乡二元结构的重要抓手。

发展装配式建筑是建造方式的重大变革,是推进供给侧结构性改革和新型城镇化发展的重要举措,有利于节约资源能源、减少施工污染、提升劳动生产效率和质量安全水平,有利于促进建筑业与信息化工业化深度融合、培育新产业新动能、推动化解过剩产能。相信经过 10 年左右的努力,我国建筑工业化、产业化水平一定会有大幅提高,在某些领域赶上甚至超过欧美发达国家。

4.2 装配建造方式对建筑产业现代化的推进作用

4.2.1 装配式建筑与建筑产业现代化

装配式建筑是建筑产业现代化的核心。建筑产业现代化是以建筑业转型升级为目标，以技术创新为先导，以现代化管理为支撑，以信息化为手段，以装配化建造为核心，对建筑产业链进行更新、改造和升级，用精益建造的系统方法，控制建筑产品的生成过程，实现最终产品绿色化、全产业链集成化、产业工人技能化，实现传统生产方式向现代工业化生产方式转变，从而全面提升建筑工程的质量、效率和效益。建筑工业化是建筑产业现代化的基础和前提。

装配化建造是建筑产业现代化的重要途径。2017年，国务院办公厅发布的《关于促进建筑业持续健康发展的意见》中明确提出推进建筑产业现代化，推广装配式建筑。装配化建造将实现建筑产业由传统建造方式向现代工业化生产方式转变。装配化建造方式与传统建造方式的比较，详见表4-1。

传统建筑方式与装配化建造方式的比较 表4-1

内容	传统建造方式	装配化建造方式
设计阶段	不注重一体化设计 设计与施工相脱节	标准化、一体化设计 信息化技术协同设计 设计与施工紧密结合
施工阶段	以现场湿作业、手工操作为主 工人综合素质低、专业化程度低	设计施工一体化 构件生产工厂化 现场施工装配化 施工队伍专业化
装修阶段	以毛坯房为主 采用二次装修	装修与建筑设计同步 装修与主体结构一体化
验收阶段	竣工分部、分项抽检	全过程质量检验、验收
管理阶段	以包代管、专业化协同弱 依赖农民工劳务市场分包 追求设计与施工各自效益	工程总承包管理模式 全过程的信息化管理 项目整体效益最大化

装配化建造是建筑产业现代化的重要组成部分，建筑产业现代化是装配化建造的发展目标。产业化是针对整个建筑产业链的产业化，是一个发展过程，是解决全产业链、全寿命期的发展问题，重点解决房屋建造过程的连续性，使资源优化、效益最大化。而装配化建造是生产方式的装配化，是建筑生产方式的变革，主要解决房屋建造过程中的生产方式问题，包括技术、管理、劳动力、生产资料等，目标更具体。应该说，装配化是产业化的基础和前提，只有装配化达到一定的程度，才能实现产业现代化。因此，产业化包含装配化，装配化的发展目标是实现建筑产业现代化。

4.2.2 装配建造方式的基本原理

1. 基本原理

装配建造方式的基本原理可以简单归纳为"积木原理",所谓"积木原理"是一种典型的模块化类比思维方式,它是通过为构建筑物提供各种功能构件,并使之按照不同的结构形式和连接方式,实现功能构件综合组编和应用,组成构建筑物的基本法则。

2. 装配建造方式的分类及应用

(1)分类

装配建造方式,根据建造构件的集成化、预制化程度,可以分为 4 类或阶段,即平面构件化、结构单元化、功能模块化和整体模块化阶段。各阶段典型应用见表 4-2 所示。

装配建造方式表

表 4-2

类别	装配式建筑预制化程度			
	平面构件化	结构单元化	功能模块化	整体模块化
典型结构	如木结构建筑中的桁架;预制混凝土构件中的水平构件、竖向构件等	如钢结构框架、木结构框架、轻钢结构框架、结构性隔音板件等	如预制房间模块、预制楼梯和阳台、整体浴室等	全模块化建筑
预制构件在整个建筑的占比情况	10% ~ 15%	15% ~ 25%	30% ~ 50%	60% ~ 70%
与现浇结构相比,节省的安装时间	10% ~ 15%	20% ~ 30%	30% ~ 40%	50% ~ 60%

(2)应用情况

装配建造方式在典型建筑的应用情况见表 4-3,概述如下:

1)结构单元化的装配式建造方式广泛应用在办公建筑、零售商店、医疗设施、学校、厂房、体育设施中,但在住宅、军事设施、宾馆、监狱等设施中应用较少;

2)国内外功能模块化的装配式建造方式的应用还比较少,仅在宾馆等建筑中有应用(但在国内的住宅楼梯上有较为广泛的应用);

3)整体模块化装配式建造方式比较适用于学生宿舍、军事设施、医疗设施、监狱等建筑，在厂房、办公建筑、零售商店等方面少有应用。

装配式建造方式表   表4-3

应用建筑	装配式建造方式			
	结构单元化		功能模块化	整体模块化
	结构框架	板件		
住宅		✓✓		✓
多层公寓	✓✓	✓✓	✓	✓✓
学生宿舍	✓	✓✓	✓	✓✓✓
军事设施				✓✓✓
宾馆	✓	✓	✓✓	✓✓✓
办公建筑	✓✓✓		✓	✓
零售商店	✓✓✓	✓		✓
医疗设施	✓✓✓	✓	✓	✓✓
学校	✓✓✓		✓	✓✓
厂房	✓✓✓			
体育设施	✓✓✓	✓	✓	✓
监狱	✓		✓	✓✓✓

注：✓✓✓表示广泛应用

    ✓✓ 表示经常应用

    ✓ 表示有时应用

4.2.3 装配式建筑国内外发展现状

1.国内外装配式建筑结构体系概述

（1）混凝土结构体系

混凝土结构作为目前建筑中使用最为广泛的结构，装配式建筑同样可以使用混凝土结构体系，通过工厂进行预制化生产，可以满足现场的机械化拼装需要。特别是建筑在向高层发展的前提下，装配式建筑拥有的优势将更加明显。采用混凝土结构的装配式建筑有如下两大类：通用结构体系和专用结构体系。通用结构体系和现浇结构相同，大致可分为框架结构、剪力墙结构和框架-剪力墙结构等。而专用结构体系是随着建筑的性能要求、功能要求逐渐增多情况下所发展起来的定制结构形式。混凝土结构体系也经历了多个阶段，比如最早的大板结构体系，20 世纪 70 年代，该结构体系多用于低层、多层建筑，但该体系存在着很多不足，所以后来逐渐被淘汰了。随后发展出预制装配式框架结构体系、预制装配式剪力墙体系等形式，装配式混凝土框架结构由多个预制部分组成：预制梁、预制柱、预制楼梯、预制楼板、外挂墙板等。具有清晰的结构传力路径，高效的装配效率，而且现场浇湿作业比较少，完全符合预制装配化的结构的要求，也是最合适的结构形式。这种结构形式有一些适用范围，在需要开敞大空间的建筑中比较常见，比如仓库、厂房、停车场、商场、教学楼、办公楼、商务楼、医务楼等，最近几年也开始在民用建筑中使用，比如居民住宅等。现阶段，在国内装配式框架—现浇剪力墙结构已经使用很广泛了，但是相比之下，装配式框架—装配剪力墙结构依然处在研究阶段，并没有投入实践。

（2）钢结构体系

20 世纪初，发达国家的钢铁工业规模扩大，钢结构建筑得到迅速发展。在欧美和日本等地，建筑用钢量已达钢产量的三分之一以上，钢结构建筑面积占总建筑面积约 40%，并且形成了各自的钢结构居住建筑体系。

法国是最早推广建筑工业化的国家之一。经历了 30 年发展，装配式钢结构建筑体系已相当成熟，主要应用于多层集合住宅。

英国的装配式钢结构建筑，根据预制单元的工厂化程度不同分为三个等级：①"Stick"结构。构件在工厂加工制作，运输至现场后，用螺栓或自攻螺栓连接；②"Panel"结构。钢构件及墙板和屋面板等围护结构用专用模具进行工厂化预制，现场拼接；③"Modular"结构。将整个房间作为一个单元全部在工厂预制，此种结构体系发展很快。

日本是率先兴起建筑产业化的国家。日本每年新建 20 万栋左右的低层住宅中，装配式钢结构住宅占 70% 以上份额。目前日本推广的装配式钢结构体系有以下特点：可实现 200m² 的无柱大空间，可自由分割内部空间；框架　用钢管混凝土柱和耐火钢梁；地面为 PC 板 + 现浇钢筋混凝土结构，管道置于地板下部的中空空间；外墙采用 ALC 板、PC 板，内墙采用强化石膏板；干式施工速度快；设备与结构独立，便于运行维护。

总体说来，国外的装配式钢结构建筑在模数化设计、标准化生产、装配化施工，节能、防火和抗震等方面已非常成熟，尤其是相配套的墙体、楼板等围护部件应用也非常完善，施工周期特别短。

20 世纪 80 年代开始，国内的装配式钢结构建筑开始发展。住建部积极倡导装配式钢结构住宅的开发和应用，目前有国家标准《钢结构住宅建筑产业化技术导则》。

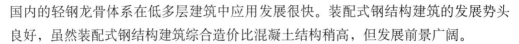

国内的轻钢龙骨体系在低多层建筑中应用发展很快。装配式钢结构建筑的发展势头良好，虽然装配式钢结构建筑综合造价比混凝土结构稍高，但发展前景广阔。

（3）轻钢龙骨结构体系

装配式轻钢龙骨结构多直接采用北美地区的成套技术，在国外中低层住宅和别墅中应用较多。该结构由北美传统木结构房屋衍变而来，一般应用于 2～3 层的低层钢结构住宅和别墅。轻钢龙骨材料一般分为两类：一类是冷弯薄壁型钢，一般由双 C 或四 C 槽钢构成梁柱，自重只有普通钢结构的 33%～50%。另一类是热轧型钢，一般是间距在 1.2～2.0m 的轧制矩形钢或 H 型钢制成钢柱、钢梁。轻钢龙骨的截面形状主要分为 C 型槽钢和 C 型立龙骨两类，宽度根据结构部位不同、荷载不同或者构件需要不同而变，一般为 60～360mm 不等。轻钢龙骨结构体系的外墙和楼板，均采用经过防腐处理的高强冷弯或冷轧镀锌钢板制作。

（4）钢模块结构体系

钢模块结构，是指在工厂内加工完成钢模块，并将装修、设备等均在模块内一体完成，现场仅需要简单拼接即可完成整个建筑，可用于办公、住宅、公寓、酒店等类型的建筑中。此种技术体系在欧洲、北美等均有较多应用，国内目前应用尚较少。

钢模块建筑具有现场施工速度快、一体化程度高、施工对环境基本没有影响诸多优点。当采用集装箱模块时，可以很方便地采用现有的集装箱海运方式，运输成本低，可以采用异地生产的方式。我国目前就有较多的模块房屋出口到英国等地。

（5）木结构体系

在我国过去占据统治地位的建筑材料一直是木材，许多经典的古建筑都是木结构的。随着科学技术的进步，木材这种传统的材料经过现代技术处理，越来越多地出现在日常生活中，得到了越来越多人的关注。木材本身具有很多优点，比如抗震、保温、隔湿等，而且在某些地区拥有较好的经济性和便捷的获取途径，使得木材在现代建筑材料中也占据了重要的位置。在美国等西方国家，木材是一种使用很普遍的建筑材料。但对于我国，虽然在少部分地区出现了迎合少数消费者需求的低密度木结构别墅，但我国人口基数多，房地产市场需求大，难以提供足够的木材来建造房屋，所以木结构并不适应当前我国的建筑发展需要。和美国相比，我国的木结构住宅只是高端建筑产品，所用的木材大多也依赖国外进口，无法作为普通低层住宅建筑形式。

（6）各结构体系装配式建筑的应用情况

各结构体系的应用情况及优劣势如表 4-4 所示。

各结构体系的应用情况及优劣势　　　　　表 4-4

结构体系	应用情况	优点	缺点
装配式钢结构	宾馆、写字楼、公寓住宅	适用于高层建筑、强度大	腐蚀、防火
轻钢龙骨结构	最高可建 10 层	重量轻	只适用于低层建筑
钢模块结构	灾后临时安置房、军事设施、建筑工地	运输方便、可循环使用	外墙结构开门窗时，需增加加强结构
预制混凝土结构	宾馆、监狱、仓库、厂房、停车场、商场、教学楼、办公楼、商务楼、医务楼等	防火、隔音、隔热、空间大	重量大、边角裂纹
木结构	1 ~ 2 层住宅、别墅	容易搭建、材料可循环利用	防火、耐久性差

2. 国外装配式建筑发展情况

（1）欧洲

1891 年，巴黎 Ed. Coigent 公司首次在 Biarritz 的俱乐部建筑中使用装配式混凝土梁。第二次世界大战以后，欧洲各国为了加快住宅建设速度而发展了预制装配的住宅。西欧及北欧各国，在 60 年代中期预制装配住宅的比重占 18% ~ 26%，之后，随着住宅问题的逐步解决而逐渐下降。东欧及苏联等国直到 20 世纪 80 年代装配住宅的比例还在上升，如德国 1915 年占 30%，1975 年占 68%，1978 年上升到 80%；波兰 1962 年占 19%，1980 年上升到 80%；苏联 1959 占 1.5%，1971 年占 37.8%，1980 上升到 55%。欧洲国家的预制装配结构技术从 20 世纪 60 年代到 70 年先后由专用体系向通用体系发展，构件通用程度扩大到公共建筑。欧洲大部分地区没有抗震要求，因此其装配式混凝土结构比较灵活，装配率和工业化很高，预应力技术在构件中应用广泛；由各个企业开发的专用技术体系也比较发达，包括德国的叠合板剪力墙技术体系、法国的预制预应力框架结构技术（SCOPE）体系，英国的 L 形大板技术等，均在 20 世纪就引入过国内。由于当时的国内条件限制，并没有取得大量的应用，但也为近年来国内的技术发展打下了非常良好的基础。

（2）美国

美国的装配式建筑发展不同于其他发达国家的发展路径，其住宅建设以低层木结构和轻钢结构装配式住宅为主，并表现出多样化、个性化的特点。在美国装配式建筑发展过程中，市场机制占据了主导地位，同时美国政府出台了一系列推进装配式建筑发展的对策，1976 年出台的国家工业化建筑建造及安全标准，对建筑物设计、施工、强度、持久性、耐火、通风、节能、质量进行了规范。时至今日，美国部品部件生产与住宅建设达到了较高的水平，居民可通过产品目录选择住宅建设所需部品。

美国主要由预制预应力混凝土协会（PCI）长期研究与推广预制装配式混凝土结构，相关标准规范也很完善，其装配式混凝土建筑应用非常普遍。美国的装配式混凝土结构主要用于低、多层建筑，特点是构件的大型化和预应力相结合，施工机械化程度很高，现场工作量较小。典型的装配式混凝土结构是大量采用预制柱、墙、预制预应力双 T 板楼面的装配式停车楼。

在美国的高烈度地区如加州地区，近年来非常重视抗震和中高层装配式混凝土结构的工程应用技术研究，开展了一系列预制装配式混凝土结构抗震性能的研究和实践。主要包括预制楼盖体系的面内刚性及整体性研究、预制预应力抗震体系研究等。

据美国国家统计局 1995 ～ 1999 年间数据统计的装配式住宅占比情况如表 4-5 所示。

1995 ～ 1999 年装配式住宅占比　　　　　　　表 4-5

类别	新建住宅数量（千套）				
	1999	1998	1997	1996	1995
新增住宅数量	1307	1160	1116	1129	1066
木结构现场搭建	1231	1082	1046	1059	1001
装配式结构	41	44	40	37	35
其他	35	34	30	32	29
类别	新建住宅占比（%）				
	1999	1998	1997	1996	1995
新增住宅数量	100	100	100	100	100
木结构现场搭建	94	93	94	94	94
装配式结构	3	4	4	3	3
其他	3	3	3	3	3

（3）日本

日本于 1968 年就提出了装配式住宅的概念。1990 年推出采用部件化、工业化生产方式、高生产效率、住宅内部结构可变、适应居民多种不同需求的中高层住宅生产体系。在推进规模化和产业化结构调整进程中，住宅产业经历了从标准化、多样化、工业化到集约化、信息化的不断演变和完善过程。日本根据每五年都颁布住宅建设五年计划，每一个五年计划都有明确的促进住宅产业发展和性能品质提高方面的政策和措施。

日本目前应用的装配式混凝土结构主要包括壁式结构、框架结构、壁式框架剪力墙结构、预应力预制混凝土结构。

板式结构是中层住宅的一种主要结构形式，由钢筋混凝土墙板、楼板构成。该结构在日本的最大使用高度为 8 层，可采用预制装配式的工业化方法（W-PC 工法），以房间大小为单位将墙体和楼盖板进行分割和组装。现场几乎不需要混凝土浇筑等湿作业，施工受天气影响小，进度快。

装配式整体式框架结构是目前日本超高层装配式混凝土结构的主要形式，并普遍与各种减、隔震措施结合使用。框架结构由柱和梁在节点刚性连接而形成的骨架结构，并结合预制混凝土外挂墙板使用。框架结构的装配式工法发展也较早，有多种装配整体式方案，是将传统工法和 PC 工法适度结合并优化的产物。

壁式框架剪力墙结构是小高层住宅建筑最常用的结构形式，它是利用板式结构柱和梁等宽的特点，在开间方向由扁平截面柱和与之等宽的梁构成框架结构，在进深方向形成带翼缘的剪力墙结构。壁式框架钢筋混凝土结构的装配式工法被称为 WR-PC 工法，柱、梁以及墙体为预制，通过现场浇注节点及现浇带形成整体。

预应力预制混凝土结构，或称为"PCPCa"工法，即预制构件之间通过钢索施加的预应力压紧连接为整体。这种工法主要用于大型运动场、停车楼、仓库、住宅、学校等多层建筑，一般不用于高层或者超高层建筑。

从施工工法上来看，主要有工厂预制装配式建造工法（Pre-fabricated 工法）、2×4 工法及传统工法（木造轴组工法）三种。

工厂预制装配式建造工法（Pre-fabricated 工法）是大型住宅建设企业的主要施工方法。该工法是将住宅的主要部位构件，如墙壁、柱、楼板、天井、楼梯等构件，在工厂成批生产，现场组装。2017 年使用 Pre-fabricated 工法的新建住宅户数为139012 户，占全部新建住宅的 14.4%。历史最高水平是 1992 年，采用 Pre-fabricated 工法建造的住宅 252，398 户，占全部新建住宅的 18%。从工厂预制装配式建筑的材料上看，由可以分为木结构装配式、钢筋混凝土装配式和钢结构装配式三种。

2×4 工法住宅是以 2 英寸 ×4 英寸木材为骨材，结合墙面、地面、天井面等面形部件作为房屋的主体框架进行房屋建造。该工法较传统的轴线工法有较高的施工效率。施工时不需要技术较高的熟练工和多能工，中小企业适合采用该工法进行房屋建造。该工法不同于当时盛行的美国式的标准化、规格化工法；房屋构造形式多样、较高的抗震与耐火功能、西洋式的外观设计等是 2×4 工法住宅的特色，见图 4-3。

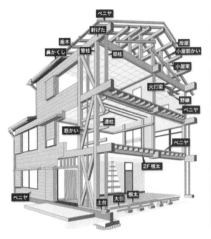 

图 4-3　2×4 工法住宅示意图

　　传统木造轴组工法，多被大工工务店这一类的地方中小型建设企业所采用，是历史最悠久、最被广泛采用的住宅施工方式。一般情况下，大工工务店的木制住宅现场由工务店的负责人统一指挥。住宅的木制主体结构多由本工务店的技术工人承担施工，屋顶、装饰等工程由外部的工人承担。但是，采用该工法的住宅数量难以统计。原因是较小的建设工程（工程造价低于 1500 万日元）无需取得建设业许可证。

　　据统计，从 1988-2017 年之间，日本新增装配式住宅数量占比情况如图 4-4 所示。由图中可见，在 1988-2017 年间，工厂预制装配式建筑的占比情况变化不大，1988年日本采用 2×4 工法的新建住宅户占全部新建住宅的 2.5%。以后持续增长，2017年已占全部住宅的 12.4%。装配式住宅占比新增住宅由 14.9% 增加到 26.9%。

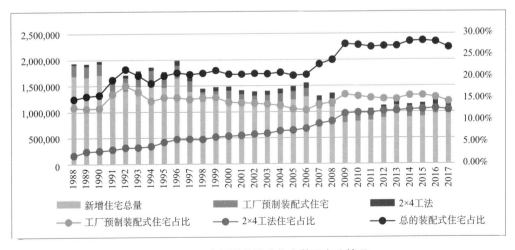

图 4-4　日本新增装配式住宅数量占比情况

2006 ～ 2017 年间，装配式住宅占比新增住宅情况如图 4-5 所示。由图中可见，在装配式住宅中，钢结构住宅占比达 50% 左右，钢筋混凝土装配式住宅占比在 1% 以下，木结构装配式住宅稳定在 50% 左右。

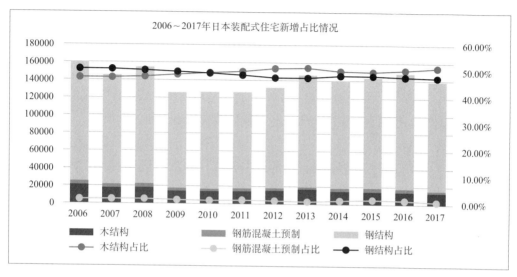

图 4-5　装配式住宅占比新增住宅情况

（4）新加坡

新加坡特点是没有地震、没有台风的国家，因此，新加坡发展装配式建筑进行了多种建筑体系的尝试，20 世纪 80 年代初，同时对预制梁板、大型隔板预制、半预制现场现浇和预制浴室及楼梯、大型隔板预制、累积强力法和半预制 6 种不同建筑体系进行尝试。建立严格的规范标准，对户型设计、模数设计、尺寸设计、标准接头设计等都做出了规定。

新加坡的住宅多采用建筑工业化技术加以建造，其中，住宅政策及装配式住宅发展理念是促使其工业化建造方式得到广泛推广。新加坡开发出 15 ～ 30 层的单元化的装配式住宅，占全国总住宅数量的 80% 以上。通过平面的布局，部件尺寸和安装节点的重复性来实现标准化以设计为核心设计和施工过程的工业化，相互之间配套融合。80% 的住宅由政府建造，20 年快速建设。组屋项目强制装配化，装配率 70%。大部分为塔式或板式混凝土多高层建筑。装配式施工技术主要应用与组屋建设。

3.国内装配式建筑发展现状

一直以来，我国积极推进装配式建筑和构配件的生产工业化，在推进装配式建筑方面几乎与国外同步。其间先后经历了开创发展阶段、低潮阶段和重新启动三个阶段。

(1) 开创发展阶段

早在 1956 年，国务院就发布了《关于加强和发展建筑工业的决定》，明确提出要采取积极步骤逐步实现建筑工业化。在国家建委和各工业部的联合推动下，在全国建筑业开始推行标准化、工厂化、机械化施工，在工业集中、建设期限较长的地区和城市，有计划地建设了一批永久性混凝土和钢筋混凝土预制工厂、金属结构加工厂和木材加工厂。一大批科技成果在示范工程中得到广泛应用。在一段时间内，几乎所有建筑的水平构件都是采用预制装配方法生产的。

1955 年，北京市建筑设计院设计了第一套住宅通用图，其结构组成主要包括苏式密排屋架坡顶、预制钢筋混凝土方孔板、预制楼梯踏步板和休息板等。

1960 年，北京市建筑设计院又提出了振动砖版住宅设计方案，采用大型砖砌块、钢筋混凝土大型薄腹壁板和振动砖壁板的结构形式，先后建成了北京二十六中学单身宿舍、北京大学单身宿舍、弥勒奄小学单身宿舍、北蜂窝小区住宅、水碓小区住宅等六个工程。

1976 年，北京前三门高层住宅采取内浇外挂的做法，综合运用了大型预制外墙板、大模板剪力墙体系，实现和构件的标准化。

(2) 低潮阶段

唐山大地震以后，震害调查表明，按照我国当时规范而建造的预制装配式建筑抗震性能不好，倒塌严重，导致 1980 年到 2008 年期间，预制装配式建筑的发展几乎停滞，现浇结构大行其道。

(3) 重新启动阶段

2008 年以后，国务院和住建部先后发布了《关于推进建筑业发展和改革的若干意见》、《关于促进建筑业持续健康发展的意见》，尤其是 2016 年国务院办公厅发布了《关于大力发展装配式建筑的指导意见》。之后，各地方政府密集出台一系列强力推进装配式建筑的政策。一时间，大量新型装配式结构体系纷纷涌现，同时，也造成各结构体系互不兼容，装配式建筑标准不统一，同一工程现浇和装配式体系并存，生产成本增加明显。

4. 装配式建筑对建筑产业现代化的推进作用

(1) 装配化建造方式完全契合建筑产业现代化的目标

与传统建造方式相比，装配化建造方式的优点，可以集中体现为六大优势：资源节约、品质优良、风格多样、工期加快、成本可控、实现供给侧改革。

1) 资源节约

由于没有现场大兴土木，现场作业的粉尘、噪声、污水大大减少，可以节水

80%、节能 70%、节材 20%、节时 70%、节地 20%，同时也没有以往脚手架和大量湿作业，工人也大幅度减少。装配式建造过程可很好地实现"四节一环保"，非常符合国家的节能减排和绿色发展目标。

2）品质优良

建造质量优。标准化工序取代粗放管理；机械化作业取代手工操作；工厂化生产取代现场作业；地面性作业取代高空生产；产业化工人取代散兵游勇。

专业协同好。协同建筑、结构、机电、装修的各专业模数尺寸，避免多专业由于尺寸碰撞导致的二次返工，影响质量；协同建筑、结构、机电、装修的各专业性能要求，保证建筑功能、结构体系、机电布置、装修效果相匹配；协同建筑、结构、机电、装修的各专业接口标准，统筹精准预留预埋，保证安装的精准、正确。

运行能耗低。通过可集成绿色节能建筑技术，绿色设计、绿色生产、绿色施工，实现全产业链上资源节省、节能环保。营造最佳的建筑围护结构，极大限度地提高建筑保温隔热性能和气密性，使建筑依靠自身产生的能量以及合理利用可再生资源，创造合宜健康的温度、湿度、空气新鲜度的室内环境。

智能化程度高。装配式建筑更易集成工业化的智能建筑技术，推进智能化运维，实现建设智能环境系统、智能办公系统、楼宇自动化、智能安防系统、智能家居系统，满足现代化生活办公的需要。

3）风格多样

进深开间尺寸的多变性。运用标准化、系列化构件可组合不同系列开间、进深尺寸的套型模块。通过确定不同功能、不同类型、不同尺寸的标准化构件，根据建筑使用功能的需求，按照模数协调原则，通过不同功能、不同类型、不同尺寸的标准化构件在不同空间位置的多种系列组合，采用"标准 + 可变"方式，形成不同系列开间和不同进深尺寸的套型。

建筑户型平面的多样性。运用系列套型模块可组合成不同系列装配式建筑户型平面。遵循建筑防火规范要求、建筑功能需求、人体工程学及适宜的结构体系，通过不同单元户型"少规格、多组合"的灵活组合方式，形成诸如"单元式"、"塔式"和"通廊式"等不同的建筑平面。

建筑外形立面的丰富性。基于系列建筑平面，通过不同设计手法装饰成系列个性化、特性化建筑立面。基于装配式建筑的户型平面，可以通过结构墙板、阳台构件、装饰构件、门窗部品四部分结合造型、色彩、外饰面、质感、线条、图案等组成多样化、个性化、特性化、形式丰富的立面。

4）现场施工工期缩短

装配式建筑的一个显著特点就是能有效缩短现场施工工期，提升房屋开发建设期的抗风险能力，提高建设方的投资资金的周转率，改善财务状况，提升盈利水平。体现在：一体化建造缩短时间、标准化装配提高工效、机械化作业加快进度、施工过程受环境影响小等。

5）成本可控

装配化建造方式，可改变传统建筑成本偏高、难以把控的现象。装配化建造方式相比传统的施工方式，流程更加优化、成本更加可控。主要体现在：通过规模化、模数化生产，大大降低了部品件的加工成本。通过施工机电内装一体化建造，节省了大量的时间、人工和资源。通过设计 - 加工 - 装配各个环节的协同工作，避免了资源重复投入或返工造成的资源浪费。通过精细化的加工生产和装配施工，省去了大量的外脚手架、顶板支模、建筑面层抹灰等费用。

6）实现供给侧改革

装配式建造是建筑业供给侧改革的需要，装配化建造方式的变革，可以带动部品部件、机械装备、施工机具以及运输设备的生产，形成新产业，增添社会投资活力。同时整合优化产业资源，形成产业集聚效应，辐射带动新产业的发展。

（2）装配化建造方式是推进建筑产业现代化，实现建筑产业转型升级的重要路径

装配化建造方式，是用预制部品部件在工地装配建筑，既包括建筑主体结构，也包含了装修、机电等。建筑产业化是把装配式建筑的一些产品和部品放到工厂去，按照工业化生产方式去生产。从装配式建筑的预制率和装配率方面，可以体现建筑产业化的发展程度。可以说，装配化建造方式是推进建筑产业现代化的重要路径。

1）树立建筑产业现代化发展理念。

装配化建造方式对建筑产业现代化提出了更高的要求，以装配式建筑为目标的建筑产业现代化必须树立新的发展理念。一是树立以人为本的发展理念。建筑产业现代化的技术应全方位考虑人的生活环境、生活方式、生活需求而实施。二是符合可持续发展要求，实现"四节一环保"的目的。建筑产业现代化的发展，要求在符合现代建筑产业链延伸的基础上，充分利用节能、环保和资源，借助信息化手段提高建筑工程项目的劳动生产率、质量、品质，最终实现项目的可持续发展。

2）发展与"四节一环保"相适应的建筑产业现代化核心技术。

建筑产业现代化的发展必须依靠技术支撑，只有符合"四节一环保"要求的技术融入装配式建筑的全寿命周期的各个阶段，形成成套的核心关键技术，才能实现科学、高效、健康发展。

一是设计阶段。更新设计理念，改变传统建筑的设计方法，考虑装配式建筑全寿命周期，研究包括标准化生产、绿色施工、环境保护、资源利用在内的整体设计技术，实现建筑业工业化、集成化、信息化、绿色化、价值最大化的一个循序渐进

的发展过程。

二是预制生产阶段。研究标准化技术，形成标准化体系；探索新型节能材料的开发利用；研究预制构件工厂化制作、装配化施工、绿色施工、超大型构件安装等新工艺、新技术；发展装配式建筑技术集成体系。

三是运营阶段。利用物联网技术对装配式建筑节能、室内外环境保护、生活垃圾处理、中水利用、雨水回收等进行控制，实现资源的循环利用。

四是拆除回收阶段。研究装配式建筑绿色拆除，实现建筑垃圾的循环利用和旧建筑土地的再开发技术。

3）构建涵盖装配式建筑全寿命周期的产业链条。

形成一体化生产经营建筑产业现代化模式，需要建立涵盖建筑全寿命周期的产业链条，从而保证装配式建筑产品从原料到成品的一体化工业生产。遵循现代建筑产业发展理念，考虑投资、生产、运营和拆除全过程，保证产业链节点之间形成有效需求，构建建筑产业现代化的产业链条。

（3）装配化建造方式是促进建筑生产方式、监管方式革命性变革的重要一环

建筑产业是包括建筑业、房地产业、勘察设计业、市政公用业，以及绿色建材、装备制造、运输物流在内的大产业概念。装配化建造方式是建筑全产业链生产方式和经营方式的根本变革。

装配化建造方式是将各类通用预制构件经专有连接技术提升为工厂化生产，现场机械化装配为主的专用建筑技术体系。装配式建筑具有低碳、环保、节能、节地、节材、节水的"绿色"优势，符合国家可持续发展的大方向。其产业链贯通甚至超越装配式建筑的全寿命周期，并以自身特点为依托，集成各相关企业的优势，有效衔接产业链各节点。装配式建筑秉承可持续发展和循环经济的理念，从技术研发、技术咨询、规划设计、工厂化生产、构件运输、构件吊装与现场施工、室内外装修、市场销售、物业管理、拆除及报废到最后的建筑垃圾资源化处理，各个阶段都坚持"四节一环保"的政策，构建一条"绿色"的装配式建筑产业链。

基于装配式建筑自身的特点，技术咨询、构件部品工厂化生产、构件吊装与现场施工、建筑垃圾资源化等环节延伸了其产业链。与传统建筑产业链相比，装配式建筑产业链纵向一体化程度更高，技术、信息、资金、管理等能够有效集成与整合，产业链内还有许多动态增值链。如构件部品工厂化生产环节，含有生产方案设计、工人专业化培训、构件部品生产、生产方案修正、成品检测、构件部品运输集合成的内含链。装配式建筑产业链还存在若干外延链，各相关企业不再是单向性发展，而是延伸至各行各业，追求全产业链一体化。如上海建工集团在推进装配式建筑发展过程中，不仅参与房地产开发、技术研究、规划整体设计，还集构件部品生产、

现场施工一体化发展。

5. 国内装配式建筑产业存在的问题

（1）标准规范有待健全

虽然国家和地方出台了一系列装配式建筑相关的标准规范，但缺乏与装配式建筑相匹配的独立的标准规范体系。部品及结构间的工业化设计标准和产品标准需要完善。由于缺乏对模数化的强制要求，导致标准化、系列化、通用化程度不高，工业化建造的综合优势不能充分显现。

各地在探索装配式建筑的技术体系和实践应用时，出现了多种多样的技术体系，但大部分还在试点探索阶段，成熟的、易规模推广的还相对较少。当前，迫切需要总结和梳理成熟可靠的体系，作为全国各地试点项目选择的参考依据。专用标准缺乏，如构配件（叠合楼板、连接件、密封胶等）的检测方法标准和应用规程，短期内仍是以企业标准（多参考国外标准）为依据，隔震、减震等关系结构安全的关键性技术也有待进一步突破。

（2）生产过程脱节

装配式建筑适于设计生产施工装修一体化，但目前生产过程各环节条块分割，没有形成上下贯穿的产业链，造成设计与生产施工脱节、部品构件生产与建造脱节、工程建造与运维管理使用脱节，导致工程质量性能难以保障、责任难以追究。

（3）成本高于现浇影响推广

装配式建筑发展初期，在社会化分工尚未形成、未能实施大规模广泛应用的市场环境下，装配式建造成本普遍高于现浇混凝土建造方式，每平方米约增加 200 元到 500 元。而装配式建筑带来的环境效益和社会效益，未被充分认识，特别是由于缺乏政策引导和扶持，市场不易接受，直接影响了装配式建筑的推进速度。随着规模化的推进和效率的提升，性价比的综合优势将逐渐显现出来。

（4）装配式建筑人才不足

目前，不论是设计、施工，还是生产、安装等各环节，都存在人才不足的问题，尤其是没有建成稳定的、训练有素的建筑产业工人群体，严重制约着装配式建筑的发展。

（5）与装配式建造相匹配的配套能力不足

尚未形成与装配式建造相匹配的产业链，配套能力不足，包括预制构件生产设备、运输设备、关键构配件产品、适宜的机械工具等，这些能力不配套，已严重影响了装配式建设整体水平的提升。

（6）政府监管体系尚待健全。

现有的行业监管体制主要与长期发展的现浇结构相互适应，不能满足装配式建筑的发展要求。构件部件生产的监管边界不清，部门监管主体不明确，监管措施不完善；现行招投标制度、项目的组织实施方式不利于装配式建筑的发展；适合装配化施工特点的质量验收、安全管理及监督检查标准不健全；项目立项审批、行政监管等各个环节需要流程再造。

6. 国内装配式建筑产业改进方向

（1）成套住宅技术

需引进和发展以优良建筑体系为主的住宅成套技术，并可满足低技术含量和就地选材的特征，加快大空间结构体系的发展。优化构件设计、工艺，提高相同构件的重复使用率，提高模具周转次数，降低构件成本。

（2）内装与结构体系

建立以部品化和集成化为主的装修内装体系和支撑体承重结构体系，把住宅产业划分为结构体系技术、内装部品技术、住宅设备技术、住宅物业管理技术和住宅环境保障技术。

（3）评价和鉴定机构

建立国家级住宅性能评价中心和住宅性能评价委员会和鉴定测试机构，在住宅评价制度的保障下开展工作，保证住宅性能评价工作科学、公平和公正地进行。

（4）生产体系

全面实施集成化生产体系的改革，加强施工小机具、小装备的应用，增大商品混凝土的推广力度，改湿作业为干作业，改善施工条件，缩短施工周期，使我国住宅施工技术与国际化接轨。

（5）产业链整合

把业主、设计单位、构件工厂、施工单位等所有的上下游企业整合成完整的产业链，实现装配式建筑从设计、生产、施工、后期运营与维护一体化，并在项目建设工程中不断整合各企业的资源优势，提高装配式建筑生产效率。

（6）规范与标准

建立标准建筑设计体系，对预制构件的多样性进行合理统筹、控制，实现预制构件的通用性和互换性，并对不同构件作标准化、模数化规定，加快设计速度和施工效率。

（7）总承包模式

采用工程总承包的发展模式，在研发设计、构件生产、施工装配、运营管理等环节实行一体化的现代化的企业运营管理模式，可以最大限度地发挥企业在设计、生产、施工和管理等一体化方面的资源优化配置作用，实现整体效益的最大化。

（8）专业人才

发展装配式建筑需要大量专业化人才，尤其是建筑产业工人的培养和建设。

4.3 装配式建筑技术体系

4.3.1 装配式建筑体系

1. 装配式建筑构成要素

装配式建筑是用预制部品部件在工地装配而成的建筑，在装配式建筑由四大系统构成（见图 4-6），从装配技术及其应用来讲，在全国范围内除了地域发展不平衡外，四大体系也存在着差距。

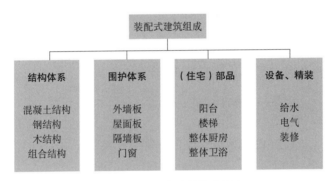

图 4-6 装配式建筑构成要素

（1）结构系统

结构系统包括钢筋混凝土（PC）结构、钢结构、木结构以及组合结构等，用量来衡量约占 20% ~ 30%。

目前从阶段性来说，装配式钢筋混凝土（PC）结构是重点和难点，钢结构、木结构以及组合结构比较成熟，容易推广应用。

（2）围护系统

围护系统包括外围护墙板、内隔墙、楼屋面以及门窗、幕墙等，用量来衡量约占 50% ~ 60%。

开发出因地制宜、经济适用且与结构相配套的外墙板是目前我国发展装配式建筑的关键。

（3）部品部件系统

部品部件系统包括楼梯、阳台、空调板以及厨卫等，对于住宅建筑来说，约占 10% 左右。

总体上讲部品部件容易实现标准化设计和定型化生产，因此，这部分是最容易实现。

（4）设备管线、装修系统

设备管线、装修系统包括给排水、空调暖气、强弱电、信息化以及装饰装修等，根据建筑功能的不同，占量在 10% ～ 20%。

目前，我国在这方面处于比较落后的状态，制约了装配式建筑的发展，急需实现技术突破。

2. 装配式建筑技术特征及典型建筑装配技术体系

（1）装配式建筑技术特征

装配式建筑技术的特征为："标准化设计、工厂化生产、装配化施工、一体化装修、信息化管理、智能化应用"，体现"全产业链、全专业、全生命周期"的理念。装配式建筑技术要遵循"三个一体化"的发展思维，即"建筑、结构、设备、装修一体化"、"设计、制造、施工装配一体化"、"技术、管理、市场一体化"。

在我国建筑领域，工业建筑已经基本上实现了装配式或者是工业化建筑，竹木结构建筑相对较少，因此，针对量大面广的住宅建筑和公共建筑以及常用结构体系，可以归纳提炼出我国装配式建筑基本体系，以便于有目的地开展研究和推广工作。

（2）住宅建筑装配技术及其产品体系

根据住宅建筑特点，结合我国国情，以钢结构、组合结构、混凝土结构技术为主线，按照结构构件、墙板、楼板等产品内容，形成住宅建筑装配式技术体系见图4-7。

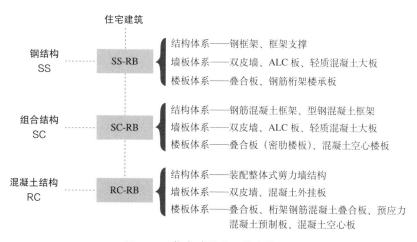

图 4-7　住宅建筑装配技术体系

（3）公共建筑装配技术及其产品体系

同理，图 4-8 为公共建筑装配式技术体系。

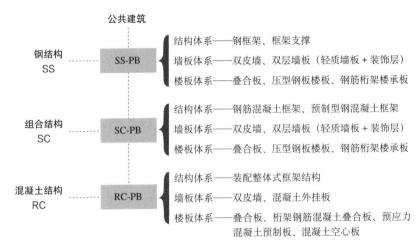

图 4-8　公共建筑装配技术体系示意

3. 装配式建筑技术标准

近 10 年来特别是 2016 年国务院办公厅发布了《关于大力发展装配式建筑的指导意见》之后，各级政府密集出台一系列强力推进装配式建筑的政策和技术标准，为装配式建筑发展起到支撑和保障作用。表 4-6 为已实施的国家、地方、行业及协会团体标准和技术导则。

国家、地方、行业及协会团体标准和技术导则清单　　　　　　　表 4-6

序号	标准类型	标准名称	标准编号	备注
1	国家标准	装配式混凝土建筑技术标准	GB/T 51231-2016	
2	国家标准	装配式钢结构建筑技术标准	GB/T 51232-2016	
3	国家标准	装配式木结构建筑技术标准	GB/T 51233-2016	
4	国家标准	装配式建筑评价标准	GB/T 51129-2017	
5	行业标准	住宅轻钢装配式构件	JGJ/T 182-2008	
6	行业标准	装配箱混凝土空心楼盖结构技术规程	JGJ/T 207-2010	
7	行业标准	预制预应力混凝土装配整体式框架结构技术规程	JGJ 224-2010	
8	行业标准	预制带肋底板混凝土叠合楼板技术规程	JGJ/T 258-2011	
9	行业标准	装配式混凝土结构技术规程	JGJ1-2014	

续表

序号	标准类型	标准名称	标准编号	备注
10	行业标准	装配式劲性柱混合梁框架结构技术规程	JGJ/T 400-2017	
11	CECS	混凝土及预制混凝土构件质量控制规程	CECS 40：92	
12	CECS	钢筋混凝土装配整体式框架节点与连接设计规程	CECS 43：92	
13	地方标准	预制混凝土构件质量检验标准	DB11/T 968-2013	北京
14	地方标准	装配式剪力墙住宅建筑设计规程	DB11/T 970-2013	北京
15	地方标准	装配式剪力墙结构设计规程	DB11/T 1003-2013	北京
16	地方标准	装配式混凝土结构工程施工与质量验收规程	DB11/T 1030-2013	北京
17	地方标准	预制混凝土构件质量控制标准	DB11/T 1312-2015	北京
18	地方标准	建筑预制构件接缝密封防水施工技术规程	DB11/T 1447-2017	北京
19	地方标准	清水混凝土预制构件生产与质量验收标准	DB11/T 698-2009	北京
20	地方标准	预拌混凝土和预制混凝土构件生产质量管理规程	DG/TJ 08-2034-2008	上海
21	地方标准	装配整体式混凝土结构施工及质量验收规范	DGJ 08-2117-2012	上海
22	地方标准	装配整体式混凝土公共建筑设计规程	DGJ 08-2154-2014	上海
23	地方标准	装配整体式混凝土结构预制构件制作与质量检验规程	DGJ 08-2069-2016	上海
24	地方标准	装配整体式混凝土居住建筑设计规程	DG/TJ 08-2071-2016	上海
25	地方标准	工业化住宅建筑评价标准	DG/TJ 08-2198-2016	上海
26	地方标准	装配式混凝土建筑结构技术规程	DBJ 15-107-2016	广东
27	地方标准	预制装配整体式钢筋混凝土结构技术规范	SJG 18-2009	深圳
28	地方标准	预制装配钢筋混凝土外墙技术规程	SJG 24-2012	深圳
29	地方标准	装配整体式混凝土结构技术规程（暂行）	DB21/T 1868-2010	辽宁
30	地方标准	预制混凝土构件制作与验收规程（暂行）	DB21/T 1872-2011	辽宁
31	地方标准	装配式建筑全装修技术规程（暂行）	DB21/T 1893-2011	辽宁
32	地方标准	装配整体式混凝土结构技术规程（暂行）	DB21/T 1924-2011	辽宁
33	地方标准	装配整体式建筑设备与电气技术规程（暂行）	DB21/T 1925-2011	辽宁
34	地方标准	装配整体式剪力墙结构设计规程（暂行）	DB21/T 2000-2012	辽宁
35	地方标准	预制混凝土装配整体式框架（润泰体系）技术规程	苏 JG/T034-2009	江苏
36	地方标准	装配整体式混凝土剪力墙结构技术规程	DGJ 32/TJ 125-2016	江苏
37	地方标准	装配式结构工程施工质量验收规程	DGJ 32/J 184-2016	江苏
38	地方标准	预制预应力混凝土装配整体式结构技术规程	DGJ 32/TJ 199-2016	江苏

序号	标准类型	标准名称	标准编号	备注
39	地方标准	叠合板式混凝土剪力墙结构技术规程	DB 33/T 1120-2016	浙江
40	地方标准	装配整体式混凝土结构工程施工质量验收规范	DB 33/T 1123-2016	浙江
41	地方标准	装配整体式剪力墙结构技术规程（试行）	DB 34/T 1874-2013	安徽
42	地方标准	装配整体式建筑预制混凝土构件制作与验收规程	DB 34/T 5033-2015	安徽
43	地方标准	装配整体式混凝土结构工程施工及验收规程	DB 34/T 5043-2016	安徽
44	地方标准	装配整体式混凝土结构设计规范	DB 37/T 5018-2014	山东
45	地方标准	装配整体式混凝土结构工程施工及质量验收规程	DB 37/T 5019-2014	山东
46	地方标准	装配整体式混凝土结构工程预制构件制作与验收规程	DB 37/T 5020-2014	山东
47	地方标准	装配式住宅建筑设备技术规程	DBJ41/T 159-2016	河南
48	地方标准	装配整体式混凝土结构技术规程	DBJ41/T 154-2016	河南
49	地方标准	装配式混凝土构件制作与验收技术规程	DBJ41/T 155-2016	河南
50	地方标准	装配式住宅整体卫浴间应用技术规程	DBJ41/T 158-2016	河南
51	地方标准	装配整体式混凝土剪力墙结构技术规程	DB42/T 1044-2015	湖北
52	地方标准	混凝土叠合楼盖装配整体式建筑技术规程	DBJ43/T 301-2013	湖南
53	地方标准	混凝土装配-现浇式剪力墙结构技术规程	DBJ43/T 301-2015	湖南
54	地方标准	装配式斜支撑节点钢结构技术规程	DBJ43/T 311-2015	湖南
55	地方标准	装配式钢结构集成部品主板	DB43/T 995-2015	湖南
56	地方标准	装配式钢结构集成部品撑柱	DB43/T 1009-2015	湖南
57	地方标准	装配式住宅建筑设备技术规程	DBJ50/T-186-2014	重庆
58	地方标准	装配式混凝土住宅构件生产与验收技术规程	DBJ50/T-190-2014	重庆
59	地方标准	装配式住宅构件生产和安装信息化技术导则	DBJ50/T-191-2014	重庆
60	地方标准	装配式混凝土住宅结构施工及质量验收规程	DBJ50/T-192-2014	重庆
61	地方标准	装配式混凝土住宅建筑结构设计规程	DBJ50-193-2014	重庆
62	地方标准	装配式住宅部品标准	DBJ50/T-217-2015	重庆
63	地方标准	四川省装配整体式住宅建筑设计规程	DBJ 51/T 038-2015	四川
64	地方标准	装配式混凝土结构工程施工与质量验收规程	DBJ 51/T 054-2015	四川
65	地方标准	预制装配式混凝土结构技术规程	DBJ 13-216-2015	福建
66	地方标准	装配整体式混凝土剪力墙结构设计规程	DB13（J）/T 179-2015	河北

续表

序号	标准类型	标准名称	标准编号	备注
67	地方标准	装配式混凝土剪力墙结构建筑与设备设计规程	DB13 (J) / T 180-2015	河北
68	地方标准	装配式混凝土构件制作与验收标准	DB13 (J) / T 181-2015	河北
69	地方标准	装配式混凝土剪力墙结构施工及质量验收规程	DB13 (J) / T 182-2015	河北
70	地方标准	装配整体式混合框架结构技术规程	DB13 (J) / T 184-2015	河北
71	技术导则	江苏省工业化建筑技术导则（装配整体式混凝土建筑）	/	江苏
72	技术导则	装配整体式结构设计导则	/	福建
73	技术导则	装配整体式结构施工图审查要点	/	福建

4.3.2 装配式混凝土结构体系

1. 预制框架结构体系

预制装配式框架结构体系是按标准化设计，根据框架结构的特点将柱、梁、板、楼梯、阳台、外墙等构件拆分，在工厂进行标准化预制生产，现场采用塔吊等大型设备安装，吊装就位后，焊接或绑扎节点处的钢筋，通过浇捣混凝土连接为整体，形成刚接节点。兼具现浇式框架和装配式框架的优点，既具有良好的整体性和抗震性，又可以通过预制构件减少现场工作量和标准化生产，见图4-9。

图 4-9 预制框架式结构

特点：横向承重布置：房屋平面一般横向尺寸较短，纵向尺寸较长，横向刚度比纵向刚度弱。将框架结构横向布置时，可以在一定程度上改善房屋横向与纵向刚度相差较大的缺点，而且由于连系梁的截面高度一般比主梁小，窗户尺寸可以设计得大一些，室内采光、通风较好。因此，在多层框架结构中，常采用这种结构布置形式。

纵向承重布置：框架结构纵向承重方案中，楼面荷载由纵向梁传至柱子，横梁高度一般较小，室内净高较大，而且便于关系沿纵向穿行。此外，当地基沿房屋纵向不够均匀时，纵向框架可在一定程度上调整这种不均匀性。纵向框架承重方案的最大缺点是房屋的横向抗侧移刚度小，因而工程中很少采用这种结构布置形式。

双向承重布置：框架结构双向承重方案因在纵横两个方向中都布置有框架，因此整体性和受力性能都很好。特别适合对房屋结构整体性要求较高和楼面荷载较大的情况下采用。

装配方案：分件吊装法：起重机开行一次吊装一种构件，如先吊装柱，再吊装梁，最后吊装板。为使已吊装好的构件尽早形成稳定的结构，分件吊装法又分为分层分段流水作业和分层大流水作业。

综合吊装法：起重机在吊装构件时，以节间为单位一次吊装完毕该节间的所有构件，吊装工作逐节间进行。综合吊装法一般在起重机跨内开行时采用。

适用范围：平面布置灵活，抗震性能好，技术成熟，施工效率高，单体预制率范围广（15%～80%），适用于大开间、大柱网办公、商业、公寓等建筑。

2. 装配式剪力墙结构体系

混凝土结构的部分或全部采用承重预制墙板，通过节点部位的连接形成的具有可靠传力机制，并满足承载力和变形要求的剪力墙结构，简称装配式剪力墙结构，见图 4-10。

 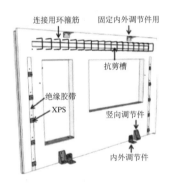

图 4-10　装配式剪力墙结构体系

特点：装配式钢筋混凝土剪力墙的最大高度、高宽比和抗震等级应符合相关规范规定。装配式剪力墙结构的建筑平面、立面和竖向剖面布置的规则性应综合考虑安全性能、使用性能、经济性能等因素。宜选择整体简单、规则、均匀、对称的建筑方案，不规则的建筑结构应采取加强措施，不应采用特别不规则的建筑。装配式剪力墙结构高层建筑宜设置地下室，地下室应采用现浇结构。抗震等级为一级时，结构底部加强部位应采用现浇剪力墙；二、三级时，结构底部加强部位宜采用现浇剪力墙。装配式钢筋混凝土剪力墙结构应采用叠合楼盖、现浇楼盖或装配式整体式楼盖；节点连接常采用钢筋套筒灌浆连接或钢筋浆锚搭接连接。

装配方案：装配式钢筋混凝土剪力墙结构的装配方案一般为外墙为装配整体式剪力墙，内墙为现浇剪力墙；或者外墙为装配整体式剪力墙，内墙部分为装配整体式剪力墙、部分为现浇剪力墙。

适用范围：该种结构形式适用于高层建筑，抗震性能好，户型设计灵活，住户接受度高。

3. 叠合楼板结构体系

叠合楼板由预制部分和现浇部分组成，属于半预制体系，结合了预制和现浇混凝土，并汲取了各自的优点。预制部分多为薄板，在预制构件加工厂完成，施工时吊装就位，现浇部分在预制板面上完成，预制薄板既作为永久模板而无需模板，又做为楼板的一部分承担使用荷载，见图 4-11。

图 4-11　叠合板结构体系

特点：同时具备结构整体性好、抗震性能好、实现建筑构件工业化（设计标准化、制造工业化、安装机械化），构件制作不受季节及气候限制，可提高构件质量，且施工速度快，可节省大量模板和支撑等优点。

装配方案：预制板宽不宜大于 3m，拼缝位置宜避开叠合板受力较大部位。尽量采取整板设计，楼板接缝按无缝设计，制作控制宜按负误差控制。叠合板应满足使用期间及施工过程的承载力及变形要求。

一般采用 4 点起吊，为使吊点处板面的负弯矩与吊点之间的正弯矩大致相等。

适用范围：根据规范对楼盖的要求，嵌固部位的楼层、顶层楼层、转换层楼层及平面中较大洞口的周边、设计需加强的部位、剪力墙结构的底部加强部位不做叠合楼盖。其他部位原则上均可采用叠合楼盖，如住宅中的厨房、卫生间、阳台板、卧室、起居室均可以。

4. 叠合剪力墙（PCF）体系

叠合板式混凝土剪力墙结构体系，是采用工业化生产方式，将工厂生产的叠合式预制墙板构配件运到项目现场，使用起重机械将叠合式预制墙板构配件吊装到设计部位，然后浇筑叠合层及加强部位混凝土，将叠合式预制墙板构配件及节点连为有机整体，见图 4-12。

特点：该体系主要通过叠合式预制墙板的安装，辅以现浇叠合层及加强部位混凝土结构，形成共同工作的墙板。叠合式预制墙板安装施工具有施工周期短，质量易控制，构件观感好、减少现场湿作业，节约材料、低碳环保等特点。

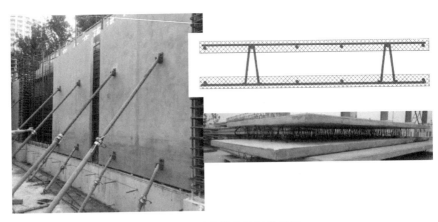

图 4-12　叠合剪力墙结构体系

装配方案：叠合式预制楼板的安装铺设顺序应按照楼板的安装布置图进行，并有利于起吊和安全，宜先吊装铺设边缘窄板。

适用范围：适用于抗震设防烈度为 7 度及以下地震区和非地震区的一般工业与民用建筑。

5. 现浇外挂体系

结构主体采用现场浇注混凝土，外墙采用预制混凝土构件的结构体系，见图 4-13。

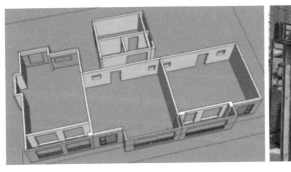

图 4-13　现浇外挂结构体系

特点：现场机械化施工程度高，工厂化程度亦高；外墙挂板带饰面可减少现场的湿作业，施工缩短装修工期；外墙挂板构件断面尺寸准确，棱角方正。

适用范围：内浇外挂体系由于内部主体结构受力构件采用现浇，周边围护的非主体结构构件采用工厂预制运至现场外挂安装就位后在节点区与主体结构构件整体现浇，这种方式没有突破结构设计规范限制，可适用于超高层建筑。

4.3.3　装配式钢结构建筑体系

1. 钢框架结构体系

钢框架结构体系是指沿房屋的纵向和横向用钢梁和钢柱组成的框架结构来作为承重和抵抗侧力的结构体系，见图 4-14。

优点：能提供较大的内部空间，建筑平面布置灵活，适用多种类型的使用功能；自重轻，抗震性能好，施工速度快，机械化程度高；结构简单，构件易于标准化和定型化。

缺点：用钢量稍大，耐火性差，后期维修费用高，造价要略高于混凝土框架。

基本结构体系一般可分为三种：柱 - 支撑体系，纯框架体系，框架 - 支撑体系。钢框架住宅一般不超过 6 层，其墙体可采用轻质材料，结构自重小，抗震性能良好，施工速度快。钢框架加支撑结构住宅可实现 7 ～ 15 层。

图 4-14　钢框架结构体系

2. 钢板剪力墙结构体系

钢板剪力墙就是以钢板为材料，且以承受水平剪力为主的墙体，其受力单元由内嵌钢板和竖向边缘构件（柱或竖向加劲肋）、水平边缘构件（梁或水平加劲肋）构成。当钢板沿结构某跨自上而下连续布置时，即形成钢板剪力墙体系。

钢板墙弥补了混凝土剪力墙或核心筒延性不足的弱点。与精致的防屈曲支撑比较，钢板墙不但相对便宜，且制作和施工都比较简单。与纯抗弯钢框架比较，采用钢板墙可节省用钢量 50% 以上。能有效降低结构自重，减小地震响应，压缩基础费用。相对现浇钢筋混凝土墙，钢板墙能缩短制作及安装时间，其内嵌钢板与梁、柱的连接（焊接或栓接）方式简单易行，施工速度快；特别是对现有结构进行加固改造时，能不中断结构的使用，消除商业相关性，见图 4-15。

图 4-15 钢板剪力墙结构体系

3. 钢–混凝土组合结构体系

钢-混凝土组合结构是由钢材和混凝土两种不同性质的材料经组合而成的一种新型结构。是钢和混凝土两种材料的合理组合，充分发挥了钢材抗拉强度高、塑性好和混凝土抗压性能好的优点，弥补彼此各自的缺点，见图 4-16。

图 4-16 钢–混凝土组合结构体系

钢-混凝土组合结构用于多层和高层建筑中的楼面梁、桁架、板、柱，屋盖结构中的屋面板、梁、桁架，厂房中的柱及工作平台梁、板以及桥梁，在中国还用于厂房中的吊车梁。钢和混凝土组合结构有组合梁、组合板、组合桁架和组合柱四大类。

钢-混凝土组合结构的优点：

一是是承载能力和刚度高，截面面积小。钢-混凝土结构中钢骨、钢筋、混凝土三种材料协同工作。钢骨和混凝土直接承受荷载,由于混凝土增大了构件截面刚度,防止了钢骨的局部屈曲,使钢骨部分的承载力得到了提高另外,被钢骨围绕的核心混凝土因为钢骨的约束作用,使核心区混凝土的强度得以提高,即钢骨和混凝土二者的材料强度得到了充分的发挥,从而使构件承载力大大提高。

二是抗震性能好。由于钢 - 混凝土结构不受含钢率限制,其承载力比相同截面的钢筋混凝土结构高出一倍还多。抗震性能与钢筋混凝土结构相比,钢骨混凝土结构尤其是实腹式钢骨混凝土结构,由于钢骨架的存在,使得钢骨混凝土结构具有较大的延性和变形能力,显示出良好的抗震性能。

三是施工速度快,工期短。钢 - 混凝土结构中钢骨架在混凝土未浇注以前已形成钢结构,已具有相当大的承载能力,能够承受构件自重和施工时的活荷载,并可以将模板悬挂在钢结构上,不必为模板设置支柱。在多高层建筑中,不必等待混凝土达到一定强度就可以继续上层施工,加快施工速度,缩短建筑工期。

四是耐火性和耐腐蚀性好。众所周知,钢结构耐火性和耐腐蚀性较差,但对于钢 - 混凝土结构来说,由于外包混凝土的存在,在保证承载力提高的前提下,使构件耐火性和耐腐蚀性较钢结构得到了提高。

4. 钢框架 - 混凝土核心筒结构体系

钢框架 - 混凝土核心筒结构体系是近年来在我国迅速发展的一种结构体系,其在降低结构自重、减少结构断面尺寸、加快施工进度等方面的明显优点,在高层、超高层建筑上得到了极大的推广和应用,见图 4-17。

图 4-17　混凝土核心筒 - 钢框架体系

混凝土芯筒主要用于抵抗水平侧力。由于材料特点造成两种构件截面差异较大，钢筋混凝土核心筒的抗侧向刚度远远大于钢框架，随着楼层增加，核心筒承担作用于建筑物上的水平荷载比重越大。钢框架部分主要是承担竖向荷载及少部分水平荷载，随着楼层增加，钢框架承担作用于建筑物上的水平荷载比重越小，由于钢材强度高，可以有效减少柱体截面，增加建筑使用面积。

4.3.4 装配式竹木结构建筑体系

1. 低多层竹木结构体系

轻型竹木结构体系，是将小截面构件按一定的间距等距离平行排列形成框架，然后在框架外根据受力需要，包上结构面板，形成建筑物的墙体，楼盖和屋盖等基本构件。整个结构体系就是由这些墙体，楼盖和屋盖构成的箱形建筑体系。作为一种高次超静定的结构体系，轻型木结构的结构强度通过主要结构构件（框架）和次要结构构件（墙面板，楼面板和屋面板）的共同作用得到，见图4-18。

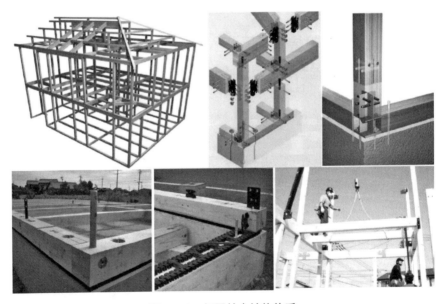

图4-18 低层竹木结构体系

轻型竹木结构在世界上不少国家地区的住宅以及商业和工业项目中获得了广泛地应用。北美约有85%的多层住宅和95%的低层住宅采用轻型木结构体系。此外，还有约50%的低层商业建筑和公共建筑，如餐馆，学校，教堂，商店和办公楼等，都采用这种结构体系。

2. 多高层现代木结构体系

高层木结构没有明确的定义，一般认为 8 层及以上即为高层木结构。高层木结构体系包括 CLT 剪力墙结构、胶合木梁柱－支撑结构和木－混凝土混合结构，其中 CLT 剪力墙结构使用最为广泛，见图 4-19。

图 4-19　多高层木结构体系

纯木结构的建造高度会受到材料特性的限制，可以利用混凝土、钢材等材料的力学性能优势，同木材互补，提出创新的高层甚至超高层木混合结构体系。木构件之间主要通过销类抗剪件连接，结构的抗侧刚度较低，且节点处可能发生木材的横纹劈裂破坏．因此，高层木结构中 CLT 等木构件的连接方式、高层木混合结构中木材与混凝土或钢材之间的连接形式与协同工作机理也是高层木结构研究的关键。CLT 或胶合木在受力状态下构件和节点的抗火性能，以及高层木结构火灾作用下的整体抗倒塌性能需深入的研究；高层建筑居住密度高，且受到水喉喷水压力的限制，在火灾发生时所需的消防通道，楼层之间、户与户之间等的消防要求需有不同于低层木结构的专门规定．

4.3.5　全预制装配式模块化建筑体系（PPVC）

结构以单个房间作为一个模块均在工厂进行预制，并可在工厂对模块内部空间进行布置与装修。然后运输至现场通过吊装将模块可靠的连接为建筑整体。模块化建筑结构体系预制化比例高，可节约人力、物力，减少工期，绿色环保。根据建筑模块的结构与功能类型，目前模块化建筑所用的模块可分为：墙体承重模块、角柱支撑模块、楼梯模块和非承重模块几种，见图 4-20。

(a) 完成的模块建筑　　　　　　　　　(b) 工厂内加工的模块

图 4-20　模块化结构体系

模块化建筑结构体系，按种类可分为全模块化建筑结构体系和复合模块化建筑结构体系，全模块化建筑结构体系建筑全部由模块单元装配而成，适用于多层建筑房屋，一般适用层数为 4 ~ 8 层。当层数过高时，需要有独立的抗侧体系作为依靠。模块间一般通过螺栓和盖板进行连接，以此作为模块化建筑的传力路径。

为提高模块化建筑的结构与使用性能，需要将模块化建筑与其他建筑形式进行复合，一般可包括：与传统框架复合结构体系、与板体结构复合结构体系、与剪力墙与核心筒复合结构体系等，见图 4-21、图 4-22。

与传统框架结构复合体系：为满足更开放的活动空间，可考虑将模块化建筑与传统钢结构框架进行复合，如以传统钢结构框架建造房屋的 1 层或 1 ~ 2 层，并以此传统框架为平台在上部进行模块安装，下部空间一般可作为零售店或停车场。另外，对于一些相对高层的模块建筑，也可以传统钢框架作为结构的外骨架，以此为依附进行模块化建筑的建造。

与板体结构复合体系：在这种建造形式中，模块堆叠形成一个核心，在其周围布置预制承重墙和楼板。模块通常可形成楼梯井，并在建筑内部提供了公共设施的中心区域。建筑物的模块部分能够容纳大量的公共设施区域，如厨房和浴室等，而在非模块区域则可作为卧室和客厅。从结构的角度看，除了其承重作用，模块化核心还为整个建筑物提供了稳定性。这种布置一般被限制在 4 ~ 6 层高度的楼房，是住宅应用的理想选择。

与剪力墙与核心筒复合结构体系：为使模块化建筑有更高层数的发展，需将其与剪力墙或核心筒相结合组成复合结构体系。

图 4-21　模块化钢结构建筑

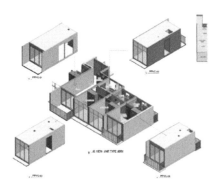

图 4-22　模块化混凝土建筑

4.4　装配式建造背景下的工程项目管理创新

产业现代化的原动力一般来源于新型制造方式和制造技术的出现，随之带来产业组织体系、项目管理方式不断整合、变革。作为一种新型建造方式，装配式建筑的技术特征对产业组织模式和项目管理方式提出了新要求。尽管建筑业生产过程、产品特征与制造业等其它产业存在着一定的差异，但产业组织体系不完善、项目管理方式落后一样会阻碍新型建造方式和技术的推广，这也是目前装配式建筑发展中的主要问题之一。完善建筑业产业链、创新工程项目管理方式，是推动装配式建筑发展的重要环节。

4.4.1　与装配式建造方式相适应的产业链体系

装配式建筑是采用系统化设计、模块化拆分、工业化制造、现场化装配的建造模式，在建造过程中能将社会化大生产的产业组织模式、制造业的生产方式和信息技术加以融合，对建筑设计 - 主体施工 - 专用设备供应 - 部品部件生产 - 设备管线安装等环节的集成化提出了较高的要求，必将影响目前建筑产业的组织方式、结构体系、技术创新、产品质量和市场定位。产业链的合理构建与完善是推动建筑工业化的前提，装配式建筑的产业链是以各个利益相关单位为载体，服务于装配式建筑的一条动态增值链条，该链条上的上中下游企业利润共享，风险共担，互相影响，互相依存。产业链组织方式不合理、集成化程度低是造成装配式建筑成本过高、推广不力的重要原因。

在传统的建筑流程中，建筑设计、建筑施工均由开发方委托，分别由设计和施工单位承担，构件生产一般由施工单位委托实现，但开发方委托的情况也较常见。每一阶段由不同的参与方独立实施，由开发方统一协调控制。开发方委托设计时，除非相关构配件存在标准化的基本技术参数或由开发方提供相关参数，设计方一般按照最基本的通用现浇结构进行设计，之后由开发方按照设计方所出具的现浇结构图纸，委托施工方按照等同现浇原则，根据施工方的技术能力、生产能力、构配件参数，将现浇结构拆解为装配式结构，进行深化设计，此后再由开发方协调，与设计方重新对拆解后的装配式结构体系进行校核，使其保证满足原有设计的基本要求；在此过程中，施工方需要经由开发方不断与设计方进行沟通协调，在装配式结构体系满足最终要求后，再由施工方实施订单采购或由开发方委托加工生产。

装配式混凝土建筑产业链包括房地产企业、规划设计院、预制构件加企业和施工企业四大内部主体，以及政府和技术研究机构两大外部主体。新型装配式建筑产业链对产业链上各参与方的集成度和协同度要求更高，需要各参与方的有机协调。首先由设计单位根据现行的装配式建筑设计标准进行建模，然后建材商根据建筑产品的设计要求提供原材料，预制构件加工厂则根据设计院提供的构件模型投入原材料以工厂化方式大规模生产预制构件，中间委托物流公司根据现场施工进度和预制构件厂构件生产进度进行预制构件的运输，施工企业通过高度机械化的施工工艺完成现场预制构件的装配来完成建筑的施工，最后由专业服务团队完善产品的销售运营管理等。各个参与企业通过共同培育集开发、产品策划、规划、科研、设计、构配件生产、新型建材与产品制造、建筑工程总承包、装饰装修、物业运营管理于一体的项目协同平台，调整产业结构，整合工业化设计、构件及部品生产制造、装配施工、全过程信息管理的全产业链资源，带动上下游企业共同参与，形成"一条龙"式的建筑项目管理模式，形成完善的产业链，促进装配式建筑的良性发展。

建造产业链市场主体在项目各阶段有不同的协作模式。项目开发准备阶段，装配式建筑建设单位在整个产业链中起着引领性作用，对建筑的类型、规模、建设方案等进行协调管理，明确不同主体所应承担的协作责任，同时促使不同主体间建立有效的信息沟通平台，改变传统建筑模式中多方主体信息资源难以整合利用的状态，以解决主体间内部协作动力不足的问题。在整个装配式建筑生命周期中，项目设计阶段起着至关重要的作用。传统建筑设计模式是面向现场施工，很多问题到施工阶段才能够暴露出来，而装配式建筑则将施工阶段的问题提前至设计、生产阶段解决，将设计由面向现场施工，转变为面向工厂加工和现场装配。在这一阶段，设计单位需要充分考虑到下游主体的工厂化生产、装配化施工、一体化装修，通过与生产企业、施工企业、装修企业的密切配合，构建贯彻项目全生命周期的信息平台，为下游主体的项目建设提供技术平台与信息支持。

部品部件生产阶段，生产企业通过设计单位建立的标准化部品部件库，开展规模化生产作业。在协作模式中，生产企业需将生产的部品部件嵌入 RFID（无线射频识别）标签，并将 RFID 标签中的信息传输到 BIM 系统中进行判断和处理，以便于产业链下游主体安排构件运输的顺序、车次、路线，并协助施工企业合理安排施工顺序。同时生产企业再根据现场反馈来的施工进度信息调整构件生产计划。通过与施工企业间的信息沟通与协作，生产企业将调整生产计划的信息通过 BIM 系统传递给施工现场，实现信息共享，推动工程顺利进行。

项目施工阶段，施工企业根据前期设计单位在信息系统中提供的设计方案，进行部品部件的装配化施工。在项目施工前，施工企业通过 RFID 与 BIM 系统提取标准化的部品部件信息、设计方案信息、生产进度等信息，并将现场的部品部件信息及时反馈至设计单位、生产企业；在施工过程中，运用信息技术建立项目仿真动态模型，模拟装配化施工。同时，将项目进展实时信息录入信息，对建模仿真与施工过程中出现的问题，通过信息共享平台反馈给建设单位、设计单位、生产企业等相关方，以便于多主体共同协作解决装配施工中所产生的问题。

项目运营维护阶段处于产业链的末端。物业运营企业根据设计单位建立的部品部件标准库、生产企业嵌入的数字标签信息、施工企业建立的仿真模型和建造信息等，利用物联网终端设备进行数据分析和处理，实时掌握建筑物中所有构件和各种设备的运行情况，发现和处理损坏的建筑构件。在运营维护过程中，运营企业通过物业管理系统监测建筑物使用和维护情况，并将上述信息通过互联网传至共享数据库，为后期建筑物改扩建，提供必要的信息。

4.4.2　与装配式建造方式相适应的 EPC 组织模式

装配式建筑全产业链的建造活动是一项复杂的系统工程，需要系统化的工程项目管理模式与之相匹配。EPC（engineering procurement construction）工程总承包管理模式是现阶段推进建筑产业现代化、发展装配式建筑的有效途径，可以有效推进建筑行业的升级转型，促进建筑产业现代化、专业化、集成化的发展，推动建立科学完善、合理高效的项目管理综合体系，建立先进的技术体系和高效的管理体系，打通产业链壁垒，实现产业链集成，有效解决建筑行业目前存在的各阶段、各专业间、技术与管理间衔接困难等众多问题，将工程建设的全过程联结为一体化的完整产业链，实现技术体系与管理模式相适应，全产业链上资源优化配置、整体成本最低化，进而解决工程建设切块分割、碎片化管理的问题。

将 EPC 模式应用于装配式建筑，其特点是以构件的加工和安装代替采购阶段，并纳入到设计阶段，通过有效连接前期设计与现场施工，使施工部门有效配合支持前期设计，以保证设计结果与现场要求高度契合，以此降低施工成本和资源消耗。EPC 模式与装配式建筑技术相结合的优势明显，具体可以在项目组织结构、设计优化与资源整合、工期控制、成本控制和专业化管理等方面得到体现。

EPC 模式有助于实现装配式建筑系统化。装配式建筑一般由建筑、结构、机电、装修 4 个子系统组成，这 4 个子系统各自既是一个完整独立存在的系统，又共同构成一个完整系统。EPC 工程总承包管理的优势正在于系统性的管理。EPC 模式通过全过程多专业的技术策划与优化，在产品的设计阶段，即开始统筹分析建筑、结构、机电、装修各子系统的制造和装配环节，将各阶段、各专业技术和管理信息前置化，进行全过程系统性策划，设计出模数化协调、标准化接口、精细化预留预埋的系统性装配式建筑产品，实现产品标准化、制造工艺标准化、装配工艺标准化、配套工装系统标准化、管理流程标准化，实现设计、加工、装配一体化，满足一体化、系统化的设计、制造、装配要求，实现规模化制造和高效精益化装配，便于规模化制造和现场高效精细化装配，发挥装配式建筑的综合优势。

EPC 有助于促进装配式建筑的技术创新。装配式建筑是设计、制造、装配的系统集成，各系统之间的深度协同融合才能发挥出装配式建筑的整体优势。EPC 模式有利于建筑、结构、机电、装修一体化，设计、制造、装配一体化，从而实现装配式建筑的系统集成，以整体项目的效益为目标，明确集成技术研发方向，避免只从局部某一环节研究单一技术（如设计只研究设计技术、生产只研究加工技术、现场只研究装配技术），从而导致创新技术融合度低的问题。系统化的技术创新和技术集成，更加便于新技术落地应用，发挥技术体系优势。在 EPC 工程总承包管理实践过程中不断优化提升技术体系的先进性、系统性和科学性，实现技术与管理创新相辅相成的协同发展，从而提高建造效益。

EPC 与装配式建筑的结合有助于缩短工程建造工期。EPC 模式下，设计、制造、装配、采购的不同环节形成合理穿插、深度融合，在传统项目管理模式采用的是设计方案确定后才开始启动采购方案、制定建造方案、制定装配方案的工作顺序，

EPC 将这种线性作业转变为叠加型、融合性作业，经过总体策划，在设计阶段就开始制定采购方案、生产方案、装配方案等，使得后续工作前置交融，进而大幅节约工期。同时 EPC 模式下，装配式建筑现场施工分成为工厂制造和现场装配两个板块，可以实现将原来同一现场空间的交叉性流水作业，转变成工厂和现场两个空间的部分同步作业和流水性装配作业，缩短了整体建造时间。EPC 模式下，各方工作均在统一的管控体系内开展，信息集中共享，规避了沟通不流畅的问题，减少了沟通协调工作量和时间，从而节约工期。

　　EPC 模式应用于装配式建造还将降低工程建造成本。工程材料成本在项目的成本构成中占有很大的比例，因此项目采购环节的成本降低具有十分重要意义。EPC 模式下，工业化建造将实现精细化、专业化工和规模化、社会化的大生产，材料、部品的成本将趋于合理、透明，并限定在合理的市场化范围内；龙头企业与相关部品件生产企业、分包企业间的长期战略性合作，将会进一步减少采购成本。EPC 模式能够实现设计、制造、装配、采购几个环节合理交叉、深度融合。EPC 模式中的"采购"不仅是为项目投入建造所需的系列材料、部品采购、分包商采购等，还包括系统性地分析工程项目建造资源需求，在设计阶段，就确定工程项目建造全过程中物料、部品件和分包供应商。随着深化设计的不断推进和技术策划的深入，可以更加精准地确定不同阶段的采购内容和采购数量等。由分批、分次、临时性、无序性的采购转变为精准化、规模化的集中采购，从而实现分包商或材料商的合理化、规模化的有序生产，减少应急性集中生产成本、物料库存成本以及相关的间接成本，从而降低工程项目整体物料资源的采购成本。此外，EPC 模式下，在总承包方的统一协调、把控下，将各参建方的目标统一到项目整体目标中，以整体成本最低为目标，优化配置各方资源，实现设计、制造、装配资源的有效整合和节省，从而降低成本，避免了以往传统管理模式下，设计方、制造方、装配方各自利益诉求不同，都以各自利益最大化为目标，没有站在工程整体效益角度去实施，导致工程整体成本增加、效益降低的弊端。采用 EPC 模式的装配式建造将实现人工的节约，无论是管理团队的有效整合，还是产业工人的减少，都将进一步降低建造过程中的人工成本和间接成本。

　　EPC 模式有助于实现工程建造精益化管理。EPC 模式下，工程总承包方对工程质量、安全、进度、效益负总责，在管理机制上保障了质量、安全管理体系的全覆盖和各方主体质量、安全责任的严格落实。EPC 工程总承包管理的组织化、系统化特征，保证了建筑、结构、机电、装修的一体化和设计、制造、装配的一体化，一体化的质量和安全控制体系，保证了制定体系的严谨性和质量安全责任的可追溯性，一体化的技术体系和管理体系也避免了工程建设过程中的"错漏碰缺"，有助于实现精益化、精细化作业。EPC 模式下的装配式建造，设计阶段就系统考虑分析制造、装配的流程和质量控制点，制造、装配过程中支撑、吊装等细节，从设计伊始规避质量和安全的风险点；通过工厂化的制造和现场机械化的作业大幅替代人工手工作业，大大提高了制造、装配品质，减少并规避了由于人工技能的差异所带来的作业质量差异，以及由此产生产品质量下降和安全隐患的问题，从而全面提升工程质量、确保安全生产。

在项目管理的不同阶段，EPC 模式与装配式建造过程的融合应当有不同的关注点。一是在设计阶段，EPC 总承包模式与装配式建筑的结合主要应当关注后续工作对设计优化的需求，发挥装配式结构的预制化和 EPC 模式全过程管理的优势。设计师在 BIM 框架下进行协同设计，预制厂则通过预制构件信息进行分析，对设计提出模块的优化建议，施工工程师则从施工方案、工艺的角度对设计模型进行分析，提出可行性反馈。在采购阶段，总承包商需要以集成管理的思维统筹考虑设计与采购、施工的相互关系，通过保证各流程的工作有效衔接，加强项目信息管理及信息化技术的应用，以缩短采购周期、降低采购成本、提高采购质量。二是在采购阶段，EPC 模式与装配式建筑的结合需要总承包商将采购工作向设计、施工阶段前后延伸，发挥采购集成管理作用，保证项目管理目标的实现。三是在施工阶段，装配式建筑施工的主要难点体现在对构件进行吊装的过程对吊装机械、定位和固定连接的要求较高，因此该阶段项目管理的重点是各专业之间的协调配合，及时有效地处理可能出现的各类问题。在施工策划阶段，设计单位可以通过 BIM 进行施工仿真与模拟，进行预装配，明确构件的安装流程、顺序与工艺要求，为施工交底提供便利。通过施工模拟，可以提前发现并解决可能出现的问题，同时为施工场地布置等提供参考。在原材料供应中，施工单位应当提前进行需求预测，结合工程的实际情况，与采购人员进行衔接。在施工过程中，首先应当与设计、构件供应商对构件的质量、尺寸等做最后的确定，争取一次吊装成功，避免出现返工等现象。

4.4.3 信息技术推动装配式建造项目管理创新

装配式建筑具有显著的系统性特征，须采用一体化的建造方式，即在工程建设全过程中，主体结构系统、外围护系统、机电设备系统、装饰装修系统通过总体技术优化、多专业协同，按照一定的技术接口和协同原则组装成装配式建筑。全过程信息化应用是装配式建筑的一大特征，信息技术是推动从构件生产到装饰装修一体化建造方式的重要工具和手段。为实现"设计、生产、装配一体化"，通过现代化的信息技术，建立信息化管理平台，实现项目各参与方基于信息共享的深度协同，是装配式建造方式成功的重要因素。

装配式建筑信息技术平台应当是融合多种技术、多方主体信息的平台。要实现装配式建筑价值最大化，就要求纵向主体间协同化作业，使节点主体能够对整个产业发展起到推动作用。但主体间协同作业往往面临多重障碍，如追求个体利益最大化、忽视整体利益、主体间业务衔接度差、建设单位协调能力不足等传统建筑产业链存在的问题，同时也存在着有别于传统建筑产业链的障碍，如主体间协作的驱动力不足、部品部件标准体系未完善、参与主体多，尤其是部品部件生产企业环节的新增，对整个产业提出更高的集成化作业要求，协作过程更加复杂。要解决产业链参与主体协同作业所面临的问题，将信息技术应用于产业链协同和项目管理中，将三大技术即 BIM 技术、RFID 技术、物联网技术结合应用于多方主体信息平台的搭建，改变以往信息技术单一的应用模式，确保协作能够有效地运行。通过 BIM 技术可以很好地解决主体间信息沟通平台缺乏的问题，为多主体的资源整合，尤其是信息资源的整合提供合适的技术平台；RFID 技术的应用，使生产企业对部品部件产品的管理更加精细化，同时与 BIM 平台、物联网的结合应用，为下游主体提供产品信息、生产信息、存储信息，有效提升主体间业务的衔接度；通过物联网技术，将后期的运营管理纳入产业链核心环节，以更智能化、精细化的管理改变过去粗放式的运营管理。

装配式建筑项目组织模式的特征为信息技术在项目管理中的深度应用创造了条件。BIM 为代表的信息技术的优势在于对装配式建筑全过程的海量信息进行系统集成，对装配式建筑建设全过程进行指导和服务。其应用的前提条件，就是要在统一的信息管理平台上，集成各专业软件和标准化接口，保证信息共享，实现协同工作。EPC 模式可以很好地发挥这类信息技术的"全过程应用信息共享"的优势，提升建造品质和效益。在 EPC 模式下，各参与方形成一个统一的有机整体，设计各专业之间、制造、装配各专业之间、设计与制造、装配之间数据信息共享、协同并进行设计和管理。EPC 模式利于建立企业级装配式建筑设计、制造、装配一体化的信息化管理平台，形成对装配式建筑一体化发展的支撑。实现建筑业信息化与工业化的深度融合，深入推进信息化技术在装配式建筑中的应用。

在 EPC 总承包模式下，装配式建筑对信息技术的应用，可以通过总承包单位在设计环节建立装配式建筑信息平台，使项目各参与方在设计、生产、施工等阶段都在同一个平台上进行协同工作和数据处理，有利于优化设计、减少变更和提高装配效率。设计单位运用 BIM 技术可以设计二维图纸和三维图纸，便于工人现场施工，还可以通过碰撞检查，提高设计的准确性，减少设计变更，减少后期现场预埋件和钢筋的安装错误；预制构件厂提高工业化程度，可以减少资源的消耗，提高构件的精确度，使得构件部品能够批量生产；施工企业可以利用信息模拟技术进行施工模拟，减少不必要的经济损失和工期延误，并且现场实现高度机械化装配。各参与方运用 BIM、RFID、物联网技术建立信息平台，提高信息传递正确率，提高项目管理效率，减少质量、安全事故和索赔纠纷。

在项目设计阶段，可以利用 BIM 可视化设计和协同设计，对墙板、楼板、梁以及阳台板等结构部件进行自动拆分，通过 BIM 软件的参数化功能构建各类预制构件的标准化数据库，然后将同类型数据进行优化，形成常用预制构件的标准形状和模数尺寸，随着构件的数量、种类和规格的不断丰富，逐渐建立起标准化预制构件库，提升设计效率和设计质量。在构件生产阶段，可以通过 BIM 三维模型完成对预制构件的信息化表达，构件加工图在 BIM 模型上直接完成，自动生成构件的平面图、立面图和剖面图，并输出不同类型的数据格式文件，借助 CAM 数控机床建立构件生产管理信息系统，从而更加紧密地与预制工厂进行协同和对接。施工阶段，施工单位可将进度计划与 BIM 模型关联，通过模拟真实施工环境和施工过程，将空间信息和时间信息整合在一个可视的 4D 模型中，对预制构件吊装过程中的空间操作、安装顺序以及设备管线调试等方案进行优化，提前预知本项目施工安排是否均衡、场地布置是否合理、吊装工序是否正确等，协同设计单位及时做出调整，减少返工和材料浪费，确保整体施工质量。

4.5 典型工程案例简介及经济指标分析

4.5.1 装配式混凝土结构工程案例

1. 唐山㳇阳 9 号商住楼工程（结构采用水平构件 + 预制保温外墙板 + 预制内墙板工程）

（1）项目概况

1）基本概况

唐山㳇阳新城五区一期工程项目包含 9 号、10 号住宅楼，采用装配式混凝土水平构件和预制保温外墙板，采用的预制构件包括预制楼梯、叠合楼板、预制阳台板、预制空调板和预制保温外墙板等，结构形式及施工方法以及施工效果基本相同。

下面就 9 号住宅楼为例，做以介绍。

2）基本信息

项目名称：㳇阳新城五区一期 9 号楼项目。

项目地点：唐山市丰润区康宁路东侧、光华道北侧。

开发单位：中冶万城房地产开发有限公司。

设计单位：中国二十二冶集团有限公司设计院。

技术研发单位：中冶建筑研究总院有限公司。

深化设计单位：中国二十二冶集团有限公司设计院。

施工单位：中国二十二冶集团有限公司。

预制构件生产单位：中国二十二冶集团有限公司装配式建筑分公司。

①建筑规模：总建筑面积为 9629.88m²，其中地上建筑面积为 8877.97m²，地下建筑面积为 751.91m²；建筑户型为 1 梯三户。建筑标准层平面布置图见图 4-23。

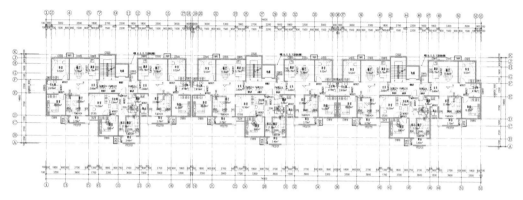

图 4-23　建筑标准层平面布置图

②建筑层数：地上 11 层，地下 1 层。

③建筑高度：建筑总高 33.4 m；建筑立面图见图 4-24。

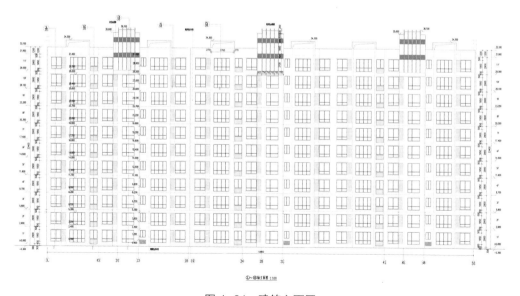

图 4-24　建筑立面图

④结构形式：地下部分为钢筋混凝土现浇结构，地分一层至顶层为装配式混凝土剪力墙结构，单层预制构件数量：墙板（部分带梁）：124块，楼板78块，楼梯6块，阳台（带空调板）9块，空调板6块。

⑤结构层高：地下一层层高2.94m，首层至顶层层高2.9m。

3）预制率计算（按装配式建筑评价标准计算GBT51129-2015），见表4-7。

<table>
<tr><td colspan="2">预制率计算表　　　　　　　　　　　　　　　　　　　　　表4-7</td></tr>
<tr><td>地上混凝土总体积（m³）</td><td>5074</td></tr>
<tr><td>预制构件总体积（m³）</td><td>3286</td></tr>
<tr><td>预制率</td><td>64.8%</td></tr>
</table>

4）施工情况见图4-25。

图4-25　施工情况

（2）工程承包模式

本工程是中国二十二冶集团有限公司施工总承包模式，构件由中国二十二冶集团有限公司装配式住宅产业分公司提供。

（3）装配式建筑技术应用情况

1）主体结构技术应用

①结构体系

结构体系采用装配式混凝土剪力墙体系，预制构件从首层开始使用，预制构件包括叠合板、预制楼梯、预制阳台、空调板、内外墙、梁；混凝土结构抗震等级为二级；采用天然地基，基础形式为筏板基础。结构标准层平面布置图见图4-26。

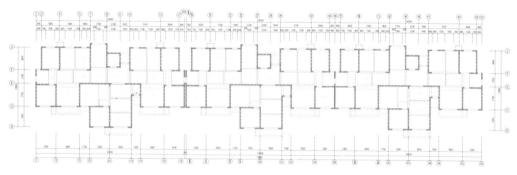

图 4-26　9 号楼标准层平面图

②结构构件

楼板：叠合楼板属于半预制构件，在环境相对封闭的工厂里生产，安装后经过抗震设计的钢筋和桁架钢筋给楼板提供硬度。

叠合板优点：具有整体性、抗震性能好的优点，施工周期短，生产实现了工业化，构件制作不受季节及气候的限制，提高构件质量，加快了施工速度。见图4-27。

楼梯：采用预制楼梯，楼梯是多、高层建筑的重要组成部分，也是在建筑现场中最为难施工的部位之一，主要是由于模板浪费量大，人工消耗多，且尺寸很难控制准确，施工期间有大量的脚手架和支撑杆阻碍施工通行，在装饰施工前成品保护难度大，保养不便强度难以保证；

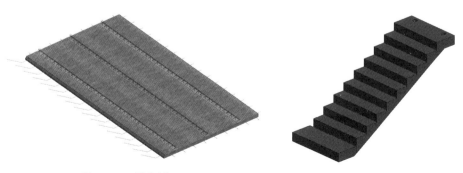

图 4-27　叠合板图　　　　　　图 4-28　预制楼梯图

预制楼梯优点：工业化生产、机械化安装，效率高，加快现场施工进度，混凝土表面平整、棱角清晰，且板底不用再抹灰，降低造价；且安装前楼梯强度已达标，即安即用，方便施工通行，有利于成品保护，见图4-28。

阳台、空调板：采用预制阳台、空调板

预制阳台、空调板混凝土表面平整、棱角清晰、尺寸准确、品质优良，确保每一部都是精品，施工过程中无施工材料"跑、冒、滴、漏"现象，施工现场整洁，有利于安全文明施工，且批量生产具有成品优势，人工成本及材料成本均比现浇模式低，见图4-29、图4-30。

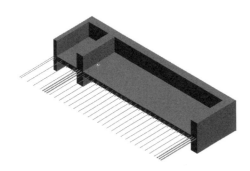
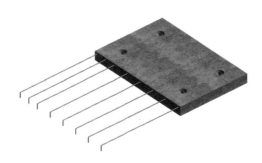

图 4-29　预制阳台板图　　　　　　图 4-30　预制空调板图

预制保温外墙板（三明治墙板）

预制保温外墙板是将保温材料直接预制到墙体中，不仅防火，杜绝火灾的发生，而且实现外墙保温与结构等寿命，防止外墙装饰物脱落，见图4-31、图4-32。

预制叠合梁

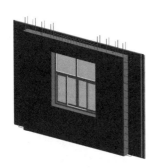
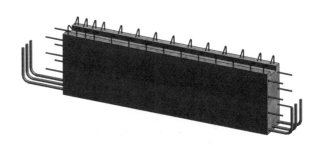

图 4-31　预制保温墙体图　　　　　　图 4-32　预制叠合梁图

2）信息化技术应用

在方案设计阶段引入 BIM 技术，配合结构体系、三板体系、卫生间与阳台等选

型工作，为实现建筑的结构系统、外围护系统、内装系统、设备与管线系统集成一体化设计提供信息化支撑。借助 BIM 技术，整合结构体系与建筑功能之间的关系，优化结构体系与结构布置；选取合适的内外墙体系，细化建筑节点构造，实现建筑功能高标准的要求。

3）设备系统技术应用

整个工程采用户内中央空调系统、户内中央新风系统、低压辐射地板采暖系统、家居智能化系统（可视对讲技术、综合布线技术）等。

设备管线采用 BIM 手段实现预拼装，实现了设备管线、管道安装的模块化及标准化施工，在施工准备阶段完成优化，提高工程的施工效率。

4）装饰装修系统技术应用

①装配式整体式厨房

本工程采用一体化整体厨房，将橱柜、抽油烟机、燃气灶具、消毒柜、洗碗机、冰箱、微波炉、电烤箱、各式挂件、水盆、各式抽屉拉篮、垃圾粉碎器等厨房用具和厨房电器进行系统搭配而成的一种新型厨房形式。利用"系统搭配"实现厨房空间的整体配置，整体设计，整体施工装修。工程设计阶段将橱柜、厨具和各种厨用家电按其形状、尺寸及使用要求进行合理布局，巧妙搭配，能够实现厨房用具一体化。

充分体现了装配式整体厨房的整体化、健康化、安全化、舒适化、美观化的优势和理念。

②装配整体式卫生间

工程采用整体装配式卫生间，整个卫生间及卫生洁具设施由工厂预制的一体化防水底盘、墙板、顶板（天花板）构成的整体框架，在现场积木式拼装，配上各种功能洁具形成的独立卫生单元。具有标准化生产、快速安装、防漏水等多种优点，可在最小的空间内达到最佳的整体效果，见图 4-33。

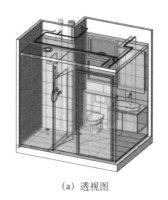

（a）透视图　　　　　　　　（b）效果图　　　　　　　　（c）加工照片

图 4-33　装配整体式卫生间

5）装配率计算

①主体结构指标计算

a）主体结构竖向构件采用混凝土预制部品部件的应用比例（Q_{1a}）

竖向构件采用混凝土预制部品部件的应用比例：

V_{1a} =1908.77m³，V=2155.6m³

$q_{1a}=V_{1a}/V×100\%$=88.5% ≥ 80%，可以评分　　　　　　　　　　（4-1）

实得分值 Q_{1a} 为 30 分。

b）梁、板、楼梯、阳台、空调板等构件中预制部品部件的应用比例（Q_{1b}）

A_{1b} =8312.3m²，A 建筑面积 =8877.97m²

$q_{1b}=A_{1b}/A$ =8312.3/8877.97= 93.6% ≥ 80%，可以评分　　　　　　（4-2）

根据《装配式建筑评价标准》中表 4.0.1，本项评价分值 Q_{1b} 为 20 分。

综上，在主体结构指标项中评价得分为 50 分，满足装配式建筑评价基本要求。

②围护墙和内隔墙指标评价

a）非承重围护墙中非砌筑墙体的应用比例（Q_{2a}）

围护墙采用了预制外墙板 + 后浇段，所以非承重围护墙非砌筑比例为 100%，本项评价分值 Q_{2a} 为 5 分。

b）围护墙采用墙体、保温、隔热、装饰一体化的应用比例（Q_{2b}）。

围护墙为保温、隔热一体化没有与装饰一体化，所以本项评价分值 Q_{2b} 为 0 分。

c）内隔墙中非砌筑墙体的应用比例（Q_{2c}）。

A_{2c}=6248.295m²，A_{w3}=11467.509m²

$q_{2c}=A_{2c}/A_{w3}$ =6248.295/11467.509= 54.5% ≥ 50%　　　　　　　（4-3）

实得分值 Q_{2c} 为 5 分。

d）内隔墙采用墙体、管线、装修一体化的应用比例（Q_{2d}）。

本项目内墙做法中，只采用墙体、管线一体化，所以本项评价分值 Q_{2d} 为 0 分。

综上，9 号楼在围护墙和内隔墙指标项中评价得分为 10 分，满足装配式建筑评价基本要求。

③装修和设备管线指标评价

a）全装修

本项目采用全装修，评价分值为 6 分，满足装配式建筑评价基本要求。

b）干式工法楼面、地面的应用比例（Q_{3a}）

本项目没有采用干式工法施工，所以本项评价分值 Q_{3a} 为 0 分。

c）厨房的橱柜和厨房设备等安装，墙面、顶面和地面中干式工法的应用比例（Q_{3b}）

本项目厨房顶面采用集成吊顶，墙面及地面为传统做法，应用数量＜70%，所

以本项评价分值 Q_{3b} 为 0 分。

d）卫生间的洁具设备安装，墙面、顶面和地面中干式工法的应用比例（Q_{3c}）

本项目卫生间顶面采用集成吊顶，墙面及地面为传统做法，应用数量 < 70%，所以本项评价分值 Q_{3c} 为 0 分。

e）管线分离比例（Q_{3d}）

本项目没有实施管线分离，所以本项评价分值 Q_{3d} 为 0 分。

综上本项目在装修和设备管线指标项中评价得分为 6 分。

综上 9 号楼装配率计算

$$P = (Q_1+Q_2+Q_3) / (100-Q_4) = (50+10+6) / (100) = 66\% \qquad (4\text{-}4)$$

（4）构件生产、安装施工技术应用情况

1）构件生产制作与运输管理

①构件生产制作，见表 4-8。

预制构件外形尺寸允许偏差及检验方法　　　　　　表 4-8

项目			允许偏差（mm）	检验方法
长度	板、梁、柱、桁架	< 12m	±5	尺量检查
		≥ 12m 且 < 18m	±10	
		≥ 18m	±20	
	墙板		±4	
宽度、高（厚）度	板、梁、柱、桁架截面尺寸		±5	钢尺量一端及中部，取其中偏差绝对值较大处
	墙板的高度、厚度		±3	
表面平整度	板、梁、柱、墙板内表面		5	2m 靠尺和塞尺检查
	墙板外表面		3	
侧向弯曲	板、梁、柱		$L/750$ 且 ≤ 20	拉线、钢尺量最大侧向弯曲处
	墙板、桁架		$L/1000$ 且 ≤ 20	
翘曲	板		$L/750$	调平尺在两端测
	墙板		$L/1000$	
对角线差	板		10	钢尺量两个对角线
	墙板、门窗口		5	
挠度变形	梁、板、桁架设计起拱		±10	拉线、钢尺量最大弯曲处
	梁、板、桁架下垂		0	

续表

项目		允许偏差（mm）	检验方法
预留孔	中心线位置	5	尺量检查
	孔尺寸	±5	
预留洞	中心线位置	10	尺量检查
	洞口尺寸、深度	±10	
门窗口	中心线位置	5	尺量检查
	宽度、高度	±3	
预埋件	预埋件锚板中心线位置	5	尺量检查
	预埋件锚板与混凝土面平面高差	0，−5	
	预埋螺栓中心线位置	2	
	预埋螺栓外露长度	+10，−5	
	预埋套筒、螺母中心线位置	2	
	预埋套筒、螺母与混凝土面平面高差	0，−5	
	线管、电盒、木砖、吊环在构件平面的中心线位置偏差	20	
	线管电盒、木砖、吊环与构件表面混凝土高差、	0，−10	
预留插筋	中心线位置	3	尺量检查
	外露长度	+5，−5	
键槽	中心线位置	5	尺量检查
	长度、宽度、深度	±5	

注：1 L 为构件最长边的长度（mm）；

2 检查中心线、螺栓和孔道位置偏差时，应沿纵横两个方向量测，并取其中偏差较大值。

②运输要求

从遵化生产厂到洇阳锦园项目安装现场，运距约为 20km，本工程无超长超宽构件，可采用公路运输。

具体要求如下：

a）成品构件转运前，检查构件安全可靠性，构件应堆码整齐。

b）装卸工应积极服从临时安排，协助其他岗位做好装卸前的准备工作，以缩短准备时间，提高生产效率。

　　c）遵循熟悉转运路线及路况的原则，安全快速转运构件成品，务必保持车上成品堆放稳固可靠。

　　d）成品卸车应按照堆码要求：每垛直立，不偏不倚；构件与构件之间间隙应均匀，便于装卸操作，成品构件码放应互相独立，每行整齐。

　　e）预制构件运输过程中，运输车应根据构件特点设运输架，并采取用钢丝绳加紧固器等措施绑扎牢固，防止构件运输受损。靠放架应具有足够的承载力和刚度，与地面倾斜角度宜大于 80°；墙板宜对称靠放且外饰面朝外，构件上部宜采用木垫块隔离；运输时构件应采取固定措施；墙板运输架示意图见图 4-34：

图 4-34　构件运输车

　　f）预制构件运输到现场后，应按照型号、构件所在部位、施工吊装顺序分类存放，存放场地应在吊车工作范围内，避免出现二次倒运。

　　g）搬运托架、车厢板和预制构件间应放入柔性材料，构件应用钢丝绳或夹具与托架绑扎，构件边角或索链接触部位的混凝土应采用柔性垫衬材料保护。

　　③施工现场码放

　　运抵施工现场后应积极组织装卸工作。按照项目收货（保管）人员的要求，安全、迅速、有序地将成品构件堆码在指定地点，并做好保护措施。防止构件出现磕碰导致构件受损的情况发生。

　　a）叠合板码放方法

　　Ⅰ叠合板堆垛场地应平整硬化，宜有排水措施，堆垛时叠合板底板与地面之间应有一定的空隙。

　　Ⅱ垫木放置在叠合板钢筋桁架侧边，板两端（至板端）及跨中位置垫木间距计算确定；垫木应上下对齐。

　　Ⅲ不同板号应分别堆放，堆放时间不宜超过四个月。

　　Ⅳ堆垛层数不宜大于 6 层，见图 4-35、图 4-36。

Ⅴ叠合板底部垫木宜采用通长木方。

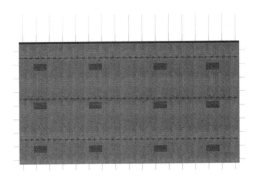

图 4-35　预制叠合板码垛平面图

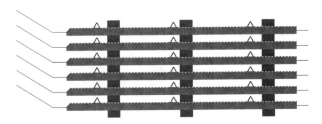

图 4-36　预制叠合板码垛立面图

b）预制楼梯码放方法

Ⅰ预制楼梯的放置采用立式或平放方式。

Ⅱ在堆置预制楼梯时，板下部两端店址 100mm×100mm 垫木，垫木放置位置在 1/5 ～ 1/4L（L 为预制板总长度），并在预制楼梯段的后起吊（下端）的端部设置防止起吊碰撞的伸长垫木，防止在起吊时的磕碰，斜向转向磕碰。

Ⅲ垫木层与层之间应垫平、垫实，各层垫木应上下对齐。

Ⅳ不同类型应分别堆垛，堆垛层数不宜大于 5 层，见图 4-37。

图 4-37　板式楼梯码垛示意图

c）预制阳台、空调板码放方法

Ⅰ层与层之间应垫平，垫实，各层支垫应上下对齐，

Ⅱ最下层垫木应通长设置，叠放层数不宜大于 4 层，见图 4-38、图 4-39。

Ⅲ预制阳台板封边高度为 800mm、1200m 时宜单层放置。

Ⅳ预制空调板可采用叠放方式。

Ⅴ预制阳合板或空调板应在正面设置标识，标识内容应包括构件编号、制作日期、合格状态、生产单位等信息。

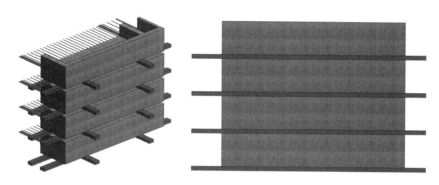

图 4-38　阳台板堆垛示意图

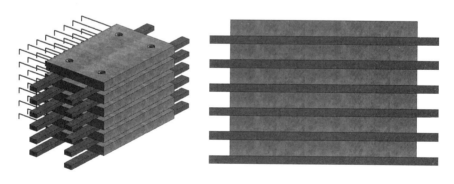

图 4-39　空调板堆垛示意图

d）预制墙板码放方法

Ⅰ当采用靠放架堆放构件时，靠放架应具有足够的承载力和刚度，与地面倾斜角度宜大于 80°；墙板宜对称靠放且外饰面朝外，构件上部宜采用木垫块隔离；运输时构件应采取固定措施；

Ⅱ当采用插放架直立堆放构件时，宜采取直立方式；插放架应有足够的承载力和刚度，并应支垫稳固；

Ⅲ采用叠层平放的方式堆放或运输构件时，应采取防止构件产生裂缝的措施，见图 4-40。

图 4-40 墙板堆垛示意图

e）预制梁码放方法

Ⅰ预制梁堆垛场地应平整硬化，宜有排水措施，堆垛时梁底与地面之间应有一定的空隙。

Ⅱ预制混凝土梁宜采用平放。

Ⅲ预制梁构件存放时平放不宜超过 2 层，见图 4-41。

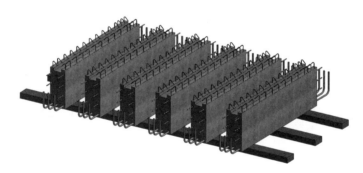

图 4-41 预制叠合梁码垛示意图

2）装配施工组织与质量控制

①构件施工组织

a）为了保证构件的制作质量，所有预制构件均在中国二十二冶集团有限公司装配式建筑分公司构件生产基地制作。

b）构件制作完成验收合格后公路运输至安装现场，制作、运输顺序及进度要满足安装顺序及进度要求。

塔吊选择

所有构件均使用塔吊进行吊装，考虑到最重构件墙板重 5t，因此采用塔吊型号 C6020（最重额定吊重为 6t），布置在 9 号楼北侧。

安装部署

本工程安装顺序:先安装墙板,再安装叠合板、阳台和空调板,最后安装预制楼梯;施工流向从西侧向东侧推进,见图 4-42。

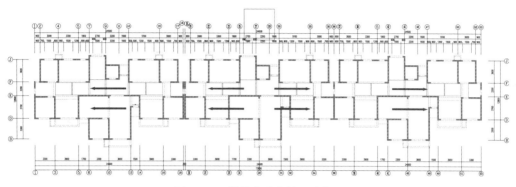

图 4-42 塔吊布置和施工流向图

2) 构件安装组织

构件卸车、倒运、安装采用总包提供的塔吊进行安装。构件安装时严格根据甲方的主体施工进度计划进行。在保证安全、质量的前提下,确保构件安装进度计划满足整体施工进度的要求。

3) 构件质量控制

a) 质量标准

Ⅰ进入现场的预制构件必须进行验收,其外观质量、尺寸偏差及结构性能应符合标准图或设计的要求。

Ⅱ检查数量:按批检查。

Ⅲ预制构件在生产加工过程尺寸允许偏差按表 4-9 执行

预制构件尺寸允许偏差表　　　　　　　　　　　　　　表 4-9

检查项目		允许偏差
尺寸（长 / 宽 / 高）	楼板 / 楼梯 / 阳台	±5mm
侧向弯曲	楼板 / 楼梯 / 阳台	1/1000 且 ≤ 3mm
对角线	预制构件、配件	±3mm
表面平整度	预制构件、配件	≤ 2mm
洞口尺寸	墙板	±3mm
主筋混凝土保护层	墙板 / 楼板 / 阳台	±2mm
	楼梯	±3mm

续表

检查项目		允许偏差
预埋件	平整度	1/300
	螺栓外露长度	+5mm，－2mm
预留孔洞	中心线位置	±2mm
	尺寸	+5mm，－2mm
钢筋	中心线位置	±2mm
	外露长度	+5mm，－2mm
人工粗糙面	楼板和阳台顶面	平均不小于6mm

Ⅳ预制构件在吊装、安装就位和连接施工允许偏差按表4-10执行

预制构件安装尺寸的允许偏差及检验方法　　　　　　　　　　表4-10

项目			允许偏差（mm）	检验方法
构件中心线对轴线位置	基础		15	尺量检查
	竖向构件（墙、板）		10	
	水平构件（梁、板）		5	
构件标高	梁、板底面或顶面		±5	水准仪或尺量检查
	墙板顶面		±3	
构件垂直度	墙板	<5m	5	经纬仪量测、尺量检查
		≥5m 且 <10m	10	
		≥10m	20	
构件倾斜度	梁		5	垂线、尺量检查
相邻构件平整度	板端面		5	钢尺、塞尺量测
	梁、板下表面	抹灰	5	
		不抹灰	3	
	墙板侧表面	外露	5	
		不外露	10	
构件搁置长度	梁、板		±10	尺量检查
支座、支垫、中心位置	板、梁、墙板		10	尺量检查
接缝宽度			±5	尺量检查

b）保证措施

I 预制构件与结构之间的连接应符合设计要求。

连接处钢筋或埋件采用焊接和机械连接时，接头质量应符合国家现行标准《钢筋焊接及验收规程》（JGJ 18）、《钢筋机械连接通用技术规程》（JGJ 107）的要求。

II 承受内力的混凝土接头和拼缝，当其混凝土强度未达到设计要求时，不得吊装上一层结构构件；当设计无具体要求时，应在混凝土强度不小于 10N/mm² 或具有足够的支承时方可吊装上一层结构构件。

III 已安装完毕的装配式结构，应在混凝土强度达到设计要求后，方可承受全部设计荷载。

IV 预制构件码放和运输时的支承位置和方法应符合标准图或设计的要求。

V 预制构件吊装前，应按设计要求在构件和相应的支承结构上标志中心线、标高等控制尺寸，按标准图或设计文件校核预埋件及连接钢筋等，并作出标志。

VI 预制构件应按标准图或设计的要求吊装。起吊时绳索与构件水平面的夹角不宜小于 45°，否则应采用吊架或经验算确定。

VII 预制构件安装就位后，应采取保证构件稳定的临时固定措施，并应根据水准点和轴线校正位置。

VIII 预制构件安装过程中应对以下项目进行控制：

——预制阳台：主控标高、轴线

——楼梯：主控标高、轴线

——预埋件、预埋螺栓：主控标高、轴线

——预制墙体：主控标高、轴线、垂直度

IX 现浇节点的模板的分项工程、钢筋分项工程和混凝土分项工程质量验收，按《混凝土结构工程施工质量验收规范》（GB50204-2015）执行。

c）成品保护措施

I 构件运输过程中一定要匀速行驶，严谨超速、猛拐和急刹车。车上应设有专用架，且需有可靠的稳定构件措施，用钢丝带加紧固器绑牢，以防运输受损。

II 所有构件出厂应覆一层塑料薄膜，到现场及吊装时不得撕掉。

III 预制构件吊装时，起吊、回转、就位与调整各阶段应有可靠的操作与防护措施，以防预制构件发生碰撞扭转与变形。预制楼梯起吊、运输、码放和翻身必须注意平衡，轻起轻放，防止碰撞，保护好楼梯阴阳角。

IV 预制楼梯安装完毕后，利用废旧模板制作护角，对楼梯阳角进行保护，避免装修阶段损坏。

V 预制阳台板、防火板、装饰板安装完毕时，阳角部位利用废旧模板制作护角。

Ⅵ预制墙板安装完毕时，门窗框应用槽型木框保护。

（5）项目主要创新点：

1）墙体预制构件竖向连接技术

本工程墙体竖向连接采用中国二十二冶集团自主研发采用套筒锚固和搭接连接相结合的连接技术，即在待连接的剪力墙墙体底部两端支腿部位（亦称套筒锚固连接区段）采用套筒连接，剪力墙中间预留钢筋部位（亦称钢筋搭接连接区段）采用绑扎搭接连接。与其他技术相比，有如下优势：

第一、减少了锚固连接套筒连接的连接数量，大大降低了施工成本。

第二、因减少了锚固连接套筒连接数量，使得现场安装时较为容易的使上下两层墙体对接，从而大大加快了安装速度，节约了工时，比灌浆套筒施工更简便，更容易操作，墙体安装效率高。

第三、预制剪力墙墙体中间部位采用的是钢筋绑扎搭接连接，最后重新支设模板再进行现浇，这样使得该连接部位可靠、质量易控，从而保证结构安全性能，比灌浆套筒预制墙体更直观，检测方便，等同全现浇体系，见图4-43、图4-44。

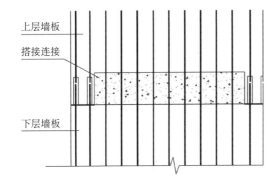

图4-43　墙体连接示意图

图4-44　墙体连接实景图

2）墙体预制构件水平连接技术

墙体水平连接节点见图4-45。

3）保温一体化技术

保温外墙见图4-46。

4）叠合楼板整体式拼缝连接技术

叠合板连接见图4-47。

5）叠合楼板支撑体系

叠合板支撑安装见图4-48。

图 4-45 墙体水平连接节点

图 4-46 保温外墙

图 4-47 叠合板连接

图 4-48 叠合板支撑安装

123

6）预制楼梯连接技术

楼梯安装见图 4-49。

图 4-49　楼梯安装

7）应用模数及尺寸协调、标准化及模块化等设计方法

①模数化协调技术

装配式住宅户型模数化、标准化、集成化体系是通过模数化的协调方法，使建筑空间、建筑部品部件、结构构件、建筑设备部品等在统一的模数协调原则下规整统一，从而使之更好地发挥工业化生产的特点，促进部件的互换性，降低生产成本、提高生产效率。

模数化标准化装配式住宅户型研究的基本内容包括：在预制装配式建筑构造特点下的模数协调原则，包含模数网格、部件定位、部件公差、安装基准面等内容。

②模数化标准化户型技术

以模数化为核的标准化户型设计技术，将主要用于装配式保障性住宅、商品房等。按照河北省出台的有关保障性住房和商品房住宅标准，开展模数化、标准化、可拆分组合的装配式住宅户型设计研究，编制有关的户型设计图集，以发挥装配式住宅的节省造价、提升品质的目的；另外本项研究还包括通用部品部件的标准化设计技术、外立面墙板个性化与通用化技术等。

（6）效益分析

1）成本分析

浥阳新城二区 9 号楼工程为装配式混凝土剪力墙工程，建筑面积 9630m^2，预制率为 65%；钢筋含量为 54kg/ 建筑平方米；建安造价为 2113 元 /m^2。

详细测算如表 4-11。

测算数据表 表 4-11

序号	项目名称	单位	小计
1	建筑面积	(m²)	9630
2	预制率		64.76%
2.1	装配量	(m³)	3286
2.2	地上混凝土量	(m³)	5074
3	总造价	(元/m²)	2113
4	工程量分析		
4.1	混凝土平方米含量	m³/m²	0.45
4.1.1	现浇混凝土平方米含量	m³/m²	0.33
4.1.2	预制混凝土平方米含量	m³/m²	0.13
4.2	综合用钢平方米含量	kg/m²	54
4.2.1	其中：钢筋用量	kg/m²	54

2）用工分析

具体成本明细详见表 4-12。

成本明细表 表 4-12

名称	单位	金额	所占比例
人工费	元/m²	275	13%
材料费	元/m²	1564	74%
机械费	元/m²	63	3%
管理费	元/m²	63	3%
利润	元/m²	42	2%
规费	元/m²	42	2%
税金	元/m²	21	1%
安全文明施工费	元/m²	42	2%
合计	元/m²	2113	100%

3）进度分析

首层施工用时 10 天，由于工人第一次施工，熟练程度不够。二层施工用时 6 天，第 3 层至第 11 层平均 4 ~ 5 天一层。

4) 四节一环保分析

装配式混凝土住宅通过工厂化生产提高构配件的质量和生产能力，从而减少现场湿作业，简化现场操作，改善工作条件，有利于施工质量控制，避免了现场施工质量通病的发生，提高住宅质量和性能，降低劳动强度，提高劳动生产率，同时提高住宅建设的质量和效率，降低能源和资源消耗，减少施工现场的工作量，实现工程的"四节一环保"，真正能够达到绿色文明施工的要求，实现住宅建设领域可持续的健康发展。

装配建筑施工相较传统的施工方式，极大程度减少了建筑垃圾的产生、建筑污水的排放、建筑噪音的干扰、有害气体及粉尘的排放。减少现场垃圾和扬尘80%；同时，采用装配式设计的项目与传统现浇设计的项目相比，可缩短施工周期约30%、节水约50%、降低砂浆用量约60%、降低施工能耗约20%、减少建筑垃圾70%以上，节约传统钢管架体的投入35%，节约用地37%。相比传统施工工艺还可有效降低噪声与PM2.5的产生。且通过优化方案对装配式住宅施工流程进行改进，有助于提高装配式住宅在绿色施工的表现、减低造价成本，推广装配式住宅产业发展。

4.5.2 新型装配式钢结构住宅工程案例

1. 项目概况

（1）基本概况

唐山浭阳锦园 4 号钢结构住宅楼工程，总建筑面积为 10950.45m²，其中地上建筑面积为 10096.82m²，钢框架 – 支撑 – 剪力墙结构体系，地下两层，地上 22 层，总建筑高度为 67.4m。

该项目采用了中冶钢构绿建房（MCC Steel House）- 新型装配式钢结构住宅建筑体系，钢柱布置在外墙周边及分户墙处，户型内部无柱，具有开放式超大空间、SI 住宅、高度集成化、钢结构防火防腐一体化等技术优势，并采用 BIM 信息化技术实现了建筑产品的全生命周期管理。从三维设计、施工模拟到成本控制、进度模拟，真正实现了 BIM 信息化应用，为开发商掌控成本、承建商把握进度提供了有力的保障。

柱为钢管混凝土双肢柱，截面为 200mm × 200mm，与外墙齐平，这样房间内无棱角，便于摆放家具，方便用户使用。外墙保温、墙体和钢梁整体在工厂预制在一起，实现外墙安装一次性完成，有利于防火并且极大地提高了安装效率。楼板采用预制密肋叠合楼板，预制密肋及底板在工厂生产，安装时又可以当做底模使用，省去大量模板。预制好的底板通过吊装落在钢梁下翼缘，楼板钢筋穿过钢梁腹板，形成混凝土榫，达到钢梁与混凝土的协同工作。密肋叠合楼板的上层板采用现浇，增强楼板整体性。核心筒剪力墙采用预制，上下层墙体钢筋采用套筒连接，楼梯采用预制混凝土楼梯。

在项目实施过程中通过集成化设计、工业化生产、装配化施工、一体化装修，实现了建造方式的升级换代；实现了工程设计、部品部件生产、施工及采购统一管理和深度融合，强化了全过程监管，确保工程质量安全；开启了由"建造房屋"向"制造房屋"的转变。

（2）基本信息

项目名称：浭阳锦园 4 号楼项目。

项目地点：唐山市丰润区康宁路东侧、光华道北侧。

开发单位：中冶万城房地产开发有限公司。

设计单位：中国二十二冶集团有限公司设计院。

技术研发单位：中冶建筑研究总院有限公司。

深化设计单位：中国二十二冶集团有限公司设计院。

施工单位：中国二十二冶集团有限公司。

预制构件生产单位：中国二十二冶集团有限公司装配式建筑分公司。

1）建筑规模：总建筑面积为 10950.45m²，其中地上建筑面积为 10096.82m²，地下建筑面积为 853.63m²；建筑户型为 2 梯四户。建筑标准层平面布置图见图 4-50。

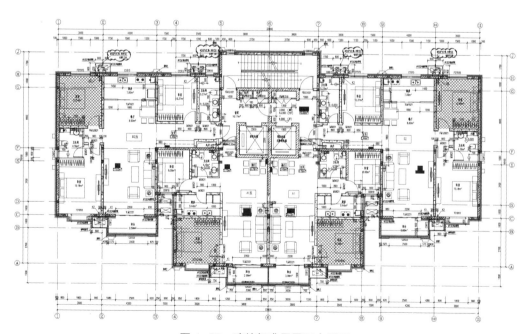

图 4-50 建筑标准层平面布置图

2）建筑层数：地上 22 层，地下二层。

3）建筑高度：建筑总高 67.4m；建筑立面和建筑效果图见图 4-51。

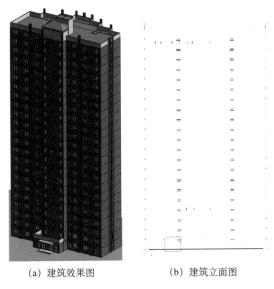

　　　（a）建筑效果图　　　　　　　（b）建筑立面图

图 4-51　建筑效果图和建筑立面图

4）结构形式：钢框架 - 支撑 - 剪力墙结构体系，地下部分为钢筋混凝土现浇结构，一层至二层为钢结构层和三层至二十二层为装配式钢结构，共计两个单元。单层预制构件数量：墙板（部分带梁）47 块，楼板 58 块，楼梯 2 块，阳台（带空调板）3 块，空调板 6 块。

5）结构层高：地下一层层高 3.3m，地下二层层高 2.82m，地上一层层高 3m，地上二层至二十二层层高 3m。

6）本工程的钢结构含钢量为 71kg/m^2，总体钢结构用钢量约为 800t，钢筋用量 42.6kg/m^2，预制率 90%，装配率 95%。

2. 工程承包模式

本工程是中国二十二冶集团有限公司施工总承包模式，构件由中国二十二冶集团有限公司装配式住宅产业分公司提供。

3. 装配式建筑技术应用情况

（1）主体结构技术应用

1）结构体系

结构体系采用钢框架 - 支撑 - 剪力墙结构体系，楼板采用装配式叠合空心楼板，

5 ～ 22 层剪力墙采用预制。混凝土结构抗震等级为一级，钢结构抗震等级为二级。采用天然地基，基础形式为筏板基础。结构标准层平面布置图见图 4-52：

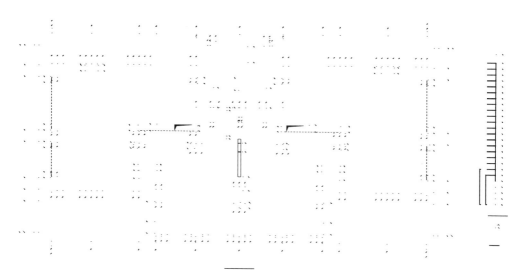

图 4-52　结构标准层平面布置图

钢梁、钢柱选用 Q345B 低合金高强度结构钢，支撑选用 Q235B 碳素结构钢。混凝土楼板和楼梯采用 C35 混凝土，核心筒剪力墙选用 C50 高强混凝土；纵筋选用 HRB400 级钢筋，箍筋选用 HPB300 级钢筋。

结构设计时在风荷载和多遇地震下，最大弹性层间位移角按照 1/800 控制；罕遇地震作用下，结构的弹塑性层间位移角按照 1/100 控制。结构计算模型见图 4-53。

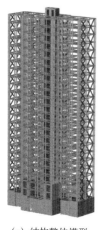 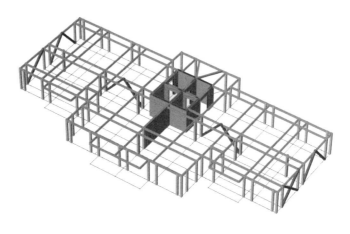

（a）结构整体模型　　　　　　　　（b）标准层结构布置示意

图 4-53　结构计算模型

2）结构构件

柱：柱采用钢管混凝土组合柱，钢柱在钢结构工厂中组合预制成形，见图 4-54。

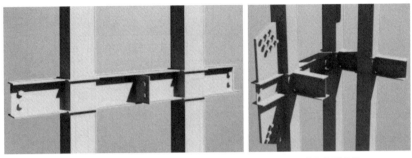

(a) Ⅱ 型中柱   (b) L 型角柱

图 4-54　钢管混凝土组合柱

分为 3 种组合柱形式：

Ⅱ 型组合柱（1 外墙柱）：采用 200×200 的方管柱，基础顶到 8 层采用方管柱规格为 200×14。9 ～ 16 层为方管柱规格为 200×10。17 ～ 21 层方管柱规格为 200×8。方管柱中间连梁 1 ～ 8 层为 204×125/175×6×14，9 层以上为 202×125/175×6×12。材质为 Q345B。

Ⅱ 型组合柱（2 楼内柱）：采用 200×300 的方管柱，基础顶到 8 层采用方管柱规格为 200×300×14。9 ～ 16 层为方管柱规格为 200×300×10。17 ～ 21 层方管柱规格为 200×300×8。方管柱中间连梁 1 ～ 8 层为 204×125/175×6×14，9 层以上为 202×125/175×6×12。材质为 Q345B。

L 型组合柱：采用 200 的方管柱，基础顶到 8 层采用方管柱规格为 200×14。9 ～ 16 层为方管柱规格为 200×10。17 ～ 21 层方管柱规格为 200×8。方管柱中间连梁 1 ～ 8 层为 204×125/175×6×14，9 层以上为 202×125/175×6×12。材质为 Q345B。

钢管混凝土柱内填 C50 混凝土。

梁：上下翼缘不等宽的工字型梁，见图 4-55。

图 4-55　钢梁形式

钢梁主要分为 4 种：

内钢梁：$200 \times 100/150 \times 6 \times 10$；

边钢梁：$200 \times 120/145 \times 6 \times 10$；

楼梯梁：$200 \times 200 \times 8 \times 12$；

托墙梁：$200 \times 170 \times 8 \times 12$；

钢梁材质为 Q345B。

连接节点：采用高强螺栓连接

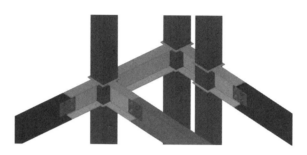

图 4-56　高强度螺栓连接节点示意图

钢柱与钢梁的连接螺栓为 $M20 \times 120$。

钢柱支撑的连接螺栓为 $M24 \times 130$。

楼板：采用装配式预制叠合密肋楼板

预制叠合密肋楼板分为预制叠合楼板、肋梁、填充箱体和现浇钢筋混凝土部分，总厚度 270mm，解决了传统钢结构住宅采用预制叠合板时现浇部分钢筋需要穿钢梁腹板、钢梁腹板需钻眼等，现场钢筋安装速度慢的问题；预制叠合密肋楼板与钢梁连接部位肋梁和钢梁之间采用现浇解决了钢柱与钢梁连接节点、钢梁的防火问题，见图 4-57。

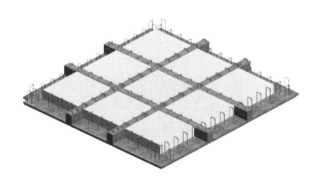

图 4-57　预制叠合密肋楼板效果图

剪力墙：核心筒采用预制钢筋混凝土剪力墙结构，见图4-58。

图4-58　预制钢筋混凝土剪力墙构件

（2）围护结构技术应用

1）预制夹心保温外墙板部品技术

预制夹心保温外墙板由钢筋混凝土、挤塑聚苯板等多种材料组成，分外叶和内叶两部分结构，墙体内设计填充砌块，减轻墙体重量，墙体结构是防火、保温一体化，构造设计可有效地解决钢柱、钢梁等钢结构的冷桥现象，见图4-59、图4-60。

图4-59　预制夹芯保温复合外墙板制作　　图4-60　预制夹芯保温复合外墙板

2）混凝土预制部品部件技术

填充墙采用MS砌块整体吊装；阳台、空调板、楼梯均采用预制构件，见图4-61。

（a）预制阳台板　　　　　　（b）预制空调板　　　　　　（c）预制楼梯

图4-61　预制部品部件

3）结构围护一体化技术

围护夹心保温混凝土外墙板与钢梁、钢支撑组合墙体一体化部品制作，在装配式钢结构住宅中将钢梁和钢斜支撑安装在夹心保温外墙板中（放在 200mm 厚内叶中）与夹心保温外墙板预制在一起，即外叶为 50mm 厚钢筋混凝土 +75mm 挤塑聚苯板 +内叶（钢梁、钢斜支撑、格构式梁、加气块）+30mm 厚外叶钢筋混凝土，共 355mm 厚。此发明解决了钢梁、斜支撑的防火问题，实现了保温一体化，保温与结构同寿命，解决了与钢梁、钢斜支撑的冷桥现象，解决了钢梁、钢斜支撑底部封堵不密实、易产生裂缝的现象，避免了在砌筑墙体上抹灰、粘贴挤塑聚苯板容易脱落的现象，利用钢梁进行墙体吊装，解决了墙体的吊装问题同时也加快了钢结构安装速度，且外墙板现场安装施工速度比传统砌筑快，减少了现场湿作业，保护环境，有利于现场文明施工，见图 4-62、图 4-63。

图 4-62 围护结构一体化效果图

（a）支撑围护一体化部品 （b）钢梁墙体保温一体化部品

图 4-63 结构围护一体化部品

（3）设备系统技术应用

整个工程采用户内中央空调系统、户内中央新风系统、低压辐射地板采暖系统、家居智能化系统（可视对讲技术、综合布线技术）等。

设备管线采用 BIM 手段实现预拼装，实现了设备管线、管道安装的模块化及标准化施工，在施工准备阶段完成优化，提高工程的施工效率。

（4）装饰装修系统技术应用

1）装配式整体式厨房

本工程采用一体化整体厨房，将橱柜、抽油烟机、燃气灶具、消毒柜、洗碗机、冰箱、微波炉、电烤箱、各式挂件、水盆、各式抽屉拉篮、垃圾粉碎器等厨房用具和厨房电器进行系统搭配而成的一种新型厨房形式。利用"系统搭配"实现厨房空间的整体配置，整体设计，整体施工装修。工程设计阶段将橱柜、厨具和各种厨用家电按其形状、尺寸及使用要求进行合理布局，巧妙搭配，能够实现厨房用具一体化。

充分体现了装配式整体厨房的整体化、健康化、安全化、舒适化、美观化的优势和理念。

2）装配整体式卫生间

工程采用整体装配式卫生间，整个卫生间及卫生洁具设施由工厂预制的一体化防水底盘、墙板、顶板（天花板）构成的整体框架，在现场积木式拼装，配上各种功能洁具形成的独立卫生单元。具有标准化生产、快速安装、防漏水等多种优点，可在最小的空间内达到最佳的整体效果，见图 4-64。

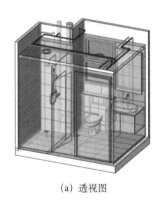

| (a) 透视图 | (b) 效果图 | (c) 加工照片 |

图 4-64　装配整体式卫生间

（5）信息化技术应用

在方案设计阶段引入 BIM 技术，配合结构体系、三板体系、卫生间与阳台等选型工作，为实现钢结构建筑的结构系统、外围护系统、内装系统、设备与管线系统集成一体化设计提供信息化支撑。借助 BIM 技术，整合钢结构体系与建筑功能之间的关系，优化结构体系与结构布置；选取合适的内外墙体系，细化建筑节点构造，实现建筑功能高标准的要求。信息化技术应用的部分应用场景见图 4-65。

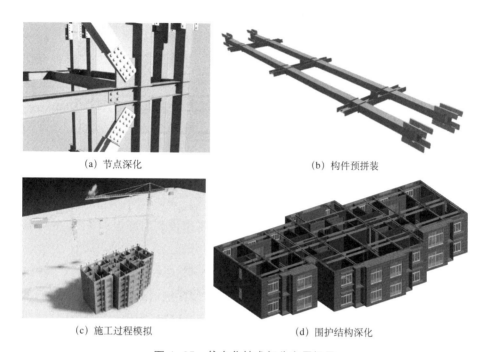

（a）节点深化　　　　　　　　　　（b）构件预拼装

（c）施工过程模拟　　　　　　　　　（d）围护结构深化

图 4-65　信息化技术部分应用场景

（6）装配率计算

1）主体结构竖向构件采用的应用比例（Q_{1a}）

根据《装配式建筑评价标准》条文说明 4.0.1，装配式钢结构建筑、装配式木结构建筑主体结构竖向构件评价项得分可为 30 分。

实得分值 Q_{1a}【30 分】

2）梁、板、楼梯、阳台、空调板等构件中预制部品部件的应用比例（Q_{1b}）

1 层梁、板、楼梯、阳台、空调板等构件的水平投影面积为：436.55m²；2 层梁、板、楼梯、阳台、空调板等构件的水平投影面积为：439.54m²；3 ～ 22 层每层梁、板、楼梯、阳台、空调板等构件的水平投影面积为：432.04m²；各楼层建筑平面总面积：9912.51m²。

$$Q_{1b} = A_{1b}/A \times 100\% = (436.55+439.54+432.04 \times 20) / 9912.51 = 96\% \geqslant 80\% \qquad (4-5)$$

根据《装配式建筑评价标准》中表 4.0.1，本案例"梁、板、楼梯、阳台、空调板等构件"项评价分值为 20 分。

实得分值 Q_{1b}【20 分】

3）非承重围护墙中非砌筑墙体的应用比例（Q_{2a}）

本项目非承重围护墙中非砌筑墙体采用的做法：预制夹心保温外墙板＋后浇段＋现浇墙体，则非承重围护墙非砌筑比例为100%，本项评价分值为5分。

实得分值 Q_{2a}【5分】

4）围护墙采用墙体、保温、隔热、装饰一体化的应用比例（Q_{2b}）

本项目围护墙采用墙体、保温、隔热、装饰一体化的应用：1～2层中个别为现浇围护墙，其余全部为一体化围护墙，1～2层每层一体化围护墙面积为225.183m²，3～22层每层一体化围护墙面积为318.183m²，围护墙总面积为7000.026m²。

$$Q_{2b} = A_{2b}/A_{2w} \times 100\% = （225.183 \times 2 + 318.183 \times 20）/7000.026 = 97.34\% \qquad (4\text{-}6)$$

则本项评价分值为5分。

实得分值 Q_{2b}【5分】

5）内隔墙中非砌筑墙体的应用比例（Q_{2c}）

本项目内隔墙中非砌筑墙体的应用：内隔墙采用预制内墙板和ALC条板墙，无砌筑墙体，应用比例为100%，本项评价分值为5分。

实得分值 Q_{2c}【5分】

6）内隔墙采用墙体、管线、装修一体化的应用比例（Q_{2d}）

本项目主体结构的内墙做法采用预制内墙板和ALC条板墙，部分内墙采用墙体、管线、装修一体化，应用比例为50%，本项评价分值为2分。

实得分值 Q_{2d}【2分】

7）干式工法楼面、地面的应用比例（Q_{3a}）

本项目主体结构楼面、地面不采用干式工法，本项评价分值为0分，即 Q_{3a} =0分。

8）厨房的橱柜和厨房设备等安装情况详见表3.1.3-1，墙面、顶面和地面中干式工法的应用比例（Q_{3b}）

集成厨房是指采用建筑部品并通过技术集成在现场分部或整体装配的厨房。本项目厨房采用集成管线和吊顶，应用数量为100%。本项评价分值为6分。

实得分值 Q_{3b}【6分】

9）卫生间的洁具设备安装情况详见相关表格，墙面、顶面和地面中干式工法的应用比例（Q_{3c}）

集成卫生间是指采用建筑部品并通过技术集成在现场分部或整体装配的卫生间。本项目卫生间采用集成管线和吊顶，应用数量为100%。本项评价分值为6分。

实得分值 Q_{3c}【6分】

10）管线分离比例（Q_{3d}）

$$Q_{3d} = 9300/52400 \times 100\% = 17.7\% \qquad (4\text{-}7)$$

本项目管线分离应用比例为 17.7% ≤ 50%，本项评价分值为 0 分，即 Q_{3d} =0 分。

11）全装修比例

本项目采用全装修，评价分值为 6 分，满足装配式建筑评价基本要求。

12）装配率计算

装配率应根据相关表格中评价项分值按下式计算：

$$P = \frac{Q_1 + Q_2 + Q_3}{100 - Q_4} \times 100\% = (30+20+5+5+5+2+6+6+6) / (100-0) \times 100\% = 85\% \qquad (4-8)$$

（内隔墙装修一体化 5 分应该得不了）－ 5%=70%。

式中：P——装配率；

Q_1——主体结构指标实际得分值；$Q_1=Q_{1a}+Q_{1b}$ (4-9)

Q_2——围护墙和内隔墙指标实际得分值；$Q_2=Q_{2a}+Q_{2b}+Q_{2c}+Q_{2d}$ (4-10)

Q_3——装修与设备管线指标实际得分值；

$$Q_3=Q_{3a}+Q_{3b}+Q_{3c}+Q_{3d}+ 全装修 \qquad (4-11)$$

Q_4——评价项目中缺少的评价项分值总和。

项目评价

（1）认定评价（《评价标准》第 3.0.3 条）

$Q_1=Q_{1a}+Q_{1b}$ =50 ≥ 20 分，满足要求 (4-12)

$Q_2=Q_{2a}+Q_{2b}+Q_{2c}+Q_{2d}$ =20 ≥ 10 分，满足要求 (4-13)

采用了全装修，满足要求

Q=85% ≥ 50%，满足要求

项目评定为装配式建筑

（2）等级评价（《评价标准》第 5 章）

Q_{1a} = 100% ≥ 35%，满足《评价标准》第 5.0.1 条要求，可进行等级评价

Q= 85%，满足《评价标准》第 5.0.2 条 AA 级的要求

项目评定为 AA 级装配式建筑。

4. 构件生产、安装施工技术应用情况

（1）构件生产制作与运输管理

1）构件生产制作

外墙板制作外形质量要求见表 4-13

2）运输要求

从二十二冶工业园到溉阳新城安装现场，运距约为 5km，从遵化生产厂到溉阳新城安装现场，运距约为 20km，本工程无超长超宽构件，可采用公路运输。

外墙板制作外形质量要求表 表 4-13

项目		图例	允许偏差（mm）	检验方法
外页	长度	L_b	(0, −5)	尺量检查
	宽度	L_b	(0, −5)	钢尺量一端及中部，取其中偏差绝对值较大处
	对角线	a b	10	钢尺量两个对角线
	厚度	d	(0, −3)	尺量检查
内页	长度	L_b	(0, −5)	尺量检查
	宽度	L_b	(0, −5)	钢尺量一端及中部，取其中偏差绝对值较大处
	对角线	a b	10	钢尺量两个对角线
	厚度	d	(0, −3)	尺量检查
外页表面平整度	内表面		3	外表面主要是模板的检查；2m 靠尺和塞尺检查
	外表面		2	
内页表面平整度	内表面		±3	外表面主要是模板的检查；2m 靠尺和塞尺检查
挤塑板控制	原材料 长度、宽度	L_a	±7.5	钢尺测量
	厚度	d	(0, −3)	
	对角线	a b	7	
	粘贴施工 板与板间隙	d	2	水平尺检查
	板间高差	h	1.5	
	平整度		2	
侧向弯曲	板、梁、柱		$L/750$ 且 ≤ 20	拉线、钢尺量最大侧向弯曲处
翘曲	板	a	$L/750$	调平尺在两端测

续表

项目		图例	允许偏差（mm）	检验方法
预留孔	中心线位置		5	尺量检查
	孔尺寸		±5	尺量检查
预留洞	中心线位置		10	尺量检查
	洞口尺寸、深度		±10	尺量检查
预留插筋	中心线位置		3	尺量检查
	外露长度		+5，-5	尺量检查
预留缝隙	位置		±5	尺量检查
	缝隙宽度		±2	尺量检查

注：1　L 为构件最长边的长度（mm）；

　　2　检查中心线、螺栓和孔道位置偏差时，应沿纵横两个方向量测，并取其中偏差较大值。

具体要求如下：

①成品构件转运前，检查构件安全可靠性，构件应堆码整齐；

②装卸工应积极服从临时安排，协助其他岗位做好装卸前的准备工作，以缩短准备时间，提高生产效率；

③遵循熟悉转运路线及路况的原则，安全快速转运构件成品，务必保持车上成品堆放稳固可靠；

④成品卸车应按照堆码要求：每垛直立，不偏不倚；构件与构件之间间隙应均匀，便于装卸操作，成品构件码放应互相独立，每行整齐。

3）施工现场码放

运抵施工现场后应积极组织装卸工作。按照项目收货（保管）人员的要求，安全、迅速、有序地将成品构件堆码在指定地点，并做好保护措施。防止构件出现磕碰导致构件受损的情况发生。

（2）装配施工组织与质量控制

1）构件施工组织

①为了保证构件的制作质量，所有钢构件均在中国二十二冶工业园制造厂内进

行工厂化制作，所有混凝土预制构件均在中国二十二冶集团有限公司装配式住宅产业分公司基地制作。

②构件制作完成验收合格后公路运输至安装现场，制作、运输顺序及进度要满足安装顺序及进度要求。

③构件出厂单元划分。

④根据现场塔吊的吊装能力对部分超重钢柱进行分段，以满足现场塔吊的吊装性能。

安装部署区域划分见图4-66。

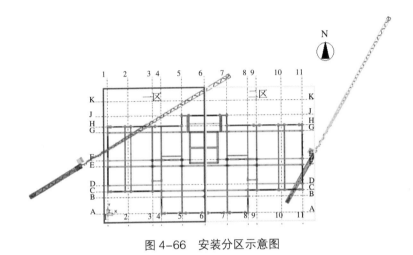

图 4-66　安装分区示意图

本工程共东西两个塔吊，可分为一区、二区两个工作区域，即两个塔吊分别负责东、西两区。

施工流向见图4-67。

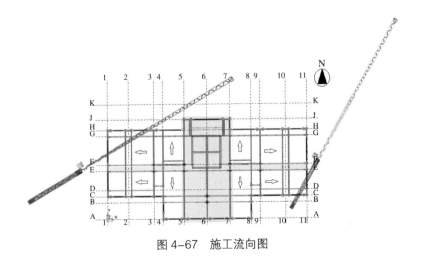

图 4-67　施工流向图

总体施工流向为从中间向外侧，即先安装中间黄色部分区域，待形成稳定框架后，再分别向外侧扩展安装。钢柱外挂板示意图见图4-68。

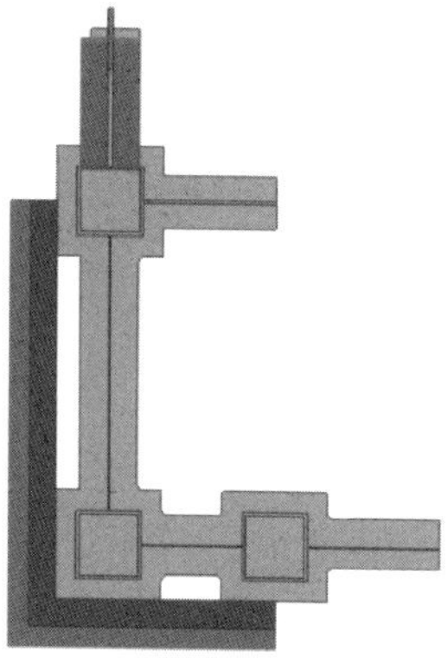

吊车选择

所有构件使用塔吊进行吊装，西侧塔吊型号C7022（最重额定吊重为16t），东侧塔吊STC7020（最重额定吊重为10t），遇三层一吊外挂板构件需借助25t汽车吊吊装构件底部进行辅助吊装。

图 4-68　钢柱外挂板示意图

2）构件安装组织

构件卸车、倒运、安装采用总包提供的塔吊进行安装。构件安装时严格根据总包的主体施工进度计划编制钢结构制作、运输、安装进度计划。在保证安全、质量的前提下，确保构件安装进度计划满足整体施工进度的要求。

3）构件质量控制

①质量标准

a.进入现场的预制构件必须进行验收，其外观质量、尺寸偏差及结构性能应符合标准图或设计的要求。

b.检查数量：按批检查。

c.预制构件在生产加工过程尺寸允许偏差按表4-14执行

预制构件生产加工过程尺寸允许偏差表　　　　　表 4-14

检查项目		允许偏差
尺寸（长/宽/高）	墙板	±3mm
	楼板/楼梯/阳台	±5mm
侧向弯曲	墙板	1/1000 且 ≤ 3mm
	楼板/楼梯/阳台	1/1000 且 ≤ 3mm
对角线	预制构件、配件	±3mm
表面平整度	预制构件、配件	≤ 2mm
洞口尺寸	墙板	±3mm
主筋混凝土保护层	墙板/楼板/阳台	±2mm
	楼梯	±3mm
预埋件	平整度	1/300
	螺栓外露长度	+5mm，−2mm

检查项目		允许偏差
预留孔洞	中心线位置	±2mm
	尺寸	+5mm，-2mm
钢筋	中心线位置	±2mm
	外露长度	+5mm，-2mm
人工粗糙面	墙板	平均不小于4mm
	楼板和阳台顶面	平均不小于6mm

d. 预制构件在吊装、安装就位和连接施工允许偏差按表4-15执行。

预制构件在吊装、安装就位和连接施工允许偏差表 表4-15

检查项目	允许偏差	检查项目	允许偏差
二层现浇结构顶面标高	±5mm	预制墙板水平/竖向缝宽度	±2mm
三至十五层层高	±5mm	楼板水平缝宽度	±5mm
预制墙板中心线偏移	±2mm	楼层处外露钢筋位置偏移	±2mm
预制墙板垂直度	1/1000 且 ≤ 2mm	建筑物全高垂直度	$H/2000$
同一轴线相邻楼板/墙板高差	±3mm		

②保证措施

a. 预制构件与结构之间的连接应符合设计要求。

b. 连接处钢筋或埋件采用焊接和机械连接时，接头质量应符合国家现行标准《钢筋焊接及验收规程》（JGJ 18）、《钢筋机械连接通用技术规程》（JGJ 107）的要求。

c. 承受内力的混凝土接头和拼缝，当其混凝土强度未达到设计要求时，不得吊装上一层结构构件；当设计无具体要求时，应在混凝土强度不小于10N/mm² 或具有足够的支承时方可吊装上一层结构构件。

d. 已安装完毕的装配式结构，应在混凝土强度达到设计要求后，方可承受全部设计荷载。

e. 预制构件码放和运输时的支承位置和方法应符合标准图或设计的要求。

f. 预制构件吊装前，应按设计要求在构件和相应的支承结构上标志中心线、标高等控制尺寸，按标准图或设计文件校核预埋件及连接钢筋等，并作出标志。

g. 预制构件应按标准图或设计的要求吊装。起吊时绳索与构件水平面的夹角不宜小于45°，否则应采用吊架或经验算确定。

h. 预制构件安装就位后，应采取保证构件稳定的临时固定措施，并应根据水准点和轴线校正位置。

i. 预制构件安装过程中应对以下项目进行控制：

——预制阳台：主控标高、轴线

——楼梯：主控标高、轴线

——预埋件、预埋螺栓：主控标高、轴线

——墙板：墙板长向偏差、短向偏差、标高和垂直度偏差

——钢筋焊接：墙板顶部暗梁连接的焊接质量控制

安装控制偏差按表4-16中的要求进行控制。

吊装尺寸偏差和检验方法   表4-16

项目	允许偏差（mm）	检验方法
轴线位置（墙板、阳台、楼板）	5	钢尺检查
墙板标高	5	水准仪或拉线、钢尺检查
阳台板、楼板标高	5	水准仪或拉线、钢尺检查
每块外墙板垂直度	6	2m 拖线板检查
相邻两板表面高低差	2	2m 靠尺和塞尺检查
外墙板外表面平整度	3	2m 靠尺和塞尺检查
外墙水平缝、竖直缝	5	钢尺检查

注：本表不计预制构件制作偏差所带来的累计偏差。

j. 现浇节点的模板的分项工程、钢筋分项工程和混凝土分项工程质量验收，按《混凝土结构工程施工质量验收规范》（GB 50204-2002）执行。

③成品保护措施

a. 构件运输过程中一定要匀速行驶，严谨超速、猛拐和急刹车。车上应设有专用架，且需有可靠的稳定构件措施，用钢丝带加紧固器绑牢，以防运输受损。

b. 所有构件出厂应覆一层塑料薄膜，到现场及吊装时不得撕掉。

c. 预制构件吊装时，起吊、回转、就位与调整各阶段应有可靠的操作与防护措施，以防预制构件发生碰撞扭转与变形。预制楼梯起吊、运输、码放和翻身必须注意平衡，轻起轻放，防止碰撞，保护好楼梯阴阳角。

d. 预制楼梯安装完毕后，利用废旧模板制作护角，对楼梯阳角进行保护，避免装修阶段损坏。

e. 预制阳台板、防火板、装饰板安装完毕时，阳角部位利用废旧模板制作护角。

f. 预制外墙板安装完毕，与现浇部位连接处做好模板接缝处的封堵，采用海绵条进行封堵。避免浇灌混凝土时水泥砂浆从模板的接缝处漏出对外墙饰面做成污染。

5. 项目主要创新点

（1）新型装配式钢结构体系建筑

结构形式为钢框架 - 支撑 - 剪力墙结构，实现重力体系与侧力体系分离，有利于实现标准化、模块化、产业化。

（2）梁柱无外露

钢结构防火、防腐一体化建造技术：结构整体梁柱无外露，彻底解决了钢材的防腐及防火涂料的耐火极限问题，并同时可以发挥钢结构大空间的优势，户型自由分割。

（3）结构 - 墙体 - 保温 - 装饰一体化

通过围护装饰构件对钢结构抗火性能的实际贡献的分析，实现围护装饰 - 防火一体化，见图 4-69。

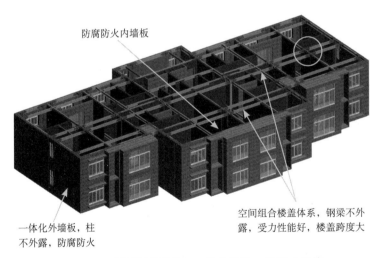

图 4-69 轻质围护结构、一体化建造、装配式连接

（4）装配化施工

预制钢结构构件、预制混凝土叠合密肋楼板、预制外墙、预制外挂板、预制空调板、预制阳台板、预制叠合梁等众多部品部件，在安装现场全部装配化施工，提高装配率。

（5）BIM 技术应用

设计阶段引入 BIM 技术，为实现钢结构建筑的结构系统、外维护系统、内装系统、设备与管线系统集成一体化设计提供信息化支撑借助 BIM 技术，整合钢结构体系与建筑功能之间的关系，优化结构体系与结构布置利用三维技术进行碰撞检查，找出设计不合理或错误利用 BIM 技术实现虚拟施工，快速直观的模拟施工过程，进行施工技术交底选取合适的内外墙体系，细化建筑节点构造，实现建筑功能高标准的要求。

（6）钢结构构件与混凝土构件实现三维扫描，计算机内仿真预拼装检查

将生产出来的钢结构及混凝土构件利用三维扫描技术，在计算机内实现构件预拼装检查，完成拼装前的最后校核，做到精准组装，万无一失。

（7）模块化、可装配的管道分离布置

利用管线走廊一体化布置，可以实现模块化预制，实现管道装配化施工，做到地面、墙面、天棚等管线标准化设计，不同位置设置地面检查口，减低维修保养难度，可实现定期检查，让住宅真正意义上实现可体检的房子，增加住宅的使用寿命。

（8）钢结构施工测量防扭转技术应用

利用精准测量技术，对结构体系进行测量，防止建筑物偏差过大，见图 4-70。

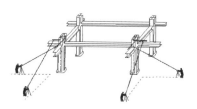

图 4-70　测量控制示意

（9）整体卫浴、整体厨房的应用

防水、防潮，工厂定制，高精度高质量一步到位；独立排水管道设计，延长使用寿命，高水封地漏应用避免污染；一体化洁具实现无缝设计；收纳系统合理，提高利用空间，见图 4-71。

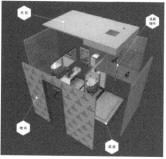

图 4-71　卫浴、厨房效果图

（10）智能新风系统的应用

制造新鲜空气享受空间健康，感受清新的每一天，见图 4-72。

图 4-72　智能新风系统

（11）填充整体内隔墙的应用

内隔墙采用预制构件，减少了现场钢筋绑扎、模板安装拆除等工序，提高装配率。

（12）无外架施工

传统的装配式混凝土高层结构施工，都需要用到外爬架，本工程实现了全程无外架施工，见图 4-73。

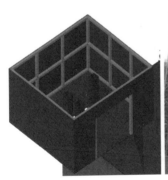

图 4-73　简易施工棚 3D 模型现场使用照片

6. 效益分析

（1）成本分析

浈阳新城二区 4 号楼工程为装配式钢结构工程，建筑面积 10850m^2，预制率为 90%；地上混凝土含量 0.45m^3/ 建筑平方米；钢材含量为 113.6kg/ 建筑平方米（其中钢筋 42.6kg/m^2，钢结构 71kg/m^2）；建安造价为 2324 元 /m^2。

详细测算见表 4-17。

（2）用工分析

具体成本明细详见表 4-18。

详细测算表 表 4-17

序号	项目名称	单位	小计
1	建筑面积		10850
2	预制率		90%
2.1	装配量	m³	3002
2.2	地上混凝土量	m³	3407
3	总造价		2324
4	工程量分析		
4.1	混凝土平方米含量	m³/m²	0.457
4.1.1	现浇混凝土平方米含量	m³/m²	0.207
4.1.2	预制混凝土平方米含量	m³/m²	0.25
4.2	综合用钢平方米含量	kg/m²	113.6
4.2.1	其中：钢筋用量	kg/m²	42.6
4.2.2	钢结构用量	kg/m²	71

成本明细表 表 4-18

名称	单位	金额	所占比例
人工费	元/m²	186	8%
材料费	元/m²	1673	72%
机械费	元/m²	163	7%
管理费	元/m²	70	3%
利润	元/m²	46	2%
规费	元/m²	46	2%
税金	元/m²	23	1%
安全文明施工费	元/m²	70	3%
合计	元/m²	2324	100%

（3）四节一环保分析

梁柱外露降低了钢结构住宅的适用性，是影响钢结构住宅推广应用的重要原因之一。本工程通过采用梁板集成式组合楼盖和外墙与柱一体化技术，解决了梁柱外露以及钢构件防腐防火性能差、费用高的问题，同时为实现户内大空间、户型自由分割建筑布局创造了条件，有利于发挥钢结构轻质高强跨越能力强易于实现大空间的优势。有力提升了钢结构住宅的市场竞争力。此外，通过将保温、装饰材料和结构构件（梁、柱、支撑等）集成到轻质复合外墙体中，以及连接节点和构造创新，实现了结构、墙体、保温、装饰的一体化集成和装配式、模块化建造，极大提高了建造效率。

装配式钢结构住宅通过工厂化生产提高构配件的质量和生产能力，从而减少现场湿作业，简化现场操作，改善工作条件，有利于施工质量控制，避免了现场施工质量通病的发生，提高住宅质量和性能，降低劳动强度，提高劳动生产率，同时提高住宅建设的质量和效率，降低能源和资源消耗，减少施工现场的工作量，实现工程的"四节一环保"，真正能够达到绿色文明施工的要求，实现住宅建设领域可持续的健康发展。

以钢结构预制化生产、装配式施工的生产方式，以设计标准化、构件部品化、施工机械化为特征，整合设计、生产、施工整个产业链，可缩短工期约 50%，工业化程度高。由于住宅结构钢材强度高，柱断面小；墙体采用较薄的预制轻质墙体，钢结构住宅的有效使用面积比传统形式住宅增加 4% ～ 8%。钢结构住宅的钢材可以实现 100% 回收，实现循环利用，建筑和拆除时对环境污染小，符合住宅产业化和可持续发展的需求，实现"藏钢于屋"，以房屋建筑形式存储大量钢材，以应对资源枯竭危机，符合国家能源战略。建筑垃圾减少约 80%，材料损耗减少约 60%，建筑节能达到 75%，节约人工 50%。钢结构住宅采用新型节能环保的建材，取代传统的黏土砖等落后产品，保护土地资源，降低建筑运行中暖气、空调等运行成本和能耗，保障国民经济的可持续发展。

4.6　装配建造方式展望

总体来说，发展装配式建筑是建造方式的重大变革，是推进供给侧结构性改革和新型城镇化发展的重要举措，有利于节约资源能源、减少施工污染、提升劳动生产效率、质量安全水平，稳定产业工人队伍，有利于促进建筑业与信息化工业化深度融合、培育新产业新动能、推动化解过剩产能。但是，在实施过程中也存在着技术体系繁多、技术标准不够完善、工程管理体系不完全适应、人才不足等问题，因此，构建因地制宜的装配式建筑技术体系迫在眉睫，加快制定和完善装配式建筑相关标准势在必行，健全与装配式建筑相适应的项目建设管理体制至关重要，新型技术人才及管理人才的培养不可或缺，绿色低碳环保发展理念必不可少。

4.6.1 因地制宜，构建装配式建筑技术体系

根据国内各省产业基础、气候环境与生态红线实际，采用装配式混凝土建筑和装配式钢结构建筑技术体系并重、适宜区域发展多层轻型绿色装配式建筑技术体系、因地制宜发展木结构建筑技术体系的策略。

发展初期以类比国外类似自然环境、地质条件的区域内成熟的技术体系为主，并逐步探索形成适合国内不同地区特点的装配式建筑技术体系。

（1）装配式混凝土建筑耐久性较好，抗风、防潮、防腐及防火性能好，成本可控，在产业基础较好和资源较丰富的地区重点发展，在居住类建筑中重点发展。

目前国内较成熟的装配式混凝土结构体系包括装配整体式剪力墙结构、装配整体式框架结构等，预制构件包括预制内、外墙板、叠合楼板、预制阳台、预制楼梯等；初期可主要应用水平预制构件，在有一定经验后优先在外墙等部位应用竖向预制构件。住宅中优先采用装配整体式剪力墙结构，公共建筑中可采用装配整体式框架结构及装配式框架 - 现浇剪力墙（核心筒）结构。装配式混凝土结构刚度较大，可与隔震、减震技术充分结合，降低成本并保证安全性。

（2）装配式钢结构建筑自重轻、抗震性能较好、施工便捷，对环境污染和生态破坏小，可在公共建筑中鼓励应用。钢结构建筑的结构技术体系比较成熟，应重点关注钢构件的防腐和防火性能，围护体系的耐久性能、防水性能、热工性能等，提高钢结构建筑的物理性能。

（3）生态核心区和农村地区积极发展低多层轻型绿色装配式建筑技术体系，包括轻钢结构、轻型墙板结构。因地制宜发展装配式木结构建筑技术体系，推动装配式木结构建筑在生态保护区的发展，以及旅游设施、园林景观、别墅、庄园等低层建筑中使用；加强木结构的防腐防火防白蚁技术研究。

（4）海岛地区，重点发展低层装配式结构体系。针对海岛面积小、地势低、气候四季炎热、湿度大、盐分高、台风多的特殊地理和气候条件，并且对于快速装配的需求，可重点采用快速装配的低多层装配式混凝土结构体系和钢结构模块化体系，但同时需重点解决全装配式框架结构、干式连接的装配式墙板结构抗震设计方法问题、防水节点问题及模块化房屋的防腐性能提升、外围护体系的防水和耐久性能的提升问题。

（5）目前预制装配式建筑主要以浇筑刚性节点和叠合技术进行连接，一方面造成预制混凝土或钢结构构件无法实现通用化，同时，如果使用过多的浇筑，装配式建筑的优势就无法展现。因此，对于低层以受竖向荷载为主、不考虑抗震设防的结构，可选择全铰接框架结构，即铰接结构，可凸显预制装配式的优越性；对于低层需要考虑抗震设防的结构，可选择以铰接为主的框架结构，即混合连接结构。

在一些需要考虑抗震性的建筑中，主要选择以铰接为主的框架结构，也称为混合连接结构；在高层建筑中，要将多种节点连接方式（铰接＋刚接）结合使用，这样既能发挥预制装配式建筑体系的优势，也能帮助建筑物拥有强大的抗风抗震能力。

4.6.2　有章可循，完善适宜的装配式建筑标准体系

建立覆盖设计、部品部件生产、运输、安装施工、竣工验收、使用维护全过程的装配式建筑技术标准体系。加强建筑材料标准、部品部件标准、工程建设标准之间的衔接。在国家和行业标准基础上，针对各地区特点，在完善地方标准中装配式建筑抗震防火、防台风防雨、防白蚁、防高温高湿高盐方面的技术要求。编制与装配式建筑相配套的标准图集、工法、手册、指南等。支持企业编制装配式建筑企业标准，鼓励社会组织编制团体标准。

4.6.3　转变思路，升级建设管理模式

1. 工程建设模式转变

根据装配式建筑的特点，打破设计、生产、施工、运维环节割裂的传统模式，形成相互整合、集约优质的一体化建造模式，促进全新的产业链发展。推行 EPC 工程总承包管理模式。支持大型设计、施工和部品部件生产企业通过调整组织架构、健全管理体系，向具有工程管理、设计、施工、生产、采购能力的工程总承包企业转型；培育具备条件的建设项目采用工程总承包项目管理方式组织建设，工程总承包企业对工程质量、安全、进度、造价总负责。

2. 建设管理模式转变

建立涵盖装配式建筑工程建设管理全过程的数字化监管平台，通过 RFID 预埋芯片、二维码等手段建立部品部件的可追溯系统。采集报建材料、施工图审查数据、使用、生产和运输、重要装配节点的施工数字化纪录、工程质量检验检测数据、竣工验收等全过程的相关数据，实现全生命周期产业链各环节数据和信息共享。

3. 计价定额体系转变

在各地区，比较传统建造方式和装配式建造方式的工程造价，研究建立装配式建筑计价依据体系，编制针对装配式建筑的工程定额和工程量清单，及时发布不同结构类型造价指标信息并定期修订，引导市场合理定价。

4.6.4　互为依托，工业化信息化深度融合

1. 加快推进建筑信息模型技术应用

加快编制符合我国各地区实际情况的装配式建筑信息模型（BIM）技术应用、模型交付、验收归档等标准和应用指南；鼓励企业研发或引进装配式建筑全寿命周期 BIM 信息化软件；鼓励企业建立贯穿设计、生产和施工过程的全专业 BIM 信息化模型，并实现建筑的轻量化 BIM 模型交付。以 BIM 信息化技术作为实现"建筑、结构、机电、装修"一体化和"设计、生产、施工、运维"一体化的手段，提高装配式建筑的质量和效率。

2. 实现建筑部品部件生产管理信息化

在预制构件生产企业推广 BIM 技术，利用信息模型进行模具设计、钢筋网片、骨架的制作和加工，提高构件制造精度。鼓励使用 ERP（企业资源计划）管理系统，优化生产控制、库存控制及物流、采购、分销管理，提升构件生产企业绩效。将工厂生产管理与二维码技术、RFID（无线射频识别）芯片等技术相结合，实现预制构件生产、安装、维护全过程质量目标的可查、可追溯。

3. 加强装配式建筑全过程信息化管理

利用互联网、GPS 定位、物联网等信息技术手段，建立装配式建筑产业管理系统，将装配式建筑相关设计企业、生产企业、施工企业、运维企业的信息纳入管理系统，实现全产业链的信息集成和资源讯息的及时公布；在房屋建筑工程全过程监管信息平台的基础上搭建装配式建筑信息化管理系统，并将项目报批报建、设计审查、产品检验、施工管理、竣工验收等环节信息集成，实现装配式建筑项目全过程可追溯的信息化管理。

4.6.5　协调发展，节能绿色同步推进

1. 推进建筑全装修

在装配式建筑中推广全装修及装配式装修。积极推广一体化、标准化、集成化、模块化的装修模式，推进整体厨房和卫生间、轻质隔墙等材料，推进产品和设备管线集成化技术应用，提高装配化装修水平。加强装配式建筑中装饰装修与主体结构、机电设备的协同设计和施工。

2. 推进绿色建筑全面发展

将装配式建筑的发展与绿色建筑相协调，在装配式建筑中积极推广采用绿色建材的应用，推广节能技术的应用。结合装配式建筑的发展，同步建设高星级绿色建筑、被动式近零能耗建筑综合示范工程。

3. 推进建筑环保技术发展

推广绿色施工和智能化建造技术，减少工地现场的资源和能源消耗，减少粉尘、垃圾及噪声污染。在预制部品部件的生产环节，加强节能环保技术的应用，避免对资源的浪费和环境的破坏；加强水回收处理技术应用。

第 5 章
智慧建造方式与建筑产业现代化

5.1 智慧建造方式对建筑产业现代化的推进作用

5.1.1 智慧建造方式的基本原理

智慧建造作为一种新兴的工程建造模式，是建立在高度的信息化、工业化和社会化的基础上的一种信息融合、全面物联、协同运作、激励创新的工程建造模式。《智慧建造理论与实践》中指出，智慧建造是建立在 BIM（+GIS）、物联网、云计算、移动互联网、大数据等信息技术之上的工程信息化建造平台，它是信息技术与先进工程建造技术的融合，可以支持工程设计及仿真、工厂化加工、精密测控、自动化安装、动态监测、信息化管理等典型应用。图 5-1 为智慧建造的模型框架。

图 5-1 智慧建造模型框架

在智慧建造的模型框架中，BIM、云计算、大数据、物联网、移动互联构成建造的 5 大核心支撑技术。其中，BIM 是工程建造全过程信息的最佳传递载体，实现智慧建造的数据支撑，核心任务是解决信息共享问题；物联网以感知为目的，实现人与人、人与物、物与物全面互联的网络，物联网可以解决人、机、料等工程信息自动数据化的问题；云计算是一种利用互联网实现随时、随地、按需、便捷访问共享资源池的计算模式，突破了计算机性能和地域的限制，推动工程建造的社会化，实现工程参建各方的协同和工程项目按需弹性布置计算资源；移动互联网通过移动通信与互联网、物联网等结合，提供了实施交换信息的途径，摆脱了空间和时间的束缚；大数据分析给工程建造过程提供智能化决策支持，施工建造过程变得聪明。

在智慧建造平台外缘，通过 BIM、物联网等新兴信息技术的支撑，可以实现工程设计及仿真、工厂化加工、精密测控、自动化安装、动态监测、信息化管理等典型数字化建造应用，如图 5-2 所示。其中，工程设计及优化可以实现 BIM 信息建模、碰撞检查、施工方案模拟、性能分析等；工厂化加工可以实现混凝土预制构件、钢结构、幕墙龙骨及玻璃、机电管线等工厂化；精密测控可以实现施工现场精准定位、复杂形体放样、实景逆向工程等；自动化安装可以实现模架系统的爬升、钢结构的滑移及卸载等；动态监测可以实现施工工期的变形监测、温度监测、应力监测、运维期监控监测等；信息化管理包括企业 ERP 系统、协同设计系统、施工项目管理系统、运维管理系统等。

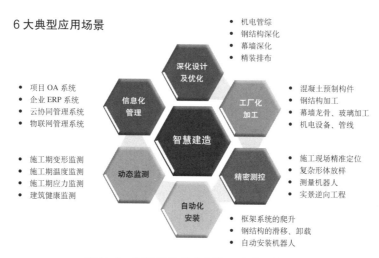

图 5-2　智慧建造的典型的 6 个应用场景

作为一种新兴的建造方式，智慧建造具有以下几个特征：

（1）建筑业现代化的重要组成部分，是从智慧化的角度诠释建筑产业现代化。

（2）智慧建造是创新的建造形式，不仅创新建筑技术本身，而且创新建造组织形式，甚至整个建筑产业价值链。

（3）智慧建造是一个开放、不断学习的系统，它从实践过程中不断汲取信息、自主学习，形成新的知识。

（4）智慧建造是以人为本的，它不仅把人从繁重的体力劳动中解放出来，而且更多地汲取人类智慧，把人从繁重的脑力劳动中解放出来。

（5）智慧建造是社会化的，它克服传统建筑业无法发挥工业化大生产的规模效益的缺点，实现小批量、单件高精度建造、实现精益建造，而且能够实现"互联网+"在建筑业的叠加效应和网络效应。

（6）智慧建造有助于创造一个和谐共生的产业生态环境。智慧建造使复杂的建造过程透明化，有助于创造全生命期、多参与方的协同和共享，形成合作共赢的关系。

从智慧城市来看，智慧建造从根本上解决了建筑和城市基础设施的数字化问题，是智慧城市建设的基础和建设路径。智慧建造的出现不仅弥补了智慧城市建设过程中缺少项目级解决方案的问题，还为智慧城市建设提供实现方法。

5.1.2 智慧建造方式国内外发展现状

1. 国外发展现状

大量文献研究表明，当前对于智慧建造的研究仍处于初级阶段，国内外的研究总体上是以信息技术的应用为导向，关注比较多的几种新兴信息技术主要有 BIM、物联网、移动互联网和大数据。

BIM 方面：国外 BIM 的研究起步较早，研究范围也比较广，已形成相对完善的研究体系，研究成果也十分显著。前期研究一般是 BIM 局部应用的研究，在施工阶段可以对工程进度进行模拟，可以良好的实时管理施工的进度、成本、资源配置，不断对施工方案进行优化，使其更加合理。

物联网、移动互联网方面：目前，物联网技术主要应用于建设项目管理。国外的学者在物联网应用领域已经取得了一定成果。

大数据方面：在英国 NBS2017 调查报告中，对影响未来建筑业发展的技术调查，获得最多认同的是云技术和大数据。报告中分析，我们在一个大数据时代，我们有太多的数据需要获取，连通，汇总，分类和分析。

2. 国内发展现状

过去的 30 年，建筑业基本实现了从手工到数字化的转变，为"智慧工地"的提出和发展奠定了坚实基础。"智慧工地"是人工智能在建筑施工领域的具体体现。

"十二五"、"十三五"期间，住建部重点推进 BIM 技术的普及应用，在 2015年 6 月发布的《关于推进建筑信息模型应用的指导意见》中提出了"到 2020 年末，建筑行业甲级勘察、设计单位以及特级、一级房屋建筑工程施工企业应掌握并实现 BIM 与企业管理系统和其他信息技术的一体化集成应用。以下新立项项目勘察设计、施工、运营维护中，集成应用 BIM 的项目比率达到 90%；以国有资金投资为主的大中型建筑；申报绿色建筑的公共建筑和绿色生态示范小区"的发展目标。目前，全行业正在积极推进 BIM 技术应用，并取得了良好效果。

国家科技部在"十三五"国家重点专项《绿色建筑及建筑工业化》的研究领域"建筑信息化"中，启动了"绿色施工与智慧建造关键技术研究与示范"研究项目。关于"智慧建造"，项目定位是在"十二五"绿色施工研究基础上，开始启动"智慧建造"研究，探索"互联网 +"环境下的智慧建造技术与装备。研究目标是：开展 BIM、物联网、大数据、智能化、移动通讯、云计算等信息技术在绿色施工与智慧建造中的集成应用研究，探索研究"互联网 +"环境下的智慧建造技术，促进建筑业技术升级、生产方式和管理模式变革，塑造绿色化、工业化、智能化新型建筑业态。

由住房和城乡建设部组织发布的一系列《建筑施工行业信息化发展报告》，针对 BIM、互联网、智慧工地、大数据的应用进行总结和展望，是目前国内智慧化建造最为完整的总结以及先进应用展示。

2014 年 5 月成立中国城市科学研究会数字城市专业委员会"智慧建造学组"，成为国内开展智慧建造研究与应用的重要社会平台。

5.1.3　智慧建造方式与建筑产业现代化

改革开放以来，建筑工业化工作一直侧重在住宅领域实施，因此以前也常常提到"住宅产业化"这一并行的概念。当然，"住宅产业化"相比"建筑工业化"其内涵又有了进一步的延伸。而从"住宅产业化"到"建筑产业现代化"，其内涵则更宽、更广，不仅涵盖住宅建筑结构部分，而且包含了部品部件的大规模工业生产，还将现代化的科学技术（包括信息技术）、现代化的管理手段（包括全生命周期管理）融入进来，使这一概念更加科学、全面。对现代化管理的关注至关重要。标准化的管理流程、信息化的管理手段、精细化的管理方式、全生命周期的管理视角，都是非常有效的工具，如果加以科学合理的利用，就可以协助提高行业效率、减少资源浪费、减少环境污染，乃至提高住宅质量、降低住宅成本。

智慧建造方式是实现建筑产业现代化的有效手段，见图 5-3。其中，信息化的实现也为政府部门深化行业管理、加强政策引导、促进产业的科学、理性发展提供了有效抓手。智慧化建造方式对建筑产业现代化的推动作用，大力推进建筑业工业化、智慧化、绿色化等是实现我国建筑产业现代化的重要途径！

图 5-3　智慧建造与建筑产业现代化

5.2 智慧建造的技术体系

从智慧建造的定义和核心特征来看，智慧建造会利用更多的信息技术来解决施工的生产和管理问题，每个方面都有其核心技术手段。在施工策划方面，以 BIM 核心，对施工组织过程和施工技术方案进行模拟、分析，提前发现可能出现的问题，优化方案或提前采取预防措施，以达到优化设计与方案、节约工期、减少浪费、降低造价的目的。在施工控制方面，通过传感器、射频识别（RFID）、二维码等物联网技术，随时随地获取工地现场信息，实现全面感知、实时采集。通过移动互联网和云平台实现信息的可靠传送，实时交互与共享，还有智能施工设备的应用等。在决策分析方面，通过基于云端的集成系统和大数据分析技术，对海量的、多维度和相对完备的业务数据进行分析与处理，建立各管理要素的分析模型，进行关联性分析，并结合分析结果进行智慧预测、实时反馈或自动控制。

5.2.1 BIM 技术

在工程建设领域，三维图形技术已经被应用在建筑物的规划、设计、施工与运维过程中，产品的三维图形化表达、处理与展示对项目的成功实施、效率提升发挥着非常关键的作用。三维图形处理技术主要包括几何造型、实体建模与显示绘制。几何造型主要利用计算机数值解法实现物体的几何外形描述并进行相应的显示、控制处理。实体建模重点关注如何在计算机内定义并生成一个真实的三维物体。二者结合在一起就能用数字化的手段在计算机内完整地表达现实世界中的真实物体，模拟其生成过程，并进行各种分析、变换处理。

相比于传统的二维 CAD 设计，BIM 技术以建筑物的三维图形为载体进一步集成各种建筑信息参数，形成数字化、参数化的建筑信息模型，然后围绕数字模型实现施工模拟、碰撞检测、5D 虚拟施工等应用。借助 BIM 技术，能在计算机内实现设计、施工和运维数字化的虚拟建造过程，并形成优化的方案指导实际的建造作业，极大提高设计质量、降低施工变更、提升工程可实施性。

目前，BIM 技术已经被广泛应用在施工现场管理中。在施工方案制定环节，利用 BIM 技术可以进行施工模拟，分析施工组织、施工方案的合理性和可行性，排除可能的问题。例如管线碰撞问题、施工方案（深基坑、脚手架）模拟等的应用，对于结构复杂和施工难度高的项目尤为重要。在施工过程中，将成本、进度等信息要素与模型集成，形成完整的 5D 施工模型，帮助管理人员实现施工全过程的动态实物量管理、动态造价管理、计划与实施的动态对比等，实现施工过程的成本、进度和质量的数字化管控。目前，BIM 技术的应用逐渐呈现出与物联网、智能化设备、移动等技术集成应用的趋势，发挥着更大的作用。在竣工交付环节，所有图纸、设备清单、设备采购信息、施工期间的文档都可以基于 BIM 模型统一管理，可视化的施工资料和文档管理，为今后建筑物的运维管理提供了数据支撑。

5.2.2 云计算技术

云计算是网格计算、分布式计算、并行计算、效用计算、网络存储、虚拟化和负载均衡等计算机技术与网络技术发展融合的产物。云计算按照服务类型大致可以分为三类，将基础设置作为服务（Infrastructure as a Service，IaaS）、将平台作为服务（Platform as a Service，PaaS）、将软件作为服务（Software as a Service，SaaS）。

在施工现场智慧化应用过程中，云计算作为基础应用技术是不可或缺的，物联网、移动应用、大数据等技术的应用过程中，普遍搭建云服务平台，实现终端设备的协同、数据的处理和资源的共享。传统信息化基于企业服务器部署的模式逐渐被基于公有云或私有云的信息化架构模式所取代，特别是一些移动应用提供了公有云，用户只需要在手机上安装 APP，注册后就可以使用，避免施工现场部署网络服务器，简化了现场互联网应用，有利于现场信息化的推广。

5.2.3 大数据技术

关于大数据的概念，普遍被认同的关于大数据特征的描述是由国际数据公司（International Data Group，IDC）提出的 4 个 V。一是数据体量巨大（Volume），截止到 2013 年，全球累计数量为 4.3ZB（1ZB=1024EB，1EB=1024PB，1PB=1024TB，1TB=1024GB）字节，预计 2020 年有望达到 40ZB；二是数据类型繁多（Variety），包括网络日志、音频、视频、图片等不同格式的结构化和非结构化数据；三是处理速度快（Velocity），云计算技术的出现，可通过分布式并行计算和虚拟化技术实现可配置可扩展的计算资源共享池，为大数据的计算提供了保证；四是价值密度（Value）。海量数据中有价值信息很少，如何通过强大的机器算法更迅速地完成数据的价值"提纯"，寻找数据关联关系，并建立有效模型，成为目前发挥大数据应用价值的重点。

项目施工过程中将会产生海量的数据，有工程设计图纸，工程进度数据、合同数据、付款数据、供应商评审信息、询价信息，劳务数据、质量检验数据、施工现场的监控视频等不同的数据信息。随着"智慧工地"的实施与应用，更多的物联网、BIM 技术被引入，建设项目产生的数据将成倍地增加，数据量将是是惊人的。以一个建筑物为例，一栋楼在设计施工阶段大概能产生 10T 的数据，如果到了运维阶段，数据量还会更大。这些数据充分体现了大数据的四个特征，多源、多格式、海量等，对这些数据进行收集整理并再利用，可帮助企业更好的预测项目风险，提前预测，提高决策能力；也可帮助业务人员分析提取分类业务指标，并用于后续的项目。例如从大量预算工程中分析提取不同类型工程的造价指标，辅助后续项目的估算。

5.2.4　物联网技术

《2016-2020 年建筑业信息化发展纲要》中明确提出要通过物联网技术，结合建筑业需求，加强低成本、低功耗、智能化传感器及相关设备的研发，实现物联网核心芯片、仪器仪表、配套软件等在建筑业的集成应用。物联网技术是"智慧工地"应用的核心技术之一。

物联网是通过在建筑施工作业现场安装各种 RFID、红外感应器、全球定位系统、激光扫描器等信息传感设备，按约定的协议，把任何与工程建设相关的人员或物品与互联网连接起来，进行信息交换和通讯，以实现智能化识别、定位、跟踪、监控和管理的一种网络。弥补传统方法和技术在监管中的缺陷，实现对施工现场人、机、料、法、环的全方位实时监控，变被动"监督"为主动"监控"。物联网具备三大特征，一是全面感知，利用传感器、RFID、二维码等采集技术，随时随地获取现场人员、材料和机械等的数据；二是可靠传送，通过通信网与互联网，实时获取的数据可以随时随地的交互、共享；三是智能处理，利用云计算、大数据、模式识别等智能计算技术，对海量的数据进行分析与处理，提起有用的信息，实现智能决策与控制。因此，物联网不是一项技术，它是多项技术的总称，从其技术特征和应用范围来讲，物联网的技术可以分为自动识别技术、定位跟踪技术、图像采集技术和传感器与传感网络技术。

1. 自动识别技术

自动识别技术主要包括条形码技术、RFID 技术和其他识别技术。

条形码技术：条形码（Barcode）技术是由一系列规则排列的条、空及其对应字符组成的标记，用以表示一定的信息，条形码中的信息需要通过阅读器扫描并经译码之后传输到计算机中，信息以电子数据格式得以快速交换，实现目标动态定位、跟踪和管理。

在施工现场，条形码技术主要被应用于建筑材料和机械设备的管理，通过移动终端设备扫描，实时获取管理数据，完成从材料计划、采购、运输、库存的全过程跟踪，实现材料精细化管理，减少材料浪费。还可以制成现场工作人员的工作卡，方便对现场人员的管理和控制。

RFID 技术：RFID 全称为"Radio Frequency Identification"（中文名为"射频辨识系统"），是一项利用射频信号通过空间电磁耦合实现无接触信息传递并通过所传递的信息达到物体识别的技术。RFID 系统主要由三部分组成：电子标签（Tag）、天线（Antenna）和读写器（Reader）。其中，电子标签芯片具有数据存储区，用于存储待识别物品的标识信息；天线用于发射和接收射频信号，往往内置在电子标签或读写器中；读写器是将约定格式的待识别物品的标识信息写入电子标签的存储区中（写入功能），或在读写器的阅读范围内以无接触的方式将电子标签内保存的信息读取出来。

RFID 技术在"智慧工地"应用中主要用于现场人员、机械、材料（包括预制构件）的跟踪和现场安全方面的管理工作。

其他识别技术：除了条形码和 RFID 技术之外，日常生活中可能接触到的自动识别技术还有语音识别技术、光学字符识别技术（OCR）、生物识别技术（如指纹）、磁条等，目前开始应用于施工现场的是人脸识别技术。人脸识别在施工现场主要应用在诸如自动门禁系统、身份证件的鉴别等领域，用以提高现场人员管理的效率。

2. 定位跟踪技术

将定位跟踪技术引入工程施工现场，能够有效地提高工作区域的各种人、材、机的实施监管能力。定位跟踪技术主要包括室外定位跟踪和室内定位跟踪。

室外定位跟踪技术：室外定位跟踪技术通常称为全球定位系统（Global Positioning System，GPS），是一种基于卫星导航的定位系统，其主要功能是可以实现对物体定位以及速度等的测定，并提供连续、实时、高精度三维位置，三维速度和时间信息。

GPS 技术被用于施工现场管理包括几个方面：一是用于各种等级的大地测量与线路放样，测量员在 GPS 技术使用中，仅需将 GPS 定位仪安装到位并开机即可，GPS 定位仪可自动化完成大地测量；二是对施工人员和施工车辆的定位跟踪，科学合理地完成车辆运营调度，掌握施工机械的工作路线以及工作状态。三是主要用于获取施工坐标系与大地坐标系的换算关系，对建筑物变形及振动进行连续观测，获取准确数据。在此过程中，观测基点主要是确定起算点及方向，这样即使变换观测点也不会对观测精度产生影响，从而满足工程施工需求。

室内定位跟踪技术：室内定位跟踪技术又称为短距离无线通讯技术，它的发展充分弥补了 GPS 技术在环境复杂的条件下应用的问题，为复杂施工条件下确定人员、车辆的位置信息，提高施工现场人材机管理能力提供了技术保证。室内定位跟踪技术通常包括无线保真技术（Wireless Fidelity，Wi-Fi）、蓝牙技术（Bluetooth）技术、UWB（Ultra-Wide Band）和 ZigBee 技术。

Wi-Fi 和蓝牙两种技术更适合于在室内的环境下工作。由于其技术存在一些限制，在施工管理中应用的比较少。主要的应用是对建设工程相关资源的定位，以及通过与无线传感器或别的数据采集技术相结合，减少现场电缆、数据线的数量，进而提高现场管理水平。

UWB（Ultra-Wide Band，超宽带）三角定位技术是一种新兴的无线通信技术。UWB 技术主要用于施工现场危险区域安全管理，在不同作业环境下定位跟踪施工人员、设备和材料以及现场事故搜索营救等工作。

ZigBee 是一种新兴的短距离、低速率无线网络技术，它介于射频识别和蓝牙之间，具有低成本、低耗电量、可靠度高、扩展性好、传输距离远等特点，也可以用于室内定位。建筑施工现场环境监测是目前较成熟的应用，也有用于人员定位、建筑材料的跟踪、门禁安全监控等。

3. 图像采集技术

目前，图像采集技术在施工现场的应用主要聚焦视频监控技术和 3D 激光扫描技术。

视频监控技术：视频监控技术也称图像监控，施工现场视频监控技术主要是通过部署在建筑工地现场的摄像机获取视频信号，再将视频信号进行处理和传输，便于显示和读取。以物联网的角度看待视频监控系统，其感知层主要包括各类监控摄像头以及它们与网络层的数据通信设备。其应用层主要为显示监控视频，较为复杂的可能包括监控视频的地理位置分布、自动切换等便于用户使用的功能。施工现场视频监控技术目前已经非常成熟，可直接应用与工程实际建设过程中。

视频监控可以实现声音与图像的同步传送，可以得到与施工现场环境一致的场景信息。视频监控结合图像识别跟踪技术逐步向自动化和智能化方向发展。一方面结合具体的场合可实现多个活动过程的识别跟踪，这些活动过程可以是施工现场人员未佩戴安全帽、施工面抽烟、危险动作等场景，系统能实时判定出施工人员的准确位置，并触发相应摄像头，对施工人员及交互场景进行多角度、多画面拍摄。另一方面实现精准定位技术，摄像头对演讲者采用"紧盯"方式：即使施工人员小幅度的转身、移动，摄像头也随之移动，不仅需要进行自动拍摄，同时进行动作分析，并自动报警。该技术的应用也在实验阶段，对于施工现场环境复杂，材料、设备、人员位置相对混乱，应结合人员手动介入，更能及时发现违规行为。

3D 激光扫描技术：3D 激光扫描（Laser Distance and Ranging，LADAR）技术是 20 世纪 90 年代中期开始出现的一项高新技术，是继 GPS 空间定位系统之后又一项测绘技术新突破。它是利用激光测距的原理，对物体空间外形、结构及色彩进行扫描，记录被测物体表面大量的密集点的三维坐标、反射率和纹理等信息，可快速复建出被测目标的三维模型及线、面、体等各种图件数据，形成空间点云数据，并加以建构、编辑，修改生成通用输出格式的曲面数字化模型。3D 激光扫描技术为快速建立结构复杂、不规则场景的三维可视化数字模型提供了一种全新的技术手段，高效地对真实世界进行 3D 建模和虚拟重现。

在 BIM 技术快速发展的今天，3D 激光扫描技术与 BIM 技术集成应用发挥较大的价值。例如可通过三维激光扫描结合 BIM 技术实现高精度钢结构质量检测及变形监测。现场通过 3D 激光扫描获取安装后的钢结构空间点云，通过配套软件建立三维数字模型，通过与 BIM 设计模型比较特征点、线、面的实测三维坐标与设计三维坐标的偏差值，从而实现成品安装质量的检测。BIM 技术和 3D 激光扫描技术的结合，正在帮助施工现场解决很多传统方式无法解决的问题。

4. 传感器与传感网络技术

传感器是能感知指定的被测量信息，并能按照一定的规律转换成可用输出信号的器件或装置。无线传感器网络就是由部署在监测区域内大量的廉价微型传感器节点组成，通过无线通信方式形成的一个自组织网络。一个无线传感器网络可将不同的传感器节点布置于监控区域的不同位置并自组织形成无线网络，协同完成诸如温湿度、噪音、粉尘、速度、照度等环境信息的监测传输。

目前，无线传感器网络广泛应用于许多工业和民用领域的远程监控中，包括工业过程监控、机械健康监测、交通控制、环境监控等。在工程领域的应用已经从混凝土的浇筑过程监控扩展到大坝、桥梁、隧道等复杂工程的测量或监测。例如，高支模变形监测可以通过安置传感器实时监测高大模板支撑系统的模板沉降、支架变形和立杆轴力，实现高支模施工安全的实时监测；安装于塔吊驾驶室的各类传感器与无线通讯模块共同实现塔吊当前运行参数的实时监测；应变仪还可以嵌入混凝土构件内，通过收集混凝土的应力、应变变化，监测构件的安全性等工作。

5.2.5　移动互联网技术

移动互联网（Mobile Internet，MI）是一种通过智能移动终端，采用移动无线通信方式获取业务和服务的新兴业态，包含终端、软件和应用三个层面。终端层包括智能手机、平板电脑、电子书、MIDI 等；软件包括操作系统、中间件、数据库和安全软件等；应用层包括休闲娱乐类、工具媒体类、商务财经类等不同应用与服务。随着技术和产业的发展，第四代移动通信技术（4G）和移动支付的支撑技术 NFC（Near Field Communication，近距离无线通讯技术）等网络传输层关键技术也将被纳入移动互联网的范畴之内。

移动应用对于建筑施工现场有着天然的符合度，施工现场人员的主要工作职责和日常工作发生地点一般在施工生产现场，而不是办公区的固定办公室。基于 PC 机的信息化系统难以满足走动式办公的需求，移动应用解决了信息化应用最后的尴尬。通过项目现场移动 APP 的应用，实现项目施工现场一线管理人员的碎片化时间整合利用。目前移动应用被广泛地应用在现场即时沟通协同、现场质量安全检查、规范资料的实时查询等方面。同时移动应用与物联网技术、BIM 技术、云技术集成应用，在手机视频监控、二维码扫描跟踪、模型现场检查、多方图档协同工作上得到深度应用，产生了极大的价值。

5.2.6　其他智能化技术

智能化技术主要是将计算机技术、精密传感技术、自动控制技术、GPS 定位技术、无线网络传输技术等的综合应用于工艺工法或机械设备、仪器仪表等施工技术与生产工具中，提高施工的自动化程度及智能化水平。《2016-2020 年建筑业信息化发展纲要》明确提出发展智能化技术的转向应用，开展智能机器人、智能穿戴设备、手持智能终端设备、智能监测设备等在施工过程中的应用研究，提升施工质量和效率，降低安全风险。智慧建造现场"智慧工地"应用中使用较多的是智能测量技术与智能化机械设备应用。

1. 智能化测量技术

智能测量技术是指在施工过程中，综合应用自动全站仪、电子水准仪、GPS 测量仪、数字摄影测量、无线数据传输等多种智能测量技术，解决特大型、异形、大跨径和超高层等结构工程中传统测量方法难以解决的测量速度、精度、变形等难题，实现对建筑结构安装精度、质量、安全、施工进度的有效控制。本节就几个核心的技术进行论述。

一是自动全站仪，它是一种集自动目标识别、自动照准、自动测角与测距、自动目标跟踪、自动记录于一体的测量平台。技术组成包括坐标系统、操纵器、换能器、计算机和控制器、闭路控制传感器、决定制作、目标捕获和集成传感器等八大部分。

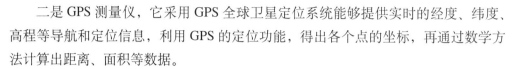

二是 GPS 测量仪，它采用 GPS 全球卫星定位系统能够提供实时的经度、纬度、高程等导航和定位信息，利用 GPS 的定位功能，得出各个点的坐标，再通过数学方法计算出距离、面积等数据。

三是数字近景测量技术，摄影测量（Photogrammetry）是一门通过分析记录在胶片或电子载体上的影像，来确定被测物体的位置、大小和形状的科学。其中，近景摄影测量（Close Range Photogrammetry）是指测量范围小于 100m、相机布设在物体附近的摄影测量。它经历了从模拟、解析到数字方法的变革，硬件也从胶片相机发展到数字相机。

智能测量技术在"智慧工地"应用中呈现出与 BIM 技术集成应用的特点。例如自动全站仪结合 BIM 技术在机电施工过程中实现精确放样，有效衔接土建施工和机电深化设计。通过自动全站仪复核现场结构信息，完成对 BIM 设计模型的修复，优化机电深化设计，减少施工错误。修正后的结构模型以三维坐标数据形式导入测量机器人中，通过自动全站仪实现机电管线及设备在施工现场的高效精确定位，保证优良的施工质量。利用自动全站仪采集施工现场数据，通过实测数据与设计数据的对比，可以实现辅助施工验收，确保施工成果的质量水平达到设计要求。

2. 智能化机械设备

随着工业转型升级需求释放、生产力成本上升、技术发展进步等，工业机器人在不少制造领域已隐隐形成替代人工的趋势。智能化已成为工程机械设备行业的主要趋势和发展方向，而智能化水平的高低对我国工程机械设备的发展具有至关重要的作用。智能化机械设备的应用对于"智慧工地"的发展起到重要的作用。

智能化机械设备的应用有两方面，一是将智能化控制技术改进施工工艺，提高工艺的自动化程度和精确控制能力。例如在模板脚手架施工工艺中的智能整体顶升平台技术，通过一套整体钢平台，采用长行程油缸和智能控制系统，顶升模板和整个操作平台装置，适应复杂多变的核心筒结构施工，保证全过程施工进度、安全和质量要求。其中智能控制系统是由集中控制台、开度仪、压力传感器和相关数据线组成，所有动作均提前编程并输入电脑，实现智能控制。二是将 GPS 技术、传感器、自动控制技术、图像显示技术和软件系统等集成应用到诸如挖掘机、推土机和摊铺机等机械设备上，可提高机械设备生产效率和能力、改善施工机械安全性、缓解人力资源短缺和延长施工时间等。例如在挖掘机应用 GPS 引导的坡度控制系统，采用 GPS 接收器，确定设备开挖方向并获得铲斗三维坐标位置信息，并通过安装光棒、车体纵横角度传感器、小臂解读传感器等，辅助操作人员准确的完成边坡开挖，使得复杂且费时费力的开挖变得简单快捷。

5.3 智慧建造与项目管理创新

下面从建造活动各参与方角度来阐述智慧建造与项目管理创新。

5.3.1 智慧化行业项目监管模式创新

1. 智慧化行业项目监管概述

我国自 20 世纪 80 年代起开始实行建设工程监督管理制度，并在全国逐步建立起了省、市、县三级完整建制的质量安全监督机构和监督管理体系，依法对建设工程质量和施工安全进行监管，为保障建设工程质量和施工安全发挥了重大作用。随着我国城镇化进程的加快，工程建设规模越来越大，对施工现场（工地）的监管难度也越来越大。目前全国工程监督领域的监督力量明显不足，而传统的以人工现场检查为主的监督管理模式更使得监督工作陷于被动，监督工作往往变成了质量安全事故处理工作，监督效率低下。

智慧建造将给建筑行业监管带来巨大的变化。利用物联网技术可以及时采集施工过程所涉及的建筑材料、建筑构配件、机械设备、工地环境及作业人员等要素的动态信息，并利用移动互联和大数据、云计算等技术实时上传、汇总并挖掘和分析海量数据，从而构成实时、动态、完整、准确反映施工现场质量安全状况和各参建方行为的行业监管信息平台，变事后监管为事中监管和事前预防，变运动式的例行检查为常态化的差异监管，提高监管效能，提升行业监管水平。

2. 基于物联网的建设工程质量检测监管

工程质量检测是检查工程质量的重要手段，工程质量检测数据是评定工程质量的重要依据，因此加强建设工程质量检测管理，规范建设工程质量检测行为是工程质量监管的重要内容。

随着建设部 141 号令的出台，质量检测逐步向社会化和市场化转型。基于物联网的建设工程质量检测监管信息系统应运而生，并取得了良好的应用效果。例如，广州粤建三和软件股份有限公司研发的"建设工程检测监管信息平台"、浙江志诚软件有限公司研发的"建设工程检测业务监管信息平台"、珠海新华通软件股份有限公司研发的"建设工程质量检测机构联网监管平台"等。

以广州粤建三和软件股份有限公司研发的建设工程检测监管信息平台为例，系统覆盖检测市场管理（如机构资质、人员资格、设备备案等）和检测业务及行为监管（如检测合同、检测数据、异常记录等），实现了工程质量检测数据和报告的在线监管、自动采集、实时上传、电子标记、分类归档等功能。总体来说，系统的使用，提高了工程质量的监管水平和效率，规范了检测单位的质量行为，提高了工程质量评判的科学性、公正性、准确性，提高了工程检测管理及统计分析的技术水平。

3. 基于物联网的混凝土质量监管

混凝土作为主要的建筑结构材料之一，其质量直接影响到建筑工程的质量、使用寿命以及人民生命、财产的安全。混凝土质量经过生产、运输、浇筑、养护等多个环节，其中任何环节的失控都会导致严重的结构安全事故。利用物联网技术实现混凝土全生命周期过程的追踪管理，确保混凝土质量的关键节点信息在监管中，可实现混凝土质量的有效监管。

下面以广州粤建三和软件股份有限公司研发的混凝土质量追踪及动态监管系统为例，介绍混凝土质量监管系统的主要功能。系统及时采集并汇总从建筑材料供应到现场施工、质量检测等各质量控制关键环节的相关信息，以"各司其职、各负其责"的原则在统一的信息平台上实现工程参建及相关各方（施工、监理、检测、材料）的信息共享，并将异常质量及行为信息及时予以警示，从而实现对工程质量的闭环控制。系统将传统的混凝土质量管理分解成产品成型、质量检验、问题处理三道工序，通过信息平台，将混凝土生产（混凝土企业）、使用（施工单位）、监测（监理公司和检测机构）等孤立的质量控制环节串联成为一个虚拟的工业生产流程，通过这个流程带动了相关责任单位的质量行为和现场管理信息，实现对商品混凝土从生产到使用全过程的质量追踪管理。

系统主要由混凝土生产使用数据集成管理平台、混凝土质量检验数据集成管理平台和混凝土质量问题处理平台三部分组成，分别对应混凝土质量控制流水线模型上产品成型、质量检验和问题处理三道工序。系统对监督、建设、监理、施工、检测和混凝土生产等各责任主体的权利和义务进行了科学的分析，为各方设计了对应的工作平台。各方登录系统后，在简单、统一的界面里集中完成在产品成型、质量检验和质量督察平台里所对应的工作，从而方便了用户的使用。

4. 基于物联网的深基坑工程安全监督管理

基于物联网的深基坑工程安全监测通过使用新型监测设备，应用新型监测技术、无线传输技术，以及研发先进的标准计算模块实现深基坑工程安全监测数据的实时采集、实时传输、实时计算，达到科学预警、智能报警、协同管理的目标。目前国内多家软件公司先后发布了深基坑监测系统以实现地下工程和深基坑工程安全自动化监测，例如广州粤建三和软件股份有限公司研发的"地下工程和深基坑安全监测预警系统"、北京交通大学土木建筑工程学院研发的"隧道监测信息管理与预警系统"、江西飞尚科技有限公司研发的"基坑在线监测系统"、北京浩坤科技有限公司研发的"隧道监测预警系统"等。

下面以广州粤建三和软件股份有限公司研发的"地下工程和深基坑安全监测预警系统"为例，介绍基于物联网的深基坑安全监测系统功能。

(1) 采集客户端。现场监测数据通过无线 GPRS 连接 PC，实时将监测数据传输至系统平台解算中心，进行实时解算，若监测数据不符合规范要求（操作方法或测试精度），则系统自动通过短信提示现场监测人员重新测量，若符合要求，则对外实时发布监测结果。

(2)机构管理。各监测单位通过自有登录账号登记单位信息，包含机构性质、规模、人员架构、资质概况、仪器设备及检定证书。

(3) 监测管理。该模块包含数据解算、异常判定、数据展示、报警提示等多个功能子模块，该模块全面展示工程开挖施工进度、监测数据图表、工程安全状态，管理部门可通过该模块查询有针对性地开展安全工作管理。

(4) 实时监控。该模块对在建工地按照报警类型予以分类统计，以图形化形式显示各类报警工程信息。政府主管部门或相关单位，可通过管理系统直接查询、调用在建或已建工地现场的监测数据，实时掌握监测情况，直观分析监测数据。

(5) 监督管理。该模块为监督管理部门网络操作平台，针对各监督人员个性化设置，对各工地实施精细化管理。同时根据报警等级不同，做到层次明确，实现安全管理扁平化。

通过该系统的应用，实现了深基坑工程安全预警报警，并追踪有关监测报警处理情况，使监测结果反馈更具时效性，以便及时采取相应措施，达到防灾减灾的目的；改变了建设工程行政和安全监督部门的管理模式，提高政府的管理效率，节约了行政成本。

5. 基于物联网的起重机械安全监督管理

建筑起重机械使用过程中常见的安全事故主要有：倾覆倒塌、高空坠落、相互碰撞或者与周围环境碰撞等，如图 5-4 所示。

基于物联网的起重机械安全监控集数据采集、存储、传输、统计分析和实时报警为一体，实现建筑起重机械的规范化、标准化和信息化监管，对提高起重机械的安全运行管理水平、控制各种危险因素、预防和避免安全事故的发生具有重要作用。

图 5-4　起重机械安全事故原因

目前国内部分企业研发了起重机械监控系统，比如黑龙江共友科技发展有限公司研发的"起重机械安全监控系统"、广州粤建三和软件股份有限公司研发的"建筑起重机械安全监控系统"、温州朗派科技有限公司研发的"太阳能无线塔吊监控系统"、郑州恺德尔科技发展有限公司研发的"塔机安全监控管理系统"等。

6. 基于物联网的高支模安全监督管理

高支模架设作业作为一项施工难度大、技术要求水准高、危险系数强的综合性作业工程，容易集中性爆发安全生产事故。模板坍塌事故是建筑施工中极易引发群体伤亡的危险源之一，建筑施工企业的安全管理工作已将模板坍塌作为重大危险源进行识别和控制。为此，各级政府建设工程行政管理部门一直非常重视高支模施工安全，相继出台了多个安全管理办法和规定。

7. 绿色施工监管

智慧建造工地的绿色施工监管通过应用相关工具整合企业的绿色施工管理信息，根据绿色施工基本指标，实现对不同责任主体的检查、评价考核。

智慧工地绿色施工监管应用工具主要包括三部分：

（1）绿色施工管理。实现绿色施工管理层面各项业务工作，涵盖从绿色施工规划与方案设计、绿色施工日常工作管理、绿色施工示范工程项目的申报与审批、绿色施工企业自查与验收评审管理等业务。

（2）绿色施工在线监测。实现对施工项目能耗指标、水耗指标、施工噪声和施工扬尘指标的实时在线监测监控，并为绿色施工评价量化考核指标提供实时数据支撑。

（3）绿色施工评价。提供一种实时在线评价工具，为实现多专家在线评价打分与线下实地考察绿色施工实施措施并进行评价成为可能。

监管单位通过相关应用工具对施工现场绿色施工状况进行检查、评价考核，并进行各项业务操作，实现与企业绿色施工管理的数据共享、同步和实时反馈，提高监管效率。

8. 基于互联网的现场从业人员实名制管理

基于互联网的现场从业人员实名制管理有望实现现场从业人员的实名制管理，基于互联网的现场从业人员实名制管理以居民二代身份证为实名制基础信息来源，结合身份识别技术，实现对施工现场的管理人员、特种作业人员和普通从业人员的实名制监管。

以管理对象的基准，当前现场从业人员实名制监管系统分为两类：一是关键岗位人员考勤实名制系统，实现项目经理、技术负责人、施工员、安全员、质量员等关键岗位人员到岗情况的监管；二是劳务人员的实名制监管。当前国内多家软件公司推出了实名制管理系统，例如浙江工汇网络科技有限公司在其智慧工地产品下提供了"工地实名制管理"功能模块，共友时代（北京）科技股份有限公司研发了建筑工程"一卡通管理系统"等。

9. 建设工程诚信评价管理

建设工程诚信评价管理应用工具是利用信息技术，依托建设工程管理诚信评价指标体系，通过自动采集责任主体在建设工程全生命周期中的质量安全行为（如人员到位情况、主体结构检测过程等）、管理结果（如材料或结构实体检测结果）等评价因素的信息数据，并对这些信息数据自动进行综合评价计算，最终输出责任主体诚信评价数据。

基于国内当前诚信评价的案例，建筑行业企业诚信综合评价体系包括了四方面的评价内容：

第一是市场行为评价，主体是市场方，也就是投标企业自身的市场行为表现。主要评价内容有：过往两年累计中标份额；近两年的地区工程获奖情况、纳税情况以及是否存在违反法律法规和规章的不良行为等。

第二是质量安全评价，主体是工程质量和安全监督部门。主要评价内容有：现场管理人员配置、日常安全管理行为、从业人员开展安全教育培训、施工组织计划、安全措施落实情况、施工技术、验收、建筑材料等是否符合法规、标准、规范等。

第三是履约评价，主体是建设单位。由各建设单位根据履约评价要求制定评价标准，主要内容是施工单位履行合同的行为。

第四是其他评价，主体是相应管理部门。主要评价内容是行业管理的其他事项，例如诚信信息的真实性、资质申报、是否拖欠工资、是否履行统计信息申报义务等。

建设工程诚信评价管理应用工具应用价值主要有：

（1）全范围评价，形成监管合力

（2）多角度评价，确保数据全面

（3）公开化评价，杜绝权利寻租

（4）自动化评价，避免人为操纵

（5）两场评价，促使企业注重标后管理

（6）为建设单位选择优秀的预选承包商提供依据

10. 存在的问题及发展趋势

随着信息技术在建设工程行业监管的广泛应用，建设工程行业监管模式发生了根本性的改变，其监管模式逐渐由人工巡查方式转向以信息化为支撑的差异化、精细化管理，这对解决当前工程监管量大、范围广、人手不足的状况有非常重要的效果。但随着云计算、大数据技术的成熟、物联网的广泛应用，基于物联网与数据集技术的智慧监管应用将进一步提升工程监管效率，优化工程监管模式。智慧监管应用将实现建设工程的协同监管，实现建筑工程施工现场各类案件（质量、安全、环境、人员等）的建立、处理、处理反馈、核查结案、综合评价等功能，实现施工现场全方位监管信息的查询统计及一体化展示。

5.3.2　智慧化工程项目管理模式创新

这里从项目管理方式和项目现场管理两个方面对智慧化工程项目管理模式进行研究。

项目管理主要从 BIM 的角度出发，阐述基于"BIM+PM"的智慧化项目管理模式；项目现场从智慧工地出发，阐述物联网、移动互联网、大数据、云计算等技术的综合项目现场管理模式。

1. BIM 成为企业重要战略

为了整体提升企业和项目的精细化管理程度，建立 BIM 云平台成为企业重要手段。企业 BIM 云平台分数字化项目、信息化公司、互联网企业三个层次实现，现阶段企业在众多项目上开展数字化项目应用并逐步总结、完善一套成熟的应用体系，而信息化公司则是当前以及未来一段时间内集团 BIM 工作的重点。以下是企业在这三个层次需要实现的主要任务。

（1）数字化项目

企业以 BIM 模型为核心，围绕项目管理基础工作，展开单项工具级和跨岗位的协同管理应用，形成"一心六面多岗"的项目管理模式，做到 BIM 技术"三全"应用：围绕全领域、贯穿全过程、覆盖全岗位，见图5-5。

数字化项目

以 BIM 模型为核心，围绕项目管理基础工作，展开单项工具级和跨岗位的协同管理应用，形成"一心六面多岗"的项目管理模式。

图5-5 企业 BIM 云平台数字化项目

（2）信息化公司

技术驱动和管理协同的运用，使得越来越多的数字化项目应运而生，需要将各个项目的数据上传给公司，激发了向信息化公司发展的内生动力。企业一方面需要通过整理积累的 BIM 数据，结合企业丰富的工程实践，建立企业自身的技术标准体系。而另一方面，企业要抓住机遇，通过系统化的管理流程、协同化的管理系统以及专业化数据加工，革新企业传统的管理模式，见图5-6。

图5-6 企业信息化

（3）互联网企业

通过聚合资源，融合创新的手段，将 BIM 承载的工程数据与互联网共享模式以及新技术实现资源合理配置，引领行业朝着 EPC、BOT、IPD 方向进行业务模式深化变革。同时，企业通过 BIM 技术应用能力做支撑，延伸自身的业务领域，开辟新型产业，见图 5-7。

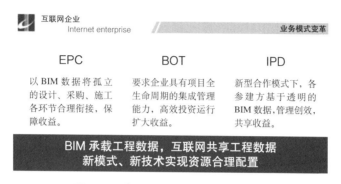

图 5-7　企业 BIM 云平台互联网共享

通过打造企业 BIM 云平台来实现以下三个目的：

①通过 BIM 平台的打造，对管理需求进行系统性梳理，找到 BIM 技术和企业管理体系的结合点；从而进一步整合集团资源，打通业务间的协同，以及找到集团在 BIM 技术应用上后续需要进一步优化和完善的方向。

②通过数字化项目、信息化公司和互联网企业三级 BIM 应用工作的开展，搭建集团的 BIM 架构体系和 BIM 人才梯队。

③通过 BIM 平台建立的探索，结合企业自身的特点，积累企业管理标准和数据库的同时，形成一套 BIM 在施工企业推广的方法论，并在实践中不断优化，为同行业提供参考。

2. 平台架构

企业云平台及其配套系统以企业云平台为集成平台、数字化项目为操作平台、各专业管理系统为应用平台。依托"三端一云"（web 端、手机端、PC 端、企业云），通过各专业系统将项目建设过程中真实、准确的数据自下而上高效汇集至企业云端，依据内嵌算法快速完成数据统计分析、专业应用、决策支持等环节的价值实现。

3. BIM 组织架构规划

建立总部 BIM 中心、分子公司 BIM 分中心和项目 BIM 工作站三层架构，立体化推进 BIM 应用工作。总部 BIM 中心引领集团 BIM 全局工作，是集团 BIM 发展的大脑，集团 BIM 中心负责汇总数据，进行指标化运行，为企业管理提供预警，为企业决策提供依据，为重大决策提供数据支撑。分子公司 BIM 分中心统筹各分子公司的 BIM 工作，承上启下，是集团信息化的枢纽；项目 BIM 工作站扎根项目 BIM 工作，是 BIM 技术应用的触角。除了在

图 5-8　企业 BIM 云组织架构

项目实施中提升 BIM 应用能力以外，还通过建立 BIM 学院，全方位培养学员的 BIM 理论知识和实际动手能力，见图 5-8。

4. 平台建设过程

平台的完整建设包括了平台系统搭建，组织结构确立及应用标准制定三个方面。

（1）企业 BIM 云平台系统搭建

企业平台分为经营合同、生产管理、经济指标、资金管理、效能分析五大模块，五大模块的数据汇总来自项目层面相对应功能模块的数据统计。

企业超级管理员通过授权管理工具对企业组织结构进行编辑更新与管理；对相关人员进行角色授权；对新增项目进行对应组织挂接。最终实现企业云平台与业务体系的各个部门、各个细节相融合，综合提高企业管理运营水平，实现智能管理。通过准确、及时、全面的大数据分析，云平台能够帮助企业实现对人、财、物的全面管理和控制。企业决策层登录企业云平台，在庞大的企业 BIM 数据库中，可快速获取相关管理信息，从不同来源的数据中获取新的洞察力。

（2）企业 BIM 云平台业务闭环体系建立

企业依据业务场景和岗位对业务流程进行还原、梳理、优化和串联，形成标准统一、业务闭环的体系。在统计分析及专业应用环节，依据项目建设过程，企业云平台及其配套系统中主要相关部门业务工作开展程序可分为两个阶段：

1）准备阶段。项目中标后，首先由市场经营部在企业云平台进行项目合同备案、分配 ID 编码、录入基本信息。其次，由 BIM 中心搭建项目 BIM 模型并上传至企业云平台。最后，由成本控制部编制项目预算成本、编制目标成本，确定资金支付红线，并将预算成本及目标成本上传至企业云平台。

2）项目实施阶段。成本控制部比对预算成本、目标成本、项目各阶段报送的形象产值，编制审核报告上传至企业云平台。集中采购部从企业云平台调取所有项目材料需用计划，通过集采系统按计划节点批量进行采购。工程管理部通过企业云平

台核实项目进度、核查项目资料。财务资产部依据企业云平台呈现的项目支付红线，通过财务系统对项目进行资金支付。审计监管部通过企业云平台对项目进行过程查阅、监督、审核。项目部通过项目综合管理工具实时采集项目实际进度、成本、生产等信息及大宗材料需用计划上传至企业云平台。

（3）辅助决策环节

基于大数据技术，企业云平台对各专业系统上传的海量数据进行关联、分类处理、多维度集中呈现（企业管理者可按权限同时设置时间、地域、项目所属单位、项目进度等搜索条件，快捷查看相应的经济、质安等各方面数据；项目管理亦然）。从而让管理者及时、全面掌握业务工作开展现状，发现问题、予以改进，并进一步帮助管理者从不同来源的数据中获取新的洞察力，提高工作计划合理性和决策的准确性。

5. 企业 BIM 云平台优化方向

目前，BIM 技术已成为数字建造时代建筑业发展方向，与企业管理融合能够让 BIM 技术的价值呈几何倍数的放大。企业 BIM 云平台优化方向主要有以下几方面：

（1）加强数字化项目建设。完善 BIM5D 和项目指标化工具的优化改造，坚持"技术驱动、管理协同"的方式加强数字化项目建设，以数字化项目为依托，快速、准确获取项目建设中的实际数据，强化项目过程管控。

（2）优化服务器。启动企业数据中心建设，将正在进行的项目数据存储在外部云服务器，将竣工项目迁移至自建服务器进行长期保存。

（3）完善数据库。加强企业业务数据库、成本数据库、技术质量数据库、安全文明施工库、竣工档案库、企业人才库 6 大类数字资产库的建设。

（4）完善"三级四线管理"模型。优化当前公司、分公司、项目三级管理体系（如：加强公司集中采购系统、财务系统功能优化并实现与云平台的数据关联，实现更深层面的业财一体化、业采一体化）。依照国家和地方算量、计价标准、企业相应的管理规范等，对内嵌算法进行迭代更新，使各类业务流程的虚拟线、目标线、实际线和评价线等"四线数据"内涵更丰富、信息更精准。

5.3.3　智慧工地现场管理模式创新

1. 背景

随着政策引导方向的变化、施工行业的需求差异、技术发展水平的限制，施工现场信息化的发展在不同的历史时期有其明显的特征，总体来讲，我国施工现场的信息化主要经历了三个发展阶段。

一是面向单业务岗位应用的工具软件阶段。从 20 世纪 90 年代到 2005 年之前，主要是面向一线工作人员的单机工具软件，辅助完成其日常工作，使其从繁重而重复的劳动中解放出来，工作效率大幅提高。例如 CAD 制图软件、工程预算软件和一些结构计算类软件等。

二是面向多业务集成化的管理软件阶段。从 2006 年开始至 2012 年左右，建筑行业积极推进企业 ERP 和项目管理等信息化建设，特别是信息化建设指标被纳入建筑施工总承包特级资质评审要求之后，企业信息化建设更是如火如荼。本阶段的施工现场信息化应用的软件主要是以集成化的项目管理系统或平台的形式出现，一般面向企业管理者自上而下实现推广和实施，基于企业、项目、施工现场三层架构实现全面信息管理。力图通过平台将所有项目信息进行高效地采集、加工、传递和实时共享，打通企业和项目、部门与部门之间信息一致性和及时性，为项目管理服务、为项目决策提供可靠的依据。

三是聚焦生产一线的多技术集成应用系统阶段。从 2013 年开始，随着互联网技术迅猛发展和应用，在国家"互联网 +"行动计划推动下，施工现场信息化开始突破固有的企业 ERP 的传统信息化实施模式。诸如 BIM（Building Information Modeling，建筑信息模型）技术、物联网、云技术、大数据、移动技术等更多的软硬件技术被集成应用在施工现场，与传统信息化平台集成实现优势互补。

在这样的发展背景下，针对现场管理业务的不同信息化应用百花齐放。这些应用都充分集成了诸如 BIM 技术、物联网技术、云技术、大数据和移动技术等先进信息技术，并与传统的信息化管理平台集成，使得施工现场信息化应用呈现出数字化、智能化、在线化和可视化等应用特点。施工项目现场变成一个有感知、有生命、有智慧的有机体，"智慧工地"的需求应运而生。

2."智慧工地"的特征

"智慧工地"是 BIM 技术、物联网等信息技术与先进建造技术深度融合的产物。从这个角度来讲，"智慧工地"具有以下 4 个特征：

（1）聚焦施工现场一线生产活动，实现信息化技术与生产过程深度融合。将信息化技术应用到一线工作中，真正解决现场的业务问题。例如在劳务管理上，将一卡通、人脸识别、红外线或智能安全帽等新技术应用到劳务管理的考勤、进出场、安全教育等业务活动中，实现现场劳务工人的透明、安全和实时的管理，这才是"智慧工地"应用的目的和核心特征。

（2）保证数据实时获取和共享，提高现场基于数据的协同工作能力。这包括两层含义，一是在现场数据的采集方面，要充分利用图像识别、定位跟踪等物联网技术手段，实时获取现场的人事物等管理数据，并能通过云端实现多方共享，保证信息的准确性和及时性；二是在信息的共享方面，按照项目现场业务管理的逻辑，打通数据之间的互联互通，形成横向业务之间、纵向管理层级之间的数据交互关系，避免信息孤岛和数据死角，并通过移动终端等技术手段，基于这些数据实现协同工作，加快解决问题和处理问题的效率。

（3）强化数据分析与预测支持，辅助领导进行科学决策和智慧预测。"智慧工地"应建立数据归集、整理、分析展示的机制，并对现场采集到的大量工程数据进行数据关联性分析，形成知识库，并利用这些知识对信息进行分析、计算、比较、判断、联想、决策，提供管理过程趋势预测及专家预案，及时为各个管理层级提供科学决策辅助支持，并通过智慧的预测能力对管理过程及时提出预警和响应，实现工地现场智慧管理。

（4）充分应用并集成软硬件技术，满足施工现场变化多端的需求和环境，保证信息化系统的有效性和可行性。

3."智慧工地"应用架构与建设思路

（1）"智慧工地"应用架构

"智慧工地"信息化应用架构包括现场应用、集成监管、决策分析、数据中心和行业监管 5 个方面的内容，如图 5-9 所示。

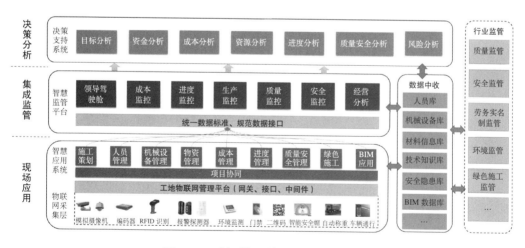

图 5-9　"智慧工地"应用架构图

现场应用通过小而精的专业化系统，充分利用 BIM 技术、物联网等先进信息化技术手段，适应现场环境的要求，面向施工现场数据采集难、监管不到位等问题，提高数据获取的准确性、及时性、真实性和响应速度，实现施工过程的全面感知、互通互联、智能处理和协同工作；集成管理通过数据标准和接口的规范，将现场应用的子系统集成到监管平台，创建协同工作环境，搭建立体式管控体系，提高监管效率。同时，基于实时采集并集成的一线生产数据建立决策分析系统，通过大数据分析技术对监管数据进行科学分析、决策和预测，实现智慧型的辅助决策功能，提升企业和项目的科学决策分析能力；通过数据中心的建设，建立项目知识库，通过移动应用等手段，植入一线工作中，使得知识发挥真正的价值；"智慧工地"的建设可延伸至行业监管，通过系统和数据的对接，支持智慧行业监管。

①现场应用层

"智慧工地"的现场应用层聚焦施工生产一线具体工作，通过一系列小而精且实用的专业应用系统来解决施工现场不同业务问题，降低施工现场一线人员工作强度，提高工作效率。这些系统聚焦对现场人、机、料、法、环五大要素的管理，业务范围涵盖施工策划、现场人员管理、机械设备管理、物料管理、成本管理、进度管理、质量安全管理、绿色施工管理和项目协同 9 大管理单元，同时充分利用先进的 BIM 技术的可模拟、可计算、可分析等特性，提高施工可行性和管理精细化程度。

②集成监管层

"智慧工地"集成监管层包括平台数据标准层和集成监管平台两部分内容。

集成监管平台需要与各项目业务子系统进行数据对接。为保证数据的无缝集成，各系统之间的管理协调，需要建立统一的标准，包括管理标准和技术标准等。集成监管平台的集成有多种方式和表现形式，可以通过标准数据接口将项目数据进行整理和统计分析，实现施工现场的成本、进度、生产、质量、安全、经营等业务的全过程实时监管。也可以通过现场物联网设备网管连接智能化设备，集成至统一的页面查看，例如视频监控、塔吊黑匣子等。还可以通过 BIM 模型为数据、集成和展现的载体，实现对模型、设计、进度、成本等信息或资料监管服务。

③决策分析层

决策分析层通过集成监管层对这些项目现场信息的采集，应用数据仓库、联机分析处理(OLAP)工具和数据挖掘等技术，对项目数据提取出有用的数据并进行清理，以保证数据的正确性，然后经过抽取（Extraction）、转换（Transformation）和装载（Load），即 ETL 过程，并提供多种分析模型并进行数据模拟，挖掘并发现不同业务之间关联关系，并将分析或预测的结果通过各种可视化的图形和报表展示出来，辅助企业管理者进行经营决策。这种决策是在大量的项目数据的前提下做出的，使得企业的各级决策者获得知识或洞察力，促使他们可综合考虑各项分析指标，做出对项目更科学合理的决策，降低项目风险。

决策分析层一般需建立领导决策分析系统，并通过信息系统的消息预警和提醒设置，将风险预警点设计到各系统中，实现风险信息的同步预警和即时掌控，实现风险的事前控制。

④数据中心

数据中心主要是为支持"智慧工地"的应用而建立的知识库系统，主要包括人员库、机械设备库、材料信息库、技术法规库、安全隐患库和 BIM 数据库等不同的知识库。这些知识库来自于"智慧工地"各子系统，也有企业积累总结的专业信息，主要包括：一是规范标准类，主要是国家、行业和地方各类标注规范和技术法规，这些需要按照标准分类进行编码管理；二是基础数据类，主要是一些支持标准化和信息化的一些基础资源类信息，例如材料编码库、BIM 构件库等；三是应用数据类，是为满足系统应用的知识库，与相应的系统集成实现动态调整和变化，例如材料价格库、方案库、BIM 模型库等。

（2）"智慧工地"建设思路

"智慧工地"具有一定的复杂性，其建设不可一蹴而就，需要遵循一定的规律。"智慧工地"建设思路可以总结为以下几点。

1）以满足现场工作为基础，同时满足监管的需要

"智慧工地"建设的需求要紧紧围绕施工现场业务展开，具体来说，"智慧工地"的建设要围绕人、机、料、法、环这五个影响生产和施工质量的关键要素展开管理。同时要满足一线管理岗位对现场作业过程所需知识的即时获取、共享和沟通。针对现场工作人员所面对的是具体工作包的现场作业指导、检查、验收等，以及与现场施工管理人员相关的设计、监理、业主、分包等不同干系方之间的沟通管理。通过"智慧工地"的信息化手段实现要素的智能监控、预测报警和工作的数据共享、实时协同等。

在满足施工现场管理基础上，要能够满足公司法人和项目管理者对项目建造过程的实时监管。企业法人管工程项目是企业各职能管线的职责所在，他们对项目现场必须履行应有的监管职责，重点就在于能通过对项目资源实现集中控制；项目部的管理者也需要对整个现场施工全过程进行管理，需要对工程的进度、质量、安全、经营等信息及时获取，辅助项目决策。因此，这两层的管理者对"智慧工地"集成系统提出了需求，正如架构中描述的那样，通过平台将各子系统的数据进行集成，供管理者监督管理。

2）整体规划、分步实施

"智慧工地"整体规划可以采用"从上到下"的方式，综合考虑集团和公司层到项目层，从监管业务到执行层业务的细节与关系，结合公司战略和信息化发展的整体规划方向，对公司和项目，乃至互联网＋智慧工地方案的各方面、各层次、各要

素统筹规划，强调规划对象内部要素之间围绕核心理念和整体目标所形成的关联、匹配与有机衔接。这主要包括结合公司战略和业务管理弱点，有针对性地梳理"智慧工地"的业务需求、技术标准和建设成本等，规划适合于本企业的"智慧工地"的整体架构和实施步骤，选择重点或关键项目进行试点，逐步推进和推广。

在整体规划的基础上，"智慧工地"一般采用"自下而上"的方式实施。正如架构中展示的那样，紧紧围绕现场核心业务，采用碎片化的众多子系统，以解决满足一线管理岗位对现场作业过程的管理为第一要务，有针对性地降低工作量，提高工作效率，减少管理漏洞。

3）采取自建和购买服务相结合的方式建立系统

"智慧工地"的建设方式宜采用多种方式结合完成，主要包括，一是直接购买商业软件，这主要是针对一些商业化程度高，较为成熟系统而言，可以买来经过简单培训就可以使用。例如一些手机应用、视频监控、劳务实名制等。二是定制或半定制化软件系统，这主要针对项目部有明确的需求，但具有明显的个性化特征且市场无对应成熟产品的情况，这对项目部的能力要求较高，往往是一些大型项目。第三是自行研发或者合作开发，这种方式一般是企业层面主导，项目部一般不会有。自行研发对企业自身的项目研发能力有着更高的要求，投入往往也是最多的。

建立配套的岗位流程制度提供支持。"智慧工地"集成应用了物联网、云计算、移动等新技术手段，使得现场管理跨越了时空限制，符合现场走动式办公的特点。这样的信息化模式会改变现场管理和协同的方式，催生新的现场管理的工作模式。例如 BIM 的应用可能会改变图纸审核、各种交底的方式，可视化模型成为审核交底的必备。这样的新的工作方式就需要建立起相应的岗位和管理制度支持，例如前面所说的 BIM 审图或交底，这种工作方式必然会要求修改完善原来的流程和制度，也需要增加专门的 BIM 岗位。

5.4 智慧建造方式实践案例

5.4.1 贵州公共资源交易中心基于大数据的建筑市场监管

1. 应用背景

贵州省公共资源交易中心在围标串标行为方面一直在积极探索和研究，国内外针对围标串标开展的理论研究各有千秋，众多学者借助经济学理论、法学理论在报价策略、招投标机制以及完善串通招标投标制度的法律架构等方面展开了大量的研究工作，并且各国也通过立法或者制订管理措施等多种积极手段对围标串标行为进行打击治理。然而，由于围标串标动机复杂、行为隐蔽以及传统研究手段的不足，使得对围标串标行为的辨识研究一直进展缓慢，以致研究分析成果未能鞭辟入里，制订的法律法规及政策难以奏效，导致实际治理效果不尽如人意。

利用大数据技术对公共资源交易平台的巨量招标投标数据进行统计性的搜索、比较、分类等分析归纳，挖掘数据之间隐含的关联关系，建立数据与现象之间的因果关系，探究产生围标串标行为的体制根源，对于顶层设计部门制订更具针对性、有效性的围标串标防治机制，从根本上解决公共资源交易领域的顽疾提供了手段。

2.应用内容

贵州利用全省互联互通后汇集的电子化交易行为数据，通过社团检测算法与关联规则算法，对招投标人投标效能以及出现横向抱团与纵向抱团的风险概率进行评估。发现了一些风险概率高的企业，如图 5-10 所示。

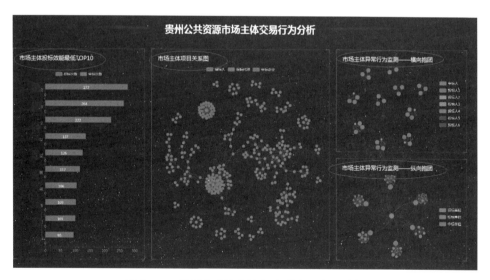

图 5-10　贵州公共资源市场主体交易行为分析

图 5-10 左侧投标效能最低 TOP10 中排行榜第一名的深圳市某建设工程有限公司近三年在贵州省参与投标 277 次，未有一次中标。而通过大数据技术获取横向外省交易数据进行拉通比对，可以发现该企业在注册地广东省近三年中标 172 次，中标率却十分之高。企业参与投标是需要花费大量的人力财力，如此执着的在贵州进行没有成果的投标，这种异常行为很大程度上说明这家企业在贵州是一个没有实体的

空壳公司，是专门利用企业资质进行陪标的专业户。

在社团分析中对横向抱团风险进行评估，其中对抱团风险度高的社团进行进一步分析（图 5-10 左上），发现这个社团具有以下特征：某园林有限公司（橙色的点）一年内投 10 次标，中标 10 次；而绿色和蓝色点的企业始终与橙色的点一同出现，但从未中标。进一步对中标的时序分析发现，在前 5 次投标中，还有除橙色、蓝色、绿色点外还有数家不同的企业在参与投标，而到后 5 次，只剩这三家企业一同投标。说明其他企业看出端倪之后，再也不参与此类标的竞争。因此可以初步推断出橙色点代表的企业是庄家，与绿色点与蓝色点共同进行围标串标。

3. 应用效果

通过以上算法可以清晰揭示交易行为数据背后隐藏的一些规律，暴露招投标过程中的隐性动机，社团关系模型具有挖掘投标人之间存在社团关系的适用性和精确性。仔细分析挖掘的社团结果，根据不同社团中不同企业中标率提升的幅度大小，可以较为准确地锁定抱团行为的组织发起人，而检测得出中标率异常的企业，则充分证明了陪标情况的存在。这些数据结果，都将作为监管部门进一步查证围标串标行为可靠的线索依据，从而降低和防止围标串标行为，为监管部门提供了新的监管手段。

5.4.2　万达 BIM 总发包管理平台应用案例

1. 背景介绍

万达是全球领先的不动产企业，2015 年已达到持有物业面积世界规模最大。基于对房地产未来发展趋势的分析，万达从 2014 年开始进行全面转型，商业地产作为万达集团的核心产业，已由重资产向轻资产全面转型。为确保轻资产项目的规模化发展，2015 年万达集团在"总包交钥匙模式"的基础上再次进行创新性变革，引入以 BIM 技术为基础、通过项目信息化集成管理平台进行管理的"BIM 总发包管理模式"，万达是全球首家采用这种模式的企业，这一模式也被誉为全球不动产开发建设史上的一次革命。

2. 平台简介

BIM 总发包管理平台（以下简称"BIM 平台"）其核心是万达方、设计总包方、工程总包方、工程监理方在同一平台上对项目实现"管理前置、协调同步、模式统一"的创新性管理模式，如图 5-11 所示。BIM 模式成果，把大量的矛盾（设计与施工，施工与成本计划与质量）前置解决、注入模型、信息化实施。项目系统过程中的大量矛盾通过 BIM 标准化提前解决，减少争议，大大提高了工作效率。这是管理格局的一次突变和革命。

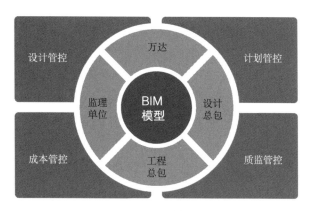

图 5-11　BIM 管理模式

BIM 平台经过将近两年的持续研发工作，万达 BIM 总发包管理模式初步形成了模型、插件、制度、平台四大成果。BIM 平台作为其中的一项重要研发成果，为各项成果应用落地提供了平台支撑，在有效承接各项设计成果的同时通过标准化、可视化、信息化的平台应用，进一步提升项目管理能力。

3. 平台整体架构

BIM 平台实现了基于 BIM 模型的 6D 项目管理，将各专业 BIM 模型高效集成的同时，也实现了计划、成本、质量业务信息与三维模型的自动化关联，从而提供更加形象、直观、细致的业务管控能力，如图 5-12 所示。应用过程中，万达方、设计总包、施工总包、监理单位等项目各参与方可以打破公司、区域限制，围绕同一个 6D 信息模型方便地开展设计、计划、成本、质量相关业务工作，实现基于 BIM 模型的多方高效协同和信息共享，是一种创新的工作模式。

BIM 平台对万达现有项目管控体系进行信息化集成，将万达多个业务管理系统有效整合起来，为项目管理人员提供了统一的业务门户，实现了管理流程优化，从而大大提高管理效率，也是对传统项目管理模式的一项变革。

BIM 平台采用了混合云的技术架构，实现 6D 模型展现的同时也实现了海量云端数据的快速处理，既提升了平台性能和应用效率，也摆脱了对计算机硬件和专业应用软件的依赖，用户可以通过浏览器、手机方便快捷的访问平台开展业务，如图 5-13 所示。

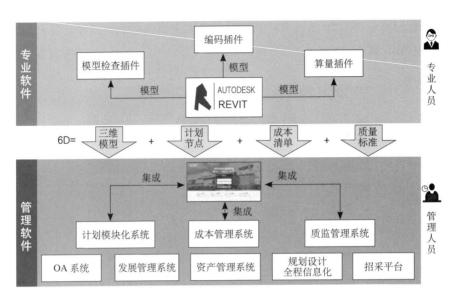

图 5-12　万达 BIM 总发包管理平台整体架构

图 5-13　BIM 平台模型浏览

4. 平台与管理

从技术架构层面来看，BIM 平台对原来的管理系统没有产生本质的影响。BIM 平台既支持原来的总包交钥匙模式，又支持现在的 BIM 总发包的模式。

万达 BIM 总发包模式是基于设计标准化、带单发展、带单招商和 BIM 模型信息化自动算量，并通过工程总包合同签订的两个阶段《总承包年度合作协议》和《总承包单项合同》，实现真正的"包成本、包工期、包质量"的一种万达特有的发包模式。

BIM 总发包管理模式开创了围绕三维模型进行项目全过程管理的先河，BIM 平台作为 BIM 总发包管理模式的基础与核心，在平台上用户的业务和管理工作可直接基于三维模型开展，各种业务信息可与模型自动化关联，实现了基于 BIM 模型的高效协同和信息共享，是一种创新的工作模式。

对用户来说，入口统一在一个工作平台。通过判断，如果是 BIM 总发包用户，就走总发包的入口，如果是总包交钥匙用户就走总包交钥匙的入口，进入入口后再开展工作。所以技术架构上原有的工作模式和现有的工作模式是共存的，在使用上没有出现大的难题。

展开来看，横向维度上：BIM 平台深入到了各业务系统的管理中。BIM 平台可帮助用户实现多项目管理，提供基于云端的标准化、规范化、结构化的文件管理，解决了传统模式下文档共享、传输过程中存在的效率低、协同困难、版本混乱问题；此外用户无需安装专业软件，可直接通过浏览器查看多专业的集成模型，形象直观获取多维建筑模型信息，实现基于模型的项目建设全过程监控。

同时平台对接了原有的设计、计划、质量、成本业务，为万达各业务部门、设计总包、工程总包、工程监理等项目相关方提供统一的业务工作平台。

计划管理部分，是以 BIM 模型为载体，通过万达标准编码体系，将计划节点与模型关联，实现了计划管理工作可视化。用户在平台上基于三维模型可直观查阅整个项目 200 多个计划节点的模型分布，同时可以在平台上模拟整个施工建造过程，从而快速预判进度风险，做到事前策划和管控，预先采取规避措施，最大程度降低风险成本，如图 5-14 所示。

图 5-14 BIM 平台进度节点模型查看

质量管理部分，主要利用 BIM 技术，规范了质量管理流程，使质量管理工作有据可依，标准统一，实现了质量管理工作的可视化、可量化。首先，将验收标准植入了 BIM 模型，使质监中心、项目公司、工程总包、监理单位等各参与方对工程实体进行检查验收时，做到了标准统一；其次，基于模型信息预设了 27 类质量检查点（每个项目的数量 6000 左右），不但给业主方提供了透明的管理依据，而且业务人员在开展项目质监工作之前就能直观了解工作重点，避免检查部位和检查内容漏项，各检查单位的质监工作也实现了量化考核。同时所有检查工作结果及隐患整改情况会在模型上实时显示，用户可及时、直观跟踪项目质量。

除此之外还支持移动端实时拍照、隐患记录和多方跟踪的技术手段，如图 5-15 所示。

图 5-15　BIM 平台质监系统预设点

成本管理部分，基于 BIM 模型的精确算量，实现了建造成本管理形象化、直观化，可以实时获取模型成本数据信息，分析建造过程的动态成本，实现成本的有效控制。在发生变更后，平台通过对各版本的模型和成本数据的管理，为用户提供了变更版本与原始版本的模型差异及工程量对比的展示，方便用户及时洞察成本异常状况，控制变更，如图 5-16 所示。

纵向维度上：BIM 平台也在项目建造过程中扮演着重要的角色。产品设计和项目发包阶段，利用 BIM 技术三维可视、多维信息输入的特点，让总包方明确甲方建设意图。

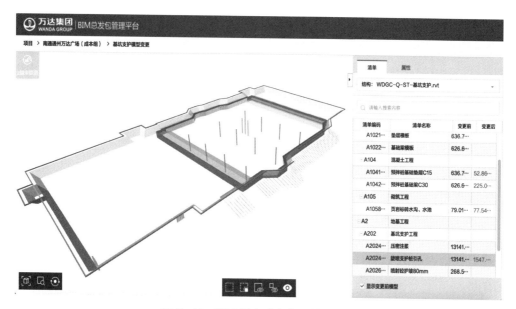

图 5-16　BIM 平台成本变更模型对比

建设实施阶段，信息化集成管理平台与可视化模型结合，运用 BIM 技术对建设过程及成果进行即时的协同管理，真正实现在建设实施过程中四方对项目的同步协调、统一管理。

验收交付阶段，工程总包通过 BIM 平台完成竣工图纸及 BIM 模型的交付，为万达广场后期的大数据分析及智能化广场运营奠定了信息化基础。

5. 阶段成果

BIM 平台于 2017 年 1 月份正式发布，目前已成功完成 10 多套标准模型的研发，标准模型上线后设计模型研发效率提升了 70%。平台应用规模上，目前已上线应用的项目达百余个，用户数量 1 万多人。其中 BIM 项目在不到 1 年的时间里，已有 10 多个项目持续应用到施工建造阶段的计划管理、质量管理、成本管理和项目变更等业务，尤其质量管理的深度应用得到了万达内外部用户的一致认可。此外平台研发至今，研发成果得到国内外同行高度评价，多项技术填补了国内外行业空白，也已获得多项 BIM 知识产权，积极推动了整个行业 BIM 技术的创新与应用。

6. 经验回顾

（以下部分内容摘自：公众号"万达 BIM 官微"文章：【管理动向】助力 BIM 研发落地万达中区项目管理中心探索 BIM 总发包管理模式）

回顾 BIM 技术过去的推广经验，在万达中区项目系统推广初期，在分析了本系统 BIM 应用现状后，针对项目实际情况，推出了多项提升措施，树立 BIM 应用标杆项目；积极配合集团 BIM 总发包研发工作，培养 BIM 总发包试点项目，在 BIM 应用实践中稳步前行！

（1）群策群力，分析 BIM 应用现状

中区项目系统在 2014 年初便提出《项目经营策划书》管理理念，要求《经营策划书》在"设计管控方案"中增加 BIM 设计专篇，明确设计团队、设计范围、实操计划。然而在 BIM 实际应用中仍存在诸多问题，主要体现在：

1）专业知识欠缺：

项目公司、总包单位虽然设置了 BIM 专业工程师或引入外委 BIM 团队，但大多数为 BIM 软件建模人员，缺乏实际设计、施工实际经验，BIM 模型对施工指导意义有限。

2）设计生产脱节：

个别项目 BIM 应用和项目施工两条线，"先施工、后 BIM"，照搬照抄他人成果，不能对号入座，设计与生产脱节。

3）思想重视不足：

个别项目"讨价还价"、"伸手要钱"，忽略 BIM 对减少拆改、成本节约、工效提高的积极意义。

4）应用范围有限：

现阶段大部分项目仅将 BIM 设计应用于"机电管线综合"，而机电与结构、机电与内外装结合不够，应用管理层面深度不足。

（2）多管齐下，夯实 BIM 运用基础

针对 BIM 技术应用中存在的问题，中区项目中心建立了以"推总包、抓培训、抓管理、树标杆"为核心的 BIM 技术应用推广思路，并从 2016 年 2 月份起全面实施，狠抓落实。

1）推总包：

充分调动总包积极性，发挥总包在交钥匙中的作用。今年 2 月份伊始，项目中心先后 6 次与中建一局、2 次与中建二局在集团反复修正 BIM 应用方案，确保对号入座；同时，在烟台开发区、昆山项目与中建二局局领导召开"总包交钥匙与 BIM 应用落地"现场会，明确了"总包牵头，兼顾分包"的 BIM 应用推广思路。

2）抓培训：

开展多层级的"BIM 总发包"培训。项目中心组织各局万达事业部、项目公司、项目经理部、监理公司人员分别于 2 月、4 月份进行了"BIM 总发包管理集中专项培训",累计参训 170 人次。

3）抓管理：

月度视频会推进 BIM 应用进度。通过每月初总包交钥匙项目月度述职会，梳理项目 BIM 设计、应用进度，分享实际操作过程中的经验，解答项目困惑。

4）树标杆：

2015 年 11 月份，中区项目中心、商业地产计划管理部、质监中心、中建各局组成联合巡检小组，对中区 14 个总包交钥匙项目，从项目经营、计划管控、实体质量、BIM 应用四大方面进行了巡检评比，选出 BIM 应用优秀单位—烟台开发区项目，并于 2016 年 3 月 18 日举行了"总包交钥匙 BIM 观摩大会。"

（3）培养试点，确保 BIM 总发包落地

集团将 BIM 总发包研发成果的第一个试点项目选在了中区南通通州轻资产项目，它的启动标志着集团"BIM 总发包模式"由科技研发阶段进入到成果应用阶段，其试点成果将为 2017 年"BIM 总发包模式"全面推广奠定基础。中区项目中心高度重视，从"建体系、抓落实、勤复盘"三个方面，全力推进集团 BIM 总发包试运行，见图 5-17。

图 5-17　BIM 管理模式

1）找准定位，明确试点目标，见表 5-1。

试点内容　　　　　　　　　　　　　　　　　　　　　　　　表 5-1

试点牵头部门	试点内容
集团 BIM 工作站	族库、编码、插件、标准、平台、标准模型
项目管理中心	规范操作流程 确定组织架构 计划模块、成本目标管控 安全、质量监管
项目公司	项目设计模型变量、设计条件反馈 设计总包、施工总包、监理各方协调组织

2）专职团队、做好体系保障。

3）整合资源、做好技术保障：

系统内：中区项目中心将选拔 BIM 专职人员，对试点项目培训，组织试点项目学习，确保项目掌握集团 6DBIM 技术应用。系统外：指导设计总包、工程总包、监理单位提前介入 BIM 建模、校模工作，确保步调一致。

4）例会、复盘，纠偏

中区项目中心将通过组织周例会、现场交底会以及阶段复盘会：收集项目 BIM 试运行中的问题，总结阶段经验，协调项目推进中问题。在模型校对、信息录入阶段牵头组织现场指导、答疑解惑，保证试点项目进度、质量、效果。

5.4.3 北京新机场航站区工程项目 BIM 应用案例

1. 项目概况

（1）项目基本信息

北京新机场航站区工程项目，以航站楼为核心，由多个配套项目共同组成的大型建筑综合体。总建筑面积约 143 万平方米，属于国家重点工程。其中，航站楼及换乘中心核心区工程建筑面积约 60 万平方米，为现浇钢筋混凝土框架结构。结构超长超大，造型变化多样，施工人员众多，对施工技术与管理的要求较高，需引进新技术协助项目施工，见图 5-18。

图 5-18　北京新机场航站区整体图

（2）项目难点

1）东西最大跨度 562m，南北最大跨度 368m，结构超长超大，施工段多，这些因素可能会使施工部署及技术质量控制的风险增大。

2）上下混凝土结构被隔震系统分开，节点处理非常复杂，对制定技术方案和技术交底的细节把控提出挑战。

3）钢结构的竖向支撑柱形式多样，包括 C 型柱、筒柱、幕墙柱托等，生根于不同楼层，不能同时安装，且需要与屋面钢网架结构连接，安装难度大。

4）屋面钢网架结构本身造型变化大，与竖向钢支撑 C 型柱相连，可能造成屋面钢网架结构及室内天花复杂多变，安装难度大。

5）机电系统复杂，机电设计施工图过程调整量大。在机电工程深化设计过程中，所涉专业众多，各系统覆盖面广，交互点多，协同工作量大，可能会为项目施工过程中的协同工作留下隐患。

6）参与单位多、参与施工人员高峰期预计超过 8000 人，人员过多可能会造成现场施工管理混乱等问题出现。

（3）应用目标

为了配合集团公司 BIM 技术推广应用的总体规划，在本项目 BIM 技术应用中，要实现两个目的，第一，解决项目本身管理过程中的问题；第二，验证和积累 BIM 应用方法，为后续的类似项目应用提供经验。在此之前，集团已经在多个房建项目上进行了 BIM 应用，对于房建项目的建模方法、建模标准、项目应用方法等，已经有一定的积累。这些积累成果是否都可以在机场项目上应用？机场项目的 BIM 应用还有哪些特殊的要求？为了实现上述目的，本项目应用中确定了如下四个目标：

1）项目技术管理目标：根据项目特点进行施工部署和技术质量控制、制定技术方案和进行技术交底时注意项目中的难点细节、多造型钢结构的精准安装、项目协同管理及现场施工管理等问题。

2）BIM 人才培养：建模人才、BIM5D 平台应用人才。

3）BIM 应用方法总结与验证：BIM 建模标准的优化、项目部各管理岗利用 BIM5D 进行项目管理的方法总结。

4）新技术应用的探索：GNSS 全球卫星定位系统、三维数字扫描、测量机器人及 MetroIn 三维测量系统、大跨度钢网架构件物流管理系统。

2. BIM 应用方案

（1）BIM 应用内容

针对以上项目难点和 BIM 应用目标，本工程在项目管理、方案模拟、商务管理、动态管理、预制加工和深化设计等六大方面应用了 BIM 技术，如图 5-19 所示。

1）项目对包括劲性钢结构施工工艺、隔震支座施工工艺、临时钢栈道方案等技术难点进行 BIM 模拟。

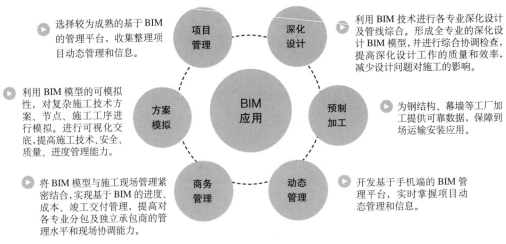

图 5-19　BIM 应用内容

2）通过应用 BIM5D 管理平台，基于 BIM 模型对项目进度、质量、安全、成本和物料进行精确、高效的管理。

3）通过将 BIM 技术与三维扫描技术、放样机器人、物联网等信息技术结合，提高工程信息化管理水平。

（2）BIM 应用策划

1）在 BIM 实施前期，制定相关技术标准，包括《BIM 模型管理标准》、《BIM 技术应用实施方案》、《土建模型标准指南》、《BIM 建模工作流程》、《机电建模标准指南》、《机电三维深化设计方案》等。

2）模型创建及实施方案：

本工程 BIM 建模和 BIM 实施采取项目部自施与 BIM 业务分包相结合的方式。

主要的 BIM 业务分工按施工区域分为 4 块，即 AL 区、BL 区、AR 区、BR 区，如图 5-20 所示，其中：

AL 区——北京城建集团有限责任公司 BIM 中心

BL 区——北京城建集团有限责任公司 BIM 中心

AR 区——北京比目鱼工程咨询有限公司

BR 区——CCDI 悉地国际

3）人才培养方案：建模人才的培养方式为北京城建集团 BIM 中心和 CCDI、比目鱼咨询等公司合作为主，模型应用的人才培养以广联达公司为主。

4）软件选取方案，见表 5-2。

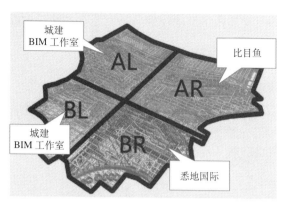

图 5-20　BIM 实施区域划分

软件选取方案表　　　　　　　　　　　　　　表 5-2

软件名称	功能用途	备注
Autodesk Revit	模型绘制、出图	主要软件
Autodesk Navisworks	进度及施工方案模拟	主要软件
广联达 BIM5D	进度、质量、安全、成本管控	主要软件
广联达 GCL	工程算量	主要软件
Magicad	综合支吊架设计	主要软件
Autodesk AutoCAD	二维图纸处理	主要软件
MST	建模软件建立空间模型	主要软件
XSTEEL	节点建模	主要软件
ANSYS、SAP	节点有限元计算	主要软件
MIDAS	结构整体变形计算	主要软件
3DMAX	施工过程的模拟	主要软件
橄榄山快模	快速建立深化模型	辅助软件
Lumion	动画制作	辅助软件
Fuzor	动画浏览	辅助软件

5）咨询服务方案：

广联达——协助项目部进行模型验收，并对原有的建模标准提出改进意见；现场实施服务，培训项目部各相关岗位利用 BIM5D 进行现场管理。

北京比目鱼工程咨询有限公司——AR 区全专业建模，并对原有的建模标准提出改进意见。

CCDI 悉地国际——BR 区全专业建模，并对原有的建模标准提出改进意见。

（3）BIM 组织介绍

组织机构图见图 5-21。

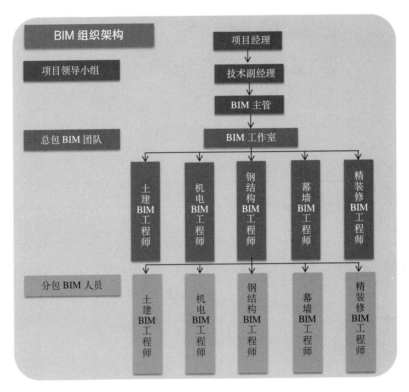

图 5-21　组织机构图

1）以项目经理为 BIM 应用主管领导，负责统筹协调项目 BIM 应用资源，确定 BIM 应用目标。

2）组建以 BIM 主管为核心的 BIM 团队，负责制定 BIM 总体实施方针。

3）北京城建集团有限责任公司 BIM 中心：AL 区和 BL 区全专业建模及 BIM 应用实施。

4）北京比目鱼工程咨询有限公司：AR 区全专业建模及 BIM 应用实施。

5）CCDI 悉地国际：BR 区专业建模及 BIM 应用实施。

6）广联达科技股份有限公司：负责配合 BIM 模型的后期应用及 BIM5D 应用和培训。

7）所有进场的专业分包单位：配有专业 BIM 技术人员，负责配合总包单位的 BIM 实施。

3. 实施过程

（1）BIM 应用准备

1）模型创建

模型创建的流程：建模标准交底 - 模型创建 - 模型验收 - 建模标准的调整。

模型创建的内容：基于 BIM 的建筑模型、结构模型、机电模型、钢网架屋盖模型、幕墙模型、地表模型、土方模型、边坡模型、桩基模型的创建，如图 5-22 所示。

地表模型　　　　　　**土方模型**　　　　　　**边坡模型**　　　　　　**桩基模型**

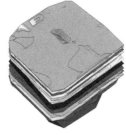

根据勘测报告与地质文件建立地表模型及土层模型。　　按照项目土方开挖方案和技术文件，建立土方开挖的 BIM 模型。　　创建了 1300 根护坡桩模型及其节点做法模型。　　施工现场 8275 根基础桩按真实尺寸 1:1 反应在基坑模型中。

图 5-22　模型创建

2）Revit、Navisworks、Magicad、Fuzor、Lumion、BIM5D 等专业应用软件的操作培训。

（2）BIM 应用过程

1）BIM 与技术管理的结合：

①模型的应用

利于地表模型、土方模型、边坡模型和桩基模型，进行地质条件的模拟和分析、土方开挖工差算量、节点做法可视化交底对 8275 根桩基的精细化管理，将 BIM 模型作为技术交底动画制作和 BIM 管理平台应用的基础数据。

②创建洞口族文件及标注族文件

自动生成二次结构洞口及标注，大大减少了标注的工作量，并且避免由于人为失误导致的标注错误的发生，极大地提高了标注的准确性和统一性。如图 5-23 所示。

图 5-23　二次洞口族文件

③劲性钢结构工艺做法模拟

由于本工程劲性钢结构具有体量大、分布广、种类多、结构复杂等特点，用钢量达 1 万余吨，与混凝土结构大直径钢筋连接错综复杂。在正式施工前，深化设计人员利用 BIM 技术，将所有劲性钢结构和钢筋进行放样模拟，在钢结构加工阶段，完成钢骨开孔和钢筋连接器焊接工作。通过与结构设计师密切沟通，形成完善的深化设计方案指导现场施工。如图 5-24 所示。

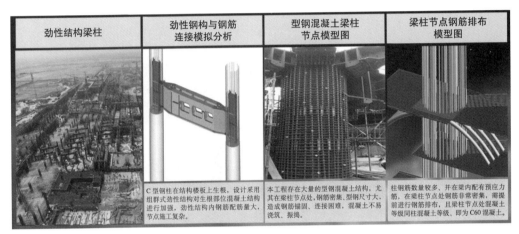

图 5-24 劲性钢结构工艺做法模拟

④隔震支座施工工艺模拟

通过建立 BIM 模型，对隔震支座近 20 道工序进行施工模拟，增强技术交底的准确性和一致性，提高现场施工人员对施工节点的理解程度，缩短工序交底的时间。如图 5-25 所示。

本工程建成后将成为世界上最大的单体隔震建筑，共计使用隔震橡胶支座 1124 套，如此超大面积超大规模使用超大直径隔震支座的工程，在国内外尚属首次。

安装支墩、梁模板

图 5-25 隔震支座工艺模拟

⑤临时钢栈道施工方案模拟

本工程首次将钢栈道应用在超大平面的建筑工程中，以解决深槽区中间部位塔吊吊次不足的问题。在应用过程中，栈道的结构设计、使用方式、位置选择是钢栈道工程的难点，优化设计、节约材料是体现钢栈道经济性的关键。

在钢栈道的方案策划和设计过程中，充分利用 BIM 技术进行方案的比选，对钢栈道的生根形式、支撑体系、构件选择以及货运小车在运行中的受力情况，进行了详细的 BIM 模拟和验算。其中，方案模拟为最终决策起到了至关重要的作用。如图 5-26 所示。

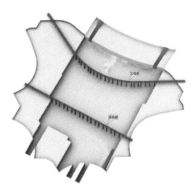

图 5-26　临时钢栈道施工方案模拟

⑥钢结构方案模拟

通过 MST、XSTEEL、ANSYS、SAP、MIDAS、3DMAX 等专业软件建立空间模型,进行节点建模及有限元计算、结构整体变形计算和施工过程模拟。如图 5-27 所示。

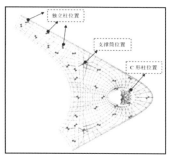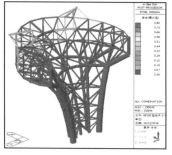
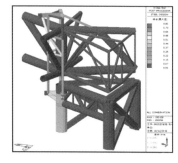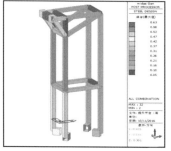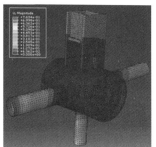

图 5-27　钢结构分析软件

2）BIM 技术与现场管理的结合

现场管理采用 BIM5D 管理平台，BIM5D 基于云平台共享，能够实现 PC 端、网页端、移动端协同应用。以 BIM 平台为核心，集成土建、钢筋、机电、钢构、幕墙等全专业模型，并以集成模型为载体，关联施工过程中的进度、成本、质量、安全、图纸、物料等信息。BIM 模型可以直观快速地计算分析，为项目进度、成本管控、物料管理等方面提供数据支撑，协助管理人员进行有效决策和精细管理，从而达到项目无纸化办公、减少施工变更、缩短项目工期、控制项目成本、提升项目质量的目的。如图 5-28 所示。

通过 REVIT 模型的 GFC 接口导入算量软件，可以直接生成算量模型，避免重复建模，提高各专业算量效率。如图 5-29 所示。

图 5-28　BIM5D 管理平台

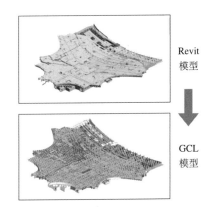

Revit 模型

GCL 模型

图 5-29　Revit 模型导入 GCL 算量软件

①通过基于 BIM 模型的流水段管理

通过基于 BIM 模型的流水段管理，能够对现场施工进度、各类构件完成情况进行精确管理，如图 5-30 所示。

②基于 BIM 的物料提取

将模型直接导入到 BIM5D 平台，软件会根据操作者所选的条件，自动生成土建专业和机电专业的物资计划需求表，提交物资采购部门进行采购。如图 5-31 所示。

③进度及资金资源曲线分析

通过将 BIM 模型与进度计划相关联，可以直观地掌握工程进度情况，还可以利用 BIM 软件进行工程资金、资源曲线分析，实现对施工进度的精细化管理。如图 5-32 所示。

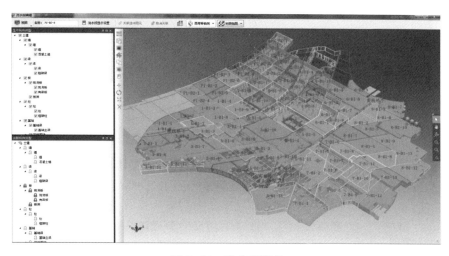

图 5-30　流水段管理

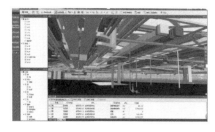

图 5-31　基于 BIM 的物料提取

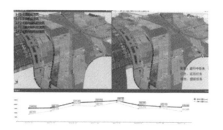

图 5-32　进度及资金资源曲线分析

④质量安全管理

a. 责任明确。质量安全问题可在 BIM 模型上直接定位，问题责任单位和整改期限清晰明确，为工程结算和奖惩决策提供了准确的记录数据。

b. 多媒体资料清晰直观。除可以输入文本信息外，该平台还支持手机拍照，将图片文件实时上传，更加直观地反应现场质量问题。

c. 移动端实时管理。通过移动端采集信息，能够实时记录问题、下发和查看整改通知单、实时跟踪整改状态，有理有据方便追溯和复查质量问题。如图 5-33 所示。

图 5-33　移动端实时管理

d. 模型轻量化。通过先进的图形平台技术，将各专业软件创建的模型在 BIM 平台中转换成统一的数据格式，极大地提升了大模型显示及加载效率。

⑤桩基础专项应用

对桩基施工每区段、每个桩、每道工序进行进展监控，并通过数据平台进行多维度分析，包括总体进展、各区段进展、各工序、各队伍的进展分析。在模型平台中，"正常开始"、"延时开始"、"正常完成"、"延时完成"等状态均以不同的颜色显示，并附有实际和计划工程量对比图，能够快捷直观地展示各个部位的施工进展情况，实时掌握工程量变化情况。通过移动端平台，能够即时发布桩基施工进展情况和施工偏差检查结果，第一时间通报偏差责任单位，并可对比计划与实际情况，以及工序完成情况，从而实现管理高效性和记录准确性。如图 5-34 所示。

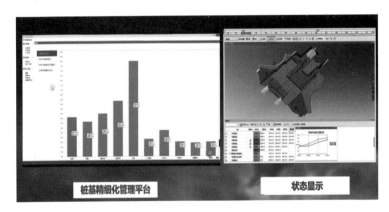

图 5-34　桩基精细化管理平台

3）BIM 与其他新技术的结合

①三维扫描与高精度测量设备的应用

本工程土方开挖量约 270 万立方米，通过对基坑进行三维数字扫描，将形成的点云文件，通过 REALWORKS 软件转换后，与创建的基坑模型进行比对校验，快速准确地发现土方开挖的差值，及时调整开挖工作，能够有效避免重复作业。在基础底板和结构施工阶段，引进 GNSS 全球卫星定位系统进行测量控制，并采用全站仪对基坑进行高精度测量。采用该项技术，仅用两人就完成了全场区的测量工作。如图 5-35 所示。

②三维扫描与放样机器人的结合应用

首次采用基于测量机器人及 MetroIn 三维测量系统的精密空间放样测设技术，实现了大型复杂钢结构施工快速、准确的空间放样测设。

③大跨度钢网架构件物流管理系统

针对 63450 根屋盖钢结构杆件和 12300 个焊接球的管理，项目上研发了以 BIM 模型、数据库及二维码为核心的物流管理系统。将物联网技术与 BIM 模型结合，利

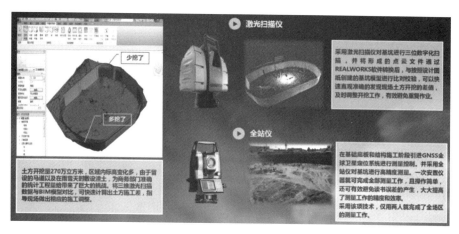

图 5-35　三维扫描与高精度测量

用物联网技术实现了构件管控的高效化和精准化。此外，还研发了移动端手机 APP，通过实时显示所有构件的状态信息，把控项目的实际进度，适时调整计划。手机 APP 还可记录生产全过程中各类影像资料，通过 BIM 模型清晰展现构件到场和安装进度，实时显示各阶段构件到场数量。如图 5-36、图 5-37 所示。

图 5-36　物联网管理系统

图 5-37　物联网管理系统

4. BIM 应用效果总结

(1) 项目实际应用问题的应用效果总结

1) 利用 BIM 技术对超大超长结构工程临时运输钢栈道进行建模、方案布置模拟及方案比选，快速高效地解决了钢栈道的结构设计、使用方式、位置选择等技术难点，解决了深槽区无法用塔吊进行物料运输的难题，最终优化设计、节约材料，降低投资费用，保证物料运输的高效完成。

2) 利用 BIM 技术对隔震支座进行建模，并对近 20 道施工工序进行模拟，更加直观地检验工序设置的科学性和合理性，缩短技术交底的时间，保证施工工序统一性和施工质量。

3) 在钢结构工程中，利用 BIM 技术进行施工方案模拟，并将 BIM 技术与三维扫描、物联网相结合，解决了钢结构施工部署和技术方案的确定、物料加工情况地跟踪及到场安装进度的实时检查等技术难题，提高了钢结构工程管控的精细化程度和管理效能。

4) 利用 BIM 技术进行机电系统深化设计，并通过创建各类族文件，实现二次洞口标注自动生成，使二次结构洞口标注工作量减少 80% 以上；利用 Revit 软件直接出图，使出图时间缩短 70% 以上；在正式施工前，发现机电专业图纸问题及管线碰撞，现场等待技术问题解决的时间缩短 60% 以上；通过合理化管线排布，提高机电专业施工效率 10% ~ 15%。

5) 利用 BIM5D 管理平台，对项目的技术、进度、质量、安全进行管理，将管理信息传递效率提高 15% ~ 20%，决策效率提升 10% 以上；通过 BIM5D 平台基于模型直接生成标准化物资提取单，打印后由物资人员直接签字确认即可生效，减少物资人员手动填写表格的工作量，物资提料所用时间减少 15% ~ 20%。

6) 明确数据使用需求。在创建模型之前，首先明确模型数据使用需求，并根据需求建立模型创建标准，以保证模型一次创建完成而不进行二次修改或重建。

7) 利用好 Revit 族文件。通过将各类洞口、标注、图框和目录制作成参数化的族，可以大大减少出图的重复性操作和人为错误的发生，并且提高出图文件的标准化、统一化程度。通过视图样板文件和共享参数的建立和传递，可以提高多方协同作业的效率，并保证其标准的一致性，在由众多参与方进行协同工作的深化设计中，可以发挥出 BIM 技术在协同方面的更大价值。

(2) BIM 应用方法总结

1) 制定 BIM 模型标准及管理方法：包括钢栈道的建模标准、BIM 模型管理标准、BIM 技术应用实施方案、土建模型标准指南、BIM 建模工作流程、机电建模标准指南、机电三维深化设计方案在内的相关技术标准，见图 5-38。

图 5-38　BIM 标准

2）制定 BIM 实施方法，包括 BIM 工作管理方案、文件会签制度、BIM 例会制度、质量管理体系四项管理制度，保证本工程 BIM 技术的实施。

（3）BIM 人才培养总结，见表 5-3。

BIM 人才培养总结表

表 5-3

软件名称	功能	培养人员数量
Revit	建模	25
Navisworks	模型综合、碰撞检查	25
广联达 BIM5D	BIM 管理	10
广联达 GCL	BIM 商务算量	4
Fuzor	动画制作	8
Magicad	机电支吊架建模	12
天宝	三维扫描及放样机器人	4

5.4.4 北京住总集团通州口岸项目智慧工地管理驾驶舱

1. 工程概况

通州口岸（YZ00-0606-0015 地块）项目位于北京东南京津塘高速与北京城市六环路的交汇处，南为六环北辅路，西为通州物流园八号路，东为通州物流园九号路，北为规划路。该工程总建筑面积 167059.35m²，结构类型为框剪结构，抗震烈度为 8 度；耐火等级为一级，建筑抗震设防类别位标准设防类，建筑安全等级为二级，建筑使用年限 50 年。如图 5-39 所示。

图 5-39 工程概况示意图

2. 工程特点

通州口岸项目作为北京住总集团有限责任公司（以下简称"北京住总集团"）和北京通州区的重点建设项目，承载着京津冀协同发展和疏解非首都功能，主要发挥高端板块和服务北京市民的业务功能与定位。该项目具备如下特征：项目战略意义重大，建造难度一般但项目管理要求高，质量高标准、工期任务紧等，是对北京住总集团工程项目管理标准化、精益化的挑战，借助信息化技术手段是实现项目管理目标的关键要素。

本项目是北京住总集团管理驾驶舱整体平台的项目级管理驾驶舱（智慧工地项目管理平台）试点应用项目之一。2017 年是北京住总集团精益建设年，从广义上讲就是要将精益思想融入企业投资、建设、运营、服务全产业链，贯穿于企业生产、安全、质量、经营管理各个环节，为适应集团新常态下发展的需求，迫切需要进行工程项目管理的转型升级。平台建设是在北京住总集团层面的统一部署，各项目部分布式应用，平台应用服务部署在集团，数据仓库集中存储、梳理和提取各项目终端数据。

针对工程信息化管理要求较多，且已使用的智慧工地碎片化工具众多的情况，例如视频监控、劳务实名制、生产管理、质量安全管理、智能安全帽、塔吊防碰撞、BIM 智慧建造以及经营管理系统等，项目采用广联达筑梦智慧工地项目管理平台。

3. 应用工具及应用内容

（1）项目概况

项目概要的集成界面具备了信息集成，包括项目管理看板、项目概况信息、环境监测实时动态信息以及智慧工地导航等，如图 5-40 所示。项目概况不仅是项目基本信息的形象化展示，更是项目管理目标整体执行情况和项目环境信息的实时动态反馈。同时，也要发挥项目管理其他内容导航及项目观摩的首页面展示作用。本项目智慧工地平台建设完成后，为业主进行了初步观摩与汇报演示，得到业主方认可。

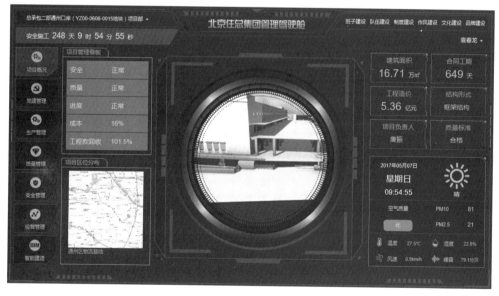

图 5-40　系统主页面

智慧工地代表着项目部的项目总包管理能力与信息化建设的水平，尽管平台建设看似短期行为，但其背后沉淀了企业和项目部基础管理的深厚功底。北京住总集团从 2009 年起与广联达科技股份有限公司合作开发综合项目管理信息系统（PMS），通过多年的努力与坚持，PMS 系统不仅规范和落地了项目管理标准化，更增强了北京住总集团全员的信息化意识，为今天的智慧工地平台建设打下坚实基础。

（2）项目党建管理

项目党建管理，是本次智慧工地建设的个性化要求。基层党建工作作为北京住总集团管理驾驶舱-大党建，智慧党建的项目层落地执行，符合集团整体党建管理要求，同时使用信息化手段实现党建管理在线化、数据化、智能化。本项目关注项目部级的党建管理，包括组织机构和党员分布，"三会一课"制度、两学一做专题教育、支部主题实践活动、综合新闻宣传报道等，如图 5-41 和图 5-42 所示。

图 5-41　项目党建管理——组织机构 党员分布

图 5-42　项目党建管理——"三会一课"制度

（3）项目生产管理

生产管理是工程项目管理的主线，其思路是，以进度计划关联生产要素，串联整个现场生产。通过广联达斑马进度管理工具打通进度计划编制、执行监控及趋势预测、预警。通过广联达劳务实名制管理工具，可打通劳务作业人员实名制登记、安全教育培训记录、进出场考勤及其人员信息的统计分析，从而可识别劳务作业人员生产要素对工程进度的影响（如实施作业人员分析、日进场人数分析、项目持卡数分析等），及时纠偏与整改。通过广联达工程项目管理 - 项目物资管理系统，将物资采购进场、发放领用等信息与工程 WBS 关联，可分析其对工程进度的影响。通过塔吊防碰撞等智能工具，在确保现场机械设备安全运转的基础上，通过定位技术，在施工平面图上可监控机械设备对施工作业以及工程进度影响。通过广联达视频监控系统，形象化、智能化监控整体工程现场，将工程形象进度实时反馈，将现场关键部位节点的影像信息实时记录，再通过与 BIM 虚拟建造模型比对，可及时发现实际与计划进度偏差，并采取预防和整改措施保证工程进度。通过环境监测管理工具，监控工程现场噪音和扬尘等可能影响现场生产的环境要素以及工程施工对环境的影响，可及时采取有效措施降低不利影响。如图 5-43、图 5-44 所示。

（4）项目质量安全管理

本项目质量安全管理是智慧工地以及集成平台建设的重点内容之一。通过广联达质量管理系统，在 APP 端实现现场质量巡检工作在线完成检查、整改与复查循环，同时数据可以自动同步至 Web 端进行综合分析。对于未整改问题、待整改外部检查、

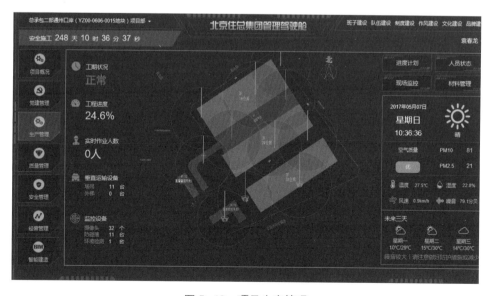

图 5-43　项目生产管理

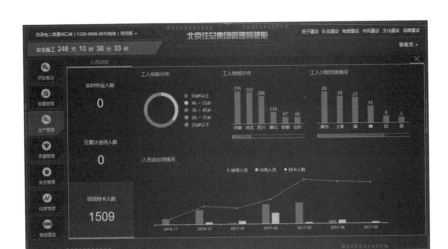

图 5-44　项目生产管理——人员状态

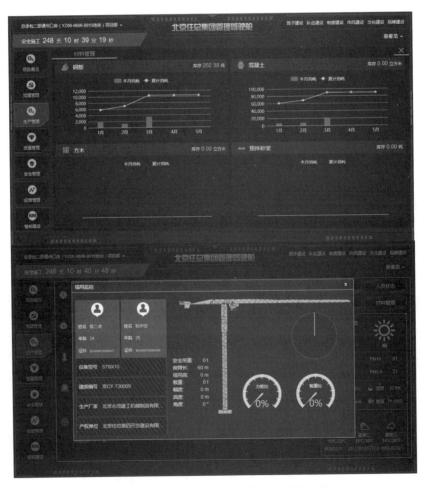

图 5-45　项目生产管理——材料、机械设备管理

甲方监理检查等预警提示，促进整改进程。通过问题类型分布、未整改问题（按责任人和按分包单位）及最近 7 天问题趋势等统计分析，进行大工程风险控制、施工试验、实测实量、样板引路、周看图日及合署办公等，可实时监控工程质量状态。项目安全管理，通过安全隐患巡检系统，APP 端在线完成现场安全巡检工作的检查、整改与复查循环，同时数据可以自动同步至 Web 端进行综合分析。借助未销项隐患、本月整改情况、隐患级别 / 类别分布及最近 7 天隐患趋势等数据分析，可监控工程安全管理状态，确保降低和避免安全风险的不利影响。质量安全管理如图 5-46 ～图 5-50 所示。

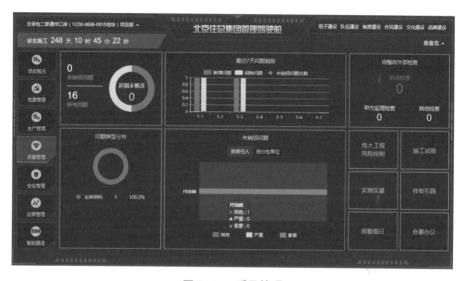

图 5-46　质量管理

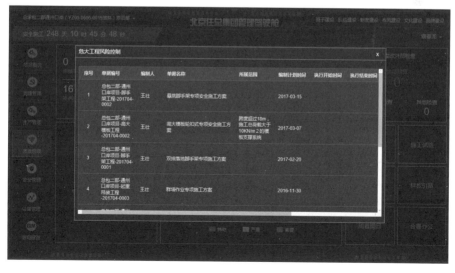

图 5-47　项目质量管理——危大工程风险

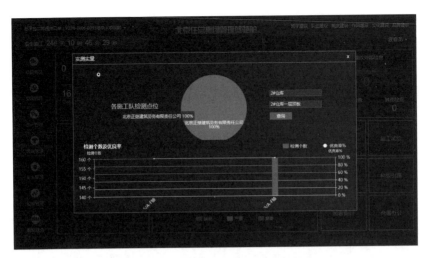

图 5-48　项目质量管理——实测实量

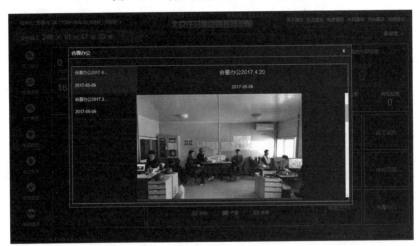

图 5-49　项目质量管理——合署办公

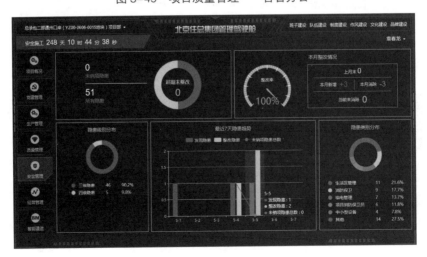

图 5-50　项目安全管理

（5）项目经营管理

经营管理是工程项目管理的中心，其主要管理要素为合同、成本、资金。借助北京住总集团成功运行多年的核心业务系统 PMS（工程项目管理系统），将已替代手工单据的信息系统抓取至项目级管理驾驶舱，从而实现高质量的数据采集。进而能够在管理驾驶舱中，实时了解某个具体项目的施工合同履约（合同内 / 外）以及经营动态（工程款回收情况、产值完成情况、成本盈亏情况、以收定支执行情况及二级支出合同履约情况等），确保工程项目成本 / 经营管理目标与其他目标有效平衡。本项目经营管理，有别于简单的系统集成与指标提取，项目经营的特点是基础数据仅能反映自身业务情况，如合同（履约结算）、成本（收支盈亏）、资金（收付款），但项目经营 / 商务的管理要求是将数据关联分析，以便识别问题所在。因此，通过智慧工地平台 - 经营管理的设计，构建了分析模型，将工程回款与监理批量、监理批量与完成产值、实际成本与完成产值、实付金额与工程回款、实付金额与应付金额等进行对比分析，以便能有效识别到以收定支、实际回款率、支出合同履约率、项目盈利程度等关键管控目标的执行情况及变化趋势，如图 5-51 ～图 5-53 所示。

（6）BIM 智慧建造

围绕 BIM 的模型，通过广联达 BIMFACE 专业技术，实现 BIM 模型轻量化应用，Web 端浏览模型、模型构件信息查询等。通过广联达 BIM5D 专业工具，实现了模拟建造、可视化交底、管线综合以及 BIM 模型信息存储与共享等。

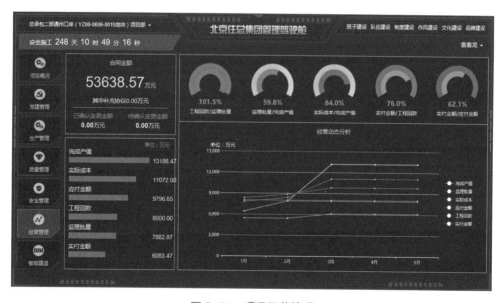

图 5-51　项目经营管理

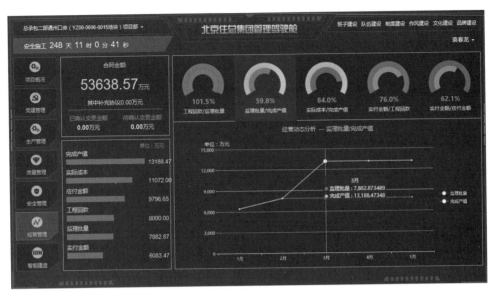

图 5-52 项目经营管理——监理批量 / 完成产值

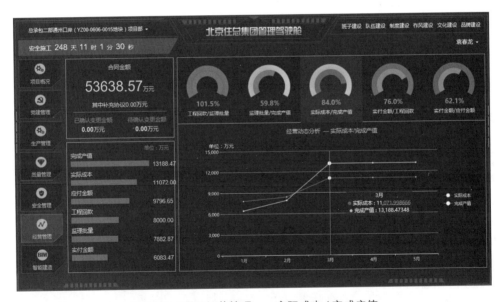

图 5-53 项目经营管理——实际成本 / 完成产值

本项目的 BIM 智慧建造的特点在于使用广联达自主研发且开放的 BIMFACE 技术。将 Revit 模型导入平台即可实现平台 Web 端对模型的轻量化浏览和数据服务。同时使用广联达 BIM5D 工具实现模拟建造、管线综合以及项目策划后的可视化交底等信息化应用。为此项目的精益化管理提供支撑，同时也符合项目业主方对于总包方的以 BIM 为手段的项目管理要求，如图 5-54 所示。

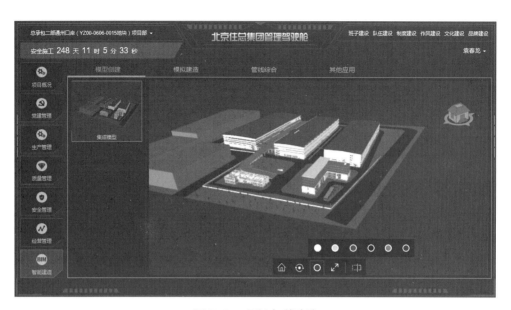

图 5-54　BIM 智慧建造

（7）平台移动端应用

针对本项目的管理需求，智慧工地集成平台同时开发了手机端 APP 移动应用，集成了各碎片化智慧工地工具手机端入口，形成项目直观的健康状况及预警信息的自动提醒，如图 5-55 所示。

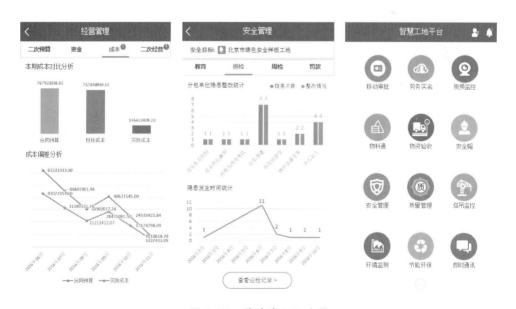

图 5-55　移动端 APP 应用

4. 应用效果

（1）有助于实时掌握项目全局。本项目作为公司总部以及北京通州区的重点项目之一，项目智能化管理作为项目管理能力提升的重要手段，同时，经过了众多的碎片化工具使用，项目全局性目标执行监控就需要集成平台的承载，同时还能反向促进碎片化工具的持续良好应用。

（2）有助于主动预警和社交沟通。主动管理能够发现的问题有限，同时局部问题对于整体目标的影响就更难判断，通过智慧工地集成平台，对各项数据整合集中，通过移动端以及平台预警功能，做到预警系统主动及时推送，整体目标收到的影响也显而易见。

（3）有助于发现问题并及时追溯。通过智慧工地集成平台，将日常例会、手工总结、整理的零散信息，进行自动轨迹，能够提升信息获取及实时应用的工作效率，并且通过平台的专业钻取技术还能进行反向追溯，进而准确分析问题的根本原因，利于项目管理的持续改进。

（4）有助人才培养和施工方品牌提升。智慧工地平台建设过程本身就是一项技术与管理相结合的系统工程，信息化工作者必须培养个人的系统思维能力，能够站在系统工程角度，理解管理目标、业务功能和技术实现的可行性，使三者有机融合。同时，智慧工地平台将充分利用新一代信息技术来改变施工项目现场参建各方的交互方式、工作方式和管理模式，并且持续推进应用，全面实现互联网＋建造、体现出北京住总的品牌竞争力。

参考文献

[1] 李久林，魏来，王勇等 . 智慧建造理论与实践 [M]. 北京：中国建筑工业出版社 .2015.

[2] 倪江波等 . 中国建筑施工行业信息化发展报告（2013）[M]. 北京：中国城市出版社 .2013.

[3] 倪江波等 . 中国建筑施工行业信息化发展报告（2014）-BIM 应用与发展 [M]. 北京：中国城市出版社 . 2014.

[4] 倪江波等 . 中国建筑施工行业信息化发展报告（2015）-BIM 深度应用与发展 [M]. 北京：中国城市出版社 . 2015.

[5] 赵昕等 . 中国建筑施工行业信息化发展报告（2016）- 互联网应用与发展 [R]. 北京：中国城市出版社 . 2016 年 .

[6] 马智亮 . 追根溯源看 BIM 技术的应用价值和发展趋势 [J]. 施工技术，2015，44（6）：1-3.

[7] 姚德利 . RFID 在施工管理中的应用研究 . 施工技术，2012，41（6）.

[8] 申龙章，李启成等 . RDIF 技术在建筑工地管理中的应用 . 南华大学学报，2015，29（3）.

[9] 黄正凯，钟剑，张振杰，彭青，邓亚宏等．基于 BIM 平台测量机器人在机电管线施工中的应用．施工技术，2016，45（6）．

[10] 张晓萌．云计算在工程建设相关行业应用探讨．电子技术与软件工程，2015，（4）．

[11] 曾晖．大数据挖掘在工程项目管理中的应用．科技进步与对策，2014，31（11）．

[12] 李香玉．深圳平安金融中心项目基于 BIM 的数字化建造：行业"互联网＋"先行者．施工企业管理，2015（7）．

[13] 张学武．浅谈现场施工人员的工作效率的提高．山西建筑，2011，37（10）．

[14] 霍红霞，魏风雪．数字化机械施工技术在南水北调工程阶段性的应用．技术与市场，2014，21（4）．

[15] 王宇．解密数字化施工技术和设备管理．交通建设与管理，2014，（13）．

[16] 陈红团．互联网＋智慧工地建设的必要性及应对．经济，2016，（8）．

[17] 习云航．数据采集技术在施工现场管理中的应用研究．大连：大连理工大学，2015

[18] 徐瑛丹，徐杰．论 GPS 在地面施工控制网中的应用．城市建设理论研究：电子版，2013，（36）

第 6 章

绿色建造方式与建筑产业现代化

6.1 绿色建造方式对建筑产业现代化的推进作用

6.1.1 绿色建造方式的基本原理

绿色建造是在我国倡导"可持续发展"和"循环经济"等大背景下提出的,是一种国际通行的建造模式。面对我国提出的"建立资源节约型、环境友好型社会"的新要求及"绿色建筑和建筑节能"的优先发展主题,建筑业推进绿色建造已是大势所趋。研究和推进绿色建造,对于提升我国建筑业总体水平,实现建筑业可持续发展并与国际市场接轨具有重要意义。目前,国内对于绿色建造的理解分为广义和狭义两个方面。

(1) 广义概念

从广义上讲,绿色建造是在工程建造过程中体现可持续发展的理念,通过科学管理和技术进步,最大限度地节约资源和保护环境,实现绿色施工要求,生产绿色建筑产品的工程活动。其内涵主要包括以下几个方面:

1) 绿色建造的指导思想是可持续发展战略思想。绿色建造正是在人类日益重视可持续发展的基础上提出的,绿色建造的根本目的是实现建筑业的可持续发展。

2) 绿色建造的本质是工程建设生产活动,但这种活动是以保护环境和节约资源为前提的。绿色建造中的资源节约是强调在环境保护前提下的节约,与传统施工中的节约成本、单纯追求施工企业的经济效益最大化有本质区别。

3) 绿色建造的基本理念是"环境友好、资源节约、过程安全、品质保证"。绿色建造在关注工程建设过程安全和质量保证的同时,更注重环境保护和资源节约,实现工程建设过程的"四节一环保"。

4) 绿色建造的实现途径是施工图的绿色设计、绿色建造技术进步和系统化的科学管理。绿色建造包括施工图绿色设计和绿色施工两个环节,施工图绿色设计是实现绿色建造的关键,科学管理和技术进步是实现绿色建造的重要保障。

5) 绿色建造的实施主体是工程承包商,并需由相关方(政府、业主、总承包、设计和监理等)共同推进。政府是绿色建造的主要引导力量,业主是绿色建造的重要推进力量,承包商是绿色建造的实施责任主体。

广义的绿色建造是指建筑生成的全过程,包含工程立项绿色策划、绿色设计和绿色施工三个阶段;但绿色建造不是这三个阶段的简单叠加,而是其有机整合。绿色建造能促使参与各方立足于工程总体角度，从工程立项策划、设计、材料选择、楼宇设备选型和施工过程等方面进行全面统筹，有利于工程项目绿色目标的实现和综合效益的提高。建筑全生命后期示意图如图 6-1 所示。

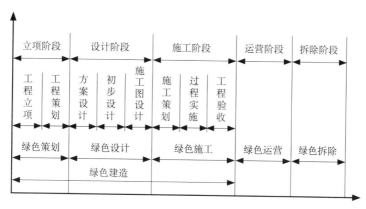

图 6-1　建筑全生命后期示意图

（2）狭义概念

从狭义上讲，绿色建造是指在施工图设计和施工全过程中，立足于工程建设总体，在保证安全和质量的同时，通过科学管理和技术进步，提高资源利用效率，节约资源和能源，减少污染，保护环境，实现可持续发展的工程建设生产活动。也就是说，狭义的绿色建造仅包含了施工图绿色设计和绿色施工两个环节。本文所述的绿色建造是广义上的绿色建造。

1. 与绿色施工的关系

在住房和城乡建设部颁布的《绿色施工导则》中，对绿色施工进行了明确定义。绿色建造是在绿色施工的基础上，向前延伸至施工图设计的一种施工组织模式（图 6-2），绿色建造包括施工图的绿色设计和工程项目的绿色施工两个阶段。因此，绿色建造使施工图设计与施工过程实现良好衔接，可使承包商基于工程项目的角度进行系统策划，实现真正意义上的工程总承包，提升工程项目的绿色实施水平。

2. 与绿色建筑的关系

住房和城乡建设部发布的《绿色建筑评价标准》GB/T 50378—2014 中定义，绿色建筑是指在建筑的全寿命周期内，最大限度地节约资源、保护环境和减少污染，为人们提供健康、适用和高效的使用空间，与自然和谐共生的建筑。绿色建造与绿色建筑互有关联又各自独立，包括：①绿色建造主要为一种过程，是建筑的生成阶段；

而绿色建筑则表现为一种状态，提供人们生产和生活的既定空间。②绿色建造可促使甚至决定绿色建筑的生成；但基于项目前期策划、规划、方案设计及扩初设计绿色化状态的不确定性，故仅绿色建造不一定能形成绿色建筑。③绿色建筑的形成，需要从前期策划、规划、方案设计及扩初设计等阶段着手，确保各阶段成果均实现绿色；绿色建造应在项目实施前期各阶段成果实现绿色的基础上，沿袭既定的绿色设计思想和技术路线，实现施工图设计和施工过程的双重绿色。④绿色建造主要涉及工程项目的生成阶段，特别是施工过程对环境影响相当集中；绿色建筑事关居住者健康、运行成本和使用功能，对整个使用周期均有重大影响。

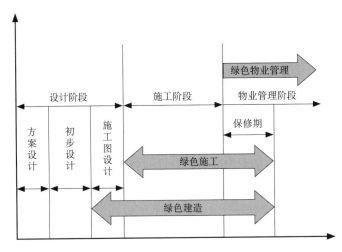

图 6-2　绿色建造与绿色施工的关系示意图

6.1.2　绿色建造与建筑产业现代化

牢牢抓住绿色发展理念的关键，绿色已成为国家发展理念，并列入新时期建筑方针（适用、经济、绿色、美观）。绿色发展的核心在于低碳。清华大学教授胡鞍钢认为，当前的全球低碳经济运动无疑是第四次工业革命。低碳经济不仅成为当今世界潮流，还已然成为世界各国政治家的道德制高点，而且也揭示了城市规划建设的实质。我国的经济总量主要聚集在城市，发展低碳经济就要抓低碳城市，而"建筑运行＋建造能耗"又占全社会总能耗的近一半，因此发展低碳城市必须抓好低碳建筑。低碳建筑会带来三个趋势：一是尽可能减少钢材、水泥、玻璃用量；二是尽可能实现工厂化装配式，减少工地消耗和污染；三是尽可能从方案论证开始排除碳排放高的建筑方案。以北京某电视大楼为例，为了追求所谓的震撼效果，颠覆建筑底部大上部小、底部重上部轻的基本常识，代价就是成倍多用钢材。据有关专家分析，其用钢量比普通造型的钢结构或钢筋混凝土结构用钢量平均高出近一倍。今后城市规划建设从实质上杜绝"浮躁"之风的最好办法就是推广建筑碳排放方案评审并向全社会公开，在论证阶段就淘汰用钢量过大、碳排放过高的方案，这是对"大、洋、怪"建筑的釜底抽薪。

正确把握城市规划建设发展方向，经济基础决定上层建筑。当今引领世界城市尤其是国际化大都市规划建设发展方向的，毫无疑问是欧美的一些国家。"浮躁"之风盛行，表现为我们一些城市的决策者判断力不强，一些专业工作者缺乏自信。本质上是我们引领城市规划建设发展方向的价值观出了问题。当前，我们不但要把握好国际化大都市规划建设的正确发展方向，而且还要清醒意识到我国将历史地担当这一发展方向的引领者的责任。首先是借鉴，要对是非曲直有准确的判断。以美国为例，一方面一般城市规划建设深受霍华德"田园城市"思想影响，摊大饼、汽车轮子上的国家，土地和能源严重浪费；另一方面，国际化大都市商业中心区（以纽约曼哈顿为例）规划建设却又极尽节省土地空间之能事，开创了许多国际化大都市之先河。交通路网密布，不在车流、人流和交通路网上算小账，而在建筑高度、容积率上算大账。当路网密度足够时，其最密集地区人均建筑用地大大减少。反向要求，建筑层高一定要高，土地集约节约。大量人口又反向流回中心城区，破解了钟摆式城市规划弊端。在此基础上，强调高层超高层建筑之间高度、体量、色彩、风格上的协调并注重形成建筑轮廓线。应当说，除了对现代建筑（多指钢结构建筑）的单调风格尚有些争论外，基本上该区域在建筑总体上遵循了简约、实用、合理的要求。

要有引领世界城市规划建设发展方向的自信，据经济学家预测，中国的经济总量将在 2020 年前后超越美国成为世界第一大经济体，将在 2050 年前后占世界经济总量的约 1/3。无论历史地看还是现实地看，中国都将引领世界城市规划建设发展方向，这是中华民族伟大复兴的中国梦不可或缺的部分。中国共产党作为执政党具有艰苦奋斗的优良作风，中华民族具有勤俭节约的传统美德，当前世界正崇尚低碳发展的道德要求。三者合一，用低碳、简约、实用原则抓好城市规划建设，应当成为引领发展方向的价值观。今后几年是关键，我们不但要对世界城市规划建设发展方向有正确把握，还要结合国情，增强道路、理论、制度自信，从而坚定引领世界发展方向的自信，为实现中华民族伟大复兴的中国梦担当好建筑产业的责任。

6.1.3　绿色建造国内外发展现状

1. 国外绿色建造发展现状

伴随着人们对能源与环境问题的重视程度提高，绿色建造在发达国家经历了从萌芽、探索到发展的演变。工业革命后，"自维持"住宅的概念被提出，建筑材料的热性能、暖通设备的能耗效率和可再生能源等技术问题开始受到关注。20世纪70年代能源危机后，开始倡导节能建筑，为绿色建造的发展积累了技术和经验。20世纪末，发达国家的建造活动逐步将可持续发展确立为根本理念，有关立法、评价体系、示范工程等得以确立和实施，逐步探索与实践了"绿色建筑""零碳建筑"和"可持续建造"等行动。21世纪以来，在前期探索和实践的基础上，绿色建造在发达国家得到较快的普及与推广，成为建造领域的主导发展方向。在发展和推动绿色建造的过程中，欧美等发达国家主要从政策法规引导、示范工程推进和技术管理创新三个方面来系统推进和实施绿色建造。

（1）政策法规引导

欧美国家推动绿色建造和绿色建筑，首先采取法律政策进行引导、激励和规范，同时也强调企业自愿推进和实施。英美等国家提出了系统的政策法规以推动本国绿色建造发展。美国为推动绿色建造发展，出台了《联邦环境、能源和经济绩效领先》、《能源政策法案2005》、《能源独立安全草案2007》等相关法规。联邦政府部门、地方机构及社会也组织编制了相应的实施指南，如美国国家事务局GSA编制的《公共建筑设施标准》。2006年，英国政府出台《可持续住宅法规》；2010年，英国标准协会发布《建筑物可持续性评价一般框架》，与此相关其他标准有：《建筑物环境绩效评价框架》、《建筑物环境绩效评价计算方法》、《可持续建筑工程产品分类核心规则》等。此外，地方政府及行业协会也发布有关规定和指南，如苏格兰环境保护署《建筑工人环境指南》等。

在现场绿色施工、环境管理方面，英国环境管理部门针对各行业包括建筑施工现场提出了有关环境保护的要求。一些行业协会或大型施工企业按有关要求制定有关作业手册，如英国土木协会制定的《建筑现场环境管理手册》，美国绿色建筑先驱TURNER公司制定的《绿色建筑总承包商指南》，但未能将施工过程能源、环境、质量和职业健康安全等要素整合融合到分部施工工艺过程中。在认证与评价体系以及标准方面，多集中于绿色建筑评价。其中，英国最早制定相关评价体系——《建筑研究所环境评估法》。但美国涉及绿色建造的评价标准体系数量多、影响大，最具代表性的是《能源和环境设计先锋标准体系》（LEED）。近年来美国LEED标准体系针对的评价对象不断扩展，已形成新商业建设和主要修复项目、现有建筑营运、商业室内项目、核心和围护结构、住宅、社区邻里开发、学校和医疗卫生等七大系列。2010年，加拿大GBTool为美国标准研究院批准，成为美国第一个商业建筑评价标准；2013年，作为美国总务管理局推荐的继LEED后第二个绿色建筑认证标准。德国开展绿色建筑评价较晚，始于2008年，涉及的标准主要有《德国可持续建筑认证体系》、《政府大楼可持续建筑评价系统》等，其中后者在绿色建筑方面建立了更高标准。伴随绿色建筑认证的浪潮，一些国家组织和机构进一步向建造过程渗透，逐步弥补绿色建筑认证针对建造过程重视不足的问题。英国《土木工程环境质量评价标准》由英国土木工程师协会（ICE）发起制定和组织认证，其评价阶段包括设计、施工、竣工后成品。近年来，美国建造者和承包商协会推出的绿色承包商认证就囊括承包商绿色施工与承包商整个企业绿色管理情况。2010 年，欧洲建造企业研究与发展网络发布了《建造业碳排放测量议定书》。为及时反映施工现场的环境管理最佳实践并指导现场的环境管理，英国建造业研究和情报协会（CIRIA）印发《建造业环境最佳实践指南》。

（2）示范工程推进

除了制定很多绿色建筑的法律法规以及运用先进的评价标准外，国外推进绿色建造的又一做法是积极推广示范性项目。较新的一个示范案例是英国金斯潘住宅，它代表了英国"可持续住宅规范"中的最高标准——"零碳排放住宅"，英国所有新建住宅到 2016 年时，必须全部达到该标准。伦敦地区应用资源整合技术，伦敦整合中心示范工程减少能耗 75%。在美国，能源之星建筑计划由美国环保部管理，是自愿性的商业建筑能效计划，侧重于在大多数建筑中通过使用具有一定的技术含量获得盈利性机会，参与者可望节能 30%。2010 年由 Parsons 公司提供全程管理，启动高效绿色建筑计划，针对美国华盛顿地区 23 个联邦政府大楼节能改造的设计、建造项目，依照 LEED 标准，采用近 80 个节能技术。

近年来德国政府工程中可持续建筑评价获得金奖的典型工程主要有：埃伯斯瓦尔德工程、德绍市联邦环保署大楼、汉诺威地区新建住宅，其中环保部的工程被评价为达到德国可持续建筑认证最高程度的项目。

（3）技术管理创新

发达国家推进绿色建造的另一重要措施就是技术管理上的创新。自 2011 年，德国最大承包商 Hochtief 就致力于碳中和建造技术的研发，旨在对建筑物在建造和运营过程中产生的碳排放进行中和。为应对建筑物老化问题，Hochtief 还与达姆施塔特技术大学合作开展应对（建筑）老化新生概念技术研究。法国最大承包商 VINCI 公司 2012 年研发预算达 4700 万欧元，研发涉及企业发展的核心技术如生态设计、能源绩效、基础设施的可持续性等。VINCI 公司自行或合作开发的生态设计工具已有 7 个，如 CONCERNED 生态设计工具，整合公司范围内建筑项目生命周期各阶段的专家系统，用于计算碳排放足迹和开发低碳技术措施。

绿色建造技术和管理创新提升了工程承包企业的核心竞争力，撬动了长期以来承包市场的格局。自 2008 年金融危机以后，全球最大承包商德国 Hochtief 公司与美国老牌承包企业 Turner 公司合股打造新型绿色承包企业，多年来 Turner 公司始终位居美国《工程新闻记录》评选的绿色承包商第一把交椅，2013 年营业收入达 53.2 亿美元。通过技术管理创新，DPR 建筑公司从 2012 年第 11 名跃居 2013 年第 5 名，Swinerton 公司从 2012 年第 19 名跃居 2013 年第 8 名。总之，欧美发达国家通过制定较为系统的政策法规，推广示范工程、加强技术和管理创新等推进了绿色建造的实施。

2. 国内绿色建造发展现状

目前，我国绿色建造主要按绿色设计和绿色施工分别推进，工程立项绿色策划推进较少。

（1）绿色设计发展状况

我国的"绿色设计"概念是 20 世纪 70 年代从国外引入的，可以分为萌芽阶段（1978 ～ 1992 年）、成长阶段（1993 ～ 2006 年）和发展阶段（2007 年至今）等 3 个阶段。为更好地推动绿色设计、绿色建筑和建筑节能工作，住建部分别启动了绿色建筑创新奖（2004 年）、示范工程（2007 年）、设计和运行评价标识（2007 年）等工作。2007 年，住建部为贯彻落实《国务院关于已发节能减排综合性工作方案的通知》要求，开展了 100 项绿色建筑示范工程与 100 项低能耗建筑示范工程的评选。2007 年 11 月，我国开始进行绿色建筑评价工作，有效推动了我国绿色设计和绿色建筑的发展。2007 年以后，我国进入了工业化、城镇化的快速发展时期，绿色建筑设计也面临着好机遇。首先在沿海及发达城市，很多建设单位及设计院所开始按《绿色建筑评价标准》GB/T 50378 进行策划、设计绿色建筑，一些外资企业也按美国 LEED 评价标准进行绿色设计实践。目前，全国近 30 多个省、自治区、直辖市、副省级城市开展了绿色建筑设计工作，制定地方规范和标准 40 多项；获得绿色建筑评价标注的项目逐年增多。截至 2013 年底，全国共评出 1260 项绿色建筑评价标识项目；继 2011 年我国绿色建筑标识数量得到井喷式增长以后，2012 和 2013 年绿色建筑标识数量继续保持强劲增长；仅 2013 年一年，就评出 518 项绿色建筑标识（图 6-3）。

但目前，绿色建筑区域发展不平衡，主要集中在江苏、广东、上海等沿海地区，且绝大部分的绿色建筑项目仅申请了绿色"设计标识"，"运营标识"的项目很少。在取得绿色建筑设计标识的项目中，继续申请取得"运营标识"的项目不足 8%。如何保证取得绿色建筑设计标识的建筑能按设计要求交付并运营，是绿色建筑面临的重点问题。

（2）绿色施工发展状况

相对于绿色设计，我国的绿色施工起步较晚，经历了理论研究和技术探索（2003 ～ 2007 年）、深化研究和逐步推进（2007 ～ 2012 年）和快速发展（2013 年后）

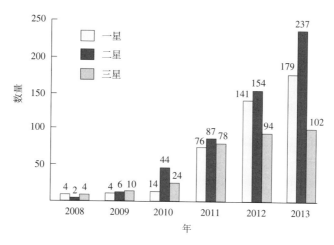

图 6-3 近几年绿色建筑项目标识数量统计

等三个阶段。目前，我国绿色施工推进已取得了一定的成绩。

1）绿色施工的理念已初步建立。绿色施工的基本理念已在行业内得到了广泛接受，尽管业界对绿色施工的理解还不尽一致，但业内工作人员已经意识到绿色施工的重要性，施工过程中关注"四节一环保"的基本理念已初步确立。

2）绿色施工已逐步在先进企业推进和实施。随着绿色施工理念在业内的初步建立，一批有实力和超前意识的建筑企业在工程项目中重视绿色施工策划与推进，对传统施工技术进行绿色审视，对绿色施工新技术进行研究开发，初步积累了绿色施工的有关经验，建立在技术推进基础上的绿色施工已有明显成效。

3）绿色施工相关标准已初步建立。2010 年，我国颁布了《建筑工程绿色施工评价标准》GB/T 50640—2010；2014 年，《建筑工程绿色施工规范》GB/T 50905—2014 发布实施，这是目前我国仅有的绿色施工标准，有效推动了我国绿色施工的实施。

4）推进绿色施工的行业机构已成立。2012 年，中国建筑业协会绿色施工分会成立，具体负责绿色施工推进工作；开展培训 60 余次，参会人数达万人次，为各企业输送了绿色施工专业人才。2012 年 7 月，"绿色施工科技示范工程指导委员会"成立，以加强住建部绿色施工科技示范工程实施工作的领导和管理。

5）绿色施工示范工程和评比活动已开展。2010 年，中国建筑业协会开展了首批绿色施工示范工程，分四批审批了 976 项全国建筑业绿色施工示范工程，且数量迅速递增，起到了明显的示范和带动作用。同时，绿色施工科技示范工程也在全国绿色施工推进中发挥了重要作用。2012 年，全国建设（开发）单位和工程施工项目节能减排达标竞赛活动启动，可授予"五一劳动奖状"和"全国工人先锋号"，激发了建设（开发）和施工单位推进绿色施工的积极性，有效促进了我国绿色施工的开展。

（3）我国绿色建造发展存在的问题

我国发展绿色建造的机遇与挑战并存，对于如何走出一条适合我国国情的绿色建造之路，面临着诸多问题和障碍。

1）在工程立项策划阶段，存在绿色建造长期利益和短期投入兼顾不周的问题。我国建筑节能实践表明，增加 5% ～ 10% 的工程造价，建筑物即可达到节能要求，而建筑节能的回收期一般为 5 ～ 8 年，与建筑物使用寿命 50 ～ 100 年相比，其经济效益相当突出。但在我国，由于设计、开发、施工和物业管理等相应的建设环节分离，相应的财政、税收等政策在绿色建造环节需加以分配，形成绿色建造的利益驱动力。

2）在工程设计阶段，存在绿色建造技术简单堆积，对运行效果考虑欠佳的问题。绿色建筑总被认为是高科技、大投入的建筑，且在实施中若想将所有绿色、节能新技术在一个建筑中应用，追求全而广，这直接导致建筑成本上升，造成推广上的困难。事实上，绿色建造技术种类有很多，因地制宜地选择适当的技术，加以规划，然后再应用到设计、施工过程中去，并不一定会增加成本；相反，还可能节省资源、降低能耗。

3）在绿色建造技术上，存在技术创新不够的问题。绿色建造是以节约能源、降低消耗、减少污染物产生量和排放量为基本宗旨的"清洁生产"，然而目前建造过程中普遍采用的技术、工艺、设备和材料等还是注重于质量、安全和工期的传统技术，缺乏系统、可利用的"四节一环保"的绿色建造技术支撑。

4）在绿色建造评估上，存在建造过程评估和建筑产品评价协同不够的问题。我国绿色建造起步晚、经验少，建筑节能、节地、节水、节材和环境保护的综合性标准体系尚未建立，缺乏权威的效果评估体系。《绿色建筑评价标准》GB/T 50378—2014 主要针对设计和运营标识，《建筑工程绿色施工评价标准》GB/T 50640—2010 针对的是绿色施工过程评价，需要形成覆盖绿色建造整个过程的评价体系和标准。

5)在绿色建造推进的体制机制上,存在绿色建造推进环境尚未形成的问题。目前,推进绿色建造的相关法规和标准尚未形成,工程建设各方的绿色建造责任及社会保证制度尚未明确,绿色建造的政策激励及约束机制尚待完善。推进建造的自觉性远未形成。所以,如何让非绿色建造者社会责任成本更高,让绿色建造实施者获益更大,形成绿色建造推进的良好环境是当务之急。

6.1.4 绿色建造对建筑产业现代化的推进作用

绿色建造着眼于施工图设计和施工过程的绿色化，是国际通用的建造模式；是基于国家和社会的整体利益，着眼于微观行业实施控制的先进方法；是一种实现建筑品质提升，促进建筑业可持续发展并与国际接轨的科学模式。绿色建造要求工程承包商站在项目总体的角度统筹资源，有利于资源和能源的高效利用以及工程质量责任的明晰。

（1）有利于实现资源和能源的高效利用

传统的工程承包模式中，施工图是设计单位的最终技术产品，与施工单位主导的施工过程是分离的。绿色建造将施工图设计和施工过程进行有机结合，但不是简单叠加；它能够促使工程承包商立足于工程总体角度，从施工图设计、材料选择、楼宇设备选型、施工方法、工程造价等方面进行全面统筹，有利于工程项目综合效益的提高。同时，绿色建造要求工程承包商通过科学管理和技术进步，制定节能措施，采用高效节能的机械设备和绿色性能好的建筑材料，改进施工工艺，最大限度利用场地资源，增加对可再生能源的利用程度，加强建筑废弃物的回收利用，从而提高工程建造过程的能源利用效率，减少资源消耗，实现"四节一环保"。

（2）要求承包商对绿色建筑负重要责任，有利于质量责任的明晰

绿色建筑的形成，是各方共同努力的结果，需要策划、规划、设计、施工、运营、物业等均实现绿色。绿色建造将施工图绿色设计和绿色施工有效结合起来，其实质是将工程建设中关联相对紧密的两个重要环节的主体责任均集中于工程总承包企业，使工程建设的质量责任主体更加清晰。反映在绿色理念的推进上，承包商不仅对施工过程绿色化负有实质责任，而且还对绿色建筑形成起到重要作用。

（3）建筑业实现可持续发展、促使环境治理的需要

建筑业是一个资源消耗较高、环境影响较大、工业化水平不高的产业。目前，我国建筑业消耗了 40% 的能源和资源，全国 45% 的水泥、50% 以上的钢材，造成的建筑垃圾占全社会垃圾总量的 40% 左右。绿色建造强调工程建设过程中最大限度地减小对场地和环境的影响，严格控制污染；是一种把质量保证、资源高效利用和环境保护作为核心指标，注重建设过程与环境友好的建造模式，有利于建筑业可持续发展和环境治理与保护。

（4）我国建筑业与国际接轨，走向国际市场的必要条件

当前，"低碳经济"、"可持续发展"已成为国际共识，欧美发达国家已经把绿色环保纳入市场准入的考核指标。美国建造者和承包商协会（Associated Builder sand Contractors）推出的绿色承包商认证（Green Contractor Certification），其评审内容不仅包括承包商承建 LEED 项目情况，还涵盖承包商绿色建造与企业绿色管理情况。这些无形中形成的绿色壁垒，给我国建筑企业的国际化造成了影响，使我国建筑企业在争夺国际市场时面临更大的压力和挑战。因此，推行绿色建造，建造绿色建筑产品，提升建筑企业绿色建造能力，是打破发达国家绿色贸易壁垒，使我国建筑业与国际接轨，进入国际市场、赢得国际竞争的必要条件。

6.2 绿色建造方式的技术体系

6.2.1 绿色建造与绿色设计

现阶段，科学技术水平的不断提升，使得人们对建筑设计的可持续性应用需求越来越大。然而，实际建筑设计过程，却未将其充分重视起来，这就使其建筑工程项目建设使用的节能环保设施未发挥应用的作用价值。这种情况，在很大程度上阻碍了当前经济建设的全面发展步伐。

研究表明，将绿色设计理念应用于建筑设计过程中，能够改善工艺设计方案应用的科学合理性。即不仅能够降低建筑设计与实际施工过程间的差异，还提高了建筑物建设使用的现代化效果。例如，基于绿色设计理念的简化工艺设计，其会在保证建筑设计整体质量的前提下，通过调整粗俗的工艺方式，来实现施工建设环境的节能减排效果。与此同时，还能有效提高了建筑工程的建设效率，使得各个建筑施工环节能够在短期内完成工程量目标。

建筑材料作为建筑工程项目施工建设的主体，其不仅能够保证建筑物满足绿色环保的建设要求，还是体现建筑现代化艺术风格与特征的关键。为此，在建筑设计过程中，要在保证材料使用基本性能质量的情况下，使用绿色设计材料，来提高建筑物整体结构的安全稳定效果。而且，从长远的角度来看，绿色建筑材料的使用，是提高建筑结构安全性能与降低工程造价成本的有效方法，相关建设人员应将其充分重视起来。

在目前的建筑设计工作中，建筑结构形式主要包含两种，即多层建筑与单层建筑。此情况下，对于绿色设计理念的应用，不仅改良了建筑设计中的各个环节，还提高各部分结构作用于实践的性能效果。与此同时，还强化了建筑物的整体结构形式，特别是在居民住宅中。设计者更是需要注重结构空间的设计，合理控制楼层高度，降低居住舒适度、居民视线受影响的可能性。此外，绿色设计理念还能够在规定范围的高度上，合理地设计建筑楼层数量，并控制结构的承载强度，优化结构构件，并强化建筑抗病害能力以及抗震能力。

建筑设计中绿色设计理念应用控制策略

（1）制定健全的设计理论

此应用控制策略的实行，要求相关人员要根据不同建筑物的实际建设情况，提出相应的设计理念，并将其作为设计使用指导方向，以实现建筑物建设使用的可持续性原则。这样一来，建筑物就具备生态环境的保护功能、建设资源的节约功能以及能源的绿化功能。此作用状态的建筑物应用于实践，不仅实现了生产建设过程运营成本产生的可控性，还减少了各方面资源消耗量。为此，相关建设人员在进行建筑设计过程中，要将现有的科学技术成果充分利用起来，即将低能耗建筑技术与能源再生技术应用于其中，以实现行业建设的可持续发展目标。

（2）加大绿色建筑产品与技术宣传力度

要想使绿色设计理念高效贯彻于当前的建筑设计过程，需在明确技术应用规范的情况下，提高建筑物建设使用的效果价值。此过程，发挥作用的技术手段为：绿色生态环保技术、建筑相关绿色产品以及新技术和新材料等。研究人员应加大上述产品与技术的宣传力度，即将太阳能资源、雨水收集系统以及节能照明系统，广泛应用于当前的建筑设计中，以提高建筑物的生产建设效率。

（3）健全绿色建筑设计综合指标

在绿色建筑设计的过程中，要不断完善设计方面的综合标准。比如建筑地面与室外地面的标准、节约水源以及水资源的利用标准，从而对绿色建筑起到一定的指导性作用。此情况下，绿色设计理念应用于建筑设计，就能通过遵循系统科学的指导理论，来使设计工作的开展具备事半功倍的效果。例如，针对普通建筑物的绿色生产工艺改造设计，现阶段建筑物的改造设计根据绿色建筑设计综合指标，对各个结构环节进行了优化改造，有效满足了建筑物的绿色环保需求。这样一来，不仅能使建筑物符合现代化的生活环境，还能在保障房屋质量以及规定的使用年限的情况下，对过去传统的施工工艺进行优化改造，最终使建筑以最快最优的标准来完成相应的任务量。

6.2.2　绿色建造与绿色采购

绿色采购，是指企业或政府在采购活动中，应充分考虑环境效益，优先采购环境友好、节能低耗和易于资源综合利用的原材料、产品和服务，打造绿色供应链。在供应链中，建筑企业处于整个供应链的下游，如图 6-4 所示，又由于建筑材料所涉及的种类，甚至行业众多，若建筑企业实行绿色供应链管理，对其供应商要求绿色材料、绿色制造、绿色包裹等，则经过逐级放大，会对整个社会生态和经济的可持续发展有巨大的推动作用。从采购方到供应商都选择绿色环保的产品，形成绿色产业链；淘汰污染严重的企业，优化供应链；带动经济可持续发展，改善生态环境。

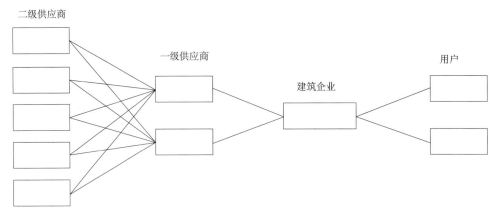

图 6-4　建筑企业供应链

绿色采购包括采购过程绿色化和采购绿色材料。

1. 采购过程绿色化

采购过程的改变可以降低成本和减少废物的产生，在这方面建筑企业应与供应商紧密合作，最大程度上影响供应链对环境的友好程度。采购过程应围绕物流和包装展开，采取对环境最小影响的原则来选择包装物和安排物流。

物流的安排应考虑运输过程的能源消耗，仓储和运输泄露对环境的影响等。运输过程中，运输工具会排放大量的废弃，汽车产生的废气是城市环境污染的主要因素之一。另外不合理的运输过程会增加运输成本和增大能源的消耗，此外在建筑过程中，砂、土、水泥、建筑垃圾等材料的运输都有可能造成遗撒现象，从而污染环境并导致环保部门的罚款。所以如何使物流过程合理化并采取有效的措施防止运输物的泄露，是绿色采购应该考虑的。

产品包装，是产品走向市场、走进顾客最基本的要求，产品包装可分为三个层次：基本包装、附加包装以及运输包装。对于产品包装的选择应根据其对环境的影响来考虑，作为绿色供应链节点企业间的物流，产品包装在满足运输要求的前提下，尽量减少包装物，而不是为了促销而进行精美的包装，其次，尽量选择可使用或者可循环利用的包装材料，基于这种原则，一般应注意以下方面：

（1）附加包装应尽量简单环保，或在可能的情况下取消不要。而运输包装应尽可能考虑重复利用和可回收循环。

（2）从再循环的角度考虑，包装物的材料品种越少越好。

（3）包装物的标识图案和文字应体现绿色化，并注明包装物的材料，厂名及回收处理办法，使包装物的回收和处理简单易行。

2. 绿色材料

绿色材料是指制造和生产过程中能耗小，噪声小，无毒性，并对环境无害的材料和材料制成品。在绿色供应链管理中，绿色材料扮演着重要的角色。绿色材料是绿色设计的关键和前提，也是绿色设计选材的最终目的。

在建筑行业，由于建筑对人们居住所产生的重要影响，绿色建材的使用已越来越受到政府和消费者的关注。在北京市工程竣工后，必须进行饮用水水质检测和室内环保检测，以使建筑达到环保要求，此外，政府定期发布淘汰工艺落后和对环境造成污染的建筑材料。而设计院和建设单位的环境意识也越来越高，这为施工企业实施绿色供应链创造了条件。

越来越多的建筑相关企业重视材料的绿色性能，不仅因为绿色材料是材料发展的必然，更重要的是绿色材料的应用可以提高产品的价值，赢得新的竞争优势和市场，树立良好的企业形象。

材料选用原则：

（1）采用科学的方法进行分析

工业生态学主张绿色材料选择应采用产品全生命周期分析法，同时结合价值工程的方法进行"价值—功能"优化分析，这样企业可以在满足绿色材料要求的同时不降低产品的经济效益。产品全生命周期分析法是指分析产品从原材料的获取到生产过程、消费过程以及产品退出消费过程后最终被处置或再利用的全过程对环境的影响。因此，我们不能简单地说，使用纸就一定比塑料环保，也不能说使用可重复使用的材料就一定比一次性材料对环境更好。个人经验和常识不一定可靠，全生命周期分析法有时会得出与之完全相反的结果。

（2）尽量减少使用材料种类

尽量减少使用材料种类，也是绿色供应链管理中的一个重要内容。许多企业在一种产品中使用多种成分组成的材料，给日益受到重视的材料循环使用带来了很大困难，例如铝塑复合管采用 PE-Al-PE 或 PEX-Al-PEX，由聚乙烯或交联聚乙烯与铝复合而成，其再利用的可能性就较小。

综合以上因素，建筑企业应与设计院，建设单位，供应商紧密合作，树立起"环境成本"的观念，防止使用法令禁止使用的有害材料，积极寻求有利于环保的建筑材料。

3. 供应商融入环境管理

绿色供应链中建筑企业与供应商的战略合作伙伴关系不仅是一种信息和利益共享关系，而且也是一种标准和意识同步的协议关系。对于供应商来说，它位于整条供应链的上游，因此他们的行动将传递到整条供应链的每一个节点。绿色供应商给供应链带来的优势是相当显著的，供应商在成本上的节约能够通过供应链传递到下游的各个环节，从而提高整体效率。

绿色供应链包括多个环节，在众多环节中，如何选择供应商具有的极为重要的意义。由于我国目前大多数供应商还不能很好地满足环保方面的严格要求，因而在实施绿色供应链管理时，不能盲目把未满足要求的供应商排斥在外，而应与供应商合作，相互学习，共同进步，供应链管理某些方面的小小成功会对供应链管理产生巨大的杠杆作用，这也是对供应商实施培训的积极意义。

（1）培训和技术支持

有些企业已经意识到绿色供应链管理的重要性，但实施供应链管理可能并不是容易的事。企业可能会面临各种挑战，如供应商不配合，政府法规不健全，以及供应商进行环境管理的能力有限等。尽管存在这些问题，但是绿色供应链管理企业必须设法提高整条供应链的环境管理能力。尤其是大公司可能拥有大量环境管理意识和管理能力都并不尽如人意的中小供应商。在这种情况下，大公司可以采取对这些供应商进行培训和技术支持的办法来提高供应链的绿色化水平。这种支持不仅能够提高供应商的能力，而且将促进双方的合作与交流。这样，一方面中小供应商在环保方面得到了大公司的培训和技术支持，另一方面大公司和供应商之间也可以相互探讨，互相学习。另外，为了满足那些还不能通过这些途径提高自身环保能力的企业，第三方组织的培训和支持也能起到相应的作用。这第三方可以是非营利性组织，如可持续发展中心，也可以是今后随着需求的发展而形成的私营咨询公司。

（2）合作研究开发

供应商参与建筑企业的新工艺，新技术的开发工作等大大加快该类活动的效率，同样，有建筑企业参与供应商的新产品，新材料的开发同样会加快开发的进程，从而使产品更清洁，工艺更环保。此外建筑企业也可以协助供应商改进原材料的包装。供应链企业之间的合作研发是供应链管理已经广泛采用的方法，有上下游企业之间的合作，也有竞争对手之间的合作，而且越来越强调竞争对手之间的合作。在绿色供应链管理方面，这一做法将得到进一步的发展。

（3）供应商会议

供应商会议为企业提供了一个交流、共同解决问题的平台。这种由采购企业（建筑公司）主持的供应商会议将比政府和环保部门组织主持的会议更能引起供应商的兴趣和积极的参与。供应商会议可以采用各种各样的形式，可以使一对一的会议，也可以是同时召集所有的供应商。开会的频率也是因事而异。

6.2.3　绿色建造与绿色施工

在建筑业中推行可持续发展战略，体现在工程建设的全过程。建筑施工阶段具有生产周期长，资源和能源消耗量大，废弃物产生多等特点，项目施工过程会对环境、资源造成严重的影响。据统计，全球能量的 50% 左右消耗于建筑的建造和使用过程，与建筑有关的空气污染、光污染、电磁污染等就占了 34%。在许多情况下，建造清除扰乱了场地上原有的自然资源，代之以非自然的人造系统。建造和拆除所产生的废弃物占填埋废物总量的较大比重。在建造过程中散发出的灰尘、微粒和空气污染物等会造成健康问题。尽管一些再生的、重复利用的、重新整修的材料足以满足使用要求，但现在的施工项目大多数仍需要使用新的原始材料，而具有可持续发展思想的绿色施工方法则能够显著减少对场地环境的干扰、填埋废弃物的数量以及在建造过程中使用的自然资源，同时，还可将建筑物建成后对室内空气品质的不利影响减少到最低限度。施工阶段既是其规划、设计的实现过程，又同时是大规模的改变自然生态环境、消耗自然资源的过程。绿色施工是绿色建造过程中的一个环节，即在施工阶段中贯彻绿色建造技术的理念，完成工程项目建设。

绿色施工和传统施工一样，均包含施工对象、资源配置、实现方法、产品验收和目标控制五大要素。绿色施工的目标控制在质量、安全、工期和成本 4 个要素的基础上，把"环境保护和资源节约"作为主要控制目标。是强调以资源的高效利用为核心，以环保优先为原则，追求高效、低耗、环保，统筹兼顾的施工方法。近年来，在传统施工技术绿色化改造的基础上，引进并吸收部分国外绿色施工先进技术，经过有计划地在绿色施工示范工程中推广应用，我国已形成一批较成熟的绿色施工技术。

1. 节地与土地资源利用

绿色施工的"节地技术"主要通过优化现场作业空间和土地资源保护来实现。目的是为环节施工现场作业空间紧张，多机具相之间互影响，减少施工作业活动对土地资源的影响。目前技术成熟且被广泛施工的节地施工技术和措施包括：优化作业空间的技术和措施，如现场堆场和临时设施的合理布置、现场装配式多层用房应用技术、土方就地存放和回填应用和顶升式钢平台的应用技术，充分、合理利用现场的立体空间；土地资源保护技术，如耕织土壤保护利用技术、地下资源保护技术和透水地面应用技术等，减少施工对现场及周边土壤的改造和营销，保持原有地貌。

2. 节能与能源利用技术

绿色施工的"节能技术"主要通过在施工过程中优化工艺流程、研发替代技术、推广应用高能效的施工机械和充分利用再生能源的手段来实现。同时,加强现场管理,减少损失浪费,提高能源综合利用效率。目前技术成熟且被广泛施工的节能施工技术和措施包括:节能型装置,如气体用电限电装置、智能化开关控制器装置、无功补偿装置等;节能型设备选用和布置,如变频式塔机、势能存储式升降机和 LED 灯具等以及相应的通过优化布置方案,提供施工效率的管理措施;新能源设施,如空气源热泵、太阳能热水器、太阳能充电桩、风光互补型 LED 路灯等。

3. 节水和水资源保护技术

绿色施工的"节水技术"主要通过节水型设施和工艺的应用和非传统水源的综合再利用来实现,强化雨水、基坑降水和施工废水的收集和处理,既通过再利用减少新水的使用量,同时减少排放量也降低了市政管网的处理负担,起到了环境保护的目的。目前技术成熟且被广泛施工的节水施工技术和措施包括:节水型技术和措施的应用。如,车辆清洗用水重复利用设施、混凝土无水和喷雾养护技术、节水绿化灌溉和节水型生活设施的应用等;非传统水源利用技术,如基坑降水的存储再利用设施、雨水收集利用设施和现场生活污水区处理设施以及现场中水综合利用措施等。

4. 节材与材料利用技术

绿色施工的"节材技术"主要包括两个部分:一是在设计和施工准备阶段通过优化施工方案,减少建材的施工量,即减量化措施;二是通过回收和处理施工垃圾,重新在施工过程中使用,即资源化措施。目前技术成熟且被广泛施工的节材施工技术和措施包括:标准化的临时防护设施和材料存贮保护措施,如临边防护可周转使用、减少材料搬运和存贮过程的损坏和损耗等;材料下料优化和使用控制,如钢筋、板材等优化下料方案,预拌砂浆和混凝土进料和运输过程的精准控制减少不必要的浪费;使用新型模板体系,如以铝合金模板、塑料模板和铝框木模板等;建筑垃圾回收利用,将废弃钢筋头、砂浆和混凝土块用于制作马镫、沟盖板、过梁、反坎、钢筋保护层垫块、基坑回填和道路垫层等;限额领料和施工精度控制,避免返工和浪费;工厂化预制构建,可以减少施工现场的材料加工量,减少废弃量。

5. 环境保护技术和措施

露天作业,受天气因素直接影响是建筑施工生产过程的最主要特点之一。施工过程中产生的污水、扬尘、噪声和废弃物等对现场作业以及周边环境造成严重影响。根据施工作业的污染物排放特征,绿色施工的"环境保护"分别从扬尘控制、噪声振动控制、光污染控制、水污染控制、土壤保护、建筑垃圾控制、资源保护 7 个方面进行控制。目前技术成熟且被广泛施工的环境保护施工措施包括：扬尘防护措施，如现场喷洒降尘技术、现场绿色防尘措施、钢结构现场免焊接技术、裸土和堆场防尘网遮蔽措施等；噪声振动控制措施，如全封闭隔声罩措施、施工机械消声改造等；水污染控制措施，如地下水清洁回灌技术、管道设备无害清洗技术、泥浆环保处理和排放技术和生活污水处理设施等。

6.2.4　绿色建造与绿色运营

绿色建筑的运营管理是一个投入、转换、产出的过程，并实现价值增值。通过运营管理来控制建筑物的服务质量、运行成本和生态目标。

自从绿色建筑的理念进入中国，因其符合可持续发展的国策，而得到快速的发展。绿色建筑的技术和产品层出不穷，绿色建筑的工程项目蓬勃兴起，相关的标准及政策不断地推出。按绿色建筑的理念推进建设，采用绿色技术实施建设，取得绿色建筑的标识认证，已经成为中国建设业的主流。然而，在笔者参与绿色建筑标识认证的工作中，发现有不少项目在设计阶段获得了高星级评价，到了运营阶段评价时，由于缺乏有效的运营能力和真实的运行数据，往往达不到预期的绿色目标。这就需要我们思考：投入了大量的精力和资金建造出的绿色建筑，为什么达不到预期的目标？

2013 年 1 月 1 日国务院办公厅（国办发 1 号文）转发发展改革委与住房城乡建设部的《绿色建筑行动方案》中强调"树立全寿命期理念"和"建设运营"，这两条关键词语切中了目前绿色建筑的工作缺陷，需要业内人士给予高度的重视。我们的建设是为了发展，如何使得建设成果得到可持续发展，需要有科学发展的思路。

绿色建筑技术分为两大类：被动技术和主动技术。所谓被动绿色技术，就是不使用机械电气设备干预建筑物运行的技术，如建筑物围护结构的保温隔热、固定遮阳、隔声降噪、朝向和窗墙比的选择、使用透水地面材料等。而主动绿色技术则使用机械电气设备来改变建筑物的运行状态与条件，如暖通空调、雨污水的处理与回用、智能化系统应用、垃圾处理、绿化无公害养护、可再生能源应用等。被动绿色技术所使用的材料与设施，在建筑物的运行中一般养护的工作量很少，但也存在一些日常的加固与修补工作。而主动绿色技术所使用的材料与设施，则需要在日常运行中使用能源、人力、材料资源等，以维持有效功能，并且在一定的使用期后，必须进行更换或升级。

表 6-1 列出了与《绿色建筑评价标准》GB 50378 相关的绿色建筑运营管理内容，描述了运行措施、运行成本和收益。

表 6-1

与《绿色建筑评价标准》GB 50378 相关的运营管理内容

序号	标准涉及的内容	运行措施	运行成本	收益
1	合理设置停车场所	设置停车库/场管理系统	管理人员费、停车库/场管理系统维护费	方便用户，获取停车费
2	合理选择绿化方式，合理配置绿化植物	绿化园地日常养护	绿化园地养护费用	提供优美环境
3	集中采暖或集中空调的居住建筑，分室（户）温度调节，控制及分户热计量（分户热分摊）	设置分室（户）温度调节、控制装置及分户热计量装置或设施	控制系统维护费	方便用户，节省能耗，降低用能成本
4	冷热源、输配系统和照明等能耗进行独立分项计量	设置能耗分项计量系统	计量仪表/传感器和能耗分项计量系统维护费	为设备诊断和系统性节能提供数据
5	照明系统分区、定时、照度调节等节能控制	设置照明控制装置	检测器和照明控制系统维护费	方便用户，节省能耗，降低用能成本
6	排风能量回收系统设计合理并可靠	排风口设置能量回收装置	轮转式能量回收器维护费	节省能耗，降低能成本
7	合理采用蓄冷蓄热系统	设置蓄冷蓄热设备	蓄冷蓄热设备维护费	降低用能成本
8	合理采用分布式热电冷联供技术	设置热电冷联供设备及其输配管线	管理人员费、燃料费、设备及管线维护费	提高能效，降低用能成本
9	合理利用可再生能源	设置太阳能光伏发电、风力发电、地源/水源热泵设备及其输配管线	设备及管线维护费	节省能耗，降低用能成本
10	绿化灌溉采用高效节水灌溉方式	设置喷灌/微灌设备、管道及控制设备	设备及管道维护费	节省水耗，降低用水成本
11	循环冷却水系统设置和采用措施（或）加药措施	设置水循环和水处理设备	设备维护费及运行药剂费	节省水耗，降低用水成本
12	利用水生动、植物进行水体净化	种植和投放水生动、植物	水生动、植物的养护费用	环境保护
13	采取可调节遮阳措施	设置可调节遮阳装置及控制设备	遮阳调节装置和控制系统维护费	节省能耗，降低用能成本
14	设置室内空气质量监控系统	设置室内空气质量检测设备及监控设备	室内空气质量检测器和系统维护费	改善室内空气品质

续表

序号	标准涉及的内容	运行措施	运行成本	收益
15	地下空间设置与排风设备联动的一氧化碳检测器及控制装置	设置一氧化碳检测器及控制设备	一氧化碳检测器和系统维护费	改善地下空间的环境
16	废弃物进行分类收集	设置废弃物分类收集容器和场所	废弃物分类收集人工费用	资源有效利用
17	节能、节水设施工作正常		同 3、4、5、6、7、8、9、10、11、13、18	同 3、4、5、6、7、8、9、10、11、13、18
18	设备自动监控系统工作正常	设置设备自动监控系统	设备自动监控系统的检测器、执行器和系统维护费	节省能耗，降低用能成本，提高服务质量和管理效率
19	无不达标废气、污水排放	设置废气、污水处理设施	废气、污水处理设施维护费，执行器和系统维护费，废气和污水的检测费	环境保护
20	智能化系统的运行效果	设置信息通信、设备监控和安全防范等智能化系统	智能化系统维护费	改善生活质量、节省能耗，提高服务质量和管理效率
21	空调通风系统清洗	日常清洗过滤网等、定期清洗风管	日常清洗人工费用、风管清洗专项费用	提高室内空气品质
22	信息化手段进行物业管理	设置物业管理信息系统	物业管理信息系统维护费	节省能耗、提高服务质量和管理效率
23	无公害虫害防治	选用无公害农药及生物除虫方法	无公害农药及生物除虫费用	环境保护
24	植物生长状态良好	绿化园地日常养护	同 2	同 2
25	有害垃圾单独收集	设置有害垃圾单独收集装置与工作流程	有害垃圾单独收集的收集工作费用	环境保护
26	可生物降解垃圾的收集与垃圾处理	设置可生物降解垃圾的收集装置和可生物降解垃圾的处理设施	可生物降解垃圾的收集人员费用和可生物降解垃圾处理设施的运行维护费	环境保护和减少垃圾清运量
27	非传统水源的水质记录	设置非传统水源的水表	非传统水源的水质检测费	保证非传统水源的用水安全

237

表 6-1 所列的运行措施是众所周知的，但是它们的运行成本与收益，往往因项目的技术与设施特点、管理的具体情况，而有着各种说法和数据。有些的运行成本尚缺少数据的积累，收益则难以按每一项措施进行微观分列或宏观效果评价。

国内绿色建筑运营水平不高的情况是源于长期来的"重建轻管"的风气，这里有体制的问题，也有操作的机制问题。们追求建成了多少绿色建筑，这是建设者（项目投资方、设计方和施工方）的成就与业绩。但是要核查绿色建筑的运行效果是否一一达到了设计目标，尤其是绿色措施出现问题时，建设者和管理者往往互相推诿责任，因为建设者不承担运营的责任，而管理者则是被动地去运行管理绿色建筑，并不将此作为自己的成就和业绩。如从经济核算的角度考虑，绿色措施的运行成本高于传统建筑，在低物业费收益的状态下，不少物业管理机构其实把绿色建筑视为一种负担，常会因某些理由不时地停用一些绿色设施。

对于提高我国绿色建筑运营水平，主要有以下措施：

（1）明确绿色建筑管理者的责任与地位

物业管理机构接手获得绿色设计认证的建筑，应承担其中绿色设施运行正常并达到设计目标的责任，如能获得绿色运营认证，物业管理机构应得到 80% 的荣誉和不低于 50% 的奖励。建议建设部建筑节能与科技司和房地产市场监管司合作，适时颁发"绿色建筑物业管理企业"证书，以鼓励重视绿色建筑工作的企业，推进绿色建筑的运营管理工作。

（2）认定绿色建筑运行的增量成本

绿色建筑的建设有增量成本，绿色建筑的运行相应地也有增量成本，这是不争的事实。而绿色建筑在节能和节水方面的经济收益是有限的，更多的应是环境和生态的广义收益。建议凡是通过绿色运营标识认证的建筑物，可按不同星级考虑适当增加物业管理收费，以弥补绿色建筑运行的增量成本，在机制上使绿色建筑物业管理企业得到合理的工作回报。

（3）建设者须以面向成本的设计（DFC）实行绿色建筑的建设

绿色建筑不能不计成本地构建亮点工程，而是在满足用户需求和绿色目标的前提下，应尽一切可能降低成本。因此，建设者须以面向成本的设计（DFC）方法来分析绿色建筑的建造过程、运行、维护、报废处置等全生命期中各阶段成本组成情况，通过评价找出影响建筑物运行成本过高的部分，优化设计来降低全生命期成本。这就意味着，建设者（项目投资方、设计方）进行的绿色建筑设计，应在完成绿色设施本身设计的同时，还须提供该设施的建设成本和运行成本分析资料，以说明该设计的合理性及可持续性。通过深入的设计和评价，可以促使建设者减少盲目行为，提高设计水平。

（4）用好智能控制和信息管理系统，不断完善绿色建筑的运营

绿色建筑运营时期的能耗、水耗、材耗、使用人的舒适度等，是反映绿色目标达成的重要数据。通过这些数据的分析，可以全面掌握绿色设施的实时运行状态，发现问题及时反馈控制，调整设备参数；也可以根据数据积累的统计值，比对找出设施的故障和资源消耗的异常，从而改进设施的运行，提升建筑物的能效。这些功能都需要智能控制和信息管理系统来实现。绿色建筑的智能控制和信息管理系统广泛采集环境、生态、建筑物、设备、社会、经营等信息，为控制、管理与决策提供良好的基础。绿色建筑的控制对象包括绿色能源、蓄冷蓄热设备、照明与室内环境的控制设备、智能呼吸墙、变频泵类设备、水处理设备等。在智能控制和信息管理系统的平台上，依据真实准确的数据，去实现绿色目标的综合管理与决策。经过几年的运行，所积累的运营数据、成本和收益将能正确反映绿色建筑的实际效益。

6.2.5　绿色建造与 BIM 技术应用

建筑信息模型 BIM 技术作为建筑业的新技术、新理念和新手段，受到业内的普遍关注，正在引导建筑业传统思维方式、技术手段和商业模式的全面变革，将引发建筑业全产业链的第二次革命。发展 BIM 技术已经成为推进绿色建造的重要手段。

实现建筑全生命期的信息共享。设计与施工等领域的从业人员面临的主要问题有两个：一是信息共享，二是协同工作。设计、施工与运行维护中信息应用和交换不及时、不准确的问题造成了大量人力物力的浪费和风险的产生。美国的麦克格劳·希尔（McGraw Hill）发布了一个关于建筑业信息互用问题的研究报告。该报告的统计资料显示，数据互用性不足使建设项目平均增加 3.1% 的成本，工期延误的风险增加 3.3%。BIM 的基本作用之一就是有力支持建筑项目信息在规划、设计、建造和运行维护全过程充分共享，无损传递，从而使建筑全生命期得到有效的管理。应用 BIM 技术可以使建筑项目的所有参与方（包括政府主管部门、业主、设计团队、施工单位、建筑运营部门等）在项目从概念产生到完全拆除的整个生命期内都能够在模型中操作信息和在信息中操作模型，进行协同工作。不像过去依靠符号文字形式表达的蓝图进行项目建设和运营管理，因为信息共享效率很低，导致难以进行精细管理。

实现可持续设计的有效工具。BIM 技术有力地支持建筑安全、美观、舒适、经济，以及节能、节水、节地、节材、环境保护等多方面的分析和模拟，从而易于做到建筑全生命期全方位可预测、可控制。例如，利用 BIM 技术，可以将设计结果自动读入建筑节能分析软件中进行能耗分析，或读入虚拟施工软件进行虚拟施工，而不像

现在需要技术人员花费很大气力在节能分析软件，或在施工模拟软件里首先建立建筑模型；又如，利用 BIM 技术，不仅可以直观地展示设计结果，而且可以直观地展示施工细节，还可以对施工过程进行仿真，以便反映实际过程中的偶然性，增加施工过程的可控性。

促进建筑业生产方式的改变。BIM 技术有力地支持设计与施工一体化，减少建筑工程"错、缺、漏、碰"现象的发生，从而可以减少建筑全生命期的浪费，带来巨大的经济和社会效益。英国机场管理局利用 BIM 技术削减希思罗 5 号航站楼 10% 的建造费用。美国斯坦福大学 CIFE 中心根据 32 个项目总结了使用 BIM 技术的以下优势：消除 40% 预算外更改；造价估算控制在 3% 精确度范围内；造价估算耗费的时间缩短 80%；通过发现和解决冲突，将合同价格降低 10%；项目工期缩短 7%，及早实现投资回报。恒基北京世界金融中心通过 BIM 技术应用在施工图纸中发现了 7753 个冲突，如果这些冲突到施工时才发现，估算不仅给项目造成超过 1000 万元的浪费及 3 个月的工期延误，而且会大大影响项目的质量和发展商的品牌。

促进建筑行业的工业化发展。我国建造水平与发达国家相比有较大的差距，主要原因是建筑工业化水平较低所致。制造业的生产效率和质量在近半个世纪得到突飞猛进的发展，生产成本大大降低，其中一个非常重要的因素就是以三维设计为核心的 PDM（Product Data Man 原 agement 产品数据管理）技术的普及应用。建设项目本质上都是工业化制造和现场施工安装结合的产物，提高工业化制造在建设项目中的比例是建筑行业工业化的发展方向和目标。工业化建造至少要经过设计制图、工厂制造、运输储存、现场装配等主要环节，其中任何一个环节出现问题都会导致工期延误和成本上升。例如，图纸不准确导致现场无法装配，需要装配的部件没有及时到达现场等。BIM 技术不仅为建筑行业工业化解决了信息创建、管理、传递的问题，而且 BIM 三维模型、装配模拟、采购制造运输存放安装的全程跟踪等手段为工业化建造的普及提供了技术保障。同时，工业化还为自动化生产加工奠定了基础，自动化不但能够提高产品质量和效率，而且对于复杂钢结构，利用 BIM 模型数据和数控机床的自动集成，还能完成通过传统的"二维图纸—深化图纸—加工制造"流程很难完成的下料工作。BIM 技术的产业化应用将大大推动和加快建筑行业工业化进程。

把建筑产业链紧密联系起来。建筑工程项目的产业链包括业主、勘察、设计、施工、项目管理、监理、部品、材料、设备等，一般项目都有数十个参与方，大型项目的参与方可以达到几百个甚至更多。二维图纸作为产业链成员之间传递沟通信息的载体已经使用了几百年，其弊端也随着项目复杂性和市场竞争的日益加大变得越来越明显。打通产业链的一个关键技术是信息共享，BIM 就是全球建筑行业专家同仁为解决上述挑战而进行探索的成果。业主是建设项目的所有者，因此自然也是该项目 BIM 过程和模型的所有者。设计和施工是 BIM 的主要参与者、贡献者和使用者。业主要建立完整的可以用于运营的 BIM 模型，必须有设备材料供应商的参与。供应商逐步把产品目前提供的二维图纸资料改进为提供设备的 BIM 模型，供业主、设计、施工直接使用，一方面促进了这三方的工作效率和质量，另一方面为供应商本身产品的销售也提供了更多更好的方式和渠道。

6.3　绿色建造与项目管理创新

6.3.1　绿色建造与项目策划

绿色建造项目策划主要包括两部分内容，一方面是绿色建筑设计策划，另一方面是绿色施工实施策划。

1. 绿色建筑设计策划

项目前期工作一般包含项目可行性研究和项目建筑策划。前者是由投资顾问公司、经济师进行，是对项目的投资进行分析论证，是项目建设立项的前提，而后者则是由建筑师和设计咨询师承担，是对项目的建筑设计依据进行论证，是目前除房地产开发商外业主往往都会忽略的重要工作。在传统的建设程序中建筑师的设计依据就是业主的设计任务书。设计任务书的制定仅为业主单方面的运作，对设计任务书的合理性、逻辑性和前瞻性缺乏研究。因此，设计的依据缺乏科学性。只有在规划立项和建筑创作之间插入建筑策划环节，才能形成建筑设计完整而具逻辑性的全过程。

绿色策划是绿色建筑项目策划的重要组成部分，也是建筑师和绿建咨询师根据绿色建筑设定的目标。它要求从绿色建筑多学科角度出发，通过运用计算机等近现代科技手段对研究目标进行客观的分析，最终定量地得出实现既定目标所应遵循的方法及程序的研究工作，为建筑设计任务书确定绿色技术策略。

绿色策划，应包含以下内容：对绿色建筑目标的明确，对绿色项目外部条件的把握与分析，对绿色项目内部条件的把握与分析，绿色项目空间构想和表述，确定绿色技术策略及其他。宁波大学科技服务大楼绿色策划便涵盖了以上内容，将之概括简述为绿色策划表，详见表 6-2。

绿色策划表 表 6-2

序号	分项	内容
1	绿色建筑目标	国标"运行三星级"
2	绿色项目外部条件	地域的气候、环境、资源、经济及文化等特点
3		场地的地形、地质、环保、日照、大小、指标、周边环境和室外环境
4		交通条件
5		场地的生态
6	绿色项目内部条件	造价控制
7		功能及空间需求分析
8		建筑体形、朝向、窗墙比的分析与优化
9		建筑自然通风、采光与遮阳，合理利用可再生能源
10		节水系统及雨水回收利用
11		节材：体形规则；土建装修一体化；预拌混凝土、砂浆，高强钢筋；模盒无梁楼板新技术
12	绿色项目空间构想和表述	规划布局总体要求
13		造型简约
14		功能空间布置
15		外部空间布置
16		采用屋顶绿化和垂直绿化与造型一体化设计
17		公共空间资源共享
18		建筑文化场景营造
19	确定绿色技术策略	因地制宜：趋利避害
20		因用制宜：适宜的才是最好的
21	其他	示范性：绿色建筑技术的"可视化"
22		可推广性：便宜的才是可推广的

2. 绿色施工实施策划

绿色施工管理首先要制订绿色施工目标，该目标可依据绿色施工专项目标作为目标控制依据，如环境方针、环境目标和执行目标等。目标制订后，须制订对应制度以监督目标的执行情况，具体的绿色施工管理职责可由项目中主管安全的团队负责。

绿色施工目标确定后，即编制管理计划，计划编制完成后，由项目经理负责审批。绿色施工管理计划的目的在于指导项目绿色施工的具体执行，此外，绿色施工计划也是对项目绿色施工的一种展示。具体的绿色施工管理计划可包括以下内容：（1）法律依据；（2）管理目标；（3）管理机构及其职责；（4）"四节"措施；（5）现场环境管理；（6）生活区环境管理；（7）职工培训。

绿色施工方案编制可包括以下内容：（1）制订环境管理具体措施以降低环境负荷，比如针对地下设施和文物等资源的有效保护措施等；（2）制订节材具体措施以降低施工成本，比如尽量利用可循环材料，生活、建筑垃圾减量化，施工方案节材优化等；（3）制订节水具体措施，比如根据工程所在地的水资源状况，制订用水计划，在现场设置循环用水设施等；（4）制订节能具体措施，比如进行施工节能策划，生活区分时供电等；（5）制订节地与施工用地保护措施，比如制订临时用地指标、合理规划施工总平面布置等。在整个施工过程中，需要对绿色施工计划的落实情况进行动态管控，加强对施工准备、材料采购、现场施工和工程验收等施工各个阶段的管理和监督。

6.3.2　绿色建造与 EPC 工程总承包管理

EPC 模式最大的特点是实行设计、采购、施工一体化，工程总承包商可以为项目配置最佳的资源，减少管理链和管理环节，充分体现 EPC 模式的协调和整合能力，有利于设计方案优化，能够把项目工期缩短，对保证质量、控制投资、节约资源具有重要作用。EPC 模式正在成为全球工程建设行业主推的承包模式之一。EPC 总承包模式将管理与设计完美结合，能够充分发挥市场机制的作用，从 EPC 总承包模式的角度出发构造绿色管理关键控制链更能满足工程总承包企业在实行绿色管理上的要求。

EPC 项目实施绿色管理就是对围绕在 EPC 项目绿色管理关键连上的企业内部各种创造企业价值的活动中的各种影响"绿色化"的要求，实施有效的控制、监测、评估与改进，保证企业的经营活动能够"绿色化"。按照 EPC 项目建设过程——从业主的模糊需求转化为可视化图纸和方案的设计环节，再到从供应商处采购材料设备环节以及施工环节为主构建 EPC 项目绿色管理的关键控制链，如图 6-5 所示。

EPC 总承包企业的绿色管理是以可持续发展为指导，坚持把节约资源、保护环境、改善生态、有益于人民群众身心健康的理念贯彻到工程项目建设的全过程和各个方面，使企业实施的每一个 EPC 项目都能最终实现经济、社会、生态三效益的和谐统一，从而实现可持续发展。EPC 项目实施绿色建造的管理思路如下。

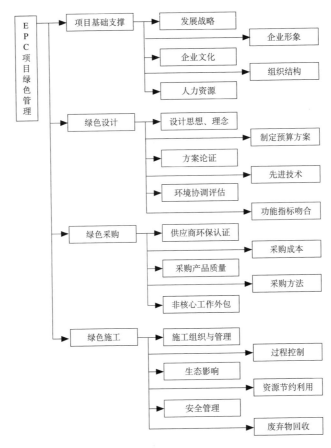

图 6-5　EPC 项目实施绿色管理的关键控制链

1. 基础支撑管理

项目基础支撑管理是影响项目是否有能力实施绿色管理、实现可持续发展的重要因素，是 EPC 项目实施绿色管理的基础。项目基础支撑管理活动主要是围绕于企业基础条件、科学管理体系、有效的运行机制等方面来进行。因此，对于 EPC 项目基础支撑管理的着眼点主要是集中在优化组织结构，减少职能部门之间的沟通成本，提升管理效率等方面。要求企业能够以长远眼光制定其绿色发展战略，以适应时代的发展要求，服务人类社会；构建支持 EPC 项目实施绿色管理的企业文化，提升员工的绿色价值意识；树立起绿色项目的品牌形象，增强消费者对企业的认可程度；优化组织结构、减少职能部门之间的沟通成本；优化项目的人力资源构成，减少或避免人力资源的浪费。

（1）制定绿色发展战略

企业的发展战略是企业根据内外部环境的实际情况而对企业的长期发展方向、

经营目标以及实现的方式、方法、途径所做的总体长远谋划。绿色的发展战略是企业根据经自身经营与自然环境、社会环境和谐发展的根本要求，结合企业经营环境的变化和企业生产经营的实际情况，从总体上和长远上考虑企业的成长方向，并制定按其确定方向成长的途径和措施，在促进社会经济和谐可持续发展中实现 EPC 企业的绿色可持续发展的理念。须指出的是，制定的绿色发展战略并不是在原发展战略之下制定的绿色战略，而其就是企业的经营发展战略，是指导企业发展的第一要义。

EPC 总承包企业制定绿色的发展战略有利于企业长期、持续、稳定的实施绿色管理，使绿色管理成为企业长远发展不可或缺的、持续有力的推动力量和保障，对 EPC 总承包企业实施的绿色管理应该是长期的持续改善企业与生态、社会关系的行为，而不是单单为减少资源浪费、保护和改善生态环境而采取的具体措施，其应该是采取具体措施的纲领。

（2）树立绿色品牌形象

对于 EPC 总承包商而言，在整个工程建设行业都在试图实现与资源、生态环境和谐发展的大形势下。绿色的品牌形象有助于 EPC 总承包企业争揽 EPC 项目，在竞争中显示自己的优势，甚至在争揽某些环保要求严格的大型项目时，具有绿色的品牌形象直接决定了其是否能够参与竞标。

（3）培育绿色企业文化

对于 EPC 工程项目而言，要想实现绿色化，企业文化起着基础性的关键作用，为实现企业的绿色发展、树立绿色品牌形象提供了保障。绿色企业文化强调职工为保护生态环境使地球变得更美好而共同努力肩负责任和付诸行动。绿色的企业文化能够帮助认识和处理 EPC 项目与自然、社会的关系，指导项目实施绿色管理。其体现在绿色管理的各个方面，既是 EPC 项目实施绿色管理的内容，又是在项目上积极主动实施绿色管理的前提。在企业内形成绿色的企业文化，能够使项目员工自觉、主动的参与到绿色管理的实践中，减小甚至消除了对 EPC 项目实施绿色管理的阻力，为实现项目绿色化提供了强有力的保障。

（4）组织结构设立绿色化

工程项目管理的组织结构一般分为项目型、矩阵型、职能型三类。项目型适用于工期紧张、参与人员固定的项目；矩阵型适用于工期短、沟通复杂的项目；职能型适用于工期长、重复大的项目。由于 EPC 模式将设计、采购、施工三个大方面的工作融为一体，多数总承包企业在建立 EPC 总承包项目组织结构时，都采用矩阵型的组织结构。EPC 项目组织结构绿色化是指在组织机构设置适合于实施 EPC 项目的基础上，尽可能的精简组织结构，使设计、采购、施工三部门之间的沟通更加便捷，更有助于实施设计、采购、施工工作的并行工程。工程施工直接影响工程产品的工期；

设计工作直接的影响项目产品的功能，影响施工的难度，间接影响项目产品的质量；采购工作又是连接设计和施工的中间环节。因此，要想实施并行工程在保证项目产品质量的情况下尽量的缩短项目工期，就需要建立专门实施并行工作的 EPC 项目管理核心部门，在项目经理的领导下，统领项目设计部门、采购部门和施工部门，协调沟通。建立以施工建设为主线，以设计工作为核心，有助于实施并行工程的项目组织结构。

（5）绿色项目人力资源构成

EPC 项目绿色人力资源管理是从人力资源的角度考虑如何提升 EPC 项目的环境绩效以及如何促进 EPC 总承包企业的健康可持续发展的一种新观念，资源上讲，人力资源浪费比物质资源浪费具有更高的机会成本。所以，绿色的人力资源管理倡导人力资源的节约，努力实现人力资源的最大效用。从优化人力资源的构成上，一方面，EPC 项目要有完备的人力资源配备，如设计方面要配备建筑、环境、能源、结构、经济等多专业的人才。另一方面，为避免人力资源的浪费，在 EPC 项目上人力资源应该是具有专业技术或具有管理能力的人才，尽量减少从事具体低难度施工作业的人员数量，促进项目资源的节约和高效利用，降低管理和生产的成本，帮助 EPC 项目更好地实施绿色管理。

2. 设计管理

绿色设计是保证项目产品绿色、项目实施过程绿色的重要措施，对项目的采购、施工都具有指导性的意义，对绿色设计的管理不仅要从设计过程和方法上进行管理，还要从设计原则、方案论证、环境评估等方面对设计活动管理。绿色设计是 EPC 项目实施绿色管理在设计阶段的核心。

（1）设计思想、理念

设计环节最核心、最有生命力的是设计理念，绿色的设计思想理念应该是以可持续发展的思想为指导，意在寻找人、项目、生态三者之间的和谐统一。在进行绿色设计时应该遵循整体设计观、设计结合气候、节约能源、资源最少化利用、尊重基地、尊重使用者的设计原则。这一设计原则囊括了人与环境问题在建设项目上应该考虑的所有因素。

（2）方案论证

设计方案的优劣直接影响项目质量，对绿色设计方案进行完整、科学的论证，确保设计方案能够正确的指导项目施工。方案论证能够保证设计方案符合当前条件下的施工水平，能够保证设计方案正确可行，减少因设计因素导致的重新施工和工期延误。因此绿色设计标的需要经过多次的论证分析和调整修正，对可以使用的绿

色技术进行投资和效果的比较，最后才能进入技术设计

（3）制定预算方案

对确定预算的方法、方案进行管理，保证确定预算的方法规范，预算确定的合理，能够为施工阶段的成本控制提供依据。企业可以建立成本预算数据库，记录各种材料设备等的价格，在确定预算时予以参考。

（4）绿色先进技术

对于先进技术使用的管理要避免使用高技术就会产生高成本的误区，在成本控制的合理范围使用新技术，同时也要努力提升工程建设企业的先进技术创新能力，掌握项目核心技术，提升竞争力。一方面，严格控制设备、材料、能源的绿色性，确保实施对象绿色和实施手段绿色；另一方面，积极创新、开发和整合绿色技术，积累一切有利于生态环境保护的技术措施。

（5）环境协调评估

对设计结果的环境协调性进行评估，充分尊重项目所在地的环境和气候。设计方案应该尽量小、轻的在项目场地内能留下足迹；方案中应该具有绿化配置，保留和利用项目场地内的植被、水系和地貌；方案应包含对项目施工过程和项目产品与周围环境协调性的预判，如考虑项目产品对周围交通、通风、反光的影响；方案应该能够区分需要保护的区域和需要调节的因素。

（6）功能指标吻合

绿色设计方案要和雇主的功能指标相吻合，也就是说设计方案要满足项目质量上的要求，这就要求对工程项目的整体目标和雇主需求进行充分的分析，将目标细化，设计方案一定要满足雇主的功能要求。

3. 采购管理

绿色采购是指在材料、设备采购时充分考虑生态环境因素，采取控制材料的质量、成本，提高采购效率等一系列的措施。实施绿色采购能够从源头控制，减少 EPC 项目建成后项目产品因生态环境问题而产生的费用。

（1）供应商环保认证

对供应商产品质量、绿色性及其生产交付能力进行评估，选择确定合格的绿色材料供应商和一般材料供应商，企业与优秀的供应商建立长期的战略合作机制，尽量减少供应商数量，节约由于对供应商不信任、催交采买货物而产生的监督成本和催交成本。

（2）采购方法

制定科学合理的采购方式，减少采购时因采购人员的违规操作导致的采购高成

本和采购损失。目前，公认的科学合理的采购方式为招投标方式。

（3）采购成本

工程总承包项目的材料和设备采购通常占项目总预算的 60% 以上，因此对于采购成本的管理是整个 EPC 项目成本控制的关键。采购成本的控制管理是在项目拟定的预算内，完成各项采购工作，并做到尽可能地节约。可在材料设备的运输中采用轻便、可循环利用的包装、第三方物流等降低运输成本；把企业的生产能力与相应的供应商结合，把部分生产行为从 EPC 总承包企业转移到供应企业，制定相符于工程工期的采购计划，降低施工现场的物资堆积，降低采购货物的资金占用和保管成本，从而降低采购成本。

（4）采购产品质量

采购产品质量可以从两个方面进行管理，一方面是减少使用有毒和有害的原材料，采购绿色材料；另一方面是避免采购到有毒有害及劣质的产品，通过对采购产品的质量控制，降低由于材料不合格而需要重新采购的成本，从 EPC 项目的材料环节保证项目产品的质量。

（5）非核心工作外包

从 EPC 项目的角度出发，绿色采购活动不仅包括设备、材料的采购，还包括将次要的、非核心的或辅助性的业务外包给外部具有优势的专业服务机构，这有助于工程总承包企业集中企业资源培育具有发展潜力的核心业务，整合利用其外部相对优秀的企业资源的专长和优势来提高企业整体的效率和竞争力。工程总承包企业应该对整个工程项目进行分析，将非核心部分外包出去，通过企业间的合作，整合各方面的优势资源，增加业务的弹性，这样 EPC 总承包企业才有精力和资源全力改善本身核心业务的竞争能力，提升企业综合实力和行业资源利用效率。

4. 施工管理

施工环节是产生项目产品的环节，直接影响项目产品的绿色化。对于 EPC 项目实施绿色施工管理，要求工程总承包企业的 EPC 项目组能够从全局的角度出发，在保证项目质量、安全的前提下，通过科学的管理手段，最大限度地减少施工对周围生态环境的负面影响，实现节能环保，绿色化施工管理。

（1）施工组织与管理

绿色施工的组织与管理就是通过建立层次分明的管理组织、完善的管理制度和明确的施工目标，来建立绿色的施工管理体系。进行绿色施工管理时建立两级的管理组织，一级为工程总承包企业协调机构，包括 EPC 项目的施工部门、项目的设计部门、工程发包商等用于与施工外部门的协调；另一级为施工部门内的组织协调机构，其主要成员应包括材料供应商、非核心业务分包商等与施工相关的协作单位。这更有助于项目内外的沟通协调和实现全员、全方位的绿色施工管理。

（2）过程控制

EPC 项目实施绿色管理的施工过程控制主要是对成本、工期和质量的控制。工程总承包企业应该根据自身的特点对 EPC 项目的施工流程进行重组和整合优化，使业务流程更加连续化，缩短工程工期；提升各流程中员工的自主权，提升工作效率；使流程更加柔性化，更加合理，降低因工程反攻而增加的成本和工期，提升工程质量。

（3）生态影响

施工阶段对周围生态环境的影响主要是：水污染、噪声污染、大气影响和土壤环境影响。国家已在施工环境影响方面颁布了各类的法律、法规、施工导则等，对工程总承包企业的 EPC 项目绿色施工来说，具有非常重要的参考意义。

（4）资源的节约利用

EPC 项目要从节地、节水、节能、节材几个方面考虑对资源、能源进行节约控制。同样地，国家政策在这方面的管理具有重要意义。

（5）安全管理

对 EPC 项目实施安全管理，采取安全措施，降低或避免人员伤亡。同时，根据 ISO14000 国际环保体系的要求，施工现场应该具有防毒、防辐射和防尘等的措施，施工活动对施工人员的生活区和办公区不存在潜在的危险影响，施工现场有危险警示牌等。此外还应有一套健全的安全管理体系，包含现场安全防护的具体措施以及应急事件的处理办法等。

（6）废弃物的管理

应该对施工废弃物进行分类处理，对于一些可以再回收利用的资源可进行循环使用处理，做到节约资源，对不可再利用的垃圾进行填满等妥善处理工作，以降低环境污染。

6.3.3　绿色建造与全产业链融合

在绿色建造过程中，涉及着众多的上下游合作伙伴，其中供应商和承包商的绿色意识对于提升建筑的绿色环保有着重要意义。打造一条以节能环保为主的"绿色产业链"，是绿色建筑得以实现的重要基础。十八届五中全会提出的"绿色"发展理念已经深入人心，绿色发展已经成为时代主题，从产业转型升级的角度来看，整个产业链的"绿色"转型，也应是必然的题中之意。其实，中国早在"九五"期间就提出了产业转型升级。自此以后，各地政府在制定产业规划时，都考虑采用多种产业政策推动转型升级。但政策在具体实施过程中，往往出现政策意图和预期效果不一致、甚至适得其反的情况。

1. 确立绿色全产业链的政策导向

产业转型升级的目标是要建立清洁的生产和消费模式。一件产品对环境的影响，包括"生产→消费→废弃→处理"的全过程。因此，确保生产与消费模式绿色化的政策导向，也应该涵盖任何一件产品的所有过程。在这些过程中，除了消费环节以外的环节，都与产业化运作模式不可分割，因此可将上述的所有过程统称为"全产业链"。

可以说，全产业链就是从最初原材料生产直到最终产品到达消费者手中，加上消费环节和报废后再制造环节的全过程；"绿色全产业链"则是上述所有环节都具备了环境友好性特征。基于绿色全产业链的产业转型升级政策，就是要通过政策设计，有效降低包括回收再用环节在内的产业链整体对环境的影响。而为了降低政策代价，达到"牵一发、动全身"的目的，基于绿色全产业链的政策视角，就不仅要考虑产业自身，还要关注与之相关联产业的绿色含量。对我国而言，由于地区发展不平衡，禀赋条件各异，各地资源的分布、利用程度、环境容量都参差不齐。因此，基于"绿色全产业链"的政策导向，还必须考虑按照地区的具体禀赋条件和产业基础来制定，只有这样才能有针对性地提高产业链整体的环境友好性。

改革开放以来的产业发展，是在牺牲环境和发挥劳动比较优势的条件下发展起来的，发展到现在，更多的高消耗和高污染产业链环节布局在了本土，而最终产品的清洁环节大量出口；国内和海外产生的大量废弃品也大多流向了国内，在回收组织化程度低的格局下，回收再用的循环部分反而成为低技术的污染环节。这种现状下，个别产业的清洁化，根本无法改变本土在全产业链整体所表现出的高污染特征。因此，产业政策必须要基于全产业链绿色化，才能实现本土所布局的产业链整体基于绿色化的转型升级。

2. 如何打造绿色全产业链

首先，要确定全产业链的绿色含量标准。建立基于绿色全产业链的政策导向，必须明确全产业链的每个环节对环境资源的消费量。

这要求对全产业链各环节的"资源消耗"和"污染排放"进行统计和测算，准确评价全产业链每个环节的"生态足迹"。这就必须建立完善的产品"生态足迹"评价制度。在此基础上才能针对不同环节的绿色含量，有所侧重地制定与之相对应的各种技术政策、环境标准与产业规制等。同时，考虑到政策成本和政策效果，可对相关联产业的"生态足迹"产生原因、转移方向进行考察，通过"牵一发动全身"

的政策实现全产业绿色化的转型升级。

其次，是基于绿色全产业链的结构重塑。绿色全产业链的产业转型升级不可以通过个别环节的"碎片化"改善，而应从全产业链视角重塑整个产业链结构。只有这样才能实现全球价值链与国家价值链的对接与融合，并同时推动贸易结构和产业结构的全面升级。

产业链结构重塑的目的是中国实现从全产业链的高能耗、低价值环节向低能耗、高价值环节转变。转变手段可以从以下几方面考虑：（1）转移高能耗环节。通过识别高能耗、低价值环节，寻找逐步削减甚至最终转移高能耗环节的产业政策。（2）压缩高能耗环节。分析高能耗环节的压缩空间和压缩成本，把握全产业链中的能耗比重大的关键环节，探索能耗降低方法及压缩比重的有效路径。（3）扩充低耗能环节。在全球产业链布局中，我国在低能耗环节的参与度较小。在逐步转移和压缩高能耗环节的同时，还应该积极向低能耗环节延伸。（4）创造新价值环节。通过产业融合或嵌入拓展全新的低能耗环节，包括绿色能源替代、制造业服务化等；通过加强研发和技术进步实现高能耗环节向低能耗的转变；构建绿色闭环产业链，强调资源、材料的回收和再利用，通过循环利用实现低能耗。

再次，是基于物联网／工业 4.0 趋势的企业绿色转型升级。工业 4.0 为基于绿色全产业链的产业转型升级政策导向提供了可行的思路。政策设计应该密切关注全球产业技术的发展趋势，结合自身比较优势，预见和判断能被市场接受的主导设计可能方向，从而掌握工业 4.0 革命的战略制高点，在全产业链中占据技术与环境标准的主导地位。

工业 4.0 不仅是产品和技术创新，组织创新和业态创新也会有突破。智能工厂的构建过程会促使企业业务流程再造，实现每个价值链环节的价值增值。这本身就构成了企业转型升级。而当价值链环节实现无缝连接时，不仅价值链架构改变，产业链也会衍生新的环节和新的活动来创造市场需求。这本身就是产业的转型升级。

6.3.4　绿色建造与智慧建造

智慧建造是在信息化要求下从数字建造、智能建造一步步转变过来的，也就是项目建造模式的智慧化。智慧建造是一个新兴建造理念，杨宝明博士首先提出这一理念并阐述了其含义：一是走可持续发展的道路，在项目建造过程中实现低碳化、低耗能，实现资源节约、环境保护；将新兴信息技术应用到项目建造过程中，实现整个建造过程的智慧化，使项目各参与方能协同合作，信息有效共享，真正实现共赢。智慧建造与传统建造的主要区别见表 6-3。

智慧建造与传统建造的主要区别   表 6-3

对比内容	传统建造	智慧建造
应用范围	主要是建设项目施工阶段	建设项目全寿命周期
应用技术	CAD、互联网、数据库等传统信息或网络技术的应用	BIM、物联网、4D 可视化等新兴信息技术的应用与集成
组织形式	松散组织形式，冗长的组织结构，多数情况下是根据具体管理任务组成的临时组织	利用新兴信息技术将项目的所有参与方集成到虚拟组织中，实现统一协调、资源共享
信息传递方式	纸质文档、会议、电话、传真、E-MAIL、快递等方式	通过物联网和普适计算等实现实时的信息交互
信息传递效率	传递效率慢，传递过程中容易造成信息缺失，各方主体之间大多是相互独立的，容易造成"信息孤岛"	通过改变信息的交互方式，提高信息的传递效率，各参与方需要可随时获取相关信息，实现信息协同、共享
应用信息模型	大多使用面向对象的建模技术，少数使用单一建设过程的 BIM 软件实现参数化建模技术模型。功能较为单一，往往仅能辅助某一方面的决策，自主分析和解决问题能力不足	利用多种信息技术集成的参数化建模技术。功能多样、互相关联，能实现全寿命周期的"三控两管，一协调"
多参与方协同	基本无法实现多参与方协同信息管理，仅能通过沟通实现以各自利益为出发点的合作	多参与方协同的工作环境，并实现多方协同的信息管理

智慧建造将多种新兴信息技术应用于建设项目管控中，将"智慧"注入项目之中，使项目建造过程中的信息互联与共享，智慧建造下项目管控的特点总结如下：

（1）从建设工程项目全生命周期管理角度出发，以实现全寿命周期项目管控为目标

智慧建造下的项目管控的研究范围是项目的全寿命周期，而不是传统项目管控的"割裂式"。智慧建造将改变传统项目管控论与方法，调整其组织结构形式向扁平化过渡，改变项目各参与方之间的信息交互方式，实现项目全寿命周期各参与方协同的项目管控。

（2）由实现单一目标向多目标过渡

由于建设项目的特殊性，项目管控的主体多、关系复杂，这就导致项目管控过程中，项目各参与方会根据自身需求的不同，侧重于单一管理目标，比如业主方会首先考虑投资成本和项目增值目标，设计方会优先考虑设计目标是否实现等。然而项目最后交付成果是要实现项目的整体目标，因此，智慧建造下的项目管控要始终贯彻项目各参与方协同和全寿命周期管理的思想，强调项目的多目标，以实现项目

的整体目标为目的。

（3）吸收多种先进理论的优点，取长补短

根据前文分析，智慧建造是在建设项目管理理论、BLM 理论、精益建造理论和可持续发展理论的基础上提出来的，是对这些理论的优点的集成和缺点的改进，注重生产效率和效益最大化、全寿命周期管理、各参与方协同、精细化管理和可持续发展，从而实现项目管控过程的智慧化、技术的集成化、信息的协同化和产品的绿色化。

（4）利用多种新兴信息技术的集成，优化建设工程项目管控方法

智慧建造的关键是多种新兴信息技术的集成，将信息化手段应用到项目管控理论当中，解决项目管控过程中遇到的问题，优化管控方法，提高管控效率、质量，降低管控成本与风险。BIM 技术管理通过参数模型将项目全寿命周期的项目信息进行数字化表达，并在项目策划、项目设计、项目施工到项目运维全过程进行传递和共享。4D 可视化管理相比 2D 图纸可以实现项目再现，实时监管项目，实现远程操作，方便快捷，并且还可以对项目成本进行实时分析、计算，实现有效地成本控制。利用物联网可以将个参与方以及物质资源信息进行良好的交互，在保证项目质量的前提下，可以减少项目建设成本，加快项目进展速度。

（5）改变项目各参与方信息交互方式，提高协同性

在智慧建造理念下，项目各参与方的个性化需求都能得到满足，并在多种信息技术集成应用的基础上构建信息化平台供各参与方协同工作，实时交流，从根源上避免"信息孤岛"，改变传统项目管控中各参与方的被动参与模式，形成多方协同、互利共赢、风险分担的新型合作方式。这个平台不仅能减少因信息不对称带来的成本与风险，也可以促进各参与方管理目标的实现。

1. 智慧建造下项目进度管控

随着建筑产业快速发展、建筑产业现代化及信息化的推进，建设工程项目对进度要求很高，必须通过对进度的有效控制来完成进度目标。这要求首先要明确建筑工程项目的进度管控原则，在此基础上将智慧建造与传统项目进度管控理论相结合，创新管控理念与管控方法，从而对项目进度进行管控。建设工程项目进度管控主要包括三个方面的内容：（1）确定项目进度目标，检验目标是否合理，是否能够实现，如果不合理或无法实现，就需要调整进度目标。（2）确定了项目的进度目标后，进行进度计划的编制。（3）在项目进行过程中，对进度计划实行动态跟踪和检查，保证进度计划在允许范围内变动，若超出这个范围，应及时采取措施予以纠正，确保项目进度目标得以实现。

在传统项目管控过程中，对于进度管控有横道图、关键线路等方法，主要控制原理是将施工现场进度情况同制定的进度计划进行对比，经分析发现两者之间的偏差，并通过制定技术、经济、组织等方面的措施来纠正偏差，然后再根据具体情况来判断是否需要调整进度计划。传统进度管控通过纸质文件传递信息，纸质文件传递存在以下问题，如信息容易丢失或信息传递不及时等。

智慧建造的出现给项目进度管控带来了巨大的改变，但还是基于传统项目进度管控的基础上变化的，两者在思想上是统一的，都是实际进度与进度计划的对比分析，只是，智慧建造进度管控的方式更先进，主要有：（1）运用 BIM 和 4D 可视化技术，在 3D-BIM 模型的基础上，将建设工程项目中和进度相关的时间信息加进来，构成 4D-BIM 进度模拟模型，使进度在虚拟建造过程中实现可视化。4D-BIM 进度模拟技术的进度管控过程如图 6-6 所示。运用这个模型能够在项目前期进行模拟分析，可以提前发现项目建造过程中可能存在的问题，在前期进行及时修改、解决，做到事前控制。同时用优化后的模型对项目施工进行指导，保证项目的顺利进行。（2）在项目进展过程中，利用物联网技术将构建与网络实现互联，现场工作人员就可以通过扫描仪等工具对现场进度控制点进行扫描，实时掌握实际情况，并将实际进度上传至 BIM 模型，与 BIM 中的进度计划比对，做到直观形象的实时监控，使进度计划在控制范围内，做到妥善的事中控制。除此之外，项目各参与方进行进度的对比核实，减少纸质文件的传递，提高纠偏的效率。（3）在项目完工后，将 BIM 竣工模型与初始模型的进行对比，对项目进度管控进行后评估，做到事后控制。

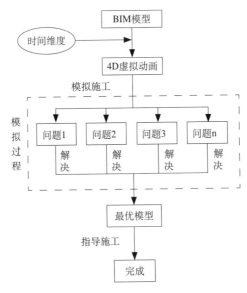

图 6-6 4D-BIM 进度模拟技术的进度管控过程

2. 智慧建造下项目成本管控

传统建设工程项目成本管控是分阶段进行的，不同的阶段由不同的参与主体进行管控，例如设计阶段是由设计方管控，到施工建造阶段由施工单位管控，这样就造成了割裂式管控，不利于项目的全寿命周期管理。将智慧建造理念引入到项目成本管控中，实现建设工程项目成本管控的全寿命周期的动态管控。

按照项目成本管控的原则，下面从决策阶段、设计阶段、招投标阶段、施工阶段、结算阶段五个阶段来分析应用智慧建造后如何对项目各阶段进行成本管控，见表 6-4。

项目全生命周期成本管控要素　　　　　　　　　　　　　表 6-4

项目成本管控阶段	管控重点
决策阶段	通过 BIM 模型中积累的类似项目进行匹配分析，确定决策项目的单位成本，进而算出工程估算数据；构建项目是实体模型，检查是否漏项，以减少成本估算误差
设计阶段	对项目成本进行限额设计，即根据业主方要求通过对模型数据库中的历史数据分析确定设计的限额，在不影响是设计效果情况下达到成本最小化，最大程度的实现设计的经济性；设计完成后，进行成本测算，及时纠正偏差，有效控制投资总额
招投标阶段	业主能够快速获取精确的工程量清单，不仅节省时间，还能减少因工程量计算不准确造成的索赔；施工单位可以提供精确报价，降低报价风险
施工建造阶段	用三维图纸替代传统二维图纸，将不同的专业整合到这个平台上进行碰撞试验，可以发现隐藏在交叉点的不合理因素，为成本管控提供有力支持；在施工建造过程中，可以实现按时间、工序、区域来计算工程造价，方便对成本进行动态控制
结算阶段	保证结算数据和历史记录的准确性；在施工建造阶段对设计变更及工程签证进行及时处理，避免结算时扯皮现象，推进结算顺利进行，降低结算成本

智慧建造理念在项目成本管控中的应用，是在保留传统成本管控方式的基础上，加入了新兴信息技术，主要是 BIM 技术。智慧建造理念的应用不是仅存在于项目建设过程的某个阶段的某个环节，而是在各个阶段对成本进行管控，形成对建设项目全过程的动态成本控制。基于智慧建造项目的动态成本管控流程如图 6-7 所示。

3. 智慧建造下项目质量管控

大多数人关注项目工期、成本的控制，质量控制常常被忽视。然而，无论是在

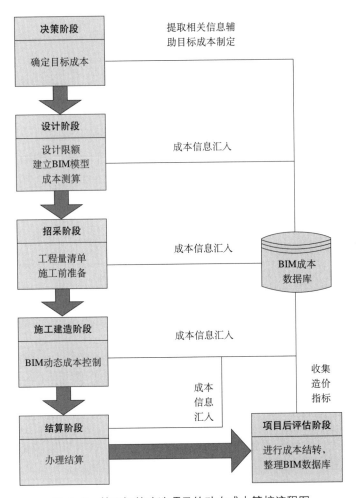

图 6-7 基于智慧建造项目的动态成本管控流程图

生产领域还是在工程项目领域，质量控制都具有重要意义。传统的质量管控思想陈旧，质量管控协同性差、质量信息传递是速度慢等缺点导致质量管控已经不能满足现代化建设的要求。智慧建造是建筑业信息化发展的产物，要创新传统质量管理思想，解决现行质量管控存在问题，将智慧建造技术与理念与传统质量管控方法相兼容才是质量管控的发展趋势。

智慧建造下质量管控方式主要是对质量信息收集、处理、存储。在项目建造初期，将项目的质量计划录入 BIM 模型中。在建造过程中，现场工作人员利用扫描设备对现场实际情况进行扫描，将实际情况与质量计划进行对比分析，如发现偏差，判断是否在控制范围内，对不在控制范围内的偏差进行改正，并将整个过程的质量信息上传到 BIM 模型中，形成对质量的实时控制。最后对质量管控结果进行评价，将评价结果反馈到质量数据库，为后续项目提供指导。图6-8介绍了智慧建造的质量管控框架。

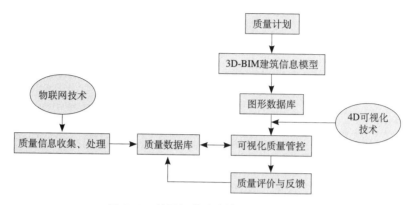

图6-8 基于智慧建造的质量管控框架

智慧建造下的质量管控将BIM模型、物联网技术、4D可视化、激光扫描技术等新兴信息技术集成应用。首先，应用BIM模型实现质量的优化控制和可视化管理。其次，应用4D可视化和物联网技术使建筑构件的空间关系形象化，与随进度形成的质量信息相结合，对质量进行实时动态管控。最后，运用网络实现项目各参与方协同管控。

6.4 绿色建造方式实践案例

6.4.1 城市生态修复工程案例

深坑酒店工程位于上海市松江区国家旅游度假区，建造于深约80m的废弃采石坑内，占地面积为105350m²，总建筑面积为62171.9m²，坑内建筑16层（含水下2层），坑上建筑3层（±0以上2层，坑上裙房地下室1层），为我国首个下沉式酒店，深坑酒店工程已入选美国国家地理频道的"伟大工程巡礼"栏目，社会影响力巨大。

目前我国大城市中可供开发利用的土地资源越来越稀少，深坑酒店利用废弃的采石深坑进行开发利用，充分节约了宝贵的土地资料，并且屋顶全部绿化，与周围环境融为一体，充分体现了绿色节能建筑的要求，且建筑设计新颖、外形美观、功能齐全。深坑酒店设计理念融合了"天人合一，自然和谐"的思想，对建造过程中绿色节能，生态环保要求较高，且由于深坑酒店的选址特殊性，其诸多施工技术均无成熟案例可借鉴，本项目展开的绿色施工及其管理方面的研究与成功实施为城市更新过程中对废弃场地的后续开发利用提供绿色建造的典范。

1. 管理重点和难点

（1）项目施工难度大，科研创新要求高

1）80m 陡峭深坑内，无法修建通向坑内的行车道路，人员、材料、机械垂直运输难度大，80m 采石深坑内垂直运输系统无成熟可靠技术可借鉴，需项目自主研发垂直运输系统。

2）陡峭硬岩高边坡治理加固难度大，深坑崖壁边坡坡度约80°，坑深约80m，加固支护如此坑深坡陡的硬岩边坡，国内罕见。

3）深坑内双曲异形结构施工难度大，深坑酒店结构形式为两点支撑的钢框架结构，突破现有规范，且其整体造型立面平面均为双曲线型，对结构变形要求极高。

4）永久性水下超长超厚混凝土结构裂缝控制及耐久性要求高。坑底基础设计为大体积梯田式回填混凝土基础，混凝土厚度最厚处达 19m 厚，为超大超厚大体积混凝土，施工难度大。且永久处于水下的 2 层混凝土结构环向长度约 225m，而且由于其永久处于水下，抗渗及耐久性要求高，对施工带来很大挑战。

（2）绿色建造要求高

深坑酒店毗邻"松江九峰"之一的横山，采石坑内已形成较好的生态环境，且崖壁上已有的自然景观植被再生难度大且周期长，在施工建设过程中严禁对现有的植被及生态产生破坏。酒店设计理念本身就融合了绿色生态的思想，在充分理解深坑酒店其本身建筑思想的前提下，要求绿色建造的思想贯穿于施工过程中。

2. 管理策划及创新

（1）管理策划

1）科技创新策划

项目部在施工前期邀请局及公司专家领导对深坑酒店科技创新研发工作进行指导策划，分析本工程特点难点及可挖掘的创新点，确定科技研究目标、制定科技研究内容和科技研究计划，分析工作条件和环境保障情况，制定人才及设备需求计划。同时策划制定成果形式和考核指标，进行风险分析并制定风险应对措施，提出科技研究路线和手段，组建研究团队并进行职责划分。编制科研策划书，制定科技管理制度，并签订责任状。精心的策划，为科研工作的开展提供了坚实基础。

2）绿色施工策划

项目部成立了以项目经理为组长，各部门主要负责人为副组长，各部门人员为组员的绿色施工管理领导小组，全面负责项目部绿色施工管理工作。确定项目生产经理为绿色施工第一责任人，结合各岗位原工作职责，进行绿色施工管理分工，确定绿色施工管理目标，并将目标分解，层层到人。确定绿色施工评分标准，制定绿色施工管理制度，将绿色施工考核指标具体量化。

由项目经理组织各部门结合深坑酒店特点，从"《绿色施工手册》"、"《建筑业十项新技术》"、"《中建八局十项新技术》"中挑选了适用于深坑酒店绿色施工新技术共44项。制定深坑酒店绿色施工技术名录，确定各项绿色施工技术的应用数量、应用时间、应用部位、责任人等。

项目开工初期，项目部结合酒店永久性道路，进行场内临时道路布置。施工过程中，根据施工进度，组织总平面布置讨论会，合理安排现场临设，努力减少和避免使用过程中的临时建筑拆迁和场地搬用。

（2）创新特点

1）项目积极使用新工艺新技术新设备，如BIM技术，三维激光扫描逆向建模技术，BIM全站仪，光面爆破技术等。

2）项目自主研发了各项新技术，如附着于陡峭不规则崖壁的施工升降机设计及施工技术，混凝土向下80m超深向下输送技术，一桩一探技术等。

3）结合深坑酒店工程特点，因地制宜，以科技创新促进绿色施工，利用BIM技术协助进行绿色施工管理。

3. 管理措施实施

（1）科技创新管理措施实施

1）过程中按照制定的策划方案严格落实和考核，根据研究内容，以降低成本，缩短工期，保证质量和安全为目标制定施工方案并积极考虑使用新技术、新材料、新工艺。

如考虑到采石坑底及坑壁形貌复杂，采用三维激光扫描仪对整个采石坑进行三维激光扫描，形成三维数据模型，对采石坑进行逆向建模，以便给坑底基础设计及方案编制和优化提供依据。

并对已完成的结构进行三维激光扫描，建立已完成结构的现场实际三维数据模型，与设计模型进行对比分析，完成异形结构的变形及位移监测。

2）定期组织"头脑风暴会议"讨论各施工难题的解决方案，邀请局专家进行相关方案的指导，并采用"PDCA"循环优化施工方案，同时借助BIM技术，进行模拟分析，更直观更便捷地进行方案优化。

3）定期组织科技研讨会，分析总结过往科研工作经验教训，考核科研计划完成情况，挖掘新的创新点，并制定下一周期科研计划，同时利用科技研讨会组织进行学习培训。

4）方案制定之后，进行周密验算论证，保证方案实施的安全性，并积极实施，反复试验论证调整，以寻求方案的最佳的可行性和经济性。

5）建立科技创新奖励基金，对科技创新及研发工作有突出贡献有成果的员工予以一定的现金奖励并在其绩效考核中予以加分，激发项目部人员的进行科技创新和研发工作的主动性和积极性。

（2）绿色施工管理措施实施

1）绿色施工学习培训，宣传教育

项目部积极参加公司组织的绿色施工观摩，学习借鉴其他项目的绿色施工经验和做法，同时利用"每周一课"时间，培训学习绿色施工新技术。利用每月安全教育大会，向工人宣贯本工程的绿色施工要求，及各工序的绿色施工措施，号召工人保护深坑已有的生态环境。

2）定期考核评价

项目部根据《建筑工程绿色施工评价标准》GB/T 50640 要求，结合中国建筑第八工程局《绿色施工评价标准》管理流程，会同监理和业主，定期开展绿色施工过程评价，并根据自评结果，查找短板，完善绿色施工管理。

3）方案比选，保护环境

原计划第一套混凝土超深向下三级接力输送试验成功后，布设第二套三级接力输送系统，但布设第二套三级接力输送系统周围绿色植被较多，需砍伐周围大量树木设置临时道路和泵车停放点。为减少对周围环境的破坏，经慎重考虑并进行试验验证，最终改为混凝土超深向下一溜到底输送方案，有效地保护了周围植被。

4）利用 BIM 技术精确算量

采用基于广联云的 BIM 施工管理平台，利用 BIM 模型数据，计算现场材料用量，同时利用信息化管理平台严格材料计划审批流程，防止出现材料积压甚至浪费。

5）利用 BIM 技术指导精确下料

由于现场崖壁起伏不定，坑底回填混凝土基础钢筋下料需根据现场情况进行放样下料。项目部提前通过将结构模型与崖壁模型进行整合，进行回填混凝土基础的钢筋排布，并指导钢筋下料，既避免了现场材料的浪费，又保证了工程质量。

6）崖壁爆破优化，利用 BIM 技术，将建筑物模型与崖壁模型碰撞，精确定位出碰撞需爆破区域，并利用放线机器人进行放线爆破，进行精确定位埋药，并采用预裂爆破和静态爆破方式进行崖壁爆破，最大限度地减少对崖壁的破坏。

7）坑内碎石利用

深坑在爆破后产生了大量碎石，碎石以安山岩为主，硬度大。在坑底 19m 高梯田式回填混凝土施工过程中，经过与设计协商，在回填混凝土施工中大量使用了坑底爆破碎石进行快速堆抛石混凝土施工，充分利用现有资源，减少成品混凝土消耗量。同时，现场利用崖壁加固废料和混凝土余料，与碎石拌合，制作成装配式道板，铺设了坑底临时道路，装配式道路还具有可转场重复利用的优点。

8）裸土覆盖

对施工现场长期裸露土部位，通过种植草进行覆盖，不仅起固土降尘和净化空气的作用，同时也美化了施工环境；对场内的临时堆土，利用安全网覆盖，降低刮风时的扬尘。

9）设置移动式绿化

除大面积种植草覆盖裸土外，还沿主路设置了移动式绿化。移动式绿化可根据现场需要随时转移，还可在本工程结束后调运至其他项目使用。

10）设置喷雾降尘装置

深坑酒店工程在采石坑周边、临时道路周边和塔吊大臂上安装了喷雾降尘系统，该系统经管路送至喷嘴雾化，形成飘飞的水雾，由于水雾颗粒非常细小，能够吸附空气中杂质，营造良好清新的空气，达到降尘、加湿等多重功效。本系统造价低，运行维护成本低，经济实用，控制方便。

11）增设垃圾桶和移动式厕所

本工程场地跨度大，现场每隔一定距离增设了分类式垃圾箱与移动厕所，不仅起到便利场内施工人员的作用，还对现场垃圾控制起到了较好的效果。

12）垃圾堆放点进行封闭式处理

现场垃圾进行统一式管理，设置了场内垃圾堆放点，堆放点垃圾进行定期清理。为避免刮风时垃圾飘散，下雨时垃圾被浸泡发出难闻的气味儿，对垃圾堆放点进行封闭式处理，设置了彩钢板雨棚和铁栅栏围挡。

13）安装颗粒物与噪声监测系统

在现场安装了颗粒物与噪声在线监测系统，监测系统可对现场扬尘和噪声进行实时监测，一旦监测数据超标，施工现场将立刻增强降尘降噪措施，防止环境污染。

14）现场型钢采用工厂预制

深坑酒店工程主体钢结构用钢量达6900余吨，通过工厂预制和现场拼装，极大减少场内措施用钢量，同时减少场内钢材焊接，减少光污染。

15）使用定型化可周转设施

现场大量运用了定型化可周转围栏进行临边洞口防护，现场还采用了定型化灯架、定型化茶水亭、定型化钢筋棚、定型化仓库等，定型化设施可多次周转，重复利用。

16）雨水收集利用

深坑坑口面积达 3.2 万 m^2，每次下雨坑底都会汇聚一定量的雨水。结合此现场条件，项目在编制部分施工方案时（消防方案、混凝土养护等），优先考虑利用坑底的雨水资源，将雨水利用最大化。

17）洗车槽循环水系统

利用收集的雨水，对进出场车辆进行清洗，并实现水的循环利用。减少市政供水消耗，实现雨水资源最大化地利用。

18）采用镝灯时钟控制装置

在满足现场照明需要的前提下，节约电力资源，本工程现场大灯都安装了镝灯时钟控制装置，此装置可预先设定开灯关灯时间，有效解决了忘关电灯而造成的电能浪费问题。

19）安装使用太阳灯路灯和节能灯

能源利用上，项目部从"开源"和"节流"两方面出发，现场设置了太阳能路灯，实现多样化能源利用；施工现场和临设办公区，采用 LED 节能灯照明，光效高、耗电少、寿命长、易控制、免维护，节能环保。

4. 小结

深坑酒店在项目管理过程中，注重科研创效，倡导绿色施工，各项关键技术实施效果均满足相应设计及规范要求，整体实施效果良好，保证了工程的顺利实施，获得了业主和社会各界的一致认可，也为城市更新过程中对废弃场地的后续开发利用提供绿色建造的典范。

6.4.2　绿色施工案例

某工程项目地上 51 层，地下 4 层，由一栋 220m 酒店塔楼、两栋 180m 办公楼、两栋 175m 住宅楼和商业裙房组成。建筑面积约 740000 m^2。工程处于城市核心位置，施工场地狭小，周边环境复杂；功能定位为高端城市综合体。由于工程体量大，故投入大，建设周期较长，势必消耗资源较多，如何最大限度地实现四节一环保，达到绿色施工目标，实现节能减排，达到社会可持续发展的要求，成为一个重要难题。

项目部召开绿色施工及标准化启动会议，针对项目实际情况，结合《建筑工程绿色施工评价标准》GB/T 50640、《绿色施工导则》相关要求，编制了详细的绿色施工技术方案，在控制项 100% 满足要求的前提下，将一般项、优选项作为本工程绿色施工重点，并对传统的一般项、优选项进行技术改进、创新应用从管理上提供了保障。

1. 主要创新技术措施

（1）利用降水的自动加压喷淋降尘系统

传统的施工现场给水工艺通常是整个施工现场设生活、施工、消防给水管网全部使用自来水，由于施工现场用水量大，将消耗大量水源。

而采用基坑降水进行现场道路喷淋、施工及消防用水技术全部采用施工降水满足扬尘防治、施工用水及消防用水的需要，将节约大量水源，该系统室外喷洒环网给水系统采用了独立的降水给水管道系统，由地下降水提升至沉淀池，经二次加压对环网进行供给。图 6-9 为自动喷洒降尘设计示意图，图 6-10 为现场喷洒效果图。

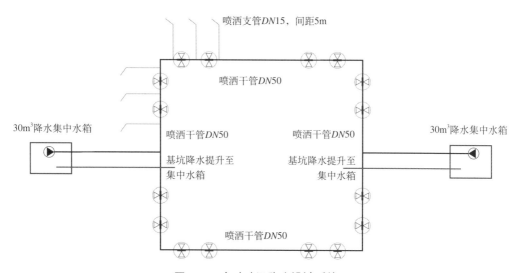

图 6-9　自动喷洒降尘设计系统图

图 6-10　现场喷洒效果图

经济效益分析见表6-5，经过分析可以看出，本施工技术措施利用施工降水，变废为宝，同时自动喷淋系统无需专职洒水人员，节约大量人工，经济效益明显，同时由于项目体量大，降水施工周期长，故经济效益潜力巨大，同时符合绿色施工的要求。

利用降水的自动加压喷淋降尘系统经济效益分析　　　　表6-5

项目	单位	月消耗量	费用单价	月节约费用
降尘用水	m³	3700	4.3元/m³	15910元
降尘人工	工日	300	60元/工日	18000元
月节约成本	33910元			

（2）余料、建筑垃圾回收利用技术

传统施工中，混凝土、砂浆等建筑余料由于收集困难，利用率较低，故多被作为建筑垃圾进行处理，同时施工过程中产生的建筑垃圾的清理多采用人工装袋、装箱利用垂直运输机械进行运输，造成建筑材料的浪费，人工的浪费、垂直施工机械耗用、电能的浪费不符合绿色施工的要求。

本项目采用混凝土余料及工程废料收集系统解决了以上难题，本系统是一种新型的对混凝土余料及工程废料收集的实用型系统，利用土建风道作为管道附着点。该系统主要由薄壁钢管，斜三通，消能弯，固液态分离网组成，每次浇筑混凝土以后对泵车及泵管进行冲洗时，直接把布料机的皮管接到薄壁钢管里面，冲洗的废水及废渣通过薄壁钢管直接引流到地下四层，经过固液态分离网把固态和液态分开，液态通过砖砌排水沟引入到地下四层集水坑，废水由正式排污管道排到室外。楼层清理及二次结构产生的工程废料可以直接通过斜三通引到地下四层经过分离网把工程废料收到集中点，对废料进行集中处理。图6-11为应用效果图，图6-12为系统设计图。

经济效益分析见表6-6，经过分析可以看出，本施工技术措施节约了大量人工搬运费用，同时节约了塔吊、施工电梯使用且无扬尘污染，经济效益明显，同时由于项目体量大，施工周期长，故经济效益潜力巨大，同时符合绿色施工的要求。

（3）定型化、工具化、标准化创新措施

传统钢管扣件式临边防护采用钢管扣件支架搭设，固定形式多采用抱箍、斜撑、预埋等方式，劳动强度大、成型效果差且容易移动，安全性差，由于各种条件下防护尺寸不统一，需切割大量钢管，造成材料浪费，不符合绿色施工要求。

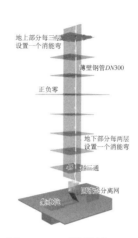

地上部分每三层设置一个消能弯

薄壁钢管DN300

正负零

地下部分每两层设置一个消能弯

45°斜三通

固液分离网

集渣坑

图 6-11　现场应用效果图　　　　　　图 6-12　系统设计图

余料、建筑垃圾回收利用技术经济效益分析　　　　　　表 6-6

项目	单位	月消耗量	费用单价	月节约费用
人工	工日	600	60 元 / 工日	36000 元
机械运输费用	t	50	200 元 /t	10000 元
月节约成本	46000 元			

采用定型化可周转钢管扣件式临边防护技术可减少钢管的损耗，实现钢管扣件式临边防护的标准化、定型化，且操作简单，降低了劳动强度，提高了美观度，增强了安全性能。

本技术中的连接件采用螺栓固定，使用专业工具施工速度快，拆卸方便，一次投入可周转几十次，符合绿色施工要求。图 6-13 为定型化可周转扣件式临边防护搭设效果，图 6-14 为连接件节点。

图 6-13　定型化可周转扣件式临边防护搭设效果　　图 6-14　连接件节点

经济效益分析见表6-7，经过分析可以看出，本施工技术措施节约了大量人工搭设费用，同时节约了钢管材料的投入，且安全、美观，经济效益明显，同时由于项目体量大，施工周期长，故经济效益潜力巨大，同时符合绿色施工的要求。

定型化、工具化、标准化创新措施经济效益分析　　　　表6-7

项目	单位	月消耗量	费用单价	月节约费用
人工	工日	300	60元/工日	18000元
钢管	t	0.2	6000元/t	1200元
月节约成本		19200元		

（4）木方、模板接长设备及再生覆塑模板创新措施

施工现场木方、模板材料是施工生产的主材，为了节约材料，实现节材要求，项目引进接木机等设备，对木方、模板进行接长，同时采用再生覆塑模板，可将废旧模板回收利用，然后进行重新加工，表面覆盖塑料层，可实现模板的再生利用，接木机是将短木料接长的一种专用成套机器，由梳齿机和对接机组成，空压机辅助。合理使用木材、加强废旧木材的回收利用，其生态效益比植树造林更加明显。图6-15为接木机应用实景效果，图6-16为再生覆塑模板效果。

图6-15　接木机应用实景效果

图6-16　再生覆塑模板效果

经济效益分析见表6-8，经过分析可以看出，本施工技术措施节约了大量木材投入费用，同时减少了建筑垃圾的投入，且安全、实用，经济效益明显，同时由于项目体量大，施工周期长，故经济效益潜力巨大，同时符合绿色施工的要求。

木方、模板接长设备及再生覆塑模板创新措施经济效益分析　表 6-8

项目	单位	月消耗量	费用单价	月节约费用
垃圾处理费用	m³	50	200 元/t	10000 元
木材	m³	40	1600 元/t	64000 元
月节约成本	74000 元			

（5）施工临时水电安装应用正式管道技术

传统临时施工用水和消防用水需要敷设大量临时管道，并且由于管线裸露，施工环境复杂，极易造成管线损坏，影响正常施工，耗费大量人工维护保养费用，同时施工结束后即拆除，造成大量建筑垃圾不符合绿色施工要求。

采用临时施工用水和消火栓利用正式管道技术，管道设置在管井中，在剪力墙里预埋临时施工用水和临时消火栓钢套管，消火栓挂墙安置，与传统临时施工用水和临时消防做法相比，不紧节约了临时水电安装材料的投入而且减少对后期施工的影响，同时加快了管道安装的施工进度，如图 6-17、图 6-18 所示。

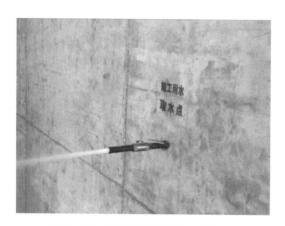

图 6-17　临时施工用水取水点效果　　　　图 6-18　临时消火栓安装效果

经济效益分析见表 6-9 所示，经过分析可以看出，本施工技术措施节约了大量水电管线材料投入费用，同时减少了人工维护成本投入，且安全、实用，经济效益明显，同时由于项目体量大，施工周期长，故经济效益潜力巨大，同时符合绿色施工的要求。

（6）超高层智能升降平台

传统爬架多为提升机位架体＋钢管扣件脚手架组合搭设而成，安装速度慢，工序复杂，并且脚手板多为木质，需要耗费人工进行维护保养，并且存在火灾等重大安全隐患。

施工临时水电安装应用正式管道技术经济效益分析 表 6-9

项目	单位	消耗量	费用单价	节约费用
临时水电管线	m	5000	100 元 /m	500000 元
人工维护成本	工日	300	100 元 / 工日	30000 元
节约成本		530000 元		

超高层智能升降平台是采用钢板封底、钢板网立面防护的一种纯金属制作的爬架体系，改体系组装速度快，由工厂定型化生产，运输到施工现场后展开辅以固定后即可进行吊装搭设，搭设速度是传统爬架的两倍以上，且有多道防坠保险装置，安全等级较高，施工完毕后可自降至地面拆除，或高空采用塔吊解体后分片拆除，拆除速度快。与悬挑脚手架相比在超高层工程中应用经济效益明显，符合绿色施工要求，如图 6-19 所示。

图 6-19　工程实景案例

经济效益分析见表 6-10 所示，经过分析可以看出，本施工技术措施节约了大量钢管扣件、密目网等传统爬架材料投入费用，同时减少了火灾隐患，且安全、实用，经济效益明显，同时由于项目体量大，施工周期长，故经济效益潜力巨大，同时符合绿色施工的要求。

（7）液压爬模系统技术

爬模施工是适用于高层建筑或高耸构造物现浇钢筋混凝土结构的先进模板施工工艺。本项目采用先进的 SKE50 系列液压爬模系统，模板采用木模板，模板背楞采用木质工字梁，整个模板系统可周转 50 多次，可满足酒店塔楼核心筒墙体施工要求，且混凝土浇筑成型效果较好，达到清水效果。

超高层智能升降平台经济效益分析 表 6-10

项目	单位	消耗量	费用单价	节约费用
钢管扣件	m	8000	0.3 元 /m（月）	2400 元 / 月
人工搭设	工日	200	200 元 / 工日	40000 元
节约成本		40000 元 $+ 2400 \times n$（月）元		

由于酒店工程外框结构为钢结构，楼板为钢筋桁架楼层板，故对塔吊依赖极大，采用液压爬模系统，核心筒竖向模板无需吊装，可节约塔吊吊次，为钢结构施

工创造有利条件，同时根据施工经验，核心筒竖向墙体施工速度可达到 3 天一层，满足了施工要求。图 6-20 为液压爬模组装过程，图 6-21 为 13 组装完成后效果及系统图。

图 6-20 液压爬模组装过程

图 6-21 组装完成后效果及系统图

经济效益分析见表 6-11 所示，经过分析可以看出，本施工技术措施节约了模板支撑系统、脚手架等投入费用，同时减少了火灾隐患，且安全、实用，经济效益明显，同时由于项目体量大，施工周期长，故经济效益潜力巨大，同时符合绿色施工的要求。

液压爬模系统技术经济效益分析 表 6-11

项目	单位	消耗量	费用单价	节约费用
材料费	套	2	10000/套	20000
人工费	工日	2000	200 元 / 工日	400000 元
节约成本	420000 元			

（8）LED 节能灯具应用技术

传统地下室临时临时照明多采用荧光灯、白炽灯等架设临时照明管线形成临时照明系统，由于目前工程地下室面积较大，地下室照明时间较长，将耗费大量电能，同时传统灯具使用寿命短，需投入大量维护保养成本，故项目部决定采用 LED 节能灯具作为临时照明。

在满足相同照度的情况下设置 24 盏灯做对比实验：LED 节能灯具功率为（36V；6W），普通灯具功率为（220V；38W）。理论计算后普通照明灯的耗电量是 LED 灯的 5 倍，实际电表记录数据表明普通节能灯的用电量是 LED 灯的 4.5 倍，且 LED 灯具使用寿命长，避免了频繁更换维护的投入。图 6-22 为 LED 灯具安装使用效果。

图 6-22 LED 灯具安装使用效果

经济效益分析见表 6-12，经过分析可以看出，本施工技术措施节约了大量的电能，同时 LED 灯具使用寿命长，减少了更换、维护等成本。

LED 节能灯具应用技术经济效益分析 　　　　表 6-12

	成本（元）	每月用电量（kW·h）	1 年用电量（kW·h）	回收时间（月）
LED 施工灯具	12750	617	7404	2.6 个月
普通灯具	3150	4320	51840	

LED 灯成本：118×100 个 +950（1kVA 变压器）=12750 元
普通灯具成本：2.5（1+1.5）×100 个 +2900 元（10kVA 变压器）=3150 元
LED 每月用电：60W×100 个 ×24h×30 天 ÷1000÷7=617kW·h 即每月电费 617 元
普通灯具每月用电：60W×100 个 ×24 小时 ×30 天 ÷1000=4320kW·h 即每月电费 4320 元
成本回收：(12750 元 – 3150 元) ÷ (4320 元 – 617 元) =2.6 个月
注：LED 施工灯 6W 用电量为 60W 普通灯的七分之一

（9）施工楼梯间临时照明声光控技术

传统楼梯间临时照明为布置临时照明管线，由于管线裸露，施工现场极易造成管线损坏，触电等安全隐患，并且施工结束后需要投入人工进行拆除，造成大量管线建筑垃圾，不符合绿色施工要求。

本工程楼梯间临时照明利用声光控制以及工程正式预埋管道穿线，用于采用正式管线作为临时照明应用，减少了临时照明施工成本，同时由于采用正式管线，全部为暗敷，避免了传统临时照明管线明装造成的触电安全隐患。

经过对比分析，利用正式预埋管道穿线的照明回路，无外漏线管、电线、完全

达到了安全、美观、节约成本的效果。图 6-23 为临时照明声光控制器，图 6-24 为现场实施效果

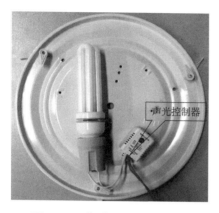

图 6-23 临时照明声光控制器

图 6-24 现场实施效果

经济效益分析见表 6-13，经过分析可以看出，本施工技术措施节约了电能和安装管线的投入，经济效益明显，同时由于项目体量大，施工周期长，故经济效益潜力巨大，同时符合绿色施工的要求。

施工楼梯间临时照明声光控技术经济效益分析　　　　　　　表 6-13

项目	单位	消耗量	费用单价	节约费用
安装材料	m	5000	30 元 /m	150000 元
节约用电	度	1000	1 元 / 度	1000 元 / 月
节约成本	150000 元 + 1000 × n（月）元			

（10）钢筋数控加工技术

传统钢筋加工均采用人工料单计算，将下料单下发钢筋加工班组后，班组采用传统设备进行切断、弯曲加工，由于工人技术水平参差不齐，传统机械设备加工效率低下等原因，对于施工进度影响较大，为保证施工进度，需投入多台传统钢筋加工机械，但又会产生施工现场占地面积较大，对于施工场地狭小的施工现场难以实现。

采用钢筋数控弯箍机与数控弯曲中心机械可大大提升加工效率，单日可加工钢材 100t，钢筋成型尺寸精确，节约材料，可实现料单智能输入，减少了劳动力的投入，占地面积少，特别适合施工场地狭小工程。图 6-25 为钢筋数控弯箍机，图 6-26 为钢筋数控弯曲中心。

图 6-25　钢筋数控弯箍机

图 6-26　钢筋数控弯曲中心

经济效益分析见表 6-14，经过分析可以看出，本施工技术措施节约了施工场地、人工、材料，经济效益明显，同时由于项目体量大，施工周期长，故经济效益潜力巨大，同时符合绿色施工的要求。

钢筋数控加工技术经济效益分析　　　　　　表 6-14

项目	单位	消耗量	费用单价	节约费用
人工费	工日	20	120 元 / 工日	2400 元
节约成本	$2400 \times n$（月）元			

（11）装配式混凝土场地、道路技术

国内目前施工现场需根据文明施工要求进行施工场地硬化，多为 150mm 或 200mm 混凝土材料，以达到防治扬尘的要求，但由于施工现场的硬化多为临时材料堆场、临时道路，施工结束后需进行拆除，势必浪费大量人工、建材，产程大量建筑垃圾，对环境造成危害，同时也不符合绿色施工的要求。

装配式施工场地、临时道路硬化施工技术由混凝土预制板块、辅助沙层、嵌缝水泥砂浆组成，尺寸可根据施工荷载和现场条件制作成多种规格，例如可以制作成砌筑工程中过梁大小，临时道路使用完后，可继续应用与砌筑结构中。施工时可选择场地一次制作成型，或者制作完成后吊装至指定位置。图 6-27 为设计平面图，图 6-28 为周转使用效果。施工结束后选择完好的构件进行回收，根据公司相关规定进行其他项目调拨，或回收至指定仓库备用。

经济效益分析见表 6-15，经过分析可以看出，本施工技术措施节约了大量混凝土、钢筋材料投入费用，同时减少了建筑垃圾的产生，且安全、实用，经济效益明显，同时由于可周转次数较高，故经济效益潜力巨大，同时符合绿色施工的要求。

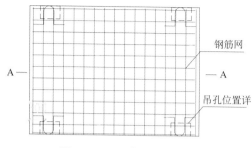

图 6-27　设计平面图

图 6-28　周转使用过程及完成效果

装配式混凝土场地、道路技术经济效益分析　　　　表 6-15

项目	单位	周转次数	综合费用单价
传统施工成本	m²	0	500 元 /m²
装配式成本	m²	5	300 元 /m²
节约成本	200 元 /m²		

（12）余料、建筑垃圾回收预制过梁、制砖技术

传统施工中，混凝土、砂浆等建筑余料由于收集困难，利用率较低，故多被作为建筑垃圾进行处理，同时施工过程中产生的建筑垃圾的清理多采用人工装袋、装箱利用垂直运输机械进行运输，造成建筑材料的浪费，人工的浪费、垂直施工机械耗用、电能的浪费不符合绿色施工的要求。

本项目采用混凝土余料及工程废料收集系统解决了以上难题，但是如何提高回收余料以及建渣的利用率成了一个新的难题，经过研究策划，决定采用碎石机将建筑垃圾进行粉碎，然后采用制砖机进行小型砌块的生产，将建筑垃圾进行回收利用。通过试验分析，制作的砌块强度可以满足施工要求。实现了节材技术应用，符合绿色施工要求。图 6-29 为建渣破碎机，图 6-30 为制砖机。

图 6-29　建渣破碎机

图 6-30　制砖机

273

经济效益分析见表 6-16，经过分析可以看出，本施工技术措施建设了建筑垃圾的处理费用，变废为宝，符合绿色施工的要求。

施工临时水电安装应用正式管道技术经济效益分析 　　表 6-16

项目	单位	数量	费用单价	节约费用
垃圾处理	t	20t/月	500 元 /t	10000 元 / 月
制砖	块	5000 块 / 月	0.5 元 / 块	2500 元
人工	工日	120	100 元 / 工日	12000 元 / 月
节约成本	500 元 / 月			

（13）BIM 技术

BIM 建筑信息模型同时又是一种应用于设计、建造、管理的数字化方法，这种方法支持建筑工程的集成管理环境，可以使建筑工程在其整个进程中显著提高效率和大量减少风险。它正在引发建筑行业一次史无前例的变革。

本项目应用 BIM 技术，通过建模发现图纸中错、漏、缺等问题，对基础底板高低跨与后浇带相接等部位进行放样处理，对机电安装管线进行综合排布，对工程量进行自动计算等一系列应用。图 6-31 为项目 BIM 模型效果，图 6-32 为机电安装管线综合排布。

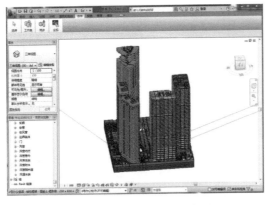
图 6-31　项目 BIM 模型效果

图 6-32　机电安装管线综合排

经济效益分析见表 6-17，经过分析可以看出，本施工技术措施极大地方便了施工，尤其对于结构复杂、大型安装工程的碰撞检测较为适宜，减免了返工损失，故经济效益明显，符合绿色施工的要求。

BIM 技术经济效益分析

表 6-17

项目	单位	量	费用单价	节约费用
管线碰撞	处	110	3000 元 / 处	330000 元
结构碰撞	处	50	2000 元 / 处	100000 元
节约成本	430000 元			

第 7 章

3D 打印建造方式与建筑产业现代化

7.1 3D 打印建造方式对建筑产业现代化的推进作用

7.1.1 国内外 3D 打印施工技术现状

1. 国外 3D 打印技术发展现状

建筑 3D 打印起源于 1997 年美国学者 Joseph Pegna 提出的一种适用于水泥材料逐层累加并选择性凝固的自由形态构件的建造方法。2001 年，美国南加州大学教授 Behrokh Khoshnevis 提出了称为"轮廓工艺（Contour Crafting）"的建筑 3D 打印技术，通过大型三维挤出装置和带有抹刀的喷嘴实现混凝土的分层堆积打印。英国 Monolite 公司于 2007 年推出一种新的建筑 3D 打印技术"D 型（D-shape）"，采用粘结剂选择性硬化每层砂砾粉末并逐层累加形成整体。2008 年，英国拉夫堡大学的 Richard Buswell 教授提出了另一种喷挤叠加混凝土的打印工艺，即"混凝土打印（Concrete Printing）"，并且具有较高的三维自由度和较小的堆积分辨率。在十多年的发展过程中，世界范围内学界对这种新的建造方式进行了相当的研究探索工作，部分国家和地区的政府机构也给予了大力的支持。（建筑 3D 打印数字建造技术研究应用综述）

3D 打印，作为新时代的高科技产物，在传统产业经济持续低迷的情况下，临危受命，肩负着一部分振兴未来制造业经济的重任。作为新兴的革命技术，3D 打印也在不断与时俱进，开拓创新。在经济全球化和工业全球化的今天，世界各国也都在加紧利用新兴科技来重振国民经济。

（1）美国 3D 打印发展现状

美国自 2012 年开始通过成功研发基于轮廓工艺 3D 打印技术的方式成功将 3D 打印技术与建筑工程相结合，依赖于对轮廓工艺的应用，可以在 1 天时间内完成总面积在 230m² 左右两层层高楼房的建造任务，相较于常规工艺技术下的建筑时间以及建筑成本而言更具优势。3D 打印技术领域中的轮廓工艺从外形上来看类似于桥式起重机，悬停在建筑物上，两侧为轨道，中间横梁部位为打印头。在打印操作过程中，横梁打印头可以沿上行、下行、前行、后行方向移动，完成坐标体系中横纵向坐标的打印工作，逐层完成对房屋建筑的打印任务。现阶段，基于轮廓工艺的 3D 打印技术可以以水泥混凝土作为基本原料，根据设计图设计方案，经 3D 打印机喷嘴喷射高性能且高密度混凝土原料，逐层打印隔间以及墙体，然后借助于机械式手臂完成房屋建筑的整体构架，整个操作过程可完全由计算机程序控制实现。在 3D 打印过程中，打印头可根据计算机控制程序所发出的相关指令，以类似于挤牙膏的方式在指定位置喷射出半流体形态水泥混凝土原料，然后自动弹出喷嘴上附带的泥铲，对所喷射混凝土原料的形状进行规整处理。

（2）意大利 3D 打印发展现状

意大利同样自 2012 年开始尝试将 3D 打印技术与建筑领域相结合，并成功研发了可以适用于大规模、大型建筑物的 3D 打印机械，该专用机械外部结构类似于铝桁架结构，中部为打印头，结构质量小巧，运用灵活，可在实际使用中对 3D 打印机进行拆卸、组装或运输。目前，应用该机械已经可以成功打印出高度在 4m 左右的建筑物，在打印头底部分布有大量的喷嘴，经由喷嘴喷射出镁质黏合物质，然后在镁质黏合物质上通过喷射砂石原料的方式铸成石质固体，从而满足墙体结构稳定性以及可靠性的要求。在该 3D 打印机正常运行过程中，打印喷头打印每层时厚度仅在 5.0 ~ 10.0mm 内，打印速度相对缓慢，但经打印制成的建筑结构整体质地可靠程度高，类似于大理石材料，相较于混凝土原料下的建筑结构而言性能更加可靠与稳定。近年来也有研究人员开始尝试在建筑结构中他通过增设钢筋的方式，以提高结构可靠性以及整体性性能。

（3）加拿大 3D 打印发展现状

加拿大的 3D 打印发展走简易低廉路线。加拿大复合材料专家耐森·阿姆斯朗领导的 3D 打印技术项目，研究出可用连续增强纤维材料生产复合材料零部件。加拿大萨斯喀彻温省的赖兰·格雷森发明了世界上第一台售价 100 美元的 3D 打印机—PeachyPrinter。此外，加拿大的 PrintAlive Bioprinter 的团队开发了皮肤 3D 生物打印，用于为烧伤的受害者打印出新的皮肤。

（4）日本 3D 打印发展现状

日本 3D 打印发展方向为个人化和小型化，将 3D 打印技术应用于真人与宠物模型打印，希望凭借本国技术优势和 3D 金属打印机的研发来赶超其他国家。日本政府在 2013 年 6 月份出台的经济发展战略宣布将 3D 打印机的研发列为发展重点，并成立了 3D 打印研究会。

（5）德国 3D 打印发展现状

在德国，3D 打印机在市场上已经比较普遍，且多为"德国制造"。德国利用自身技术的优势，已经实现了 3D 打印从微型到纳米到复制的快速发展。2014 年 3 月，德国汽车工程技术公司 EDAG 使用熔融沉积技术（FDM）制造了一体化车身框架 Genesis。

2. 国内 3D 打印发展现状

国家住建部发布《2016 ~ 2020 年建筑业信息化发展纲要》，其中规定"积极开展建筑业 3D 打印设备及材料的研究。结合 BIM 技术应用，探索 3D 打印技术运用于建筑部品、构件生产，开展示范应用。"这意味着 3D 打印建筑技术在我国建筑行业的推广应用得到了国家的鼓励和认可。

3D 打印建筑是一种全新的建筑方式。作为 3D 打印建筑的最大亮点就是建筑垃圾再利用，包括工业垃圾、尾矿等。新建建筑既环保又不产生垃圾，今后建筑工地不会再是一片狼藉，城市空气质量也会得到改善。

与传统建筑行业相比，3D 打印的建筑不但建材质量可靠，还可节约建筑材料 30% ~ 60%、缩短工程施工工期 50% ~ 70%、减少人工 50% ~ 80%。

3D 打印被称为"具有第四次工业革命意义的制造技术"。此次，3D 打印建筑技术在建筑行业的成功应用，将引领产业加快变革，并不断激发消费潜力，拓展 3D 打印民用市场。

盈创建筑科技有限公司是我国在制造领域 3D 打印技术应用方面最具成熟经验的企业之一，目前已取得多项全球领先的 3D 打印技术以及应用突破。2014 年 5 月上海市以特殊油墨材料（包括工业垃圾、建筑垃圾、水泥、玻璃纤维材料等），应用 3D 打印技术工建设形成了 10 幢 3D 打印建筑。计算机系统处理下以设计图纸为基本依据，控制 1 台大型 3D 打印机通过层层打印的方式形成建筑整体，建筑物墙体构件为中空形式，内部可填充一定保温材料，从而使建筑物结构具有良好的保温性能。在 3D 打印技术应用过程中，其机械操作与汽车式起重机操作方式基本类似，3D 打印机喷嘴连续挤出条状油墨材料，通过层层堆叠的方式形成以墙体。2015 年 1 月，我国成功打印迄今为止世界范围内高度最高的 3D 打印建筑，层高为 5 层，所有建造过程均经由 3D 打印技术实现。由于该建筑整体高度高，因此在建造过程中为了能够有效对抗地震荷载以及风力荷载作用力，在 3D 打印过程中于墙体内增加钢筋，同时对空心墙墙体进行了灌实处理，取得了结构可靠与稳定性的制造效果。国家紧跟着"工业 4.0"的脚步，政府推出了备受瞩目的"中国制造 2025"。之后又相继出台了不少政策来激励国内的传统制造业转型升级，逐渐向先进制造方向过渡。国务院总理亲自开展了"3D 打印与先进制造专题会议"，从这些方面我们可以看到，国家对于增材制造等高新技术的发展十分重视。

中国制造 2025 需要创新人才和创新技术，只有创新，才是我们走向创新社会的基础。卢秉恒院士并在会后提出了"两个十年"的目标规划。即，"十年以内中国可成为世界 3D 打印的第二大国；再过十年我们能够和美国并驾齐驱。"但目前，中国虽然已走入全球 3D 打印研发竞赛的行列，许多企业都相继推出了其独具特色的工业级 3D 打印机和专利，但是我国毕竟是后起之秀，真正的技术方面还与美国，欧盟等发达国家有一定的差距。不过中国增材制造的总体趋势还是一片向好的。由于最近政策的不断推进,3D 打印也是广受支持,而且中国如此大的制造业市场,未来发展更是无可限量。因为作为制造工艺的全新升级,3D 打印具备高效、便利、省时、省力、省成本等优势,未来的制造业还需要在许多方面依靠 3D 打印来不断进步,紧追发达国家的脚步。

3. 3D 打印技术国外工程建设现状

以 3D 打印为代表的"数字化"建造技术崭露头角。"数字化"建造技术有可能改变未来产品的设计、销售和交付用户的方式,使大规模定制和简单的设计成为可能,使建造业实现随时、随地、按不同需要进行生产,并彻底改变自"福特时代"以来的传统建造业形态。

3D 打印技术呈现三个方面的发展趋势:打印速度和效率将不断提升;将开发出多样化的 3D 打印材料;3D 打印机价格大幅下降。

4. 3D 打印技术对比

国内 3D 打印技术目前还处于初级阶段,无法形成规模化生产,国内仍只有少数几家公司进行 3D 建筑打印生产工作和业务。同时,因为 3D 打印机的限制,目前建筑打印无法大批量进行生产,且很少能够进入建筑工地进行直接的打印,大多为构件在工厂打印完毕以后,运送至工地进行拼装和加固,这样会加重运输负担。

在构件的打印过程中,需要预留有钢筋及管线铺设的空隙,增加了打印的难度,也容易导致打印完成构件的质量存在问题,无法使用。另外,国内现有 3D 建筑打印的主体结构多为结构的外壳,打印结束后仍需要进行混凝土的浇筑以确保主体的安全及稳定性,所以并不能够一次性将建筑的主体结构打印完毕,增加了工作的重复性。

还有 3D 打印材料供给及送料所存在的潜在问题,由于打印材料经由打印喷头融化后,不断一层一层凝结而形成构件,因而当材料耗尽,重新加料之后,导致凝结时间不同所形成的打印构件存在分层或断层的问题。

7.2　3D 打印建造的技术体系

7.2.1　3D 打印技术

3D 打印是一种以数字模型为基础,不同于普通打印机以墨水和纸张为主进行生产工作,而是以金属、陶瓷、塑料、砂等实实在在的原材料进行生产工作,通过逐层打印的方式来构造物体空间形态的快速成型技术。由于其在制造工艺方面的创新，被认为是"第三次工业革命的重要生产工具"。3D 是英文"three dimensions"简称，3D 打印的思想起源于 19 世纪末的美国，并在 20 世纪 80 年代得以发展和推广。3D 打印技术一般应用于模具制造、工业设计等领域，目前已经应用到许多学科领域，各种创新应用正不断进入大众的视野。

3D 打印（3Dimensional Printing）自问世以来便受到了广泛关注，随着时代的发展，"绿色建筑"、"生态建筑"、"环保建筑"等这些新兴理念在建筑领域得到了广泛的宣传，通过 3D 打印技术生产出来的产品能够满足建筑领域的使用。它不仅满足国家提出的产业转型的要求，更是为我国建筑业发展指明了方向。

1. 3D 打印技术的应用领域

3D 打印技术可以应用于任何行业，只要这些行业需要模型或原型。其中对 3D 打印技术需求较大的行业包括航天、国防、医疗卫生、科研教育、工业以及食品行业。

（1）医疗行业。2012 年外科医生已成功将 3D 打印的软合金骨植入一位患口腔癌的比利时妇女的下巴，这仅仅是 3D 打印技术在医疗行业的开始，科学家正在研究打印人体心脏瓣膜和肾脏等人体器官。

（2）科学研究。美国的研究人员利用 3D 打印技术做出了适合研究的 3D 化石模型，不仅保留了原化石所有的外在特征，而且还可以做比例缩减，使之更适合于研究。

（3）工业领域。现代工业新产品的开发往往需要事先制作模型，比如手机、汽车、飞机等产品在推出之前需要做很多模型和零部件。3D 打印技术可以直接打印产品，不仅大大减少前期研发的时间，而且会改变工业领域的生产方式。

（4）文物保护。博物馆常常会用替代品来保护原始作品不受环境或意外事件的伤害。陕西历史博物馆不久前用了 14h 打印了长 11cm、高 11.5cm 的国宝文物"金怪兽"。通过 3D 打印出来的复制品和文物原件几乎一模一样。

（5）食品产业。美食爱好者已经尝试用 3D 打印机打印巧克力和曲奇饼干。营养师考虑根据个人的基础代谢量和每天的活动量利用 3D 打印机打印每日所需的食物，以此来控制肥胖、糖尿病等问题。

2. 3D 打印技术介绍

建筑行业是我国发展的支柱行业，对我国经济的增长起到决定性的意义，在最近几十年的建筑行业当中，与国外相比，我国在建筑行业新技术的应用一直处于劣势状态，甚至比较落后，导致资源上的大量浪费，环境严重破坏，给我国的长远发展带来不利影响，因此，国家各个部门及地方政府大力推进新科技新技术在建筑行业的应用。

3D 打印技术是一种快速成型技术，是以三维数字模型文件为基础，通过逐层打印或粉末熔铸的方式来构造物体的技术，综合了数字建模技术、机电控制技术、信息技术、材料科学与化学等方面的前沿技术。

建筑 3D 打印起源于 JosephPegna 提出的一种适用于水泥材料逐层累加并选择性凝固的自由形态构件的建造方法。3D 打印是近年来在世界范围内民用市场应用当中出现的一个新词。3D 打印技术是一种基于 3D 模型数据，采用通过分层制造，逐层叠加的方式形成三维实体的技术，即增材制造技术。根据成型的不同，3D 打印技术大致可以分为 4 种，成型类型见表 7-1。此外，根据材料和打印工艺也可划分成以下3 类：基于混凝土分层喷挤叠加的增材建造方法、基于砂石粉末分层粘合叠加的增材建造方法和大型机械臂驱动的材料三维构造建造方法。3D 打印技术涉及信息技术、材料技术和精密机械等多个方面，与传统行业相比较，3D 打印技术不仅能提高材料的利用效率，还能用更短的时间打印出比较复杂的产品。

3D 打印技术成型类型

表 7-1

技术名称	应用原料	优缺点
立体光固化成型技术（SLA）	液态光敏树脂	优点：成型速度快、打印精度高、表面质量好、打印尺寸大
熔积成型技术（FDM）	石膏、金属、塑料、低熔点合金丝等丝状材料	优点：成本低、污染小、材料可回收；缺点：精度稍差、制造速度慢、使用材料类型有限
选择性激光烧结技术（SLS）	固态粉末	优点：多使用的材料广泛
分层实体制造技术（LOM）	纸、金属箔、塑料膜、陶瓷膜	优点：成本低、效率高、稳健可靠、适合大尺寸制作；缺点：前后处理复杂，不能制造中空构件

（1）3D 打印技术成型类型

1）SLA 技术

立体光固化成型技术（SLA，stereo lithography apparatus），SLA 技术为最早发展的 3D 打印技术，该技术以液态光敏树脂为原料，主要用于模具制造，目前仍为3D 打印的主流技术之一。

SLA 技术工艺过程如下：首先对三维模型进行切片处理以生成扫描路径数据；激光束沿扫描路径照射到液态光敏树脂表面，被照射的树脂薄层产生光聚合反应而固化形成零件的一个薄层；然后升降台下降一定的高度，在固化层表面覆盖另一层液态树脂并进行第 2 次激光扫描；这样层层叠加即可形成三维零件原型。最后将原型从树脂中取出，经打磨、电镀、喷漆等处理即可得到产品。

SLA 技术具有成型速度快、打印精度高、表面质量好、打印模型尺寸大（可达等优点，但由于树脂固化过程中易产生收缩，不可避免地会产生应力或引起变形。因此开发收缩小、固化快、强度高的光敏材料是 SLA 技术的发展趋势。

2）FDM 技术

熔积成型技术（FDM，fused deposition modeling），该方法是 Seott·Crump 在 20 世纪 80 年代发明的。

FDM 技术以石蜡、金属、塑料、低熔点合金丝等丝状材料为原料，将丝材加热至略高于熔点，通常控制温度比熔点高 1℃。打印头根据计算机提供的截面信息作平面运动，将熔融的材料涂覆在工作台上，冷却后即形成零件的一层截面；此后打印头上移一定高度，进行材料的下一层涂覆，这样逐层堆积即可形成三维零件。

FDM 技术主要用于中、小型工件的成型，且有成本低、污染小、材料可回收等优点。主要缺点在于精度稍差、制造速度慢、使用的材料类型有限。

3）SLS 技术

选择性激光烧结技术（SLS，selective laser sintering），SLS 技术最初由美国的 Carlekard 于 1989 年在其硕士论文中提出。SLS 技术采用激光有选择地分层烧结固体粉末，并使烧结成型的固化层叠加生成所需的零件。

SLS 技术工作原理如下：工作时粉末缸活塞上升，铺粉辊将一层粉末均匀铺在成型缸活塞上，计算机控制激光束的扫描路径，有选择地烧结固体粉末材料从而形成零件的一个层面。烧结完成一层后，工作活塞下降一个层厚的距离，铺粉系统重新铺上粉末，激光束再扫描烧结新层。如此循环往复，直到三维零件成型。

SLS 技术最突出的优点在于它所能使用的材料十分广泛。目前 SLS 技术可采用的材料有石蜡、高分子、金属、陶瓷粉末以及它们的复合粉末。金属粉末 SLS 技术是近年来研究的一个热点，该技术可直接烧结传统切削工艺难以制造的高强度零件。

4）LOM 技术

分层实体制造技术（LOM，laminated object manufacturing），该技术是美国 Helisys 公司于 1991 年研制成功的一种快速原型制造技术。LOM 技术常用的材料是纸、金属箔、塑料膜、陶瓷膜等，此方法除可以制造模具、模型外，还可直接制造结构件。

LOM 技术成型原理：激光切割系统按照计算机提取的横截面轮廓数据，将涂有热熔胶的纸用激光切割出构件的内外轮廓，并将废料部分切割成网格。切割完一层后，叠加新的一层纸，并利用热粘压装置将其与已切割层黏合在一起，进行下一次切割，不断重复并最终形成三维构件。

LOM 技术的特点是成本低、效率高、稳定可靠、适合大尺寸制作。缺点是前、后处理复杂，且不能制造中空构件。

（2）3D 打印混凝土技术

3D 打印混凝土技术可称为"3D 立体打印技术"或"快速成型技术"，它是在 3D 打印技术的基础上研制的一种以数字模型为基础，运用混凝土等可粘合材料，通过粘合材料堆积成的三维物体。3D 打印混凝土技术融合了数字化、机械制造设计、计算机技术、材料科学等学科的现代成果，在其推动下可创造出更多新材料、新系统。

简单地说，3D 打印混凝土技术是依照设定的路线将混凝土材料浇筑到指定位置，层层浇筑完成整栋建筑。从技术层面而言，先将需打印建筑的模型导入配套的计算机中，在计算机系统的指令下，通过已设置的打印设备在程序控制指令下完成打印工作。

3D 打印混凝土技术是将 3D 打印技术应用到建筑工程领域的又一成果。3D 打印技术最初用于建筑工程领域，主要是打印小而简单的建筑模型或装饰造型以实现整体效果。

2004 年恩里科·迪尼（Enrico Dini）设计出世界首台 3D 建筑打印概念机，并于 2010 年完成了成型的 3D 建筑打印机。首台 3D 建筑打印机以砂为原材料，打印过程由一层薄砂开始，打印机从喷嘴处喷出以镁为主要原料的粘合胶，这些粘合胶跟砂结合并在打印机对其施压后变成岩石。再放上一层薄砂，重复以上操作，岩石层就会越来越厚，最终印刷成设计中所需的构造物形状。首座打印出的建筑高度超过 4m，被恩里科·迪尼称为"放射馆"。随后为验证这台打印机的性能，恩里科·迪尼为某公司建造了全球首个绿色乌托邦"马斯达尔城（Masdar City）"，打印出其中一部分建筑的骨架外墙，结果证明完全可行。这是 3D 打印技术在建筑工程领域实现的跨越式突破。

2014 年出现了较多的 3D 打印混凝土大型建筑，2014 年 1 月，美国南加州大学教授比洛克·霍什内维斯设计并打造出一台巨型 3D 打印设备，该设备可在 20h 内建造出 $232m^2$ 左右的完整房屋，这为传统建筑领域带来新变革。

2014 年 3 月，上海在国内首次亮相 10 栋 3D 打印建筑，这批建筑是以建筑垃圾和玻璃纤维为原材料在 24h 内打造完成，不仅大幅缩短了施工工期，且实现了建筑垃圾回收利用。

美国的 Andrey Rudenko 利用不断修改和扩展功能的 3D 打印机打印出了一座中世纪城堡，这座城堡使用混凝土材料，是世界上首个 3D 打印的混凝土城堡，也是迄今为止 3D 打印的最大建筑之一。

随后在 2015 年 1 月，某公司在苏州工业园区重磅打造了数栋大型 3D 打印混凝土建筑，包括一栋 1100m² 的别墅和 6 层住宅楼等，该高度也是目前全球最高的 3D 打印混凝土建筑。

（3）BIM—3D 技术

BIM—3D 技术能否应用的关键是需要打破 BIM 技术与 3D 打印技术之间的壁垒，将 BIM 技术与 3D 打印技术很好地融合，发挥各自的优势，在应用中创造更大的价值。在研究 BIM 技术和 3D 打印技术特点及优势的基础上，提出 BIM—3D 技术融合的运行流程，以期望实现建筑行业工业化的生产流程，促进建筑行业向更好的方向发展。BIM—3D 技术融合的运行流程如图 7-1 所示。

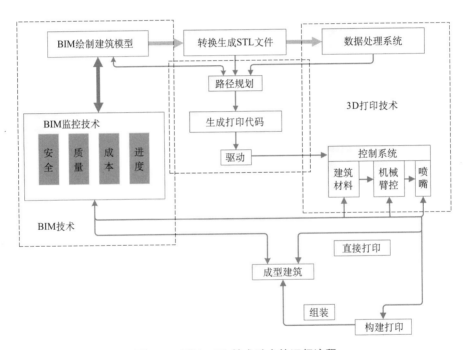

图 7-1　BIM—3D 技术融合的运行流程

BIM 与 3D 打印的集成应用，主要是在设计阶段利用 3D 打印机将 BIM 模型微缩打印出来，供方案展示、审查和进行模拟分析；在建造阶段采用 3D 打印机直接将 BIM 模型打印成实体构件和整体建筑，部分替代传统施工工艺来建造建筑。BIM 与 3D 打印的集成应用，可谓两种革命性技术的结合，为建筑从设计方案到实物的过程开辟了一条"高速公路"，也为复杂构件的加工制作提供了更高效的方案。目前，BIM 与 3D 打印技术集成应用有三种模式：基于 BIM 的整体建筑 3D 打印、基于 BIM 和 3D 打印制作复杂构件、基于 BIM 和 3D 打印的施工方案实物模型展示。

（1）基于 BIM 的整体建筑 3D 打印。应用 BIM 进行建筑设计，将设计模型交付专用 3D 打印机，打印出整体建筑物。利用 3D 打印技术建造房屋，可有效降低人力成本，作业过程基本不产生扬尘和建筑垃圾，是一种绿色环保的工艺，在节能降耗和环境保护方面较传统工艺有非常明显的优势。

（2）基于 BIM 和 3D 打印制作复杂构件。传统工艺制作复杂构件，受人为因素影响较大，精度和美观度不可避免地会产生偏差。而 3D 打印机由计算机操控，只要有数据支撑，便可将任何复杂的异型构件快速、精确地制造出来。BIM 与 3D 打印技术集成进行复杂构件制作，不再需要复杂的工艺、措施和模具，只需将构件的 BIM 模型发送到 3D 打印机，短时间内即可将复杂构件打印出来，缩短了加工周期，降低了成本，且精度非常高，可以保障复杂异型构件几何尺寸的准确性和实体质量。

（3）基于 BIM 和 3D 打印的施工方案实物模型展示。用 3D 打印制作的施工方案微缩模型，可以辅助施工人员更为直观地理解方案内容，携带、展示不需要依赖计算机或其他硬件设备，还可以 360 度全视角观察，克服了打印 3D 图片和三维视频角度单一的缺点。

随着各项技术的发展，现阶段 BIM 与 3D 打印技术集成存在的许多技术问题将会得到解决，3D 打印机和打印材料价格也会趋于合理，应用成本下降也会扩大 3D 打印技术的应用范围，提高施工行业的自动化水平。虽然在普通民用建筑大批量生产的效率和经济性方面，3D 打印建筑较工业化预制生产没有优势，但在个性化、小数量的建筑上，3D 打印的优势非常明显。随着个性化定制建筑市场的兴起，3D 打印建筑在这一领域的市场前景非常广阔。

3. 3D 打印建筑

（1）3D 打印技术在建筑工程中的应用（图 7-2）

3D 打印技术应用的十分广泛，在建筑领域中如果有完整的规范，它将有替代传统建筑方法的趋势。随着信息资源的共享交流加快，许多方面都与国际逐渐接轨，因此人们在生活许多方面都有越来越多的要求，在建筑领域也不例外，新型的建筑设计要求越发复杂化，3D 打印技术促进了建筑领域的发展也成现在必不可少的新工具。

3D 打印技术在建筑领域的应用主要分为两个方面：建筑设计阶段和工程施工阶段。建筑设计阶段主要是制作建筑模型，在这个阶段设计师可以将虚拟模型直接打印为建筑模型；工程施工阶段主要是利用 3D 打印技术建造建筑，通过"油墨"即可快速完成工作。这样节省能耗，有利于推进城市化进程和城镇化建设。

图 7-2　3D 打印技术在建筑工程中的应用

1）设计阶段的应用

对建筑工程而言，设计工作永远占有主要的地位，并且会对后续的建造、验收、使用等，产生持续的影响。建筑工程的设计工作，必须不断地走向高端化，既要符合人民大众的需求，又不能对建筑本身的价值造成任何的不利影响。3D 打印技术在建筑领域的设计阶段应用后，整体上取得了非常好的成绩。首先，设计工作结合 ED 打印技术后，能够对很多的创意想法进行分析，提高了多种不同建筑类型的可行性，对现实的施工产生了较强的指导作用。其次，在运用该项技术后，能够对部分特殊设计，提前做出有效的预估，获得最直观的感受，设定好相应的辅助措施，弥补不足与缺失，确保建筑工程在最终可以得到较高的成绩。

2）施工阶段的应用

在建筑领域当中，施工阶段是具体的执行阶段，此时应用 3D 打印技术时，就必须考虑到客观上的影响，主观上的诉求则需要放在第二位。与以往工作不同的是，现下很多建筑工程，不仅在要求上非常高，同时在工期方面比较紧张，想要又好又快地完成工作，施工单位承担的工作压力是比较大的。有效应用 3D 打印技术以后，建筑工程的施工阶段获得了很大的转变。例如轮廓工艺的材料都是从喷嘴中挤出的，喷嘴会根据设计图的指示，在指定地点喷出混凝土材料，就像在桌子上挤出一圈牙膏一样。然后，喷嘴两侧附带的刮铲会自动伸出，规整混凝土的形状。这样一层层的建筑材料砌上去就形成了外墙，再扣上屋顶，一座房子就建好了。轮廓工艺的特点在于它不需要使用模具，打印机打印出来的建筑物轮廓将成为建筑物的一部分，研发者认为这样将会大大提升建筑效率。

（2）3D 打印建筑的优势

众所周知，一个新兴方向的发展必然是有优点，并且提供更方便的工作使用状态。3D 打印建筑的优势可以归结为以下三点：

1）实物化，缩短工期

在建设过程中，安全性是一个重要问题，通过 3D 打印技术制作出的建筑构件能够满足安全性的要求。并且，在建筑设计阶段，通过 BIM 软件建立的模型即使已经足够具体化但在实际操作中还需要人们想象。由 3D 打印技术制作出的实物模型可以完美解决该问题，彻底实现将想象化为具体，为施工带来极大的便利。此外，3D 打印建筑将复杂变具体，解决了传统建设施工中的一系列烦琐程序，实现了一体化操作，加快了建筑效率，节省了工期。

2）消化建筑垃圾

传统的建设施工中需要用到很多材料，如水泥、沙子、钢筋、混凝土等等，在建筑完成后会产生很多的建筑垃圾，建筑垃圾的增多却无法解决，带给人们很大的压力，不得不寻找改变此紧迫局面的方法。3D 打印建筑材料，即"油墨"，它的出现是对类似产品的回收再利用，它实现了重复利用的原则，更具有就地取材的优势。这种方法正好解决了中国建筑当前的"高耗能，粗放型"模式，它的推广是必然的。

3）成本低廉，保护环境

3D 打印建筑的"油墨"价格低，在生产"油墨"过程中它省去了建造传统建筑材料过程中的中间过程，最终促使在建设过程中总成本可降低 50% ~ 60%。并且在建造过程中 3D 打印技术数字化操作过程无噪声，不产生扬尘，有助于保护环境，更加的宜人宜居。

（3）3D 打印建筑的不足

1）打印材料

目前广泛应用的建筑材料——混凝土抗压性能良好，抗拉性能却较差，因此尽管英国的阿斯普丁在 1824 年就发明了波特兰水泥，但混凝土结构的大规模应用直到钢筋的出现才得以实现。现在的钢筋混凝土结构体系中，在构件的受拉部位布置钢筋用以承受拉力。混凝土材料受压，钢筋受拉，两者协同工作形成一个整体。如采用单一打印材料，对以承受压力为主的墙柱构件在大部分条件下是合适的，墙柱构件只有在大偏心受压的情况下才会出现边缘混凝土受拉，但对于梁板等受弯构件还是不适合的。

目前采用的 3D 打印材料都是以抗压性能为主，抗拉性能较差，一旦拉应力超过材料的抗拉强度，极易出现裂缝。正是因为存在这个问题，所以目前 3D 打印房屋的楼板只能采用钢筋混凝土现浇或预制楼板。

此外，由于采用单一材料，没有钢筋的抗拉作用，对于混凝土类材料来说，一旦出现裂缝就丧失了抗拉能力，这会导致构件的连续破坏。所以打印材料本身应具有良好的抗裂能力，能抑制本身的干缩和徐变等引起的裂缝。另一方面，材料应有韧性，从结构的安全角度考虑，要防止出现构件的脆性破坏，从构件出现裂缝到构件损坏乃至结构倒塌，应有一定的时间和足够的构件变形量，以给出警示并有充足的时间方便人员撤离。

打印过程中打印材料需要通过输送管道并经打印头的打印才能成型，因此打印材料应具有良好的和易性。并且在打印过程中上层材料的堆积会对下层材料形成压力，如果下层材料在短时间内没有形成足够的强度，就会在压力作用下变形，因此打印材料还应具有较快的初凝时间和较高的初凝强度。

寻找具有良好抗压、抗拉性能，较强的抗裂性能和韧性以及较快的初凝时间和较高的初凝强度的复合打印材料是当前 3D 打印技术在建筑工程施工中应用的关键。

2）设计方法

目前 3D 打印建造技术在工程施工中的应用还属于探索阶段，没有成熟的设计理论和方法可以借鉴。由于 3D 打印建筑与传统的钢筋混凝土结构和砌体结构在材料性能和建造工艺上有较大区别，因此需要在借鉴现有规范的基础上研究适合于 3D 打印建筑的设计理论和设计方法。

对于 3D 打印多层住宅，由于荷载不大，对墙构件可以不配钢筋，因此可以参考《砌体结构设计规范》GB 50003-2011 中的无筋砌体的设计方法，目前需要解决以下问题：①确定 3D 打印建筑的静力计算方案；②确定墙体的折算厚度计算方法以及受压稳定承载力公式；③确定 3D 打印墙体的高厚比限值；④ 3D 打印墙体局部受压承载力计算方法；⑤ 3D 打印建筑的抗震性能，确定 3D 打印建筑的抗震计算方法及圈梁设置、构造柱布置等抗震构造要求。

3）支撑问题

打印材料在形成强度之前都存在一个支撑问题，如果在一个复杂部件内部没有设计合理的支撑，打印结果很可能是会变形的。对于 3D 打印建筑来说，结构材料自重大，支撑问题尤为突出。打印材料达到设计强度之前时间较长，如目前的混凝土的养护龄期为 28d，对于梁板构件，达到 75% 强度需要两周左右。在这段时间内，支撑是必不可少的。因此对于 3D 打印建筑来说，如要在现场一次成型打印建筑，如何设置支撑是一个必须解决的问题。

4）找平问题

在很多人的概念中，3D 打印是一个简单的过程，只要点一下打印按钮，3D 打印机就能打印出设计好的三维模型。其实这个概念并不正确，打磨、烧结、组装、切割这些后期工序是无法避免的。如 3D 打印出来的手枪，表面比较粗糙，需要经过打磨、切割等工序才能得到成品。目前 3D 打印房子的墙面比较粗糙，表面凹凸不平，需要后续工作对墙面进行找平、抹灰等处理才能投入实际使用，或者在打印阶段就考虑对墙体进行抹平处理。

5）配筋问题

目前的 3D 打印材料还存在性能较差等诸多问题，如要在此基础上建造 3D 打印建筑，对构件配筋是一个相对简单的方法，但是如何在打印过程中实现对构件的配筋是一个需要考虑机械、材料、工艺等多方面因素的综合性问题，需要多学科配合才能解决。

（4）3D 打印在建筑工程领域的前景

1）灾后重建

3D 打印建筑的成本比传统建筑低，它十分适用于贫困群体居住和紧急安置住房，因此具有一定的需求层面。3D 打印建筑建设时间短，20 h 可以打印出来一所 $300m^2$ 的房屋，在自然灾害等突发状况发生后十分适用。并且它可操控性强，可以定制成不规则的建筑物及构筑物，在满足规范后甚至可以用于建造别墅、农村住宅、高层住宅等，3D 打印建筑需求层面还是可接受的。

2）建造造型多样的建筑

3D 打印建筑解决了传统建筑的单一外观问题，现在已经可以建造出曲面造型。设计师在未来可以通过想象创造建筑，在改变建筑结构形式的同时也为建筑领域的发展增添了新的活力。这些新的活力也会促进其他产业的发展，如信息技术、BIM、材料科学，如果 3D 打印建筑在未来得到普及，那它的影响力将会无穷。

3）功能强大的打印设备

未来的 3D 打印机可能变成将建筑物的管道、墙面抹灰、装饰等多种功能合而为一的多功能打印机，因此建筑物的处理上具有更大的灵活性。同时，远程操作功能若使用在 3D 打印机上，那么人工耗时又会有一定的降低。总之，随着技术的不断完善，3D 打印建筑将变得越来越便利。

一百多年的时间里，经过钢筋混凝土和现代建设技术的发展，世界已经发生了巨大的变化，一座座摩天大楼堆砌的城市屹立在世界的各个角落。3D 打印技术从发明到现在仅仅是几十年时间，即使现在还属于探索时期但还有许多有价值的发现等待我们挖掘，我们一定有理由相信 3D 打印建筑的时代终将来临。

在促进建筑领域对 3D 打印技术的进一步应用与发展中，可遵循以下两条基本思路：第一是探索应用 3D 打印技术实现建筑实体全尺寸打印的技术方案，即和目前一样在搅拌站内将 3D 打印所需的混凝土或砂浆运到施工现场，经过巨型 3D 打印机将建筑物一层一层打印出来，其限制很明显，机器越大则越难制造，更重要的是机器越大，打印精度和打印速度就会越差，所以需要解决材料，控制，精度等基本问题；第二是探索实现 3D 打印机器人群组式集合打印的技术方案。即制造大量小型群组式机器人，同步实现对各个部位建筑实体的打印工作，克服 3D 打印机器人在尺寸方面的限制，并促进其发展经验的进步完善。

鉴于 3D 打印技术在制造业上的优势及困扰建筑行业的劳动力与生产效率的问题，3D 打印技术注定受到建筑建造者们的高度关注。已有众多产品如建筑模型、建筑浮雕和根雕等经 3D 打印技术制造出来。例如 Rapidise 公司利用 3D 打印机，进行了特征模型的制作；恩里克·迪尼（Enrico Dini）利用 3D 打印机直接打印一幢完整的建筑，该建筑使用的打印原材料为沙子。其打印过程中，利用镁基胶和沙子合适的配比，打印出强度如岩石的固体，满足建筑物强度需求。很明显这种打印机比常规建筑方法的建设速度要快，材料的使用率要高，且形状设计需要考虑的因素少，也不会产生任何废料。

目前，打印材料的发展进度较快，在初始的橡胶、塑料的基础上增加了金属、生物等材料；而与建筑材料密切相关的，砂已作为材料。随着固化与熔融技术的快速发展，相信不久的将来，钢筋混凝土等方面的建筑材料会被研发出来。（浅析 3D 打印技术在建筑行业的发展前景）

7.2.2　国内外 3D 打印政策基础

1. 国外 3D 打印政策

（1）美国 3D 打印政策

奥巴马总统 2011 年出台了"先进制造伙伴关系计划"（AMP）；2012 年 2 月，美国国家科学与技术委员会发布了《先进制造国家战略计划》；2012 年 3 月，奥巴马又宣布投资 10 亿美元实施"国家制造业创新网络"计划（NNMI），全美制造业创新网络由 15 家制造业创新研究所组成，专注于 3D 打印和基因图谱等各种新兴技术，以带动制造业创新和增长。在这些战略计划中，均将增材制造技术列为未来美国最关键的制造技术之一；2012 年 4 月，"增材制造技术"被确定为首个制造业创新中心；2012 年 8 月，作为"国家制造业创新网络"计划的一部分，位于俄亥俄州扬斯敦的美国国家增材制造创新学会（简称 NAMII）成立，美国国防部、能源部和商务部等 5 家政府部门共同出资 4500 万美元，首笔资金为 3000 万美元；俄亥俄州、宾夕法尼亚州和西弗吉尼亚州的企业、学校和非营利性组织组成的联合团体出资 4000 万美元，该学会共获得 7000 万美元。这一学会实质上是一个由产、学、研三方成员共同组成的公 - 私合作研究机构，致力于增材制造技术和产品的开发，增强国内制造业竞争力，其目前主要研究的三项技术主题是打印材料特性和效能的研究、资格鉴定和认证测试，以及加工能力和过程控制。

2013 年，美国总统奥巴马在国情咨文演讲中强调了 3D 打印技术的重要性，希望推动美国 3D 打印业的发展。随后，美国政府在俄亥俄州扬斯敦成立了 "America makes" 联盟（原名为国家增材制造创新研究所（National Additive amlogo Manufacturing Innovation Institute），通过会议、培训、项目征集等方式推广 3D 打印技术，联盟成员有大学、研究机构、公共机构和私营公司等。该联盟获得了 8900 万美元的资金支持，其中 5000 万美元来自公共投资。截至目前，该联盟已成功培训了 7000 名 3D 打印领域的专业技术人员，并生产了具备自主专利的增材制造产品。

（2）德国 3D 打印政策

目前，德国在 3D 打印领域处于全球领先的地位，这得益于德国 3D 打印联盟对这一技术的大力推广。Fraunhofer 增材制造联盟是德国较为著名的 3D 打印联盟之一，由 10 个著名研究所组成，该联盟不就为初入 3D 打印行业的企业提供合适的解决方案，还配备了数千万欧元的资金用于基础研究。此外，该联盟在大规模 PPP 项目（公私合作模式）中取得的研究成果提供所有成员企业使用。

（3）英国 3D 打印政策

英国很早就推出了促进 3D 打印和增材制造发展的政策，2007 年，在英国技术战略委员会的推动下，英国政府就计划在 2007 ~ 2016 年期间，投入 9500 万英镑的公共和私人基金用于 3D 打印合作研发项目，其中绝大多数项目为纯研发项目（仅 2500 万英镑用于成果转化）。2013 年，英国政府在初中和高中教学课程中加入了 3D 打印的内容。此外，英国的大学（伯明翰大学、拉夫堡大学和诺丁汉大学）在 3D 打印领域有深入研究，获得了欧盟许多的研发项目资金支持，这对促进英国 3D 打印产业的发展也起到了一定作用。

（4）欧盟 3D 打印政策

2007 年到 2013 年间，欧盟第七框架计划为 60 个 3D 打印联合研究项目提供了支持，总计投资 1.6 亿欧元（若包括私人投资，项目总额达 2.25 亿欧元）。在欧盟 "地平线 2020 项目" 计划（2014 ~ 2020 年）框架下，一些新的 3D 打印研究项目将继续得到支持，并且一些用于商业应用的 3D 打印项目也将纳入计划。此外，欧盟还将成立一个欧洲 3D 打印技术平台，为 3D 打印行业的企业分享信息、提供技术和经济方面的解决方案或者进行指导等，并且欧盟还将支持一些 3D 打印成果转化中心的建设。

（5）日本 3D 打印政策

日本新增 45 亿日元预算促进"3D 打印机"研发。据悉，在日本经济产业省确定的 2014 年度预算的概算要求政策框架中，日本为促进"3D 打印机"研发，政府将新增 45 亿日元财政预算。日本 2014 年度预算的概算总额为 17470 亿日元，比 2013 年度最初预算增加 22%。

日本成立"3D 打印机"研究会。日本近畿地区 2 府 4 县与福井县的商工会议所成立了探讨运用"3D 打印机"的研究会。"3D 打印机"如得到普及，生产模具的中小企业将有所减少。研究会将思考中小企业如何发挥"3D 打印机"的作用，以加强国际竞争力。

日本各大巨头企业纷纷进入 3D 打印领域。除了成立相关的 3D 产业组织，同时日本政府也对 3D 打印产业在财政上大力支持，也有不少企业开始进入 3D 打印领域。早在 2012 年 12 月，日本的扑翼机厂商设计和建造出一个令人印象深刻的 3D 打印飞行爬虫。在 Autodesk 123D 中创建三维模型及主要部件，然后通过 Shapeways 进行 3D 打印。最近，该工作室的一项研究再次引起了业内的关注，就是使用桌面 3D 打印机打印扑翼飞机。同时，日本电器产业巨头松下公司也宣布今后将全面借助 3D 打印技术，来研发其数码家电产品。松下此举意在削减研发成本，并对产品的开发效率进行有效提升。

（6）新加坡 3D 打印政策

2013 年，新加坡贸易与工业部发布了《国家制造发展计划》，增材制造作为未来技术发展关键领域之一被列入计划中。新加坡政府决定在五年内投资 5 亿美元发展增材制造技术，为 3D 打印领域的企业创造良好环境，由经济发展委员会负责资金管理。

2013 年 12 月，新加坡科技研究局 A*STAR 推出增材制造特别计划，由新加坡制造技术研究所牵头，南洋理工大学、新加坡材料工程研究所、新加坡高性能计算研究所参加，经济发展委员会提供资金支持。该计划选出了六大关键技术，分别是激光辅助增材制造（LAAM）、选择性激光熔融（SLM）、电子束熔融（EBM）、聚合物喷射技术（Polyjet）、选择性激光烧结（SLS）和光固化（SLA），所有研究项目均有产业界加入。

（7）其他国家 3D 打印政策

比利时 Sirris 工业技术研究所成立了 3D 打印技术平台和成果转化中心，许多企业获得了这些中心的支持，包括比较著名的企业，如 Materialize 和 Layerwise 等。此外，荷兰、意大利也为 3D 打印工厂投资了数千万欧元。澳大利亚政府也积极支持一些大学在 3D 打印专业领域的研究。

2. 国内 3D 打印政策（表 7-2）

国内 3D 打印政策

表 7-2

地区	时间	政策名称	政策目标
国家	2013.4	国家高科技研究发展计划（863 计划）、国家科技支撑计划制造领域 2014 年度备选项目征集指南	将增材制造首次列入国家重点扶持领域，加快 3D 打印软件平台的研发工作
	2015.2	《国家增材制造产业发展推进计划（2015-2016）年》	到 2016 年，初步建立较为完善的增材制造产业体系，整体技术水平保持与国际同步，在航空航天等直接制造领域达到国际县级水平，在国际市场上占有较大的市场份额。
	2015.9	《中国制造 2025》重点领域技术路线图	1.3D 打印金属粉末需求量将年均增长 30%，到 2020 年需求量达 800 吨，到 2025 年达 2000t。 2. 发展生物 3D 打印技术，研制组织工程和再生医学治疗产品。 3. 重点突破具有系列原创技术的钛合金、高强合金钢、高强铝合金、高温合金、非金属工程材料与复合材料等高性能大型关键构件高效增材制造工艺、成套装备、专用材料及工程化关键技术，发展激光、电子书、李子树及其他能源驱动的主流工艺装备；攻克材料制备、打印头、智能软件等瓶颈，打造产业链
北京市	2014.3	《促进北京市增材制造（3D 打印）科技创新与产业培育的工作意见》	重点突破一批原创性技术，研发一批专用材料，研制一批高端装备，到 2017 年，申请及授权专利 100 项以上；制定技术标准 100 项以上；取得 3D 打印产品医疗注册证 5 项以上；拓展在 10 个以上行业的创新应用；培育 2 ~ 3 家龙头企业、10 家以上骨干企业，推进我市 3D 打印技术全面跻身国际先进水平。 构建 3 ~ 4 个以企业为主体，产学研用协同创新的 3D 打印技术创新研究院或应用服务平台，推动我市成为引领全球的 3D 打印技术高地和人才聚集地。 以龙头企业为核心，建设 3D 打印产业园，集群式推动 3D 打印产业发展，努力建成世界知名的 3D 打印产业基地，增强我市高端制造业的核心竞争力，培育未来经济增长点
江苏省	2013.1	《江苏省三维打印技术发展及产业化推进方案（2013 ~ 2015 年)》	到 2015 年，江苏将培育形成 10 家左右产值超亿骨干企业，开发出 100 项新产品；到 2020 年，培育出若干个居国际同行前列的骨干企业，三维打印成为江苏重要战略性新兴产业

续表

地区	时间	政策名称	政策目标
浙江省	2013.7	《关于加强三维打印技术攻关加快产业化的实施意见》	到 2015 年，突破三维打印领域的关键核心技术，部分技术和产品性能达到国际先进水平，三维打印产业成为我省重要的战略性新兴产业，使我省在促进三维打印技术产业化发展走在全国前列。工业级三维打印设备实现产业化，在工业设计、机械制造和文化创意等领域实现一定规模的推广应用；研发出技术水平达到国际先进水平的直接数字化制造用途的三维打印设备；力争培育 5 家以上产值超亿元的骨干企业；我省成为国内实现三维打印产业率先发展的主要省份
福建省	2013.7	《福建省关于促进 3D 打印产业发展的若干意见》	2015 年，建成 1 个研发平台和 1 个产业化示范基地，在重点领域实现 3D 打印创新应用。 2020 年，建成 3 个研发平台和 3 个产业化示范基地，培育 10 家以上产值超十亿元企业，形成较为完整的 3D 打印产业链，全产业年产值超过 200 亿元
杭州市	2014.1	《杭州市关于加快推进 3D 打印产业发展的实施意见》	力争到 2015 年，培育 2-3 家产值超亿元的骨干企业，认定一批 3D 打印应用示范企业，建设覆盖全省、辐射全国的 3D 打印服务中心，使我市成为国内 3D 打印产业率先发展的重要城市
四川省	2014.7	《四川省增材制造（3D 打印）产业发展路线图（2014 ~ 2023 年)》	着力推动传统"减材"制造与"增材"制造相融合，推动大规模生产与个性化定制相融合，促进我省 3D 打印产业加速成链。 主要对增材制造设备、材料、控制及辅助系统等三个方面进行研究，积极探索增材制造技术在航空航天、精密机械、生物医疗、设计应用平台等 4 个领域的应用，并力争以应用带动产业发展，形成一个依托于我省特色优势的增材制造产业链

3. 3D 打印政策分析

欧美在 3D 打印政策上，已经形成较完善、基本成体系的产业政策，包括从国家战略，到产业发展的推动，到行业标准的制定等等。而中国在国家层面的 3D 打印行业整体推进工作才刚开始，2015 年 2 月，工信部、发改委及财政部联合发布的《国家增材制造产业发展推进计划（2015 ~ 2016 年）》，首次将增材制造（即 3D 打印）产业发展上升到国家战略层面。中国仅四川在 2013 年和 2014 年制定了相应的 3D 打印路线图，但相对欧美路线图来说仍较为粗糙。而国家层面迄今为止还没有路线图，只在《国家增材制造产业发展疾患(2015 ~ 2016 年)》提出要制定路线图。到目前为止，还没有相应的 3D 打印行业标准，但在《计划》中提出要建立和完善产业标准体系。

尽管 3D 打印技术显示出巨大的潜在优势，但距离大规模的工业实际应用还有较长的一段距离。当前，国内的 3D 打印企业还很难完全依靠市场生存，需要政府对该产业在资金扶持、税收、市场引导等方面实施一系列长期稳定的扶持政策。概括起来，为加快推动中国 3D 打印技术研发和产业化，特提出如下政策建议：

（1）加强顶层设计和统筹规划。建议中国应该高度重视 3D 打印技术可能带来的制造业变革，深入研判全球 3D 打印技术及产业化的发展趋势，制定符合中国国情的 3D 打印技术及产业化中长期发展战略和行动计划。建议国家有关部门（如工业和信息化部牵头，科技部、中科院、工程院等参与）成立 3D 打印产业发展领导小组，研究制定相关行动计划，并负责组织、协调和管理。建立多部委协同推进机制，由工业和信息化部、发展改革委、科技部、财政部等国家部委组织相关科研机构专家研究制定 3D 打印技术发展路线图和中长期发展战略，明确这一产业的发展原则、阶段目标、技术路线、重点任务和政策措施，做好顶层设计和统筹规划。同时，建议工业和信息化部为 3D 打印技术设立重大专项，开展 3D 打印相关软件、工艺、材料、装备、应用、标准及产业化的系统性整体性攻关，推进建设 3D 打印制造技术与其他先进制造技术融合的新型数字化制造体系。

（2）加大对 3D 打印技术的研发和产业化投入。充分利用现有政策渠道，加大对 3D 打印技术研发和产业化的支持力度。推动设立 3D 打印产业发展资金，探索相关税收优惠政策。重点支持 3D 打印领域的关键共性技术研发、第三方检测试验平台建设、加强应用示范和产业化。建议加大研发投入力度，突破关键核心技术与工艺。加强与发达国家的技术交流与合作，研究建立以现有的研究机构和主要企业为主体的产业创新联盟，加强官产学研的沟通与交流。

（3）加快 3D 打印的试点示范与推广。3D 打印发展初期要靠国家相关部门来统筹布局、合理安排，在有技术积累、人才资源、市场基础的地方先行先试，根据效果进行推广。可以先在航空航天、汽车制造、生物医疗等领域开展一些示范应用，在示范的过程中制定相关行业标准，积累发展经验。建议在全国范围内筛选技术条件好、应用需求大的代表性省市建立 3D 打印应用示范基地，分步骤、分层次开展应用示范，形成通用性、标准化、自主知识产权的应用平台，加快推进产业、技术与应用协同发展，积极探索和积累 3D 打印机的运营和管理经验。

在推广应用和试点示范中，要根据市场需求，结合各地的工业基础和特色，选择发展相应的 3D 打印技术。必须清楚地知道，当地的主要产业或者优先发展的产业需要哪些 3D 打印技术。另外可开设类似 3D 照相馆式的工作站，开展 3D 打印的应用推广和普及。因此，对于 3D 技术，各级地方政府应针对当地产业实际需要的技术，进行大力、持续性的扶持。

目前，已有南京、武汉、东莞等城市先后表态要在 3D 打印上有所作为。2013 年 3 月 24 日，中国首个 3D 打印技术产业创新中心正式落户南京栖霞区，中国 3D 打印技术产业总部基地落户南京经济开发区。南京市政府表示，争取把南京打造成中国 3D 打印技术的制高点。武汉则抢先成立了"中国首个 3D 打印工业园"。在"世界工厂"东莞，3D 打印作为战略性新兴产业写入了 2013 年的《政府工作报告》。

(4) 尽快建立共性技术研发体系。在发达国家比较完善的创新体系中，大学主要进行基础研究，研究所侧重于共性技术研究，企业主要致力于应用性研究和最后的产品化，产研学三方在市场机制下合作互补。但在中国，这三者的关系，却呈现出错位竞争的局面，致使科研与产业严重脱节。一方面，中国的大学越来越热衷于应用研究，甚至自办企业。中国的 3D 打印产业目前就呈现出浓厚的"高校"的色彩：除清华大学的北京殷华外，西安交通大学派生出陕西恒通智能机器有限公司，武汉滨湖机电技术产业有限公司则依托于华中科技大学。另一方面，中国科研院所转制为企业后，绝大多数放弃了长期的共性技术研究，转向能在短期内解决生存问题的应用开发。在这样的格局下，制约着诸多产业升级的共性技术难题，事实上却处于无人攻坚的状态。

建议尽快建立共性技术研发体系，具体做法可以借鉴美国的"先进技术计划"(ATP)。该计划是美国政府促进产业共性技术研发的典范。ATP 由政府提供引导资金，但承担项目的公司要配套一半以上的研发投入。政府的资助经费直接拨付到企业，大学和研究院所只能通过与企业联合，参加项目的实施。最终的知识产权为以营利为目的的美国公司所拥有，参与项目的大学、研究院所和政府机构等不享有任何知识产权，但可以分享专利使用费。美国政府为了国家利益有权免费使用 ATP 支持的技术成果。其他企业想使用该项目成果，可通过支付费用获得使用权。五是建立激励的税收和政府采购政策。建议政府对中国 3D 打印产品实施早期采购政策。同时，还将鼓励金融机构开展多种形式的首台套保险业务，建立支持 3D 打印发展的多渠道、多元化投融资机制，引导创业投资和股权投资向 3D 打印领域倾斜，鼓励民营资本进入 3D 打印领域等。特别是建议政府当前尤其要重视桌面级市场和个人打印服务市场，给桌面级产品研发企业和个人打印服务企业提供更多的关注和支持，特别是人才、资金支持和税收减免等扶持。建议重点对消费者、使用者和对采购这些设备的企业进行政府补贴和增值税抵扣，以扩大内需市场。展望 3D 打印技术及产业化的未来，可以借鉴哥本哈根未来研究学院（CIFS）的名誉主任约翰·彼得·帕鲁坦（Johan Peter Paludans）的一句话：我们的社会通常会高估新技术的可能性，同时却又低估它们的长期发展潜力。我们相信，只要把握发展机遇，发挥我们的政策优势和市场大国优势，3D 打印技术及其产业化一定会在第三次工业革命浪潮中扮演越来越重要的角色，中国也一定会在新一轮的产业竞争中抢得新的先机。

4. 政策建议

鉴于国内智能制造技术的发展以及应用情况，对今后国家政策的引导方向提出几点建议以供参考：

（1）政府应引导投资建设智能制造的基础设施

1）加快信息基础设施建设，积极投入云计算、大数据等基础设施建设，科学规划全国云计算数据中心选址布局，统筹云计算数据中心发展，积极探索跨区域共建共享机制和模式。

2）引入"云制造"这一新兴领域，促进企业生产效率提升与商业模式创新，加快城乡工业宽带网络升级改造，推进物联网建设，并接入互联网，形成全国基础设施物联网络。

3）部署终端产品感知系统，实现对部件的实时性、无人化、精准化、全天候监控和自动感知，采集消费者对产品的创新化需求。

（2）努力创建一批先行的智能制造示范企业项目

1）大力发展现代产业集群，引导块状经济向智能集群转型升级，在实施建设智能集群的过程中，开展智能集群试点，引领块状经济制造水平提升。

2）依托产业集群，开展智能制造企业试点示范，培育形成一批智能加工装配设备、智能生产线制造企业与基地。

3）在智能制造示范企业的带领下，为广大中小微企业提供企业管理、产品生产的模板。支持区域品牌试点建设，打造一批有影响力的区域国际品牌。

（3）加强在智能制造领域的公共性技术供给力度

1）培育建设一批面向智能制造的共性技术研发及服务平台，为企业引进国外成套成熟技术及本土研发的先进技术提供支撑。

2）鼓励公共性技术研发平台提供工业设计、管理咨询、合同研发、检验检测和宣传推广等服务，支持科研院所、高校向企业开放重大科研基础设施和大型科研仪器。

（4）继续给予金融和财税等方面的政策支持

1）引导各类金融机构加大对智能制造企业改造的信贷支持。培育和推荐优秀企业上市，充分利用新三板等平台扩大中小企业集合票据发行规模，充分运用保险资金、发行债券和上市融资等金融工具，提高企业直接融资比重。

2）推进互联网＋金融方面的创新，发展电子商务等金融借贷产品。

3）制订税收优惠政策，创新财政资金扶持方式，激励传统企业向智能制造产业转型。

7.3 3D 打印建造与项目管理创新

7.3.1 3D 打印技术对工程项目管理的影响

1. 3D 打印技术对工程项目前期策划的影响

传统项目的前期策划主要包括项目的构思、目标以及可行性研究，3D 打印技术的出现，主要是对可行性研究的框架和内容产生了影响。由于 3D 打印技术已经颠覆了传统的施工技术，主要依赖于 3D 打印机及其"油墨"的作用。所以，在厂址选择上，不仅要考虑原材料市场的运输情况、项目的特点等，还要考虑打印机的运输、维护，打印"油墨"对气候环境的要求以及"油墨"制作的地点和过程。对项目的财务评价指标的一些参数也会产生影响，比如投资回收期等。

2. 3D 打印技术对工程项目招投标过程的影响

传统施工过程一般是业主对建筑设计进行招标，与设计单位签订合同，进行建筑的设计和概算编制，然后通过招标选择施工方，进行项目的建造。由于 3D 打印技术的出现，DB 交付模式则显得更加实用。3D 打印过程主要经历三维建模、切片处理和完成打印三个过程，并且从实践上来看，三维建模的时间要远超过其他两个阶段，并且建模和切片处理紧密相连，如果仍然采用传统的交付模式，则会增加更多的沟通和组织成本，降低整体的效率。

另一方面，由于技术的改变，投标方主体也有可能会发生一些改变，一些大型的 3D 打印机制造商会更多地参与到项目中来，为整个建造过程提供相应的技术支持。

3. 3D 打印技术对工程项目进度管理的影响

毫无疑问的是，3D 打印技术对于缩短工期有着重要的意义。传统的对于工程项目进度的控制主要体现在施工阶段，用甘特图或时标网络图等来表示整个工程的进度计划。而 3D 打印技术由于其更倾向于设计与打印施工一体化，所以整个工程的进度控制则更倾向于对前期的设计过程控制。由于通过前期建模以及 3D 模型的打印分析，能够及时与业主进行沟通，减少后期打印施工过程中的业主需求改变和设计变更，更有利于缩短工期。据研究，3D 打印技术能缩短 70% 左右的工期。

4. 3D 打印技术对工程项目成本管理的影响

传统工程项目的成本管理主要经历了成本预测、成本计划、成本控制、成本核算分析以及成本考核几个阶段。在进行成本预测和成本计划编制时，3D 打印技术会改变整个成本预测和计划的内容。比如传统的费用组成中，措施项目费包括：脚手架工程、模板工程、安全文明施工费等项目。而 3D 打印技术的应用不需要脚手架和模板支撑，所以这些不列入计费项目。而且在施工过程中，由于其过程非常短暂，10 栋建筑只需要 24h，并且过程中环保、节材，所以，不需要进行现场临时设施的建设，能相应地减少一些安全文明施工费，降低人工费用的支出。据估计，3D 打印建筑能够节约建筑材料 30% 左右，节约人工 50% 左右，这不仅为投资商提供了新的机遇，而且能够为解决住房需求提供新的思路。

5. 3D 打印技术对工程项目质量管理的影响

目前，3D 打印技术应用与建筑最大的障碍就是质量问题。3D 打印建筑在地方和国家方面还没有具体的标准，因为这是一项新技术，目前只有一些企业标准，这就为 3D 打印建筑的质量评定造成了困难。同济大学建筑系教授来增祥则对此持怀疑态度，3D 打印"油墨"的构成主要成分是高标号水泥和玻璃纤维，而某些国家禁止建筑物大量使用玻璃纤维，因为玻璃纤维会影响人体呼吸系统。同时，高强度水泥在未来的回收也有困难。

传统的工程质量管理中，设计阶段是影响质量的决定性阶段，而在 3D 打印建筑中，由于其施工阶段的方法特殊，技术不成熟，所以施工阶段对整个质量管理尤为重要，对材料的选取也直接关系着建筑质量。所以相比于传统的建筑质量管理，3D 打印建筑的重心应该后移，才能有效控制工程质量。

6. 3D 打印技术对工程项目风险管理的影响

风险管理主要是通过风险识别、风险估计和风险评价进行的。由于 3D 打印建筑颠覆了传统的施工程序，所以对于风险识别变得更加困难，由于 3D 打印建筑才刚刚起步，可以参照的案例非常少，核对表法进行风险识别并不符合现状，而头脑风暴法则显得更胜一筹。但无论是什么方法，对于新兴技术来说本身就是存在极大的风险。所以，3D 打印技术对风险识别提出了更高的要求和挑战。

3D 打印技术应用于建筑还是一个新兴的领域，任何新兴的技术都要经过时间的检验才能沉淀、推广。从目前 3D 打印建筑的发展来看，它的确是一个跨越式的发明，无论从生产效率、精密度、还是整体的艺术表达能力看，都非传统的建筑施工可及。

乐观估计的情况下，3D 打印在建筑领域上的应用很有可能会取代当下传统的建筑技术，甚至将从本质上动摇整个传统建筑学的根基。而这，也为工程管理的模式提出了新的挑战，一旦 3D 打印技术成熟并且市场化，那么传统的工程管理模式将会受到巨大的影响。

7.3.2　项目管理创新—BIM+3D 打印技术

BIM 技术的优势在于它可以贯穿在建筑整个生命周期中，将设计数据、建造信息，维护信息等大量信息保存在信息库中，在建筑整个生命周期中得以重复、便捷地使用。

3D 打印技术的优势在于制造复杂物品而不增加成本，产品多样化不增加成本，零时间交付，设计空间无限，零技能制造不占空间、便携制造，材料无限组合，精确的实体复制。

在此运用 SWOT 方法来分析 BIM+3D 模式：

（1）BIM+3D 的优势

1）定制个性化：未来客户可以在极大程度上根据自己的想法影响建筑的设计。

2）造型奇异化：更多造型奇异的建筑物将被建造出来而不受成本的限制。

3）模型直观化：3D 实时打印的建筑模型即使是普通老百姓也能看懂看透。

4）建造绿色化：打印的材料已经开始使用建筑垃圾等废料，建造过程也将大大减少噪音与环境污染，真正实现建造绿色化。

5）成本减少：部件拼装等新型施工方法将减少大量的劳动力，节约人工成本；建造时间的大大缩短也会节约大量的人工成本；建筑材料使用废料将大大减少材料的成本。例如上海一栋由盈创公司建造的 $1100m^2$ 别墅，一层的材料打印仅需一天，五个工人拼装只需三天，打印所用的原料主要是建筑垃圾工业垃圾和矿山尾矿，总的来说可以节约建筑材料 30% 到 60%，工期缩短 50% 到 70%。建筑成本至少节省 50% 以上。

（2）BIM+3D 的劣势

1）打印机尺寸限制：目前采用的一维打印机与 2D 打印机的原理一样，当打印大的图案时就需要更大的打印机。所要建造的建筑物越大，前期建造的打印机就要更大，大大增加了建造的前期成本。且若要建设高楼大厦几乎是不可能的。

2）打印材料限制：目前打印材料往往很单一，而且强度限制也很大。因此找到一种轻型坚固的材料，以及使用多种材料建造建筑是 3D 打印技术发展的一大门槛。

（3）BIM+3D 的机遇

国内政策利好：住房和城乡建设部印发的《2011 ~ 2015 年建筑业信息化发展纲

要》中提出，"十二五"期间要基本实现建筑企业信息系统的普及应用，加快建筑信息模型 BIM 等新技术的应用。而十八届三中全会开启了中国经济全面深化改革的浪潮，近日发布的《十三五规划建议》进一步明确指出：创新是引领发展的第一动力。创新必将引领各行各业对旧制度旧技术旧生产方式进行全面改革。建筑行业作为典型的传统行业必将引起重大变革。现今，无论是行业政策、政府监督、市场动向生产方式还是新技术，都是面临巨大的创新浪潮。

（4）BIM+3D 的威胁

1）打印机与 BIM 信息的接口程序缺少：目前中国关于 BIM 技术以及 3D 打印技术存在着法律空白，BIM 技术的设计标准也还未出台。BIM 技术与 3D 打印技术代表着虚拟与现实，继续出台两者之间统一标准的语言。

2）大众观念难以接受：人对于未知的事物总是有着一定的抗拒心理。采用 3D 打印技术建造的房子的安全性是中国大众最关心的问题，且人们的第一感觉总是不放心，这对 3D 打印房屋的推广销售是个很大的阻碍。

（5）BIM+3D 在项目管理各个阶段的推动作用

1）项目设计阶段：

项目设计思想的交流更加有效率。BIM 在项目设计初期的作用不必赘述，如果能加上 3D 打印技术，将会使设计思想的交流更有效率。通常想用二维图表达三维的理念是，一般人往往不容易理解，三维的图像则更像一张照片，也有她的局限性。如果采用模型来诠释个人理念，则会清晰的多。但在建筑设计过程中，如果需要制作一个模型，则会消耗大量精力与时间。而 3D 打印完美解决了这个问题，使建筑在设计阶段的效率大大的提升。

此外还有一种叫作 3D 画笔的产品，用它可以直接画出立体的"画像"，且不用电脑软件设计，具有很大的发挥性。可以想象，这对产品设计初期的意义也是很大的。当设计师突然有灵感时，只需拿起画笔就可绘就一栋造型美妙的建筑，不需要通过烦琐的计算机画图。

2）项目施工阶段：

目前 3D 打印建筑的施工方法有四种：

①第一种是一维全尺寸建造，即建筑有多大有多高，打印机也要有多大多高。这是一种目前最常用的方法，但个人认为也是最没有前景的方法。建造方需要建造一个比所建建筑更加巨大的打印机，通过一个或几个喷头将材料一点一点地打印出来。喷出的材料厚度决定了房屋的建造时间与精细程度。这种"一维"打印方式的主要缺陷有两点：耗时长与耗费资金较大。

②第二种是今年刚刚横空出世的液体打印技术。一家名为 Carbon3D 的公司最

近突然横空出世，带来一种名为"CLIP"的新型3D打印技术。该技术像魔术一样可以从"水"里拉出任何你想要的东西。"CLIP"技术全称为"Layerless continuous liquid interface production technology"，直译为无分层液体连续交互生产技术，或液体连续交互生产技术（continuous liquid interface production）。3D打印机的硬化常使用紫外线灯，但空气里的氧气会减缓硬化过程。这款液体打印机巧妙运用液体隔绝空气，加速硬化。当硬化的树脂从树脂池里拖出的时候，新的液体树脂会被注入树脂池。据Carbon3D官网介绍，这种新技术优势在于：可实现比现有传统3D打印技术快25 ~ 100倍的打印速度，支持现有多数的高分子材料，保有高精度机械操作细节。可以想象，如果能够找到一种轻质牢固的材料，从"水"里变出一栋楼房应该不是难事。

③第三种也是应用比较广泛的方法，即打印再组装方法。厂家在工厂室内打印墙体等部件，再运到现场进行拼装。例如西安的首座3D打印搭建房，在3h内搭建好了一座二层的别墅。现场只有一台起重机与一些搭建模块。只需3个小时，所有的模块像积木一样被搭建起来。其他例如模块的浇筑工作都已在工厂内完成。比起传统大半年的施工方法，这种速度简直不敢想象。且每平方米的成本仅为2500 ~ 3500元。尽管房屋建造时间短，但因为每个模块能够独立承重，能够抗9级地震。同时，钢制笼式结构能够充分填充保温材料，达到很好的保温效果。

④第四种是离现在比较遥远的群组机器人集合打印装配技术。其核心就是一大群小型机器人协同作业，他们可以像小蜜蜂一样在三维空间里工作（比如瑞士的ETH在做这方面的研究），其人工智能的要求也不高。因此是目前热门的研究方向。到时候只需要控制机器人工程师、设计建筑图纸的设计师以及少量的劳动力，无论多大的建筑项目都可以完成。这无疑是建筑业的最终目标。

以上任何一种方法，都解放了劳动力，提高了工作效率。

从BIM到HIM再到HIM+3D——古建筑和现有建筑的模型制作HIM也叫作历史信息模型，其原理是将三维照片测量技术与BIM结合起来。现在再加上3D打印技术，不仅可以在数据库里储存所有有历史价值的古文物，还能将它们轻松的制作成模型，供人们学习参观或是研究，相信这一举动将会很有意义。

总体来说，现阶段BIM+3D打印结合的神奇作用，大多数人只是半信半疑或是一知半解，本文通过现有已实现的实例论述，尽可能诠释其与我们现实生活的关联或即将发生的关联，这项新技术一定会实现大众化。但这并不代表看似"人类什么也不用做简直是天堂"的BIM+3D打印技术会真正取代、淘汰传统建筑行业，毕竟人类发明了汽车汽车可还是有人会走路，微波炉替代不了传统烹饪，谁也无法预测未来究竟会怎样。但可以预见的是，BIM+3D打印技术以其巨大的优势必将会迎来鼎盛时期，传统建筑行业也会迎来巨大的转型与变革。

7.3.3　项目管理创新实例——3D 打印 +APP 等多维度管理

2016 年 6 月，位于武汉新洲阳逻经济开发区的中建·深港新城一期项目顺利封顶，这是湖北省首例建筑工业化项目。同时，以"绿色建筑智创未来"为主题的湖北建筑产业现代化推进会举行。该项目自启动以来，从设计体系，到 PC 构件工业化生产，不管是装配式施工，或是信息化管理，在管理模式和施工技术方面都极具创新模式，形成了一整套建筑产业现代化的集成技术体系，已达到国际先进水平。

1. 建筑设计、生产、施工全程标准化

项目一期工程共有 6 栋高楼，建筑面积 8.6 万 m²，由中建三局一公司实施总承包管理。2015 年 9 月底正式开工，2016 年 6 月 3 日实现结构封顶。中建三局一公司有关负责人表示，从项目启动之初，他们便将 PC 构件的生产、现场施工前置至设计环节，综合考虑结构、装修、机电等各专业的需求，运用信息化技术进行一体化设计。

现场有 1.8 万多个预制构件，但实际采用的模具仅为 48 个，大大节约了成本。此外，该工程外墙保温、墙砖、窗户、空调架、阳台栏杆埋件、模板加固埋件、外架埋件等，均在预制墙体上集成设计，避免二次施工。

在构件生产环节，预制楼梯，预制阳台，预制外墙……一期工程大多构件进行标准化生产，当前装配式混凝土结构中涉及的预制构件均在该项目上得以应用，整个工程预制率为 53%，装配率为 78%，均为湖北省在建最高。

该项目在进行主体结构施工时，其模架体系采用自主研发的装配式混凝土结构和铝合金模板一体化模架体系，形成整套主体结构施工过程中的模架体系工法。并实现了最快 4d 一个标准层 10 个月建 30 层住宅，且从源头上保证了产品的品质，工厂化制造让产品误差控制在毫米级。

2. 实现 BIM+3D 打印 +APP 等多维度管理

信息化技术是产业化建筑集成技术体系的重要环节，该项目在管理上实现全过程信息化。现场整个施工现场采用动态样板引路系统，现场布置两个触摸式显示屏，利用 BIM 的施工模拟功能，将主要预制构件的吊装施工工艺进行演示，包括预制构件验收、预制墙体吊装、注浆工程等。

BIM 技术也用于智能施工放样上。该项目采用承包方自主开发的"施工项目现场管理系统"现场管理 APP，可在智能移动平板上浏览 BIM 模型，进行三维展示。

同时，项目应用 3D 打印机打印出预制外墙板、内墙板、预制阳台等预制构件，用等比例缩小的实物展现构件的设计细节。通过以上建筑产业化的生产，企业形成了建筑工业化项目一代产品的建造技术及管理体系，已达到国际先进水平。

3."建筑产业现代化是一个共生体系"

该项目的"零部件"来自 2 公里之外的武汉 PC 制造厂，该厂占地约 21 万 m²，厂房面积 3.4 万 m²，PC 厂年产能可以达到 25 万 m²，能满足湖北 500 万 m² 的工业化住宅建造需求，是湖北省规模最大、现代化程度最高的 PC 构件厂，系湖北省首个"国家住宅产业化基地"。

湖北省首个绿色建筑产业园即是一个产业集聚载体和平台。整个产业园规划面积 3000 亩，将形成"一轴两翼"园区产业格局。"一轴"即以展示交易为轴，建设国家级绿色建筑生态展示园、交易平台、建筑业碳排放交易中心。"两翼"即以设计研发、生产制造为两翼。

总结来说，全产业链强化不够、产业集成不够、跨界延伸服务不够是影响建筑产业现代化顺利推进的主要原因，解决问题的有效途径便是要开展产业联盟，集聚建筑产业创新大成，最大限度地展示和集聚全国乃至全球建筑产业创新成果，搭建资源整合平台，打造新型产业服务集成平台，充分发挥"互补效应"和"协同效应"，形成产业共生体系。

7.4 3D 打印建造方式实践案例

7.4.1 3D 打印技术在建筑领域应用的现状

3D 打印的物件包罗万象，同样引发了建筑业追捧的热潮。3D 打印房屋的概念吸引业内外的关注。由图 7-3 所示可知，3D 打印在建筑业的应用尚未形成规模。而在现实生活中，3D 打印主要应用于建筑装饰以及建筑模型的制作，3D 打印实体建筑尚处于试验性阶段。

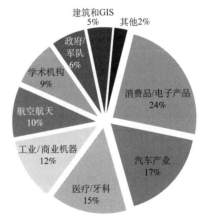

图 7-3 各行业在 3D 打印技术应用中所占比例

7.4.2　3D 打印技术在建筑领域应用的类型及其实例

1. 应用类型

（1）建筑装饰

目前，3D 打印在建筑装饰上已经比较成熟，个性化的装饰部件已经成功应用于水立方、上海世博会大会堂、国家大剧院、广州歌剧院、东方艺术中心、凤凰国际传媒中心、海南国际会展中心、三亚凤凰岛等成百上千个建筑项目（图 7-4 ～图 7-6）。

图 7-4　草莓研讨会展览中心

图 7-5　湖南株洲红花树酒店中大量使用 3D 打印的建筑装饰物

图 7-6　3D 打印家具

位于北京市昌平区第七届国际草莓研讨会展览中心酒店综合体。是一个包含培训中心、会展中心和一个位于传统的草莓种植和生产的农业园附近的工厂。其使用了大量的 3D 打印的建筑装饰物。

（2）建筑模型

在建筑业，设计师们使用 3D 打印机打印建筑模型，这种方法快速、低成本、环保，同时制作精美。3D 打印模型是建筑创意实现可视化与无障碍沟通最好方法。完全符合设计者的要求，切有节省大量的材料和时间。

用 3D 打印技术的建筑模型样式精美，细节清晰，且使用 3D 打印复杂的地形可以帮助设计师更好的设计建设（图 7-7）。

图 7-7　建筑模型案例

（3）建筑实体

目前，3D 打印建筑实体上的应用，还处于探索和快速发展的阶段。真正进入商业化阶段的案例很少，但是也产生了很多重要的验证实体建筑如：轮廓工艺、莫比乌斯环屋、月球基地、"打印房屋 2.0"、荷兰"运河屋"、青浦园区打印屋等。

2. 建筑实体案例

（1）轮廓工艺（图 7-8）

2012 年，由美国航天局（NASA）出资，美国南加州大学工业与系统工程系的比洛克·霍什内维斯教授做了一个 3D 打印技术应用在建筑领域的电脑模拟展示，运用"轮廓工艺"系统在不到 20h 的时间内能够建造一幢面积 2500 平方英尺的建筑。"轮廓工艺"打印出来的墙壁是空心的，虽然质量更轻，但它们的强度系数比传统房屋更高，而且节省了 20% ~ 25% 的资金、25% ~ 30% 的材料和 45% ~ 55% 的人工，他表示做这项研究的最初目的只是想给贫困的人们又快又好地盖房子。他的这项技术创新早在 2006 年就被美国发明家名人堂和现代奇迹栏目评为年度最佳发明。但遗憾的是，这项发明却一直没能走出实验室。

图 7-8　轮廓工艺示意图

（2）莫比乌斯环屋（图 7-9）

荷兰建筑师简加普·鲁基森纳斯 Janjaap Ruijssenaars，来自荷兰的宇宙建筑公司。2013 年 1 月，他表示他们希望能用 3D 打印技术建造一栋景观建筑，名为"Landscape House"。他们将沙子和粘合剂"打印"成若干个模块，并对其进行组装，最终的成品建筑会采用单流设计，运用创新的 3D 打印技术进行打造，由上下两层构成莫比乌斯环屋。

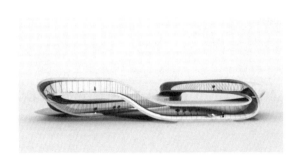

图 7-9　莫比乌斯环屋

（3）月球空间站（图 7-10、图 7-11）

项目背景：

Foster + Partners 事务所与欧洲航天局 european space agency 合作用月球上现有的材料建造 3D 打印建筑。

项目概况：

利用现有的建造技术，配合三维打印，在未来几年里，人类在月球上建造建筑物将成为可能。通过发明一种能承重的"悬链线"形拱顶和蜂窝结构墙体，使建筑内部能抵御月球上的微流星体和太空辐射的损伤，foster + partners 事务所还设计了一种增压充气配件来保护建筑内的宇航员。这种空心封闭气泡结构——让人联想到鸟类的骨骼——很好地结合了建筑的强度和重量。

速度：现有 3D 打印机的速度是每小时 2m 左右。

墨水：用于打印的结构"墨水"是一种盐材料。

图 7-10　建设中的多穹状月球基地，
机器人正在建造右侧两个穹顶

图 7-11　工作中的 D-Shape 型
3D 打印机

（4）青浦园区打印屋（图 7-12）

2014 年 1 月，首批 3D 打印建筑亮相上海青浦，引发国内外多方关注。这 10 幢有着方便面式外表纹理的房子，是由一台高 6.6m、宽 10m、长 32m（展开 150m）的 3D 打印机在 24h 内打印出来的，平均造价仅为两三万元。

走进一个 3D 打印的房间：设计的多样性可以让门窗等位置在"打印"过程中就预留出来，并且根据需要安装预埋件。与众不同的墙体，也并非钢筋水泥浇筑，而是用一种特殊的"油墨"，根据电脑设计图纸和方案，在现场层层叠加"喷绘"而成。

"将建筑垃圾变废为宝，让建筑工人做更体面的工作，让建筑成本降低 50%，让更多人住得起房子，房型家具私人定制，让水更清天更蓝……"其研发者马义和近日也被冠上"全国 3D 打印第一人"的名号。

2014 年 8 月 25 日，10 幢 3D 打印建筑在上海张江高新青浦园区内交付使用，作为当地动迁工程的办公用房。这些"打印"出来的建筑墙体是用建筑垃圾制成的特殊"油墨"，按照电脑设计的图纸和方案，经一台大型的 3D 打印机层层叠加喷绘而成，10 幢小屋的建筑过程仅花费 24h。

图 7-12　青浦园区打印屋

（5）3D 打印别墅式酒店（图 7-13）

2015 年 9 月 9 日，Yakich 宣称，他已经成功地使用 3D 打印技术打印出一栋小别墅，占地面积为 $10.5m \times 12.5m$，高 3m，大概有 $130m^2$。这个别墅有两间卧室、一间客厅以及一间带按摩浴缸的房间（按摩浴缸也是 3D 打印而成），所有这些都将是刘易斯大酒店的一部分。据统计，完成所有结构的打印总共花了 100 个小时，但是打印过程并不是连续的。

图 7-13　3D 打印别墅式酒店

（6）迪拜办公楼（图 7-14）

2015 年 6 月 30 日，迪拜宣布将利用 3D 打印技术，建造全世界第一个办公楼。

迪拜的一名内阁官员表示，迪拜要采用全世界领先的技术，并且成为一个全球创新中心，利用 3D 打印技术建造办公楼这也这一计划的组成部分。

这一项目的完工日期尚未被公布，它将被一个高 6.1m 的多层结构 3D 打印机建造出来，随后单独的组件将于几周内被组装起来。该大楼工程师表示用 3D 打印技术代替传统建造技术，将省大量时间和金钱。据估计建造时间将减少 50%～70%，工人花费将节省 50%～80%，建筑垃圾将节省 30%～60%。

图 7-14　3D 打印迪拜办公楼

第 8 章

工程建造组织方式创新与建筑产业现代化

建筑产业是国民经济重要支柱产业和富国安民基础产业，若干年来保持了快速发展。尤其近年来基于一体化集成角度和基于融资角度的工程建造组织方式的创新，对建筑产业现代化形成了良好的助推力。本章分别基于一体化集成角度和融资角度介绍了近年来工程建造组织方式创新以及其对建筑产业现代化所带来的影响，并分别以敦煌丝绸之路国际文化博览会和马来西亚公路实际案例进行分析说明。

8.1 工程建造组织方式创新对建筑产业现代化的推进作用

建筑产业现代化是建筑业实现可持续发展和转型升级的重要途径。近两年来，伴随着新型建造方式的发展，对工程建造组织方式也赋予了新的内涵和具体内容，特别是对推进建筑产业现代化背景下，加快工程项目管理模式创新与新型建造方式深度融合提出了新的要求。

8.1.1 建筑产业化的含义

建筑产业现代化是建筑产业从操作上的手工劳动向机械化再到智能化的转变，从施工工艺的简单化向复杂化转变，发展方式从单纯依靠个人经验逐步向依靠科技进步转变，管理方式也从粗放式管理逐步转为集约式管理，建筑工人也逐步迈入产业化的步伐，智能建造技术，装配式建筑逐步融入传统工程建造方式[1]。伴随着这些转变，建筑产业的生产效率不断提高，企业经营规模逐渐增大，企业经营方式更加多元和开放。现代化的建筑产业与传统建筑业的区别见表 8-1[2]。

现代化的建筑产业与传统建筑业的区别　　　　　　　　　　表 8-1

内容	现代化的建筑产业	传统建筑业
产业构成	产业链全过程	施工阶段为主
产业组织	一体化、集约化、协同化经营	缺乏合作、低端竞争
生产组织	集成化、全过程管理	各个阶段人为割裂、脱节
生产技术	标准化、集约化、集成技术	相对独立、单一
生产手段	工厂化、装配化、信息化	以低价劳动力、现场手工作业为主
生产要素	统一、协调、有机整体	自行投入、相对独立
生产目标	追求项目/产业链整体利益	追求企业各自效益

8.1.2　我国建筑产业现代化发展现状

我国在建筑产业现代化的进程中不断探索，开展了大量的工作，在发展模式、体系建设、政策措施、标准规范、龙头企业等方面并取得了一些成果。

（1）发展模式：在建筑产业现代化发展的进程中，逐渐形成了企业主导型、政府主导型，协同创新型等三种发展模式：首先是企业主导型，其是指在建筑产业现代化的发展进程中，企业通过成立研究中心或者与科研单位合作，自主研发并推广建筑产业现代化。其次是政府主导型，其主要体现在政府出台相关政策文件，组建相应工作机构，从保障房项目入手，逐步推进现代建筑产业工作。最后协同创新型更加强调政府、企业、高校等之间的合作。一方面，政府出台相关政策，进行各类示范引领；另一方面，相关企业积极参与建筑产业现代化实践，并通过与高校等研究机构的合作，开展关键技术、管理问题的研发，逐步形成政产学研良性的协同创新机制。

（2）技术体系：近年来，我国在建筑产业现代化技术体系建设领域不断研究和发展，形成了一批建筑产业现代化的技术体系。以装配式建造方式为例，现有的体系主要有预制装配式混凝土结构技术（PC 技术）、模块建筑体系、NPC 技术、半预制装配式混凝土结构技术（PCF 技术）、多层预制钢结构建筑体系、装配式整体预制混凝土剪力墙技术及叠合板式混凝土剪力墙技术[4]。

（3）政策措施：随着建筑产业现代化的不断推进，各地区结合本地区实际情况也逐步推出了相关政策措施，主要集中在三个大的方面。第一、行政引导；通过建立组织领导小组、开辟行政审批绿色通道等行政措施引导本地区建筑产业转型升级，促进建筑产业现代化发展。第二、行政强制；通过在保障性住房、政府工程中强制推广建筑产业现代化技术，促进建筑产业转型升级。第三，行政激励；通过财政支持、税费优惠、金融支持等激励政策措施促进建筑产业各行业转型升级[5]。

（4）标准规范：住建部以及江苏、北京、沈阳、济南等多个省市在总结我国建筑产业现代化发展实践经验的基础上，先后制定了多部标准。比如装配式混凝土结构技术规程、轻型钢结构住宅技术规程、预制预应力混凝土装配整体式框架（世构体系）技术规程、装配式剪力墙住宅建筑设计规程、住宅性能认定评定技术标准、建筑装饰装修工程质量验收规范等。

8.1.3　我国建筑产业现代化发展瓶颈问题

推进建筑产业现代化进程，实现建筑产业现代化全面发展需要解决很多问题。

总体来看，制约我国建筑产业现代化发展的主要因素集中在政策、市场、技术、成本、产业等五个方面。

（1）政策方面：我国对促进建筑产业现代化发展的有关政策法律框架初步完善，但缺少具体实施层面的政策扶持。美国、日本、新加坡等发达国家和地区在促进建筑产业现代化发展上，既通过法律的强制性来规制行业行为，又通过税收、金融等方面的政策扶持给予行业优惠，增加了企业参与的积极性[6]。正因为我国缺少在税收、金融等方面的鼓励政策，在产业链系统中的主体，尤其是以大型地产企业为主导的产业链系统无法有效地调动起来。在政策到位之前，地产企业因为高风险、低利润的回报太低，无法带来持续稳定的收入，不会大规模推行建筑产业现代化，如果发展太快，政策支持又跟不上，很可能造成企业负债经营。因此，政府在财税、金融等层面对参与建筑产业现代化实施的主体有相当程度的政策鼓励是很有必要的，用来消除产业化项目建设的"外部性"干扰。

（2）市场方面：建筑产业现代化的大规模推行需要成熟的建筑市场条件，而大量的市场需求才能实现市场化运转。我国的建筑市场在产业结构方面存在诸多问题，住房供给与需求不成比例，尚不能达到可持续性的市场运行；建设速度过快，市场规制发挥不出应有作用，价格过高，质量问题突出等。市场机制不健全，不能有效地解决建筑产品供需矛盾，也就无法有效地推动建筑产业现代化顺利开展。

（3）技术方面：标准化集成技术和信息技术是推行建筑产业现代化的重要支撑。但我国目前的建筑产业现代化建造程序还未找到行之有效的部件模块化分解技术。其一，模数体系不完善。我国的建筑产业现代化尚处于探索阶段，尚未形成完整的产业链，在实际应用中，部品构配件的模数标准没有正规、系列化的指导体系，这样生产出的部品部件规格不统一，难以达到规模化推广的要求，从而在产业化项目的大规模实施中无法进行大范围产业化生产[7]。其二，产业集成化程度低。集成体系的构建要求规模化的生产，单是部品或某个产业化项目的建设是无法达到产业化大规模高效率、高质量生产建设的。建筑产业现代化要实现全国范围的推广就必须实现高度集成化。

（4）成本方面：因为我国的人工、资源等成本较低，而技术研发的成本相对较高，因此，依赖人力、资源等方式的传统建设模式的成本远低于产业化项目的建设成本（见表8-2），一般认为，在建筑产业现代化实施初期，其成本要高于传统建造的20%～40%左右。

没有形成集成化的产业链生产建造模式也会造成成本增加。相关上下游企业较少且分散，在实际实施中没有形成一个囊括投资主体、施工企业、制造业、物流业等各类建筑产业参与主体的集成化产业链体系，不仅不能为建筑产业现代化的生产建设提供产业链上的支持，而且为了某项产业化项目的建设再重新整合资源，成本自然就会大大提高。

传统建设与产业化建设的成本比较

表 8-2

	传统建设成本			后续使用成本			
	土地	建造	税金	保险	能耗	维护	物业
传统建设	平等	低	高	高	高	高	高
产业化建设	平等	高	低	低	低	低	低

（5）产业方面：建筑产业现代化的发展需要产业的集中运行对产业链资源进行整合。成熟的行业集中度主要通过行业内的产业集约效应来引导行业市场的运行方向，从而推动产业化的发展。建筑产业现代化主要是实现产业链的标准化生产，要实现产业链的集成，不光要有作为主导地位的地产企业，还要充分发挥设计、施工、生产、物流等多家企业的协同作用，需要改变现行建设模式下行业运作流程，需要建立起成熟的多方联动机制和先进的技术体系。我国目前只是建立了产业化示范基地，相关产业链集成行业尚未参与进来，体系构建不完善，仅依靠某一环节或某一项目的产业化还不能实现整个产业化建筑市场的规模化运作。

8.1.4　工程建设组织方式创新的内涵

工程建造组织方式在面对新型的市场环境和创新技术，其适时的进行了创新补充，使其赋予了新的内涵，主要体现在以下几点：

首先是从基于一体化集成的角度，传统的工程建设组织方式主要是将工程建设项目的资本运作、建筑设计、物资采购、新技术应用和施工管理割裂进行组织设计。而现在工程建造组织方式创新将其进行组织集成，一体化的进行资源的优化配置。从而提供更全面的服务内容。并利用这种组织集成更好地适应装配式建筑、BIM、大数据、云计算、物联网、移动互联、人工智能等信息技术的运用，促进建筑产业现代化的不断发展。其具体内容主要包括以 EPC 模式促进装配式建筑发展，BIM 技术以及大数据、云计算、物联网、移动互联、人工智能等信息技术对工程建设组织方式带来的变革。

其次是从基于项目融资的角度，在传统的项目融资的基础上，衍生了更多将项目融资方式进行组合、创新的融资方式。伴随着一体化集成的工程建造组织方式的创新，其投资方式也要发生相应的改革和变化。项目融资的主体和渠道不断丰富，融资形式也在不断进行丰富。现如今已产生多种多样的融资模式，如 PPP、BOT 及其衍生模式、PFI、ABS 等，这些创新融资模式都不约而同地将项目的业务链条拉长，不再单一关注项目建造的单一过程，而是多主体前期共同参与，更多的是站在融资角度建立的工程建造组织架构。结合具体的项目背景与特点，对融资方式进行组合使用，灵活且最大限度地增加项目公司在项目资本运营、建筑设计、物资采购、新技术运用和施工管理的资源灵活优化配置。

最后就是随着企业组织模式的变革和工程项目不同阶段管理的要求，工程项目管理的组织实施形式出现了新的变化，有建设单位主导的项目管理，有总承包方主导的项目管理，也有咨询公司进行全过程咨询服务，使得项目组织结构、管理制度、管理方法、责任划分等面临新的课题，这就要求在项目管理模式、管理体制创新应当适应项目利益相关方的要求，以全面提高工程项目管理的国际化水平。

8.2 基于一体化集成的工程建造组织方式的创新

近年来，装配式建筑不断发展，各种新兴信息技术不断涌现，BIM、云计算、虚拟现实、移动技术、协同环境、大数据体系对工程建造组织方式的影响日益显著，特别是能够大幅度提高建设工程项目的全过程优化、集成效益，实现目标动态控制精度和"智慧管理"。随着装配式建筑以及信息化的高速发展，一体化集成已成为建筑业走向现代化不可避免的趋势。

8.2.1 以 EPC 模式推进装配式建筑发展

装配式建筑全产业链的建造活动是一项复杂的系统工程，需要系统化的工程管理模式与之相匹配。EPC 工程总承包（EPC，Engineering-Procurement-Construction）是国际上通行的一种建设项目组织实施方式，在装配式建筑项目上，大力推行工程总承包，既是政策措施的明确要求，也是行业发展的必然方向。

1. 装配式建筑概念及其特征

装配式建筑是指建筑物的部分或全部构件在工厂生产加工后，运输到施工现场通过一定的技术手段进行连接拼装而成的建筑（如图 8-1 装配式建筑的生产过程）[8]。

装配式建筑具有设计标准化、构件生产工厂化、施工装配化以及管理信息信息化的特征。

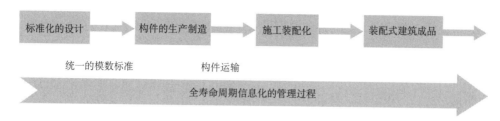

图 8-1　装配式建筑的生产过程

（1）设计标准化：装配式建筑的构件生产是在工厂进行生产，为了实现装配式建筑构件的精度，装配式建筑的发展也应以标准化为基础，确保每一个构件都是按照一定的统一的模数进行生产制造。装配式建筑和 BIM 技术相结合可以有效地实现设计标准化，提高建筑物质量。在装配式建筑中标准化的设计包括，预制叠合墙板、预制叠合梁、预制叠合楼板、楼梯等。

（2）构件生产工厂化：构件生产制造是装配式建筑的一个重要的阶段。构件生产工厂化是指建筑物的主体构件以及部品通过工厂进行预制加工。装配式建筑标准化的设计使构件实现工厂预制化生产提供了方便。构件生产工厂化有效地减少了现场湿作业、节省劳动力、提高建造效率，同时减少了传统现浇模式带来的噪声、现场废料堆弃等污染。

（3）施工装配化：施工装配化是指，构件在工厂一定的模数要求生产加工后，运输到施工现场进行通过一定的技术手段进行拼装、吊装。相较于传统建造过程，施工流程简化、降低工人的劳动强度、提高建造效率、保护施工现场周围环境等。建筑工业化采用的是工程总承包的模式，实现了主体结构一体化与装配施工一体化。

（4）管理信息化：管理信息化是指装配式建筑利用 BIM 软件建立信息模型，BIM 技术的可视化、参数化等特性，方便了各参与方之间的协同工作，使得各参与方更加直观的了解建筑物的信息，解决了传统管理过程中信息错误、漏失的现象，方便工作人员对项目各阶段的管理工作，促进装配式建筑的全面发展。

2. 国内装配式建筑的发展现状

新中国成立后，为解决居民住房问题，深化住房体制改革，我国借鉴苏联建筑工业化发展经验，对建筑工业化进行了初步探索，预制屋面梁、板、预制空心楼、大板建筑开始出现在人们的视野中。由于装配式建筑的发展还不够成熟，而对于装配式建筑技术水平要求也比较高，并且缺乏相应的管理人员，在 20 世纪 80 年代初期，装配式建筑的发展出现了短期的停滞。80 年代后期，国家出台了一些模数协调的相关标准。这些标准规定各类建筑物的参数、外形尺寸等，使其结构具有统一性及模数化，这也标志着我国装配式建筑取得了一定的发展。

"十二五期间"为深化可持续发展的观念，实现建筑的绿色发展，住建部推行了一些关于绿色建筑发展的意见以及相关的实施方案，装配式建筑再一次在我国兴起[9]。在相关部门的共同推进下，2015 年，装配式建筑得到了进一步的发展。在"十二五"的推动下，我国已建立了 56 个国家住宅产业化基地以及 11 个住宅产业化试点城市，总的来说，我国装配式建筑的发展将会有一个很好的发展前景。从近几年来看，大力推进装配式建筑的发展已成为建筑行业的普遍趋势，图 8-2 为"十二五"期间我国装配式建筑发展趋势。

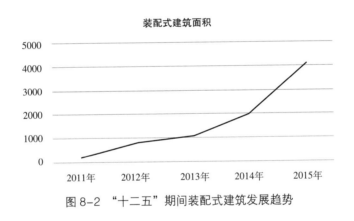

图 8-2 "十二五"期间装配式建筑发展趋势

2016 ～ 2020 年为"十三五"期间，国务院就装配式建筑的发展状况进行了总结并下发了《关于大力发展装配式建筑的指导意见通知文件》，文件中明确规定装配式建筑发展的重点地区（其中重点发展地区包括北京、天津、上海、长江三角洲、珠江三角洲）以及常住人口超过 300 万的其他城市为积极推进地区，其余城市为鼓励推进地区，因地制宜发展装配式建筑[10]。2017 年 1 月，为推动装配式建筑的发展，国家住房和城乡建设结合部制定了关于装配式建筑的相关标准，并要求同年 6 月份开始执行。2017 年 3 月，北京市市政府办公厅发布了《关于加快发展装配式建筑的实施意见》，《意见》中指出，截至 2020 年装配式建筑占新建筑面积的比例达到 30% 以上，并且鼓励一些公共场所，如学校、大型商场、医院等的建筑积极采用钢结构建筑，其中对于政府投资的并且建筑面积超过 1 万 m^2 的建筑必须采用钢结构[11]。图 8-3 为我国装配式建筑发展目标。

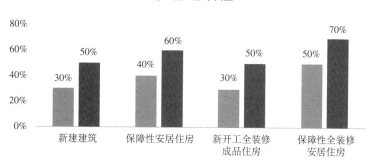

图 8-3 装配式建筑发展目标

3. 装配式建筑发展优势

通过与传统建筑的对比分析，装配式建筑的发展优势主要体现在以下几个方面。

（1）提高建筑物的性能、质量。装配式建筑的整个建造过程（设计、构件的生产制造、营造施工）都是按照一定的标准进行的，各个环节都严格按照规格要求进行生产设计，提高建筑物的质量。装配式建筑的都是采用的新型的建筑材料，具有保温、隔热等优点，整体地提升了建筑物的性能。

（2）提高建造效率。与传统现浇建筑相比，装配式建筑最突出的特点就是建造速度快。装配式建筑标准化的设计方式、机械化的施工方式以及协同化的管理模式大大提升了建造效率。据某单位的建设经验，以 25 层精装修住宅为例作对比，装配式建筑最快 12 个月可交底完工，而传统的现浇建筑的施工周期要达到 23 个月，因此装配式建筑的建造方式可有效地提升建造效率，缩短工期，提升盈利水平。

（3）符合建筑工业化的发展理念，促进建筑业的可持续发展。我国是一个资源严重缺乏的国家，在传统的建筑建造过程中，资源以及能源消耗比较严重。据统计，装配式建筑在施工过程中节水 80%、节材 20% 等。因此，装配式建筑的发展可以有效地节省水资源、土地资源、建筑材料以及能源消耗等，符合"四节一环保"的要求。

（4）提升业内工作人员的专业素质。装配式建筑的对工人的技术水平要求较高，若推进装配式建筑的发展，还需要相关企业加大对工作人员的培训，增强对专业知识的把握，以提升从业人员的素质。

（5）促进建筑行业管理体制的改革。建筑工程项目管理在建造过程中占有非常重要的地位，一个好的管理体系才能确保建造质量、有效的控制建造成本、进度等，提升项目的整体效益。装配式建筑的管理过程与 BIM 技术相结合实现装配式建筑全寿命周期的集成管理，提升管理质量。

4. 采用 EPC 模式推动装配式建筑发展

(1) EPC 模式有利于实现工程建造组织化

EPC 模式是推进装配式建筑一体化、全过程、系统性管理的重要途径和手段。有别于以往的传统管理模式，EPC 模式可以整合产业链上下游的分工，将工程建设的全过程联结为一体化的完整产业链，实现生产关系与生产力相适应，技术体系与管理模式相适应，全产业链上资源优化配置、整体成本最低化，进而解决工程建设切块分割、碎片化管理的问题。

装配式建筑项目推行 EPC 模式，投资建设方只需集中精力完成项目的预期目标、功能策划和交付标准，设计、制造、装配、采购等工程实施工作则全部交由 EPC 工程总承包方完成。总承包方对工程质量、安全、进度、造价负总责，责任明确、目标清晰。总承包方围绕工程建造的整体目标，以设计为主导，全面统筹制造和装配环节，系统配置资源（人力、物力、资金等）；工程项目参与方均在工程总承包方的统筹协调下处于各自管理系统的主体地位，均围绕着项目整体目标的管理和协调实现各自系统的管理小目标，局部服从全局、阶段服从全过程、子系统服从大系统，进而实现在总承包方统筹管理下的工程建设参与方的高度融合，实现工程建设的高度组织化。

(2) EPC 模式有利于实现工程建造系统化

装配式建筑一般由建筑、结构、机电、装修 4 个子系统组成，这 4 个子系统各自既是一个完整独立存在的系统，又共同构成一个更大的系统。每个子系统是装配式，整个大系统也是装配式。

EPC 工程总承包管理是一个大系统，各个环节的管理以及各个分包的管理都属于这个大系统下的子系统，各环节的子系统又可再细分若干个小子系统。各子系统的管理子目标构成了整个工程总承包管理的大目标。EPC 中的"Engineering"不仅是具体的设计，还包括对总体技术和管理策划、工程组织策划、资源需求策划等整个项目建设工程内容的系统性分析，通过对建筑、结构、机电、装修在设计、制造、装配中多个环节的系统性考虑，制定一体化的设计、制造和装配方案。

EPC 模式的优势在于系统性的管理。在产品的设计阶段，就统筹分析建筑、结构、机电、装修各子系统的制造和装配环节，各阶段、各专业技术和管理信息前置化，进行全过程系统性策划，设计出模数化协调、标准化接口、精细化预留预埋的系统性装配式建筑产品，满足一体化、系统化的设计、制造、装配要求，实现规模化制造和高效精益化装配，发挥装配式建筑的综合优势。EPC 模式突破了以往设计方制定设计方案→生产制造方依据设计方案制定制造方案→工程装配方依据设计方案制定装配方案，导致设计、加工、装配难以协同的瓶颈，通过全过程多专业的技术策划与优化，结合装配式建筑的工业化生产方式特点，以标准化设计为准则，实现产品标准化、制造工艺标准化、装配工艺标准化、配套工装系统标准化、管理流程标准化，系统化集成设计、加工和装配技术，一体化制定设计、加工和装配方案，实现设计—加工—装配一体化。设计的产品便于工厂规模化制造和现场高效精细化装配，便于发挥装配式建筑的优势。

（3）EPC 模式有利于实现工程建造精益化

EPC 模式下，工程总承包方对工程质量、安全、进度、效益负总责，在管理机制上保障了质量、安全管理体系的全覆盖和各方主体质量、安全责任的严格落实。

EPC 工程总承包管理的组织化、系统化特征，保证了建筑、结构、机电、装修的一体化和设计、制造、装配的一体化，一体化的质量和安全控制体系，保证了制定体系的严谨性和质量安全责任的可追溯性。一体化的技术体系和管理体系也避免了工程建设过程中的"错漏碰缺"，有助于实现精益化、精细化作业。

EPC 模式下的装配式建造，设计阶段就系统考虑分析制造、装配的流程和质量控制点，制造、装配过程中支撑、吊装等细节，从设计伊始，规避质量和安全的风险点；通过工厂化的制造和现场机械化的作业，来大幅替代人工手工作业，大大提高了制造、装配品质，减少并规避了由于人工技能的差异所带来的作业质量差异，以及由此产生的离散性过大，导致质量下降和出现安全隐患的问题，从而全面提升工程质量、确保安全生产。

（4）EPC 模式有利于降低工程建造成本

工程材料成本在项目的成本构成中占有很大的比例，因此，项目采购环节的成本降低具有十分重要意义。EPC 模式下，设计、制造、装配、采购几个环节合理交叉、深度融合。EPC 模式中的"Procurement"不仅是为项目投入建造所需的系列材料、部品采购、分包商采购等等，还包括社会化大生产下的社会资源整合，系统性地分析工程项目建造资源需求。在设计阶段，就确定工程项目建造全过程中物料、部品件和分包供应商。随着深化设计的不断推进和技术策划的深入，可以更加精准地确定不同阶段的采购内容和采购数量等。由分批、分次、临时性、无序性的采购转变为精准化、规模化的集中采购，从而实现分包商或材料商的合理化、规模化的有序生产，减少应急性集中生产成本、物料库存成本以及相关的间接成本，从而降低工程项目整体物料资源的采购成本。EPC 模式下，充分发挥设计主导和技术总体策划优势，在设计方案中充分考虑材料部品的性价比，优先使用当地材料；工程实施过程中控制造价成本，通过设计优化，在满足建筑产品的良好性能要求的同时，最大限度地节约资源；通过精益设计，达到设计少变更甚至零变更，减少甚至避免由于返工造成的资源浪费，从而最大限度地节约成本。

EPC 模式下，在总承包方的统一协调、把控下，将各参建方的目标统一到项目整体目标中，以整体成本最低为目标，优化配置各方资源，实现设计、制造、装配资源的有效整合和节省，从而降低成本。避免了以往传统管理模式下，设计方、制造方、装配方各自利益诉求不同，都以各自利益最大化为目标，没有站在工程整体效益角度去实施，导致工程整体成本增加、效益降低的弊端。

EPC 模式下，工业化建造将实现精细化、专业化分工和规模化、社会化的大生产，各种材料、部品的成本将趋于合理、透明，并限定在合理的市场化范围内。龙头企业与相关部品件生产企业、分包企业间的长期战略性合作，将会进一步减少采购成本。这些都将有利于市场化发展，从而进一步降低材料、部品、部件的成本。

EPC 模式下，装配式的建造将实现人工成本的大大节约，无论是管理团队的有效整合还是产业工人的减少，都将进一步降低建造过程中的人工成本和间接成本。

（5）EPC 模式有利于缩短工程建造工期

EPC 模式下，设计、制造、装配、采购的不同环节形成合理穿插、深度融合，实现由原来设计方案确定后才开始启动采购方案，开始制定制造方案、制定装配方案的线性的工作顺序转变为叠加型、融合性作业，经过总体策划，在设计阶段就开始制定采购方案、生产方案、装配方案等等，使得后续工作前置交融，进而大幅节约工期。

EPC 模式下，原来传统的现场施工分成为工厂制造和现场装配两个板块，可以实现由原来同一现场空间的交叉性流水作业，转变成工厂和现场两个空间的部分同步作业和流水性装配作业，缩短了整体建造时间。同时，通过精细化的策划，以及工厂机械化、自动化的作业，现场的高效化装配，可以大大提高生产和装配的效率，进而大大节省整体工期。

EPC 模式下，各方工作均在统一的管控体系内开展，信息集中共享，规避了沟通不流畅的问题，减少了沟通协调工作量和时间，从而节约工期。

（6）EPC 模式有利于实现技术集成应用和创新

装配式建筑是一个有机的整体，其技术体系需要设计、制造、装配的技术集成、协同和融合，唯有技术体系的落地应用才能形成生产力，发挥出装配式建筑的整体优势。而 EPC 模式有利于建筑、结构、机电、装修一体化，设计、制造、装配一体化，从而实现装配式建筑的技术集成，可以以整体项目的效益为目标需求，明确集成技术研发方向。避免只从局部某一环节研究单一技术（如设计只研究设计技术、生产只研究加工技术、现场只研究装配技术），难以落地难以发挥优势的问题。要创新全体系化的技术集成，更加便于技术体系落地，形成生产力，发挥技术体系优势。并在 EPC 工程总承包管理实践过程中不断优化提升技术体系的先进性、系统性和科学性，实现技术与管理创新相辅相成的协同发展，从而提高建造效益。

（7）EPC 模式有利于全过程信息化应用

BIM 技术的优势在于对装配式建筑全过程的海量信息进行系统集成，便于"各参与方"的应用，对装配式建筑建设全过程进行指导和服务。其应用的前提条件，就是要在统一的信息管理平台上，集成各专业软件，标准化接口，保证信息共享，实现协同工作。EPC 模式可以很好地发挥 BIM 技术的全过程应用信息共享优势，提升品质和效益。在 EPC 模式下，各参与方形成一个统一的有机整体，设计各专业之间，制造、装配各专业之间，设计与制造、装配之间数据信息共享，协同并进行设计和管理。EPC 模式利于建立企业级装配式建筑设计、制造、装配一体化的信息化管理平台，形成对装配式建筑一体化发展的支撑。实现建筑业信息化与工业化的深度融合，深入推进信息化技术在装配式建筑中的应用。

8.2.2　建筑信息模型（BIM）技术助推工程建造组织方式变革

建筑信息模型（Building Information Modeling，BIM）技术作为继 CAD（计算机辅助设计）技术后出现的建设领域的又一重要的计算机应用技术，在一些发达国家已经得到了迅速发展和应用，美国 60% 建筑设计及施工企业应用 BIM[12]。建筑信息模型（BIM）的提出对于整个建筑行业的信息化及其应用具有划时代的意义，并且将影响建筑行业各个环节和专业之间的信息集成和协作。随着 BIM 的推广，所有的建筑业务，包括设计、设计审核、预算、工程管理等将整合到一起，将助推工程建造组织方式的一体化集成。

1. 建筑信息模型概述

建筑工程设计是建筑工程建设的龙头。在过去 20 年中，CAD（Computer Aided Design）技术的普及推广使建筑师、工程师从手工绘图走向电子绘图。甩掉图板，将图纸转变成计算机中 2D 数据的创建，可以说是建筑工程设计领域第一次革命。CAD 技术的发展和应用使传统的设计方法和生产模式发生了深刻变化。这不仅把工程设计人员从传统的设计计算和手工绘图中解放出来，把更多的时间和精力放在方案优化、改进和复核上，而且提高设计效率十几倍到几十倍，大大缩短了设计周期，提高了设计质量。

但是二维图纸应用的局限性很大，不能直观体现建筑物的各类信息，所以在建筑设计中，制作实体模型也是经常使用的表现手段。为在整个设计过程中沟通设计意图，建筑师有时需同时用实体模型和图纸两种方式，以弥补单一方式的不足。过去这两种截然不同的沟通方式是分别实现的。应用计算机后，设计人员一直在探索如何使用软件在计算机上进行三维建模。最早实现的是用三维线框图去表现所设计的建筑物，但这种模型过于简化，仅满足了几何形状和尺寸相似的要求。后来出现了诸如 3D Studio VIZ，Form Z 这类专门用于建筑三维建模和渲染的软件，可以给建筑物表面赋予不同的颜色以代表不同的材质，再配上光学效果，可以生成具有摄影效果的建筑效果图。但这种建立在计算机环境中的三维建筑模型，只能用来考虑设计的体量、造型、立面和外部空间，并不能用于施工。对于一个可应用于建筑施工的设计来说，附属在建筑物上的信息非常多，设计人员除需确定建筑物的几何尺寸、所用材料，还需确定建筑物的抗风压强度、抗震、气密、水密、变形、施工工艺、传热系数等很多信息。如果不确定这些信息，建筑概预算、建筑施工等很多后续的工作就无法进行。而原有的建筑物三维表面模型，无法做到在模型上附加大量信息（图 8-4）。

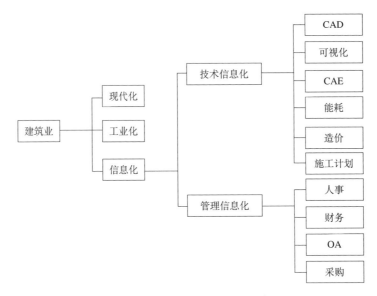

图 8-4　我国建筑业信息化现状

随着建筑工程规模越来越大，建筑物越来越高、体形越来越复杂，附加在建筑工程项目上的信息量也越来越大。建筑工程信息会对整个建筑工程周期乃至整个建筑物生命周期都产生重要影响。对这些信息利用得好，处理得好，就能节省工程开支、缩短工期，也可以惠及使用后的维护工作。因此，在建筑工程中广泛应用信息技术，快速处理与建筑工程有关的各种信息，合理安排工期，控制生产成本，消灭由于设计不当甚至错误所造成的工程损失以及工期延误就显得十分必要。鉴于此，就须在整个建筑工程周期乃至整个建筑物生命周期中，实现对信息的全面管理。建筑设计作为建筑工程的龙头专业，也是整个建筑工程信息的源头，在建筑工程信息化中肩负十分重要的责任。建筑信息模型（BIM）为建筑工程设计领域带来了第二次革命，即从二维图纸到三维设计和建造的革命。同时，对于整个建筑行业来说，建筑信息模型（BIM）也是一次真正的信息革命。

2. 建筑信息模型的概念

（1）建筑信息模型（BIM）是近两年来出现在建筑界中的一个新名词。它的定义为：创建并利用数字模型对项目进行设计、建造及运营管理的过程[13]。BIM 的全面应用，将提高建筑工程的集成化程度，也为建筑业的发展带来效益，使设计乃至整个工程的质量和效率提高，成本降低，是引领建筑业信息技术走向更高层次的一种新技术。

（2）BIM 通过数字信息仿真模拟建筑物所具有的真实信息，不仅只是几何形状描述的视觉信息，还包含大量的非几何信息，如材料的强度、性能、传热系数、构件的造价、采购信息等。BIM 是通过数字化技术，在计算机中建立一个虚拟建筑物，一个建筑信息模型就是提供了一个单一的、完整一致的、逻辑的建筑信息库。

（3）BIM 技术的核心是一个由计算机三维模型所形成的数据库，不仅包含了建筑师的设计信息，而且可容纳从设计到建成使用，甚至是使用周期终结的全过程信息，并且各种信息始终是建立在一个建筑三维模型数据库中。可以持续即时地提供项目设计范围、进度及成本信息，这些信息完整可靠并且完全协调。

（4）BIM 能在综合数字环境中保持信息不断更新并可提供访问，使建筑师、工程师、施工人员以及业主可清楚全面地了解项目。这些信息在建筑设计、施工和管理的过程中能促使加快决策进度、提高决策质量，从而使项目质量提高，收益增加。

（5）BIM 的应用不仅局限于设计阶段，而是贯穿于整个建筑工程项目全生命周期的各个阶段：设计、施工和运营管理。BIM 电子文件，将可在参与项目的各建筑行业企业间共享。建筑设计专业可直接生成三维实体模型；结构专业则可依照模型进行计算；其他专业可以据此进行建筑能量分析、声学分析、光学分析等；施工单位则可进行备料及下料；发展商则可取其中的造价、门窗类型、工程量等信息进行工程造价总预算、产品订货等；而物业单位也可以用之进行可视化物业管理。BIM 在整个建筑行业从上游到下游的各个企业间不断完善，从而实现项目全生命周期的信息化管理，建筑信息模型是数字技术在建筑工程中的直接应用，以解决建筑工程在软件中的描述问题，使设计人员和工程技术人员能够对各种建筑信息做出正确的应对，并为协同工作提供坚实的基础（图8-5）。

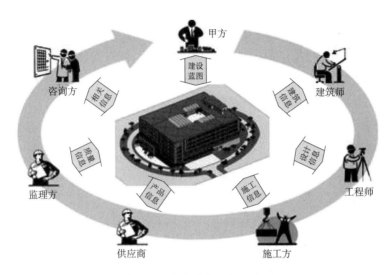

图8-5　建筑信息模型示意图

（6）BIM同时又是一种应用于设计、建造、管理的数字化方法，该方法支持建筑工程的集成管理环境，可以使建筑工程在其整个进程中显著提高效率和减少风险。

（7）BIM支持建筑工程全生命周期的集成管理环境，因此，建筑信息模型的结构是除包含与几何图形及数据有关的数据模型外，还包含与管理有关的行为模型，两者结合通过关联为数据赋予意义，因而可用于模拟真实世界的行为，如模拟建筑物的结构应力状况、安全状况、传热状况等。

（8）应用建筑信息模型（BIM）可以支持建筑项目各种信息的连续应用及实时应用，这些信息质量高，可靠性强，集成程度高且完全协调，可提高设计乃至整个工程的质量和效率，显著降低成本。可使建筑工程更快、更省、更精确，各工种配合得更好和减少图纸出错的风险，惠及将来建筑物的运作、维护和设施管理，节省费用。

3. 建筑信息模型的核心理念

（1）参数化设计

参数化设计从实质上讲是一个构件组合设计，建筑信息模型是由无数个虚拟构件拼装而成，其构件设计并不需采用过多的传统建模语言，如拉伸、旋转等，而是对已经建好的构件（称为族）设置相应的参数，并使参数可以调节，进而驱动构件形体发生改变，满足设计要求。参数化设计更为重要的是将建筑构件的各种真实属性通过参数的形式进行模拟，并进行相关数据统计和计算。在建筑信息模型中，建筑构件并不只是一个虚拟的视觉构件，而是可以模拟除几何形状以外的一些非几何属性，如材料的强度、材料的传热系数、构件的造价、采购信息、重量、受力状况等。

对参数定义属性的意义在于可进行各种统计和分析，如材料表统计，在建筑信息模型中是完全自动化的，而参数化更为强大的功能是可进行结构、经济、节能、疏散等方面的计算和统计，甚至可以进行建造过程的模拟，最终实现虚拟建造。这与犀牛、3DS MAX 等软件中的三维模型是完全不同的概念，用 3DS MAX 建立的模型，墙与梁并没有属性的差别，它们只是建筑师在视觉上假设的墙与梁，这些构件将无法参与到数据统计，也不具备利用计算机进行各种信息处理的可能性。

（2）构件关联性设计

构件关联性设计是参数化设计的衍生。当建筑模型中所有构件都是由参数加以控制时，若将这些参数相互关联起来，就实现了关联性设计。换言之，当工程师修改某个构件，建筑模型将进行自动更新，而且这种更新是相互关联的。如遇到修改幕墙分格，在建筑信息模型中，只要修改分格的数值，所有的墙、柱、窗、门都会自动发生改变，因为这些构件的参数都与分格相关联，而且这种改变是三维的，并且是准确和同步的，无须再去分别修改平、立、剖面图。关联性设计不仅提高了工程师的工作效率，而且解决了长期以来图纸之间的错、漏、缺问题。

（3）参数驱动建筑形体设计

参数驱动建筑形体设计是指通过定义参数来生成建筑形体的方法，当建筑师改变建筑物一个参数，形体可以进行自动更新，从而帮助建筑师进行形体研究。参数驱动建筑形体设计仍然可采用定义构件的方法实现。如设计一个形体复杂的高层建筑，可将高层建筑的每一层作为一个构件，然后用参数（包含一些简单的函数）对这一层的几何形状进行定义和描述，最后将上下两层之间再用参数关联起来。如设定上下两层之间的扭转角度，这样就可通过修改所定义的角度来驱动模型，生成一系列建筑形体。这种模式对于生成一些有规律的，但却很复杂的建筑形体是十分有用的。参数驱动建筑形体设计并不是建筑信息模型所独有的技术，犀牛等软件具备同样的功能。但在建筑信息模型中，形体可以方便地转化成具有真实属性的建筑构件，当改变参数，形体发生变化的同时，建筑构件也相应同步变化，这就使视觉形体研究与真实的建筑构件关联起来，视觉模型也就转化为真正的"信息模型"。

参数化构件亦称"族"，是在 Autodesk Revit Archi-tecture 中设计所有建筑构件的基础。它们提供了一个开放的图形式系统，能够自由地构思设计，创建外形。能以逐步细化的方式来表达设计意图。可以使用参数化构件创建最复杂的组件以及最基础的建筑构件，如墙和柱，无需任何编程语言或代码。

（4）协作设计

随着建筑工程复杂性的增加，跨学科的合作成为建筑设计的趋势。在二维 CAD 时代，协作设计缺少一个统一的技术平台，但建筑信息模型为传统建筑工种提供了一个良好的技术协作平台，如结构工程师改变柱的尺寸时，建筑模型中的柱也会立即更新，而且建筑信息模型还为不同的生产部门，甚至管理部门提供了一个良好的协作平台；施工企业可在建筑信息模型基础上添加时间参数进行施工虚拟，控制施工进度；政务部门可进行电子审图等。这不仅改变了建筑师、结构工程师、施工技术人员传统的工作协调模式，而且业主、政府政务部门、制造商、施工企业都可以基于同一个带有三维参数的建筑模型协同工作。

（5）BLM=BIM+ 互用 + 协同

建筑设计涉及许多不同的专业，如建筑、结构、材料等。由于 BIM 具有承载各种信息的能力，整个建筑相关的信息和一整套设计文档存储在集成数据库中，所有信息都已数字化，完全相互关联。即可在 BIM 上构建各个专业协同工作的平台。这不但消除了以前各个专业设计软件互不兼容的现象，还实现了各专业的信息共享。如设计的修改或变更、施工计划安排以及施工进度的可视化模拟、各种文档协同管理、施工变更管理等都可在这个协同工作平台上实现。

正是 BIM 的应用，一种新的建筑管理思想应运而生，这就是建设工程生命周期管理（Building Lifecycle Management，BLM）。BLM 是一种以 BIM 为基础，创建、管理、共享信息的数字化方法，能够大为减少资产在建筑物整个生命周期（从构思到拆除）中的无效行为和各种风险。BLM 是建筑工程管理的最佳模式。实际上，BLM 即 BLIM（Building Lifecycle Information Manage-ment）建设工程生命周期信息管理。

建筑工程建设项目的生命周期主要由两个过程组成：第一是信息过程，第二是物质过程。施工开始以前的项目策划、设计、招投标的主要工作就是信息的生产、处理、传递和应用；施工阶段的工作重点虽然是物质生产，但物质生产的指导思想却是信息（施工阶段以前产生的施工图及相关资料），同时伴随施工过程还在不断产生新的信息（材料、设备的明细资料等）；使用阶段实际上也是一个信息指导物质使用（清洗、维修、保养等）过程。

BLM 的服务对象就是上述建设项目的信息过程，可以从三个维度进行描述。第一维度，项目发展阶段：策划、设计、施工、使用、维修、改造。第二维度，项目参与方：投资方、开发方、策划方、估价师、银行、律师、建筑师、工程师、造价师、专项咨询师、施工总包、施工分包、预制加工商、供货商、建设管理部门、物业经理、维修保养、改建扩建、观测试验模拟、环保、节能、空间和安全、用户等，据统计，一般高层建筑项目的合同数量在 50 个左右；第三维度，信息操作行为：增加、提取、更新、修改、交换、共享、验证等。用一个形象的例子来说明建设行业对 BLM 功能的需求。如在项目的设计阶段，结构工程师在完成结构计算工作时，需要和 BLM 系统进行的交互可以描述如下。从 BLM 系统中提取结构计算所需要的信息，如面板分格及材料、梁柱的布置材料性能、荷载、节点形式、边界条件等；利用结构计算软件进行分析计算，利用结构工程师的专业知识进行比较决策，得到结构专业的决策结果，如需调整梁柱截面尺寸；把上述决策结果以及决策依据，如计算结果等，返回增加或修改到 BLM 系统中。而在这个过程中，BLM 需要自动处理好一些工作：首先，每个参与方需要提取的信息和返回增加或修改的信息是不一样的；其次，系统需要保证每个参与方增加或修改的信息在项目所有相关的地方生效，即保持项目信息的始终协调一致。

（6）建筑信息模型应用的初始阶段和高级阶段

初级阶段即目前 BIM 应用的初始阶段（图 8-6），以传统项目流程为主，BIM 服务为辅，此阶段的 BIM 应用可以根据项目的实际情况选择其中任何一项或几项来进行，如某个项目只采用 BIM 设计服务，或者采用 BIM 设计和招标服务等，不管如何选择，BIM 服务的采用与否基本上不改变项目“设计—招标—施工—运营”的传统流程。此时，BIM 服务的主要工作是通过 BIM 的 3D，4D，5D 等应用，对设计、招标、施工和运营计划和实施过程进行可视化分析、模拟、优化、跟踪、记录等工作，并最终形成项目的 BIM 竣工模型和 BIM 运营模型。

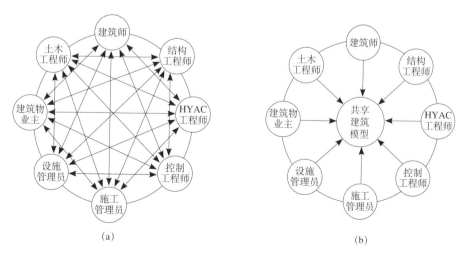

（a）　　　　　　　　　　　（b）

图 8-6　传统实施与 BIM 实施示意图

（a）传统形式；（b）BIM 形式

进入高级阶段以后，BIM 已成为项目设计、施工、运营的日常工具，基于 BIM 的项目流程的技术、经济、法律问题已经具备相应解决方案，此时 BIM 服务的主要工作将转向对项目各参与方提供 BIM 模型和数据的合理性、正确性、一致性、完整性的审核和项目完整信息的集成。目前，中国建筑行业处于 BIM 应用初级阶段的入口，如果不跨入并经过初级阶段，就永远没有可能到达高级阶段。

4. 建筑信息模型（BIM）的优势

（1）BIM 和传统的 2D 软件相比最大优点是 3D 数字化建模以及关键特性的自动提取功能。以前，我们所获取到的资料是二维图纸，对于非专业的人员看起来相对比较困难，这就需要我们拿出大量的时间对图纸进行分析、讲解。然而应用 BIM 时，首先创建的是三维模型，二维图纸则是模型的成果输出。三维模型很大的优势就是可以将实物进行模拟重现，不管是专业人员还是其他人员，都能清楚明白的看到建筑资料。BIM 的这种工作流程不仅可以提高建筑创意的完成度、设计质量和设计生成效率，也能保证高质量的协调工作，可以避免不必要的冲突。

（2）BIM 设计软件可以提供建筑模型的多维度视图，这些视图都是基于同一个建筑模型生成的。BIM 软件运用参数化的方法来定义物体，也就是说每个物体之间都是通过与其他物体的参数关系确定的，在这种情况下对一个物体进行修改，与其相关的其他物体也会自动更新修改。这样既可以减少因一个物体变更而引起的其他工作量的增大，又可以避免由于考虑不周而引起的工程问题。

（3）一个建设项目中，BIM 提供一个从设计、招投标、施工到竣工交付业主全过程的操作模型，各阶段的项目参与人员通过约定的规则向该模型中添加信息，各方人员及时掌握变动信息。建筑信息模型的运用可以有效地减少传统设计模式下各阶段转接过程中的信息流失，并可以为业主提供更加丰富的项目信息。

（4）BIM 参数模型将各个系统紧密地联系到了一起，整体模型真正起到了协调综合的作用，BIM 整体参数模型综合了包括建筑、结构、机械、暖通、电气等各 BIM 系统模型，其中各系统间的矛盾冲突可以在实际施工开始前的设计阶段得以解决，大大节约了设计成本和由于设计变更引起的施工成本。

（5）对于 BIM 模型的设计变更，BIM 的参数规则会在全局自动更新信息。故对于设计变更的反应，相比基于图纸费时且易出错的烦琐处理 BIM 系统表现得更加智能化与灵敏化。

（6）BIM 各软件间的可有机结合和综合应用，多个方面的信息可以及时的共享，如图 8-7 所示。图中实线代表信息直接互用，虚线表示信息间接互用，箭头指明信息互用方向。

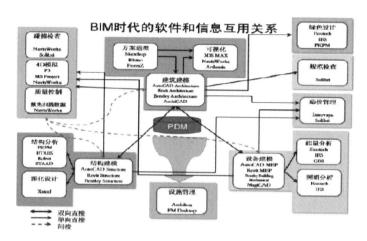

图 8-7　BIM 软件信息交互关系

8.2.3 "智慧工地"助推工程建造组织方式创新

近年来，不少施工企业聚焦施工工地，综合运用 BIM、大数据、云计算、物联网、移动互联、人工智能等信息技术，紧紧围绕人员、机械、物料、方法、环境等关键要素，加速推进以信息智能采集、管理高效协同、数据科学分析、过程智慧预测为主要内容的"智慧工地"建设，在提高效率、降低成本、保障安全、提升质量、加强环保等方面，取得了明显成效，开启了业界对智慧建造的新探索、新实践，对工程建造组织方式的新创新。

1. 智慧工地的特征

1956 年"人工智能"被首次提出，其后经历了两次发展高潮。如今的第三次发展浪潮，基于大数据、云计算、物联网、智能化、移动互联网等技术，以深度神经网络为基础，人工智能的智慧已达到一流专家水平 [15]。2015 年，国家正式印发《中国制造 2025》，其核心是通过智能制造技术进一步优化流程，推动我国从"制造大国"向"制造强国"转变，人工智能已融入各个领域，这是大势所趋。

过去的 30 年，建筑业基本实现了从手工到数字化的转变，为智慧工地的提出和发展奠定了坚实基础 [14]。智慧工地是人工智能在建筑施工领域应用的具体体现，是建立在高度信息化基础上的一种支持对人和物全面感知、施工技术全面智能、工作互通互联、信息协同共享、决策科学分析、风险智慧预控的新型施工手段。它的基本特征可以从技术和管理两个层面来描述：从技术层面上讲，智慧工地就是聚焦工程施工现场，紧紧围绕人、机、料、法、环等关键要素，以岗位实操作业为核心，综合运用 BIM、物联网、云计算、大数据、移动通讯、智能设备和机器人等软硬件信息技术的集成应用，实现资源的最优配置和应用；从管理层面上讲，智慧工地就是通过应用高度集成的信息管理系统，基于物联网的感知和大数据的深度学习系统等支撑工具，"了解"工地的过去，"清楚"工地的现状，"预知"工地的未来，与施工生产过程相融合，对工程质量、安全等生产过程以及商务、技术、进度等管理过程加以改造，提高工地现场的生产、管理效率和决策能力，对已发生和可能发生的各类问题，给出科学的应对方案。

智慧工地通过对先进信息技术的集成应用，并与工业化建造方式及机械化、自动化、智能化装备相结合，成为建筑业信息化与工业化深度融合的有效载体，实现工地的数字化、精细化、智慧化生产和管理，提升工程项目建设的技术和管理水平，对推进和实现建筑产业现代化具有十分重要的意义，将成为建筑施工领域改革的重要内容之一。

2. 智慧工地的发展阶段

从人工智能技术的发展轨迹可知，智慧工地的发展可定义为感知、替代、智慧 3 个阶段[16]。第一阶段是感知阶段。就是借助人工智能技术，起到扩大人的视野、扩展感知能力以及增强人的某部分技能的作用。例如，借助物联网传感器来感知设备的运行状况，感知施工人员的安全行为等，借助智能技术来增强施工人员的作用技能等，目前的智慧工地主要处于这个阶段。第二阶段是替代阶段。就是借助人工智能技术来部分替代人，帮助完成以前无法完成或风险很大的工作。现在正在处于研究和探索中的现场作业智能机器人，使得某些施工场景将实现全智能化的生产和操作；这种替代是给定应用场景，并假设实现条件和路径来实现的智能化，并且替代边界条件是严格框定在一定范围内的。第三阶段智慧阶段。是随着人工智能技术不断发展，借助其"类人"思考能力，大部分替代人在建筑生产过程和管理过程的参与，由一部"建造大脑"来指挥和管理智能机具、设备来完成建筑的整个建造过程，这部"建造大脑"具有强大的知识库管理和强大的自学能力，即"自我进化能力"。智慧工地的 3 个发展阶段是随着人工智能技术的研发和应用不断发展而循序渐进的过程，不可能一步实现。因此，需要在感知阶段就做好顶层设计，在总体设计思路的指导下开展技术研发和应用，特别要注重 BIM 技术、互联网技术、物联网技术、云计算技术、大数据技术、移动计算和智能设备等软硬件信息技术的集成应用。

按照行业、企业、项目大数据的积累程度，智慧工地的发展可分为初级、中级、高级 3 个阶段[17]。首先是初级阶段。企业和项目积极探索以 BIM、物联网、移动通讯、云计算、智能技术和机器人等相关设备等为代表当代先进技术的集成应用，并开始积累行业、企业和项目的大数据。在这一阶段，基于大数据的项目管理条件尚未具备。其次是中级阶段。大部分企业和项目已经熟练掌握了以 BIM、物联网、移动通讯、云计算、智能技术和机器人等相关设备等为代表的当代先进技术的集成应用，积累了丰富经验，行业、企业和项目大数据积累已经具备一定规模，开始将基于大数据的项目管理应用于工程实践。最后是高级阶段。技术层面以 BIM、物联网、移动通讯、大数据、云计算、智能技术和机器人等相关设备为代表的当代先进技术集成应用已经普及，管理层面则通过应用高度集成的信息管理系统和基于大数据的深度学习系统等支撑工具，全面实现"了解"工地的过去，"清楚"工地的现状，"预知"工地的未来，对已发生或可能发生的各类问题，有科学决策和应对方案等"智慧工地"发展目标。智慧工地从初级阶段到高级阶段的发展需要较长的一段时期。有专家预测：在未来 10 年或更长时间，将是从数字化到智能化转变的时代。目前，正是从数字化向智能化发展的过渡期，也可以说是智慧工地发展的初期。

3. "智慧工地"具体实践

智慧工地所要解决的都是现场中存在的实际问题，如何能又好又快地解决问题，达到预期效果，这对智慧工地提出了更高的要求。经过最近几年的快速发展，智慧工地的智能系统已经初具规模，并且从现场反馈回来的数据来分析，智能系统的实施效果还是十分显著的。将这些系统应用到工程建造过程中，不仅改善了项目建造环境，而且提高了工作效率，还能够做到实施监控，大幅度提高了安全性。

（1）互联网 + 质量管理平台

通过移动端对现场质量进行管控，方便记录实施情况和汇报问题，快捷分派任务和监督整改，有效查询问题和追溯责任，使质量管理工作更快速有效地进行。如图 8-8、图 8-9 所示。该系统通过使用互联网 + 质量平台管理系统可以实时、直观地

图 8-8　互联网 + 质量平台管理

图 8-9　互联网＋质量平台管理

提供现场信息，这对于提高管理质量有着不可代替的重要作用，这是企业进入现代化管理的重要标志之一。互联网＋质量平台管理系统，做到了传输距离无界限，便于监控；极大地降低了综合成本；此系统还有 WEB SERVER 功能项，使得管理层身在外地也可以随时随地掌握施工现场的生产状况，方便管理。能实现在公司能够远程监控施工现场情况以及施工进度情况，以及在智能手机上下载安装手机 APP 管理软件，使管理员随时随地使用本系统的功能。

　　（2）BIM+VR 体验管理系统

　　BIM 是从二维到多维，从信息分散到信息集成，从纯人工协作到计算机辅助协同，全新的模型展示方法，全新的出图和成果交付方式，每一样都是对传统理念的冲击。而 VR 技术更是如此，VR 技术将虚拟变为现实，让人有一种身临其境的感觉，它是借助计算机及最新传感器技术创造的一种崭新的人机交互方式。将 BIM 技术与 VR 技术强强联合，产生的效果那是不言而喻的。

　　工地建设初期，采用 BIM 技术生成可视化的三维设计模型，对二维的空间结构以及复杂节点进行综合设计，避免管线碰撞或遗漏而导致现场返工的问题，大大节约了人力成本，提高工作效率。如图 8-10 所示。

　　图 8-11 是 BIM 的运用模式示意图，这是以幕墙工程作为分部工程详例，它实现了流程和设计资源的整合，不仅如此，还加强了设计阶段和施工阶段的信息交互作用。该系统通过身临其境的安全体验，进行技术交

图 8-10　BIM+VR 体验管理系统

底、安全知识宣贯与教育，提高和加深了施工人员与管理人员对现场安全生产的认识。BIM+VR 体验管理系统的主要功能在于能够在 BIM 技术实施全过程中与 VR 技术优势互补，相互融合，无缝集成 BIM 模型成果。无需烦琐的模型处理以及软件开发，自然对接当前主流的虚拟现实设备（如 Ocululs、暴风魔镜等），会形成一套全新实用的技术解决方案。从一开始的方案阶段到设计阶段再到施工阶段一直到后期的运行维护阶段，无论项目处在哪个阶段，这个项目的参与各方都可以使用 BIM+VR 来体验未建成的项目实际建成后的效果，这样一来，可以让很多问题得以提前考虑，提前修改，能够有效地避免资源浪费，可以做到更好的未雨绸缪。保证了项目在各个阶段都可以高效高质量地完成。

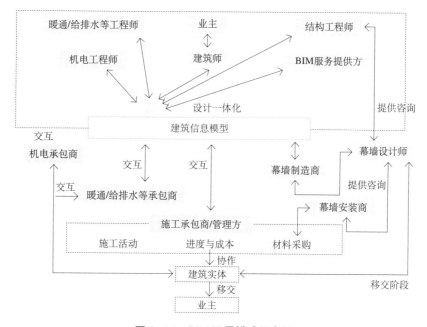

图 8-11　BIM 运用模式示意图

BIM+VR 效果就如同看 3D-IMAX 电影一样，当体验者戴上 VR 眼睛之后，就好像身临其境一般，整体的工程生动形象地展示在眼前，仿佛可以触手可及，体验者可以再虚拟的建筑工程中随意"攀爬"、"进出"，可以形象直观地感受到日夜交替下的工程风景，同时也可以清楚地查看工程结构的每一个部件，也可以得到详细的各种参数，这就是 BIM+VR 技术相结合后的产物。需要的工具也很简单，只需要一副头戴式 VR 眼镜；一个可以控制的手柄，你便可以开始畅游室内空间了。

（3）特种设备监控系统（电梯、塔吊）

在施工现场，特种设备的使用是必不可少的，比如压力管道、塔吊、电梯、锅炉等，其中，对塔吊和电梯的使用尤为频繁，几乎每个工地每天都有会有多台塔吊和电梯在运行。然而，这些设备涉及生命安全、危险性较大，如果不能很好地监控，那就会造成不可预估的损失。传统的监控手段落后，这就造成了潜在的不可小觑的威胁。而把智慧工地的智能系统运用到项目中后，在安全性、稳定性、效率性等方面必定会得到大幅度的提升，对人员、设备都会得到更有力的保障。如图 8-12、图 8-13 所示。

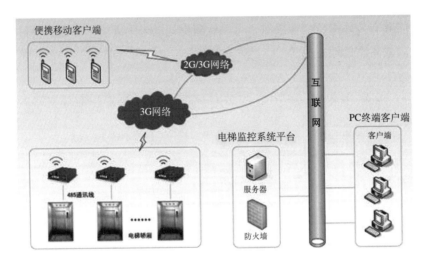

图 8-12　特种设备监控系统

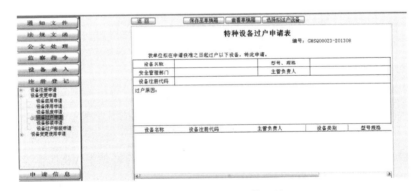

图 8-13　特种设备监控系统

特种设备监控系统，是根据传感器技术、嵌入式技术、数据采集技术、数据融合处理、无线传感网络与远程数据通信技术和智能体技术，以此来实现危险作业自动报警并进行控制、全天候 24h 实时动态的远程监管、远程报警和远程告知，使得特种设备监控成为开放的多方参与的实时动态监控。

特种设备监控系统主要是对一个工地所有塔吊进行监视控制。监视主要是指检测各塔吊是否在发送自身位置数据；控制主要是指对塔吊的静态数据的添加修改发送接收，对系统参数的修改发送，对半径吊重高度回转的标定。所述系统为特种设备监控系统，对塔吊仅起安全保护的作用，主要应用于塔吊远程的实时监控、远程传输塔吊工况数据，避免因操作者的疏忽或判断失误而造成的安全事故，可极大地保证塔机的安全使用。此系统可以实现数据的无线传输，传输完毕对数据进行记录存储，能够实时显示多种数据，完成对塔吊工作状态的实时监测，例如重量、力矩、回转角度、高度、幅度及风速等监测。特种设备监控系统是以"预防为主"为方针，这个方针利用本系统得到了较好的落实，对塔吊安全重大危险源进行实时监控，减少了塔吊安全生产事故发生。塔吊群信息系统是远程监控对区域内的多台塔吊的运行状态进行实时监控和管理，及时掌握区域内多台塔吊的运行状态。区域内塔吊的运行状态的数据可以通过有线网络或无线网络传输到区域管理中心，而管理中心将会结合 GIS 技术实现塔吊运行状态的远程监控，实现智能塔吊的物联网、数字化工地管理。为了制造一个安全、高效的工地环境，本远程监控系统必不可少。

4. 以智慧工地助力工程建造组织方式创新

建筑业未来发展的要求是节能环保、过程安全、精益建造、品质保证、价值创造；策略是"绿色化、信息化、工业化"。以节能环保为核心的绿色建造将改变传统的建造方式，以信息化融合工业化形成智慧建造是未来行业发展方向。传统的建造模式终将被淘汰，而智慧工地正是实现绿色建造和智慧建造的正确途径和有效手段。在绿色建筑设计和绿色施工指标体系中，都有"通过科学管理和技术进步"的要求，实施智慧工地的核心就是提升"科学管理和技术水平"，实施智慧工地的过程，也是实现绿色建造的过程。可促进建筑企业转型升级、提质增效，助力建筑业的工程建造组织方式创新。

在工程建设领域中，智慧地球和智慧城市等理念的实施成果就是智慧工地。基于互联网＋下的智慧工地项目，是一个功在当代、利在千秋的一项社会工程，是一项规模宏大、任务非常艰巨的系统工程。总的来说，智慧工地可以总结概括成两个方面的智能化：第一，施工图纸立体化；第二，施工人员 APP 智能化。

建筑行业进入互联网＋时代以后，越来越多地融入高端的 IT 技术，最终高效地满足和实现了工地工程施工建设项目的绿色、智能、低碳、集约化的智慧管理模式。这些在智慧工地中应用到的智能系统与云存储的结合使用，必定会引领智慧工地的一场全新变革。

随着互联网＋时代的兴起，尽管施工行业信息化已经进入了一个快速发展的阶段，但是由于施工项目的环境非常复杂，使得企业在部署以及使用各种智能设备的时候有很多的局限性，在通用性上还有一定的欠缺，还需要大家努力去攻关，去解决现场的一些实际问题。通过各界的共同努力，这些问题一定会得到完美解决，智慧工地一定会更加完善。

真正的智慧工地建设还有一条很长的路要走。科技飞速进步、信息爆炸的年代让我们能够快速"融合"、"借鉴"各种知识为我所用，这样我们才能平稳前行，为中国的建设信息化贡献一分力量。在不久的将来，全国智慧工地大数据云服务平台将会实现大数据技术和施工现场监控业务完美的融合。

未来施工企业将基于智慧工地去打造，会把所有的供应商劳务分包，包括金融、甲方设计，所有与其相关的行业都能够融入进去。而当前推进的 PPP 项目，更加需要施工企业利用互联网 + 下的信息技术，深入 PPP 项目的前期、中期、后期，并利用互联网技术，让金融机构清晰投入产出，进行大数据分析。

8.3 基于项目融资的工程建造组织方式的创新

项目融资在 20 世纪 80 年代中期被引入我国，但其发展一直相对缓慢，模式比较单一, 20 世纪 10 多年间一直以外商采用 BOT 方式投资为主,但是随着 2005 年"非公经济 36 条"的推出，大量民营资本开始进入工程建设领域，被称作第二轮 BOT 投资热潮。从此，新型项目融资模式也在不断出现，项目融资得以进一步发展。工程项目融资方式的多样性，使得工程建设的主要工作不再单一的局限在建造阶段，而是从全寿命周期项目的前期开始。逐步，融资工作成为工程建设过程中不可或缺的一环，深刻影响着工程建造的组织方式。

8.3.1 多样的融资模式

工程建设项目融资模式正在不断发展和衍生，目前来看，融资模式主要有 PPP、BOT 及其衍生模式、PFI、ABS 等。

1. PPP 模式

PPP（Public-Private-Partnership）模式，直译为"公共私营合作制"。其含义为：政府与社会资本合作模式。指政府与社会资本为提供公共产品或服务而建立的"全过程"合作关系。PPP 模式的基础是政府授予民营组织特许经营权 [18]。

PPP 模式的特征主要有三点。

（1）伙伴关系：伙伴关系是 PPP 模式的核心。政府与民营组织形成伙伴关系，并有着共同的目标。具体地说，就是合作双方努力以最合理的资源分配，以最快的速度提供最优质的产品或服务。政府以此目标实现公共福利供给，而民营组织以此目标实现其自身利益追求。

（2）利益共享：政府获得社会成果，而民营组织获得长期、稳定、合理的投资回报。应注意的是，PPP 模式中政府与民营组织并不是简单利润分享，政府还需要控制民营组织在项目执行过程中不至于形成超额利润。

（3）风险共担：PPP 模式中政府与民营组织的风险分担原则为：各种风险由较善于应对该风险的一方承担。从而使得整个项目的风险最小化，并使资源达到最合理的分配。

PPP 模式的优点主要有 6 点。

（1）减轻政府财政负担：我国每年对基础建设的投入呈快速增长的趋势。但仅仅依靠国家投入已经无法满足高速发展的经济对基础设施建设的要求。采用 PPP 模式引入民间资本，能使很大一部分政府性债务转由民营组织承担，从而降低政府的资产负债率，减轻政府财政负担。

（2）为民间资本提供投资机会：随着我国经济的高速发展，人民日益富裕起来，民营企业日益壮大，民间巨额的资本开始寻找投资机会。PPP 模式为民间资本提供了具有长期回报的投资机会。与此同时，只要配合适当的政策调整，PPP 模式也可成为政府在宏观上引导巨额民间资本流向的工具。

（3）转变政府职能：在过去，政府是基础设施和公共服务的直接提供者和经营者，要花大量的资源在项目的建设和经营上。采用 PPP 模式，项目的建设和经营任务变为由民营组织承担。政府则只需对项目进行规划、协调和监管。从而大大提高了政府的工作效率，为政府精简机构提供了可能性。

（4）降低项目全寿命周期成本：采用 PPP 模式能充分发挥政府和民营组织的优势，使资源在项目的规划、建设和运营阶段都达到最合理的分配，从而最大限度地降低了项目的全寿命周期成本。在竞争中脱颖而出的优秀民营组织，其先进的管理技术和丰富的管理经验在降低项目全寿命周期成本中必然能起到积极的作用。

（5）降低项目的风险风险：共担是 PPP 模式的特征之一。由于各种风险由较善于应对该风险的一方承担，有效地减小了各种风险发生的可能性和发生后可能造成的损失，从而使得整个项目的风险最小化。

（6）应用范围广泛：PPP 模式不仅适用于盈利项目，也适用于非盈利项目。不仅适用于工程建设领域，也适用于服务领域。因此 PPP 模式比许多传统融资模式的适用范围要更广。

2. BOT 模式

BOT（Build-Operate-Transfer）即建造—运营—移交模式。这种模式是 20 世纪 80 年代在国外兴起的一种依靠国外私人资本进行基础设施建设的一种融资和建造的项目管理方式，或者说是基础设施国有项目民营化[19]。政府在特许期内只对该项目进行监督控制。特许期满项目公司将该项目无偿交于政府部门。BOT 模式关键因素是特许经营权。特许经营权是 1992 年英国政府首先提出，当时定义为政府与私营商签订的长期协议，授权私营商代理政府建设、运营和管理公共设施并向公众提供公共服务。其实 BOT 模式是特许经营项目的一种。

BOT 模式是一种新型的融资方式。一些国家的政府协助和促进公共部门与私营企业合作，为基础建设提供资金。BOT 模式是一种债务与股权相混合的产权。运用 BOT 方式承建的工程项目，一般是大型资本、技术密集型项目，主要集中在市政、道路、交通、电力、通信等方面。BOT 项目资金来源完全依靠外资或民营资本，主要适用于投资规模大，涉及专业单一，关系相对简单的项目，它的风险和利益较容易确定。其典型的结构为：政府部门通过政府采购形式与中标单位组成的特殊联合体签订特许经营合同，由联营体负责筹资、建设及经营。政府通常与提供贷款的金融机构达成一个直接协议，这个协议不是对项目进行担保的协议，而是一个向借贷机构承诺将按支付有关费用的协定，这个协议使联合体能比较顺利地获得金融机构的贷款。政府通过给予私营公司长期的特许经营权和收益权来换取基础设施加快建设及有效运营。

BOT 模式的优势主要体现在以下 5 点：

（1）BOT 可以分散和转移风险。适用于 BOT 模式的项目往往规模大、投资多、技术复杂、建设周期长，这些项目包含着极大的运作风险。通过 BOT 模式可以由私营部门负责筹资建设，政府机构可以降低建设和运营中的风险。其次政府可通过与建设单位等承包商、供应商签订一系列的合同转移一部分风险，从而起到风险的分散和转移。

（2）BOT 可以实现资源整合。BOT 打破了国家在基础设施中的绝对垄断地位，在公共产品的供给中起到了资源的合理配置，拓展融资渠道，给予民间投资者和外商一定的投资受益空间，并加强国际联系。同时带动国内设备、材料、技术和管理的输出，而且还有利于提高企业经营管理水平。

（3）BOT 可以弥补财政预算的不足。由于基础建设的投资巨大，政府难以承担如此负担，引进私营企业允许其参与到基础建设项目中，不但可以减轻政府的财政压力和外债负担，弥补政府在基础设施的投资不足问题，还可以从烦琐的政务中解脱出来，直接转换为监督管理的角色。

（4）BOT可以提高基础设施项目中的运作效率。引进BOT项目可以比传统的运作方式更直接地获得收益，社会公众在BOT项目中享受到真正的高质量服务。BOT模式的收益分为特许期的利润和投入运营后的收益，形成了资本节约、利益共享，风险共担的格局，将项目的融资过程和设计、建造、运营过程融为一体，提高了项目的运效率和质量，促进技术的转移。

（5）增进民营资本的积累。BOT模式可以在一定程度上保证民营资本"有利可图"。私营部门的投资目标是寻求有投资回报的项目，与此同时BOT融资方式不受项目公司现有资产规模的限制，这给予了民营资本更加灵活的积累空间。采用BOT模式，政府可以给予私人投资者相应的政策扶持作为补偿，如税收优惠、贷款担保、给予民营企业沿线土地优先开发权等。

3. PFI模式

PFI，英文为Private Finance Initia-tive，即民间主动融资，它不同于传统的由政府负责提供公共项目产出的方式，而是一种促进私营部门有机会参与基础设施和公共物品的生产和提供公共服务的全新的公共项目产出方式，政府通过购买私营部门提供的产品和服务，或给予私营部门以收费特许权，或与私营部门以合伙方式共同营运等方式，来实现公共物品产出中的资源配置最优化，效率和产出的最大化[20]。

PFI模式的运营通常要经过四个阶段，即：（1）事前分析阶段。该阶段通常由政府部门确定可资经营的公共设施项目，通过成本费用、外部效果等各方面的分析与评价，进行私营化可行性研究，并确定政府的支援条件，如信用担保等。（2）谈判签约阶段。由政府部门通过招标、投标、竞标，确定开发主体，进行谈判，并审查主体的开发能力，然后签订协议。PFI公司进行可行性分析，制定开发计划，办理公司成立等事项。（3）开发运营阶段。由PFI公司履行协议，负责设计、施工、运营，进行开发建设，而政府发挥指导、支援等方面的作用。（4）转移、终止阶段。PFI公司办理转移、清算等事宜，PFI公司解散，然后由政府接管、运营。

PFI模式由英国政府于1992年首先提出，目前已成为发达国家广泛推行的一种新的对基础设施投资建设和运营管理模式。在PFI模式中，政府选择并启动合适的项目，私营企业和私有机构组建的项目公司负责项目的设计、开发、融资、建造和运营，并通过向政府或公众提供服务或产品来获取付费，以回收成本和实现利润；在整个过程中政府仅需要进行项目的启动、保障和监管，在财政开支大幅降低的情况下，利用私营部门及其资金就可实现社会公共物品和服务的产出。同时，在项目实施过程中，私营部门和政府机构结成高效率的伙伴关系，各自发挥其最擅长之处，提高了公共服务的质量和资金的有效利用率，从而实现了价值的最大化。

作为典型 BOT 方式的优化结果，PFI 模式具有其特有的优势特征。

(1) PFI 模式有利于拓展融资渠道，可以减少政府开支，从而减轻政府的财政负担。随着国家经济的发展和社会保障制度的不断完善，社会福利及其他服务的支出不断增加。与此相适应的是，用于基础设施的发展以及现有基础设施的维修所需资金可能会被挤占，并造成严重不足。而在某些特殊领域，尤其是通信、交通和发电等领域，由于技术飞速发展，为保持持久的国际竞争力，资本投资变得更加重要。与此同时，新的基础设施的复杂性以及高投入使得政府在兼顾其他经济和财政需求的同时，要做好这些领域内的投资则变得相当困难。如果采用 PFI 方式，则既可以减轻政府负担，又能帮助国家进行基础设施的建设、维护和更新换代。

(2) 采用该模式可以适度地转移项目风险。一般地，在政府投资建设的项目中，往往是建设成本下降了，而运营成本却上升了；或者是要想降低营运成本，就必须大大增加建设成本。典型 BOT 项目是通过招标方式确定的，其建设成本往往低于政府的建造成本。获得特许权的财团要负责项目的建设和维护，并要在特许权期限结束时，将其完好地移交政府。这使得建设者不仅要考虑项目的建设成本，而且要考虑项目的运营与维护成本。运用 PFI 方式则可以将项目的超支风险和长期维护风险真正地转移到私营领域。另外，由于政府支付给承担 PFI 项目投资方的租金或使用费是根据该项目对社会的效用来确定的，所以投资方的收入与该设施对社会的效用挂钩，即效用越小，财团的收入就越少。因此，他们承担着设施使用率的风险，这就迫使他们必须准时完工，并按一定标准来经营和维护所承建的设施。这样，项目建设的工期与质量风险也转移到了私营领域。

(3) PFI 模式能提高项目建设的效率，并节约建设资金。在 PFI 模式中，私营部门负责项目的投资与建设，其管理灵活，市场运作水平高，能缩短建设周期，节约成本，极大地提高建设效率。

(4) PFI 模式有利于先进技术和管理经验在项目中的应用，推进基础建设项目市场化进程。私营企业具有追求最大利润的特点，并且在 PFI 项目中根据提供的服务和产品获取收益，其势必会努力采用新技术，改善管理来降低成本，提高服务和产品的质量，以增加利润；具有独立法人资格的私营企业，更符合产权明晰，权责分明的现代企业制度的要求，其对 PFI 项目的运作可较好地推进整个基建市场化进程。

4. ABS 模式

ABS（Asset-Backed Securitization）模式的汉译全称为"资产支持证券化"或者"资

产证券化"融资模式 [21]。简而言之，是指将缺乏流动性但又能够产生可预期的稳定现金流的资产汇集起来，通过一定的结构安排对资产中风险与收益要素进行分离与重组，再配以相应的信用担保和升级，将其转变成可以在金融市场上出售和流通证券的过程。资产证券化根据其发展阶段有以下两种不同的理解：

第一种是在其初始阶段，资产证券化是指通过在资本市场和货币市场上发行证券即以直接融资方式来举债，这种资产证券化称之为一级证券化或融资证券化。运用这种方法，一个借款人可以向市场上的投资者直接借款而不再需要向银行申请贷款或透支。这种类型的资产证券化会动摇银行作为资金提供者的传统地位，并最终导致非中介化或"脱媒"现象的出现。

第二种是指将已经存在的信贷资产集中起来根据利率、期限、信用质量等标准加以组合并进行包装后转移给投资者，从而使此项资产在原持有者的资产负债表中消失。这种形式的资产证券化被称为二级证券化，也就是我们通常所提及的资产证券化。

因此，资产证券化的一般定义是指以目标项目所拥有的资产为基础，以该项目证券化资产的未来预期收益为担保，对资产的原始权益人不构成追索，在资本市场上发行高级债券（资信评级为 AA 及以上级的债券）来筹集资金的一种项目融资方式。资产证券化在美国业已成为一种日益普遍的融资方式。

ABS 模式的主要优势体现在：

（1）ABS 模式可以大幅降低融资成本，拓宽融资渠道。由于它通过提高信用等级的方式使原本信用等级比较低的项目可以进入国际高档级证券市场筹资，该市场具有等级高、债券安全性和流动性高、利息率低的特点，从而有效地降低了筹资成本，这是 ABS 融资模式的首要特点之一。而且国际高档级证券市场容量大，资金来源渠道多样化，因此，ABS 方式特别适合需要大规模筹集资金的建设项目。

（2）ABS 模式可以充分分散项目风险。由于 ABS 方式隔断了项目原始权益人自身的风险和项目资产未来现金收入的风险，使其清偿债券本息的资金仅与项目资产的未来现金收入有关，加之在国际高档级证券市场发行的债券是由众多的投资者购买，从而分散了投资风险。

（3）ABS 模式能够在不拥有的情况下控制资产。由于 ABS 是通过发行高档投资级债券募集资金，这种负债不反映在原始权益人自身的资产负债表上，从而避免了原始权益人资产质量的限制。同时利用成熟的项目融资改组技巧，将项目资产的未来现金流量包装成高质量的证券投资对象，充分显示了金融创新的优势。

（4）ABS 模式发行利用灵活便利。作为证券化项目方式融资的 ABS，债券的信用风险得到 SPC 的信用担保，是高档投资级证券，并且还能在二级市场进行转

345

让，变现能力强，投资风险小，因而具有较大的吸引力，易于债券的发行和推销。同BOT方式相比，ABS融资方式涉及的环节比较少，从而最大限度地减少佣金、手续费等中间费用，使融资费用降到较低水平。

（5）ABS模式采用的是规范的国际融资运作模式。由于ABS方式是在国际高档级证券市场筹资，其接触的多为国际一流的证券机构，要求项目公司必须抓住国际金融市场的最新动态，按国际上规范的操作规程处理融资事宜。

（6）ABS模式代表未来融资趋向。通过证券市场发行债券筹集资金，是ABS不同于其他项目融资方式的一个显著特点，无论是产品的支付、融资租赁，还是BOT融资，都不是通过证券化进行融资的，而证券化融资则代表着项目融资的未来发展方向。

8.3.2 融资模式的比较与选择

不同项目融资模式之间由于其理论核心、融资方式以及适用项目都不尽相同而使得项目融资模式之间存在着差异性。有必要对各种融资模式进行必要的比较分析。通过对各种模式的定义、特点以及国内外的运作实例我们总结出了各种项目融资模式的特点和适用（表8-3）。

项目融资方式的比较

表8-3

名称	核心特点	适用
PPP	鼓励私人企业与政府进行合作，参与公共基础设施的建设，内容广泛	所有基础设施领域
BOT	特许权协议结束，政府参与定价和担保，企业经营，到期移交，目前采用的主要模式	经营性基础设施领域
PFI	起源于英国的新型模式，旨在为政府和公众提供公共服务，资产最后处置取决于合同约定	非经营性公共服务领域
ABS	以项目资产所能带来的预期收益为保证，通过在资本市场上发行证券来募集资金	未来或目前有稳定收益的项目
PFI	把有盈利收入的基础设施项目租赁给有经营能力的企业	目前有稳定收益的项目

由表8-3可以看出，不同的项目融资模式因其核心特点不同，决定了其适用于不同的领域和不同特点的项目。地方政府和投资公司在项目接洽之初就应该就不同的项目融资模式进行比较，择优选用。

正如前文所述，不同的项目融资模式具有不同的适用性，政府相关部门在进行招标之前应该对各种融资模式进行详细的研究，不能一窝蜂地采用 BOT 融资模式，BOT 模式和 PFL 模式主要适合于经营性基础设施领域，如道路与桥梁、供水与水处理、固体废物处理等项目适合采用这些模式，而根据项目背景的不同又有多种 BOT 的衍生模式，未建成的基础设施项目可以采用 BOT 和 BT 等模式，已建成的项目就可以采用 TOT 等衍生模式；PFI 更适用于非经营性基础设施领域，如教育和医疗服务领域等，至于 ABS 模式，并不是所有的资产都可以进行证券化，只有那些虽然缺乏流动性但能够产生可预见的稳定现金流的资产才能进行资产化运作，非经营性项目就不能进行资产证券化；REIT 模式只适合房地产项目的融资。可见，不同的融资模式适用性不同，需要根据项目性质和特点来选择不同的项目融资模式。表 8-4 可以给我们一些启示。

建设项目融资方式的选择 表 8-4

项目领域	合适的项目融资模式	例证
道路桥梁	BOT 及其衍生模式	多处高速公路和跨海大桥
公共交通	BOT 及其衍生模式、PFI、ABS 等	深圳地铁项目
公共娱乐设施	BOT 及其衍生模式、PFI、ABS 等	青岛市中央公园建设
供水与水处理	BOT 及其衍生模式	青岛污水处理厂
固体废物处理	BOT 及其衍生模式	珠海垃圾处理厂
市政工程	BOT 及其衍生模式、PFI	污水处理厂
能源	BOT 及其衍生模式	来宾、日照等电厂
地区经济开发	REIT、BOT 及其衍生模式	城市开发区建设
通讯服务	PFI、ABS 等	城市电子政务
医疗服务	PFI、BOT 及其衍生模式	—
教育服务	PFI、BOT 及其衍生模式	高校民营公寓与餐厅

需要说明的是，目前只有 BOT 及其衍生模式在我国应用比较广泛，其他模式尚在探索阶段，在选用上有一定的局限和风险。

8.3.3　融资模式对建设组织方式的影响

随着多种多样的融资模式的出现，工程建设组织方式也发生了相应的变化。融资模式的出现，使得业务链拉长，参与工程项目主体以及资金来源变得丰富，相应其融资组织机构及运作模式也变得不同，给工程项目的建设组织方式带来深刻变革。

1. 参与主体丰富

PPP、BOT、PFI、ABS 等融资模式不同于传统意义上的合资、独资或者 EPC 模式建设项目。其参与主体，融资渠道更为丰富。其组织形式也更为复杂，既可能包括私人营利性企业、私人非营利性组织，同时还可能包括公共非营利性组织（如政府）。合作各方之间不可避免地会产生不同层次、类型的利益和责任上的分歧。只有政府与私人企业形成相互合作的机制，才能使得合作各方的分歧模糊化，在求同存异的前提下完成项目的目标。以 BOT 模式为例，BOT 项目的法律主体一方是业主政府部口，另一方是私营部口。而传统的利用外资建设方式一般是企业与企业之间。在经营管理方面，BOT 项目一般是在业主政府特许范围内由项目主办者依照自己的模式或委托来进行。区别于传统利用外资的经营给管理者是依照双方合同约定或项目所在国家的有关法律法规来进行的。多样的融资模式的具体执行是一个非常复杂的任务和过程，其牵扯到很多关键的问题和因素，需要人与人，组织与组织之间相互良好的协作和配合。并且由于项目涉及公共利益并且需要一个大规模的"系统工程"，因此项目的成功在很大程度上要取决于项目方政府是否给予强有力的支持，而传统利用外资方式没有如此复杂。

2. 业务链拉长

多样的融资模式使得工程建设的主要工作不再只是建造阶段，它将业务链拉长，使得建设项目组织方式从项目的前期就已经开始。以 PPP 模式为例，PPP 模式的运作流程（图 8-14）主要包括 5 大阶段，项目识别、项目准备、项目采购、项目执行、项目移交。

（1）PPP 项目识别项目发起

项目识别：政府和社会资本合作项目由政府或社会资本发起，以政府发起为主。政府发起主要包括政府和社会资本合作中心应负责向交通、住建、环保、能源、教育项目、医疗、体育健身和文化设施等行业主管部门征集潜在政府和社会资本合作行业主管部门可从国民经济和社会发展规划及行业专项规划中的新建、改建项目或存量公共资产中遴选潜在项目。社会资本发起的社会资本应以项目建议书的方式向政府和社会资本合作中心推荐潜在政府和社会资本合作项目。

项目筛选：财政部门（政府和社会资本合作中心）会同行业主管部门，对潜在政府和社会资本合作项目进行评估筛选，确定备选项目。

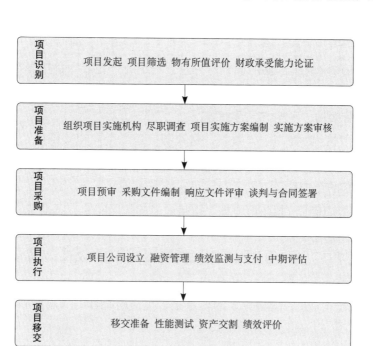

图 8-14　PPP 运作流程

物有所值评价：对于列入年度开发计划的项目，项目发起方按财政部门的要求提交相关资料。新建、改建项目应提交可行性研究报告、项目产出说明和初步实施方案；存量项目提交存量公共资产的历史资料、项目产出说明和初步实施方案。

财政承受能力论证：财政部门政府和社会资本合作中心会同行业主管部门，从定性和定量两方面开展物有所值评价工作。定量评价工作由各地根据实际情况开展。定性评价重点关注项目采用政府和社会资本合作模式与采用政府传统采购模式相比能否增加供给、优化风险分配、提高运营效率、促进创新和公平竞争等。

（2）PPP 项目准备

组织实施机构：按照地方政府的相关要求，明确相应的行业管理部门、事业单位、行业运营公司或其他相关机构，作为政府授权的项目实施机构，在授权范围内负责 PPP 项目的前期评估论证、实施方案编制、合作伙伴选择、项目合同签订、项目组织实施以及合作期满移交等工作。考虑到 PPP 运作的专业性，通常情况下需要聘请 PPP 咨询服务结构。项目组织实施通常会建立项目领导小组和工作小组，领导小组负责重大问题的决策、政府高层沟通、总体工作的指导等，项目小组负责项目公司的具体开展，以 PPP 咨询服务机构为主要组成。项目实施结构需要制定工作计划，包含工作阶段、具体工作内容、实施主体、预计完成时间等内容。

尽职调查：项目实施机构拟定调研提纲，至少从法律和政策、经济和财务、项目自身三个方面把握，与潜在合适的投资人进行沟通，组织调研及考察。

实施方案编制：通过前期的调查研究及分析论证，完成项目招商实施方案编制。招商实施方案主要内容：项目概况、风险分配基本框架、PPP 运作模式、交易结构、合同体系、监管架构、采购方式选择等。

实施方案审核：为提高工作效率，财政部门应当会同相关部门及外部专家建立 PPP 项目的评审机制，从项目建设的必要性及合规性、PPP 模式的适用性、财政承受能力以及价格的合理性等方面，对项目实施方案进行评估，确保"物有所值"。评估通过的由项目实施机构报政府审核，审核通过的按照实施方案推进。

（3）PPP 项目采购

项目预审：项目实施机构应根据项目需要准备资格预审文件，发布资格预审公告，邀请社会资本和与其合作的金融机构参与资格预审，验证项目能否获得社会资本响应和实现充分竞争，并将资格预审的评审报告提交财政部门（政府和社会资本合作中心）备案。

项目采购文件编制：项目采购文件应包括采购邀请、竞争者须知（包括密封、签署、盖章要求等）、竞争者应提供的资格、资信及业绩证明文件、采购方式、政府对项目实施机构的授权、实施方案的批复和项目相关审批文件、采购程序、响应文件编制要求、提交响应文件截止时间、开启时间及地点、强制担保的保证金交纳数额和形式、评审方法、评审标准、政府采购政策要求、项目合同草案及其他法律文本等。

响应文件评审：项目 PPP 运作需建立方案评审小组。评审小组由项目实施机构代表和评审专家共 5 人以上单数组成，其中评审专家人数不得少于评审小组成员总数的 2/30 评审专家可以由项目实施机构自行选定，但评审专家中应至少包含 1 名财务专家和 1 名法律专家。项目实施机构代表不得以评审专家身份参加项目的评审。

谈判与合同签署：项目实施机构应成立专门的采购结果确认谈判工作组。按照候选社会资本的排名，依次与候选社会资本及与其合作的金融机构就合同中可变的细节问题进行合同签署前的确认谈判，率先达成一致的即为中选者。

（4）PPP 项目执行

项目公司设立：社会资本可依法设立项目公司。政府可指定相关机构依法参股项目公司。项目实施机构和财政部门（政府和社会资本合作中心）应监督社会资本按照采购文件和项目合同约定，按时足额出资设立项目公司。

项目融资管理：项目融资由社会资本或项目公司负责。社会资本或项目公司应及时开展融资方案设计、机构接洽、合同签订和融资交割等工作。财政部门（政府和社会资本合作中心）和项目实施机构应做好监督管理工作，防止企业债务向政府转移。

绩效监测与支付：社会资本项目实施机构应根据项目合同约定，监督社会资本或项目公司履行合同义务，定期监测项目产出绩效指标，编制季报和年报，并报财政部门（政府和社会资本合作中心）备案。

中期评估：项目实施机构应每 3 ～ 5 年对项目进行中期评估，重点分析项目运行状况和项目合同的合规性、适应性和合理性；及时评估已发现问题的风险，制订应对措施，并报财政部门（政府和社会资本合作中心）备案。

（5）PPP 项目移交

项目移交时，项目实施机构或政府指定的其他机构代表政府收回项目合同约定的项目资产。项目实施机构或政府指定的其他机构应组建项目移交工作组，根据项目合同约定与社会资本或项目公司确认移交情形和补偿方式，制定资产评估和性能测试方案。社会资本或项目公司应将满足性能测试要求的项目资产、知识产权和技术法律文件，连同资产清单移交项目实施机构或政府指定的其他机构，办妥法律过户和管理权移交手续。社会资本或项目公司应配合做好项目运营平稳过渡相关工作。项目移交完成后，财政部门（政府和社会资本合作中心）应组织有关部门对项目产出、成效益、监管成效、可持续性、政府和社会资本合作模式应用等进行绩效评价，并按相关规定公开评价结果。

从上述 PPP 模式具体运作流程过程，我们可以很清晰地发现其业务流程线已不单一是建造过程，而是从项目发起、项目准备一直到项目移交。相应的其组织机构在项目准备阶段按照地方政府的相关要求，明确相关机构作为政府授权的项目实施机构。并在项目执行阶段依法设立项目公司，对项目进行建设经营以及融资管理。其次，在整个工程建设组织方式架构过程中，其跳脱了单一一个基础设施项目建造的角度，而是拓宽了其角度，更多的是站在融资管理的角度，采取什么样的融资模式能够实现更高的经济效率、时间效率，架构怎样的融资组织机构才能够合理分担风险、拓宽融资渠道。

8.3.4　推动项目融资模式发展建议

多样的项目融资模式可以减轻政府直接财政负担，提高效率，降低投资风险。尽管近年来，融资模式的建设实践取得了很大的发展，但在项目建设的各个阶段具体实施过程中仍然面临许多问题和障碍。如何推动项目融资模式创新，更好地吸引国内资本参与到建设中来，适宜的政策，完善的法律法规和担保机制，专业的人才等都是项目融资模式发展的良好助推手。

（1）制定鼓励项目融资发展的政策

目前，就政府政策而言，在政府项目融资方面存在着政策不到位和不稳定的问题，为项目融资的开展带来了政策风险。比如目前土地政策的不断调整变革将对政府开展项目融资、进行基础设施建设造成非常不利的影响。再如国内首例民营企业 BOT 项目—泉州刺桐大桥案就是政府政策不稳定、官与民争利的典型案例。创新模式的开展将面临许多法律空白和来之各方面的风险，所以要想各参与主体能够大胆介入，政府必须以稳定的政策保障各投资方的利益。像担保和保证性的政策文件与合同都是鼓励项目融资发展的必备政策。

（2）修订相关法律法规

目前就较为成熟的 BOT 模式依然存在法律障碍，其他新型项目融资模式的开展几乎面临着法律真空，而且现有的法律法规给其带来重重阻力，如原国家建设部《市政公用事业特许经营管理办法》第 18 条规定获得特许经营权的企业在特许经营期内不得擅自转让、出租特许经营权，也不得抵押所经营资产，针对此规定，要想实施我们举例设计的融资 ABC 链条模式几乎不可能。所以我们国家要想大力开展政府项目融资，就必须对《担保法》、《土地法》、《合同法》、项目管理与建设以及投资方面的法律进行梳理和修订，为政府项目融资创造条件。

（3）完善担保机制

创新性的基础设施项目比其他投资项目更需要一种合理、有效、全面、周密的风险分散和化解机制，而且担保是项目融资结构中的重要组成部分。如目前燃油税改革势必影响到采用 BOT 等方式兴建的道路收费问题，如果没有相应的收益回报担保，一旦遇到政策变化，投资方承担的风险将使得以后的项目融资很难开展。所以必须完善项目担保机制。在目前难以对《担保法》进行较大规模的结构性调整修改的情况下，制定单项的政府基础设施项目融资方面的法律或行政法规不失为一种必要的选择。在不与现行《担保法》相冲突的前提下，借鉴国外经验，根据项目投融资特点创设新的担保形式，及时适应项目投融资的担保需要。这是目前政府在不违背《担保法》的情况下的必然选择。

（4）完善投融资运作机制

基础设施投融资的运行机制不仅包含机制内各主体间的相互行为，也包含为确定这些行为而形成的机制体系。建立完善的投融资运行机制是政府基础设施项目融资顺利开展的必要条件之一。完善投融资机制包括建立科学的项目决策机制、责权利相结合的项目法人责任机制、全过程的项目风险控制机制和项目投资的退出机制以及项目和其服务的价格机制等也都是投融资运行机制的一部分，必须全方位地完善相关机制，为我国政府基础设施项目进一步开展创造良好的环境。

（5）培育和引进专业人才

项目融资在我国开展多年，但成功的案例一直不多，归根结底是相关管理和技术人才的缺乏，针对专业人才缺乏问题，一是加强培养，无论是开展项目融资涉及的政府部门和有志于投资基础设施领域的民营企业都应该积极培养相关人才，BOT、PFI、ABS 等项目融资方式都是专业性很强的工作，需要扎实的专业知识做基础，而且需要学习外国运作的经验，并结合国情展开研究，具体应该由地方政府开设相关培训班，聘请专家进行专门培训。再就是可以考虑聘请外国专家参与项目合同的签订和运作。国外专业能够从专家角度对项目进行合理的规划和运作，保证项目融资成功。

（6）签订周密全面的合同

就目前形势下，面对重重障碍的客观存在，严格周密的合同是解决问题、保护各相关主体权益的必备条件。Oliver debaande 在介绍英国采用 PFI 融资模式的经验时，给出了图 8-15 的合同关系。

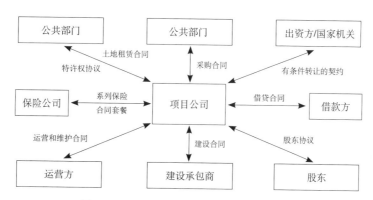

图 8-15　PFI 特许权协议中的合同关系图

国外经验表明，周密全面的合同是保障项目顺利开展的保证，我国目前开展新型项目融资模式面临的环境明显落后于国外，严格周密的合同更是必不可少。通过严格周密的合同可以对目前的规章制度和法律漏洞进行弥补，当违约事件发生时就可以通过仲裁和诉讼等手段来解决问题，保障各方权益。

8.4　工程建造组织方式创新实践案例

8.4.1　基于一体化集成的工程建造组织创新实践案例

2015 年 11 月 13 日，经国务院批准，定于 2016 年 9 月 20 日在敦煌举办丝绸之路国际文化博览会（图 8-16），甘肃省委省政府要求文博会工程在 2016 年 7 月底全部完工。此时按工期倒排，留给文化博览会主场馆工程（以下简称本项目）的设计、施工时间，屈指可数仅剩 8 个月，工程建设任务非常艰巨。中国建筑受邀担负该工程的建设重任，通过采取新型建造模式，

图 8-16　丝绸之路国际文化博览会主场馆

在规定期限内完成了常规工期需要两年以上的工程建设任务。

1. 工程项目特点对传统建造方式提出了挑战

本项目总投资 43.3 亿元。包括：敦煌国际会展中心，建筑面积 12.6 万 m²；敦煌大剧院，建筑面积 3.82 万 m²；敦煌国际酒店，建筑面积 9.3 万 m²；鸣沙山景观大道，全长 32km。本项目的特点和难点主要体现在：

（1）工程建造工期短。本项目从方案设计开始的整体建造周期只有 8 个月时间。

（2）工程设计要求高。本项目设计功能复杂，个性化元素丰富，尤其是大剧院的声光要求极高。会展中心汉唐建筑风格宏伟奇异，既要彰显大国风范和中华两千年文化传承，又要充分反映四大文明相容共生的繁荣景象，对工程设计和装修施工提出很大挑战。

（3）建造组织难度大。敦煌冬季严寒、夏季酷热气候以及沙尘暴天气，对正常施工影响很大，冬季最低气温 -30℃ 以下。且项目所处大西北地区，有很多施工物资需从内地采购运输，为工程建设带来诸多不便。针对本项目特点和建造难度，甘肃省委省政府和中国建筑都认识到传统建造方式已经不能适应本工程的建设需要，共同决定采用 EPC+ 装配式的新型建造方式，系统性推进工程建设各项任务。

2. 新型建造方式的具体实践

本项目运用新型建造方式，表现为：在技术层面采用装配式建造方式，在管理层面采用 EPC 工程总承包模式。

（1）"五化一体"的装配式建造方式

采用标准化设计。本项目在设计表达、构件优化、材料选型等方面，全面发挥了标准化设计的作用。如：在主材构件上，通过标准化设计，敦煌国际酒店钢结构柱截面和梁截面分别从 38 种、42 种减少到 22 种、28 种，分别减少了 42% 和 33%；在建筑材料上，大剧院、国际会展中心与国际酒店中心广场实现了装饰主材统一，可以相互替换，方便了采购和加工。

采用工厂化生产。本项目整体装配率达到了 81.94%。包括：钢结构构件 2.2 万 t，轻质隔墙 47115m², 金属屋面 123816m², 铝板幕墙 90924m², 玻璃幕墙 32099m², 石材幕墙 70917m², GRG3827m², 木纹转印铝板 35000m² 等等，共 100 多个类别，都在工厂生产加工。

采用装配化施工。本项目大量钢构件采用热轧冷弯型材、高强螺栓连接节点、柱现场对接连接节点，进行标准模块装配安装。钢筋桁架楼承板在工厂预制后，现场根据编号进行装配固定，仅需布置必要的吊装设备，高强螺栓枪、气保焊焊机等主要设备，无需剪切、大量钢筋铺设等烦琐工序，避免了切割、加工等大量设备进入现场。

采用机电装修一体化建造。本项目机电装修一体化施工达 60%。除与结构功能配套的换热器、锅炉、高低压柜、空调末端、各类设备、各种箱柜都采用同步装配以外，大量的内外墙、幕墙和地面的装修施工，也与主体协同开展，取得了较好效果。

采用全过程信息化管控。本项目设计全过程应用 BIM 技术，开展数字化协同并行设计，提前解决了大量结构、设备管线、装饰碰撞问题，设计优化近千处。施工中 BIM 技术应用也十分广泛，依据 BIM 信息对现场施工路线、塔吊布置、材料堆场等进行模拟布置，发现冲突及时调整。大剧院观众厅 GRG 与多专业同步施工难题，通过犀牛软件协助各专业进行空间模拟后得到了很好解决。

（2）EPC 工程总承包模式

搭建了 EPC 组织架构。本项目成立现场指挥部，由中建八局作为 EPC 工程总承包方、中建科技作为装配式建造管理与技术咨询方，协同多家不同专业的施工单位共同组成 EPC 总包管理层，对项目实施了整体服务和协调及管控。

建立了 EPC 管理体系。本项目依据中建股份《项目管理手册》以及国家法律、地方和行业规定、相关工程建设标准规范要求，建立了一系列行之有效的组织制度和管理制度，各项制度之间相互融合，相互支撑，破除了系统壁垒，促进了横向联动和纵向贯通。

发挥了设计主导作用。在项目方案阶段、出图阶段和施工阶段等不同环节上，通过一体化协同设计，节约了建造工期 60% 以上；通过实行预算控制下的限额设计，对土建、内装、景观等各专项设计进行多轮方案优化，避免了常规工程中土建、装修、安装之间的冲突浪费问题，大幅降低项目成本。

保证了采购同步。本项目充分体现了设计、采购、施工一体化原则，根据竣工日期、安装时间及生产加工周期，倒排采购计划，保障施工需要。各种重要材料以及舞台机械、电梯、音视频、锅炉、空调等加工周期长的设备，都是提前确定技术参数，确保了设备按期进场。

推进了"互联网+"管理。在装配施工上，引入全生命期信息化管理平台，实现构件制作、运输、安装、验收等全过程信息化跟踪；在采购管理上，通过"中建集采平台"实行电商采购，确保项目30多亿的材料设备及时、准确采购，降低了采购成本6%；在用工管理上，通过"中建建筑工人信息管理平台"，全面推行建筑工人"实名制管理"，有效加强了建筑工人的规范管理和安全教育。

3. 新型建造方式的主要优势

（1）实现了工程建设的高度组织化

明确工程建设单位的职责定位。甘肃省政府"6873"领导小组及现场指挥部，快速解决了项目的土地审批、可研报告、规划审批、环评等各项工作，为工程设计施工赢得了宝贵的时间。

激活工程总承包方的统筹能力。在新型建造方式下，工程建设不再由业主方切块招标，中建八局有效地利用自身的总承包管理经验和资源优势，很好地发挥了整体策划、统筹安排、协调运行的管理职责，确保了施工组织"方向明确、权责一致、配合有序、快速高效"。

推进工程设计、采购、施工的无缝衔接。装配式建筑EPC工程总承包方式，全面发挥了设计在工程建造过程中的主导作用，真正实现了设计、施工与采购的协同作业，极大提升了工程建造水平。

（2）实现工程项目整体利益最大化

加快了工期进度。本项目采取EPC模式下的并行设计方式，为加快工期进度发挥了至关重要的作用；采取装配式建造方式，在现场和工厂同时展开，比传统现浇方式节约了50%以上的现场建设时间。

控制了工程成本。本项目工期减少带来的间接费、管理费、水电费等节约200%以上，项目管理成本节省了65%以上；本项目通过优化设计，也直接降低了建造成本。如在项目外幕墙和室内装饰材料的选择上，通过采用当地13万 m^2 莫高金、8万 m^2 莫玉皇代替原设计石料，单项成本节省了4000多万元。

促进了安全生产。本项目建造过程中，大量室外作业转变为室内作业、高空作业转变为地面作业、手工作业转变为机械作业，有效减轻了工人劳动强度，改善了劳动条件，降低了安全事故风险和施工事故率。敦煌文博会项目没有发生一例安全伤亡事故。

（3）实现了工程质量管理精细化

新型建造方式摒弃了传统施工的碎片化管理，工程总承包方必须对工程质量负总责，在管理机制上保障了质量管理体系的全覆盖和严落实。此外，本项目2万t

钢结构构件和几万只构配件，通过工厂生产流水线生产，不受自然环境件、人工因素、现场条件制约，构件的平整度和接口尺寸，在生产环节都有了可靠保障。

（4）实现了工程建造过程的绿色化

本项目建造过程中积极推进对资源的节约和环境的保护。如在节材方面：相比传统模式减少建筑垃圾废弃物约 30%，实现材料损耗比定额降低 40%；在节水方面：现场大部分为干作业，水消耗量很少，施工中还采用中水回用技术，实现污水零排放，节约用水 42 万 m^3；在节能方面：充分利用敦煌日照时间长的特点，采用太阳能热水系统、太阳能路灯，节约能源 150 万千瓦时；在节约人工方面，本项目大量生产加工作业在工厂已经完成，现场用工数量大幅减少，降低人工数量 30% 以上。

（5）推动了建筑产业发展社会化

推动了建筑农民工转型。本项目通过工厂流水线生产加工和现场装配式施工，进一步改善了建筑农民工的劳动环境，提升了建筑农民工的专业技能，带动了建筑农民工开始向建筑产业工人转变。

带动了不同类别企业的发展就位。本项目汇聚了中建系统 11 家优秀专业企业和 45 家社会上的专业施工力量，中国建筑在本项目上所推行的协同建造模式，为带动不同类别企业在建筑产业化发展链条上的有序就位起到了很好的示范引领作用。

拉动了地方经济的发展。本项目在建造过程中有效促进了当地建筑建材企业的"去产能、去库存"。工程所使用钢材，有 90% 以上都来自酒泉钢铁。工程在外幕墙、内墙地面、广场和路面铺装中使用当地石材约 36 万 m^2，占整个项目用量 95% 以上。"敦煌模式"作为一种新型建造方式，代表了当前建筑业推进供给侧结构性改革的发展方向，有力贯彻了中央城市工作会议精神。作为建筑业创新发展的有益尝试，新型建造方式所展现出来的巨大生产力，对加快建筑产业现代化发展进程必将发挥重要作用。

8.4.2　基于项目融资的工程建造组织方式创新实践案例

马来西亚南北高速公路项目（图 8-17）全长 912km，最初是由马来西亚政府所属的公路管理局负责建设，但是在公路建成 400km 之后，由于财政方面的困难，政府无法将项目继续建设下去，采取其他融资方式完成项目成为唯一可取的途径。在众多方案中，马来西亚政府选择了 BOT 融资

图 8-17　马来西亚南北高速公路

模式。经过历时两年左右的谈判，马来西亚联合工程公司（UEM）在 1989 年完成了高速公路项目的资金安排，使得项目得以重新开工建设。BOT 项目融资模式在马来西亚高速公路项目中的运用，在国际金融界获得了很高的评价，被认为是 BOT 模式的一个成功的范例。

1. 项目融资结构

1987 年初开始，经过为期两年的项目建设、经营、融资安排的谈判，马来西亚政府与当地的马来西亚联合工程公司签署了一项有关建设经营南北高速公路的特许权合约。马来西亚联合公路公司为此成立了一家项目子公司——南北高速公路项目有限公司。以政府的特许权合约为核心组织起来项目的 BOT 融资结构，由三部分组成：政府的特许权合约、项目的投资者和经营者以及国际贷款银团。

（1）政府的特许权合约

马来西亚政府是南北高速公路项目的真正发起人和特许权合约结束后的拥有者。政府通过提供一项为期 30 年的南北高速公路建设经营特许权合约，不仅使得该项目由于财政困难未能动工的 512 公里得以按照原计划建设并投入使用，而且通过项目建设和运营带动了周边经济的发展。对于项目的投资者和经营者以及项目的贷款银行。

政府的特许权合约是整个 BOT 融资的关键核心。这个合约的主要内容包括以下几个方面：南北高速公路项目公司负责承建 512km 的高速公路，负责经营和维护高速公路，并有权根据一个双方商定的收费方式对公众收取公路的使用费。南北高速公路项目公司负责安排项目建设所需的资金。但是，政府将为项目提供一项总金额为 1.65 亿马来西亚元（6000 万美元）的从属性备用贷款，作为对项目融资的信用支持；该项贷款可在 11 年内分期提取，利率 8%，并具有 15 年的还款限期，最后的还款期是在特许权协议结束的时候。政府将原已建好的 400km 高速公路的经营权益在特许权期间转让给南北高速公路项目公司。但是，项目公司必须根据合约对其公路设施加以改进。政府向项目公司提供最低公路收费的收入担保，即在任何情况下，如果公路交通流量不足，公路的使用费用收入低于合约中规定的水平，政府负责向项目公司支付其差额部分。特许权合约期为 30 年。在特许权合约的到期日，南北高速公路项目公司将无偿地将南北高速公路的所有权转让给马来西亚政府。政府的特许权合约不仅构成了 BOT 项目融资的核心，也构成了项目贷款的信用保证结构核心。

（2）项目的投资者和经营者

项目的投资者和经营者是 BOT 模式的主体，在这个案例中，是马来西亚联合工程公司所拥有的马来西亚南北高速公路项目公司。在这个总造价为 57 亿马来西亚元（21 亿美元）的项目中，南北高速公路项目公司作为经营者和投资者除股本资金投入之外，还需要负责项目建设的组织，与贷款银行谈判安排项目融资，并在 30 年的时间内经营和管理这条高速公路。马来西亚联合工程公司作为工程的总承包商，负责组织安排由 40 多家工程公司组成的工程承包集团，在为期七年的时间内完成 512km 高速公路的建设。

（3）项目的国际贷款银团

英国投资银行—摩根格兰福（Morgan Grenfell）作为项目的融资顾问，为项目组织了为期 15 年总金额为 25.35 亿马来西亚元（9.21 亿美元）的有限追索项目贷款，占项目总建设费用的 44.5%，其中 16 亿马来西亚元（5.81 亿美元）来自马来西亚的银行和其他金融机构，是当时马来西亚国内银行提供的最大的一笔项目融资贷款，9.35 亿马来西亚元（3.4 亿美元）来自由十几家国外银行组成的国际银团。对于 BOT 融资模式，这个金额同样也是一个很大的数目。

项目贷款是有限追索的，贷款银团被要求承担项目的完工风险和市场风险。然而，由于实际上政府特许权合约中所提供的项目最低收入担保，项目的市场风险相对减轻了，并在某种意义上转化成为一种政治风险，因而贷款银团所承担的主要商业风险为项目的完工风险。项目的延期将在很大程度上影响到项目的收益。但是，与其他项目融资的完工风险不同，公路项目可以分段建设，分段投入使用，从而相对减少了完工风险对整个项目的影响。项目建设所需要的其他资金将由项目投资者在 7 年的建设期内以股本资金的形式投入。

2. 项目融资方案评析

（1）采用 BOT 模式为马来西亚政府和项目投资者以及经营者均带来了很大的利益

从政府的角度，由于采用 BOT 模式，可以使南北高速公路按原计划建成并投入使用，对于促进国民经济的发展具有很大的好处，同时，可以节省大量的政府建设资金，并且在 30 年特许权合约结束以后，可以无条件收回这一公路。从项目投资者和经营者的角度，BOT 模式的收入是十分可观的。马来西亚联合工程公司可以获得两个方面的利益：第一，根据预测分析，在 30 年的特许权期间内南北高速公路项目公司可以获得大约两亿美元的净利润；第二，作为工程总承包商，在 7 年的建设期内从承包工程中可以获得大约 1.5 亿美元的净税前利润。

（2）对 BOT 融资模式中的风险问题的分析

采用 BOT 模式的基础设施项目，在项目的风险方面具有自己的特殊性。这些特殊性对 BOT 模式的应用具有相当的影响。基础设施项目的建设期比一般的项目要长得多。如果采用净现值的方法（DCF）计算项目的投资收益，则会由于建设期过长而导致项目净现值大幅度减少，尽管类似高速公路这样的项目，可以分段建设，分段投入使用。然而，基础设施项目的固定资产寿命比一般的工业项目要长得多，经营成本和维护成本按照单位使用量计算也比工业项目要低，从而经营期的资金要求量也相对比较低。因此，从项目融资的角度，项目建设期的风险比较高，而项目经营期的风险比较低。

对于公路项目建设，有关风险因素的表现形式和对项目的影响程度与其他采用BOT 模式的基础设施项目也有所不同。首先，公路项目的完工风险要低于其他采用BOT 融资模式的基础设施项目，如桥梁、隧道、发电厂等，这是因为在前面反复提到的公路项目可以分段建设、分段投入使用、分段取得收益。如果项目的一段工程出现延期，或由于某种原因无法建设，虽然对整个项目的投资收益会造成相当的影响，但不会像桥梁、隧道等项目那样颗粒无收。正因为如此，在马来西亚南北高速公路的 BOT 项目融资中，贷款银行同意承担项目的完工风险。其次，公路项目的市场风险表现也有所不同。对于电厂、电力输送系统、污水处理系统等基础设施项目，政府的特许权协议一般是承担百分之百的市场风险，即按照规定的价格购买项目生产的全部产品。这样，项目融资的贷款银行不承担任何市场需求方面的风险，项目产品的价格是根据一定的公式（与产品的数量、生产、成本、通货膨胀指数等要素挂钩）确定的。然而，对于公路、桥梁等项目，由于市场是面对公众，由使用者的数量以及支付一定的使用费构成，所以面临着较大的不确定性因素。项目使用费价格的确定，不仅仅是与政府谈判的问题，也必须考虑到公众的承受能力和心理因素。如果处理不好，类似收费加价这样的经济问题就会演变成为政治问题。因此，在公路建设这样的项目中，政府在特许权合约中关于最低收益担保的条款，成为 BOT 融资模式中非常关键的一个条件。

项目所在国金融机构的参与对促成大型 BOT 融资结构起着很重要的作用。毋庸讳言，在 BOT 融资结构中，由于政府的特许权合约在整个项目融资结构中起着举足轻重的作用，从项目贷款银团的角度考虑，项目的国家风险和政治风险就变成了一个十分重要的因素。这方面包括政府违约、外汇管制等一系列问题。项目所在国的银行和金融机构，通常被认为对本国政治风险的分析判断比外国银行要好得多和准确得多。从而，在大型 BOT 融资结构中，如果能够吸引到若干家本国的主要金融机构的参与，可以起到事半功倍的作用。在马来西亚南北高速公路的项目融资安排中，这一点被国际金融界认为是十分成功的。

参考文献

[1] 贾若愚，徐照，吴晓纯，等 . 区域建筑产业现代化发展水平评价研究 [J]. 建筑经济 . 2015（2）：22-28.

[2] 蔡敏 ."互联网 +"给建筑业带来了什么 [J]. 施工企业管理 . 2016（1）：94-96.

[3] 孙璟璐，贾晓平 ."互联网 +"支撑建筑产业现代化发展 [J]. 中国建设信息化，2015（17）：54-57.

[4] 王林，杨坚争，尹诗 ."互联网 + 建筑业"商业模式研究 [J]. 当代经济管理，2015，37（10）：74-81.

[5] 黄强 . 借助 P-BIM 标准实现建筑业"互联网 +"[J]. 工程建设标准化，2016（7）：12-15.

[6] 王铁宏 . 建筑产业现代化有关内涵的研究与思考 [N]. 中国建设报，2016-5-31（1）.

[7] 纪颖波 . 建筑工业化发展研究 [M]. 北京：中国建筑工业出版社 .

[8] 丁勇 . 关于装配式建筑发展的几点思考 [J]. 土木建筑工程信息技术，2014，6（3）：103-105.

[9] 叶明，易弘蕾 . 发展装配式建筑推行工程总承包模式 [J]. 建设科技，2016（Z1）：53-55.

[10] 岑岩 . 加快推进工程总承包机制，发挥装配式建造综合优势 [J]. 住宅产业，2016（10）：24-27.

[11] 叶浩文 . 全面推进工程总承包机制的思考与建议 [J]. 住宅产业，2016（10）：28-30.

[12] 龙文志，建筑业应尽快推行建筑信息模型（BIM）技术 [J].2011，1（42）：9-14.

[13] 何关培，王轶群，应宇垦 . BIM 总论 [M]. 北京：中国建筑工业出版社，2011

[14] 薛延峰 . 基于物联网技术的智慧工地构建 [J]. 科技传播，2015（8（上））：64，156.

[15] 宋涛 . 智能管理，精益建造—北京住总集团建设智慧工地的探索与实践 [J]. 施工企业管理，2017（4）：48-50.

[16] 陆一昕 . Smart Plant Construction 智慧施工管理在 CAP1400 项目中的应用 [J]. 中国勘察设计，2015（9）：84-88.

[17] 王景 . 智慧工地推动精益建造 [J]. 中国建设信息化，2016（22）：14-17.

[18] 胡昊，以 PPP 推动基础设施及公共服务领域投融资体制改革 [J]. 国际商务财会，2014（10）：73-76.

[19] 王华牢 . 关于我国基础设施建设中应用 BOT 方式的研究 .[D]. 西北工业大学硕士学位论文 .2004：23.

[20] 陈放 . 水利项目进行 PFI 融资模式的探讨 [J]. 四川水力发电，2007，26（5）：70 -71.

[21] 惠静薇，安琦 . ABS 融资模式及其风险评价研究 [J] . 科技进步与对策，2004（8）：97- 99.

第 9 章
新型建造方式背景下项目管理创新政策建议

改革开放以来，为适应市场经济体制改革的要求，我国政府主管部门先后出台了一系列深化建筑业和基本建设管理体制改革的政策措施，特别是 20 世纪年代中期学习推广鲁布革工程管理经验以来，先后在工程建设领域引入了招投标制、建设监理制、项目法人责任制等制度。广大建筑业企业学习借鉴并积极运用国外先进的管理方式和方法，建设工程项目管理模式发生了深刻的变化。

但是随着经济全球化、项目管理国际化以及我国市场经济的不断完善，我国建设工程管理体制方面仍然存在不少问题，需要进行深层次改革。特别是当前面对金融危机，我国政府加大投入来刺激经济，加强基础设施建设，实现"扩内需、保增长"已成为我国经济工作中常抓不懈的一件大事，更为建筑业可持续发展提供了更多的机遇和空间。十八大以来，建筑行业认真落实党中央、国务院的相关工作部署，凝心聚力谋发展，生产规模、建设能力屡创新高，队伍持续壮大，综合实力明显增强，再上新台阶。如何发挥投资的拉动作用，管好用好新增投资，保证投资效益最大化，建筑业任务艰巨。为了适应这一新形势的发展，需要进一步推进建设工程项目管理模式创新，加快投资项目招投标制度改革。

当前，我们的主要工作是，认真学习贯彻党的十九大精神，紧紧围绕以住房城乡建设事业为中心工作，以《国务院办公厅关于促进建筑业持续健康发展的意见》为指导，以推进建筑产业现代化为主线，以提升工程质量与施工安全水平为主题，大力推进精益化建造与装配式建筑，大力推进智慧建造和 3D 打印建造，大力推进绿色施工和节能减排，大力推进行业科技进步与工程建造组织方式创新，积极践行"一带一路"倡议，奋发进取，开拓创新，为建筑业持续健康发展提供高质量、高水平、高效率的服务。

未来将通过精益建造、装配式建造、智能建造、绿色建造和 3D 打印建造等新型建造方式，更灵活、多样、高效地满足人民对高质量建筑日益增长的需求。今后将以精细化、信息化、绿色化、工业化"四化"融合为核心，以精益建造、数字建造、绿色建造、装配式建造四种新建造方式为驱动，逐步在房屋建筑和市政基础设施工程等重点领域推广应用新建造技术。这意味着个性化定制的精益建造、利用 BIM 技术实现的数字智能建造等，将成为未来建筑的主流。大力推动建筑业供给侧结构性改革，让制造业、信息产业等各类资源要素相互渗透、融合裂变，实现产业价值链的延伸和突破，推动建筑业加快转型升级。

新型建造方式具有设计标准化、构配件制作工厂化、施工专业化、实施一体化等特点；其优点表现在设计简化、施工速度快、质量高、作业环境良好、资源节约、能源高效利用、成本节约、建筑效果好等。我们应当通过新型建造方式的特点，来探究政府层面、行业协会层面及建筑业企业层面对新型建造方式下项目管理创新的政策与建议。

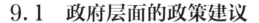

9.1　政府层面的政策建议

9.1.1　明确工作目标，提高思想认识

全面贯彻习近平总书记在中央城市工作会议上的讲话精神，以科学发展观为指导，牢固树立"创新、协调、绿色、开放、共享"的发展理念，发展新型建造方式，转变城乡建设发展模式，促进节能降耗，提升城市环境质量，走出一条具有新型建筑工业化的发展道路。坚持政府引导与市场主导相结合。政府部门做好新型建筑工业化的引导和市场培育工作，充分发挥市场在资源配置中的主导作用和企业的主体作用。政府相关部门必须尽快主持制定出台系列化能与其相配套的有关设计、施工、监理、验收、物管等规范规定，使得我国新型建筑工程从局部到整体、从环节到全程均有章可循，形成体系；对于参与新型建筑工业化项目建设的开发和施工单位，可享受政策的优惠和大力支持。

（1）坚持示范带动与统筹推进相结合。发挥保障性住房和政府投资公共建筑项目的示范带动作用，分阶段、分步骤、分地区统筹推进新型建筑工业化。比如将以保障性住房工程和房地产开发项目为新型工业化重点推进方向，政府性投资的保障性住房全部采用新型建筑工业化方式建设，保障性安居工程每年至少 50% 采用新型建造方式建设。学校、医院等公共建筑要优先采用新型建筑工业化方式建设，鼓励其他国有投资项目以新型建筑工业化方式进行建设。新开发房地产住宅项目在房地产开发项目供地总量中落实建筑面积不少于一定的比例实施新型建造，并逐年提高。同时规定采用预制混凝土结构体系的装配式建筑项目单体预制率不得低于一定比例。

（2）坚持科技进步与产业升级相结合。用科技手段和信息技术改造提升传统建筑业，整合资源，提高产业关联度和建筑工业化应用水平，实现标准化、精细化管理。

9.1.2　全面推应用广新技术、新材料

（1）鼓励住宅建筑实施全装修，不断提高建筑工业化程度。着力推进住宅产业现代化，开展住宅装修性能认定工作。以新型建筑工业化商品住房、公共租赁住房和其他保障性安居工程为突破口，实施全装修建造。倡导工业化装修方式，逐年提高住宅一次性装修率，全面实现工业化集成建设。

（2）推广应用装配整体式混凝土和装配整体式钢结构技术，完善新型建筑工业化建造体系和技术保障体系，建立健全新型建筑工业化技术标准规范和工程建设管理制度，强化监督管理，确保工程质量安全。

（3）积极鼓励 BIM（建筑信息模型）技术应用，实施新型建筑工业化、信息化管理。围绕预制构件和建筑部品的设计、生产、运输、安装、检测、验收、维修和维护等环节，积极推广 BIM 技术在新型建筑工业化中的应用，建立新型建筑工业化项目建设全过程管理信息系统。

（4）制定和完善新型建筑工业化发展相关政策，积极做好新型建筑工业化的市场培育工作，加速引进和培育新型建筑工业化开发、设计、施工、监理和生产企业、设备、技术、人才等生产要素，加快培育产业链，尽快形成一批以骨干企业为核心、产业链完善的产业集群。积极推动住宅产业化基地和钢结构、构配件及部品等一批工业化基地建设，提高企业的工业化水平和市场竞争力，加快培育有效市场。

9.1.3 进一步做好企业转型升级工作

（1）培育先进新型建筑工业化项目开发、设计、施工及部品构件生产龙头企业，提高建筑业产业集中度。鼓励大型企业发展设计、生产、装配一体的新型建筑工业化全产业链模式；鼓励中小型企业结合自身优势，以优势互补的方式走专业化发展道路；鼓励传统建材企业向部品构件生产企业转型。

（2）发挥设计先导作用，推广新型建筑工业化设计理念，发展一批掌握新型建筑工业化核心技术的设计单位。鼓励设计单位提升综合设计能力，积极参与新型建筑工业化项目。

（3）鼓励大型企业编制新型建筑工业化技术标准规范。对实施新型建筑工业化项目并编制省级及以上技术标准、规程的企业，鼓励申报高新技术企业，并按规定享受相关科技创新扶持政策。

（4）鼓励新型建筑工业化项目采用设计施工一体化的工程总承包模式。国有投资的新型建筑工业化项目，如设计和施工过程技术难度大、施工组织要求高、市场培育阶段潜在投标人数量少，在满足招投标法的前提下，可以采用邀请招标或直接委托方式确定承包单位。

（5）鼓励有能力的企业加大建筑信息模型技术、智能化技术和信息系统等研发、应用和推广力度，推行设计标准化、生产工厂化、管理网络化及全流程集成创新，全面提高行业企业运营效率和管理能力。对具有 BIM 技术应用能力的企业给予政策倾斜。

9.1.4　加大金融与税务政策的支持和减免力度

（1）鼓励建筑工业化项目申报国家绿色建筑星级标识，对获得绿色星级标识和国家绿色建筑创新奖的项目及建筑，按照有关规定由各级财政给予扶持。对建筑工程中使用预制墙体部分，经相关部门认定，视同新型墙体材料的，可优先返还预缴的新型墙体材料专项基金和散装水泥专项基金。

（2）鼓励企业引进新型建筑工业化生产线和先进设备。对装配式预制混凝土结构、装配式钢结构、新型墙体材料等新型建筑工业化项目，符合相关地方的工业和科技统筹资金使用管理有关规定的，可给予一定的科技资金支持。对新型建筑工业化基地和项目建设可实行专项补助。

（3）新型建筑工业化企业在开展建筑业务的同时销售自产部品构件，符合相关政策规定的，对部品构件销售收入征收的增值税、建筑安装业务收入征收的营业税给予税收优惠。

（4）加大对新型建筑工业化项目的支持力度。鼓励银行业、融资租赁业等金融服务机构对新型建筑工业化企业基地建设和引进、消化吸收、自主研发大型专用先进设备在融资额度、期限及利率等方面给予适当优惠。金融机构可对引进、消化吸收、自主创新研发大型专用先进设备的新型建筑工业化生产企业，优先给予信贷支持。对引进大型专用先进设备的新型建筑工业化企业，可享受与工业企业相同的贷款贴息等优惠政策。对购买采用新型建筑工业化方式建设的住宅消费者，在贷款额度、期限及利率等方面给予优先和优惠，在公积金贷款优先发放、个人住房贷款利率等方面给予支持，引导消费者购买新型建筑工业化住宅。

（5）加强法规和政策引导，制定切实可行的绿色建筑标准和方案，加大相关评价指标和相关技术的研究开发支持和财税补贴力度，促进原有建筑的节能改造和新建建筑的投入。

9.1.5　保障项目用地

对明确采用新型建筑工业化方式建设的项目，规划部门应在土地规划设计条件或建设项目选址意见书中明确新型建筑工业化的有关内容和要求，国土资源部门应在土地出让合同或土地划拨决定书中予以约定，可明确实施新型工业化的奖励内容。

对于未明确要求采用新型建筑工业化方式建造的建筑项目，在办理项目规划方案审批前，由建设单位提出采用新型建筑工业化方式建造的申请，经当地建设局组织相关专家评审和认定后并实施新型建筑工业化的，可享受建筑工业化相关优惠政策。

9.1.6 实行建筑面积奖励

采用新型建筑工业化方式建设的项目，其建筑单体预制装配化率达到规定要求的，给予建筑面积的奖励。奖励的建筑面积按照项目预制外墙或叠合外墙的预制部分建筑面积计算，奖励的建筑面积不计入容积率面积。新型建筑工业化项目在销售及办理产权证时，其建筑面积由房管部门根据房屋测绘规定测算。

9.1.7 强化监督管理和服务

（1）加强标准体系建设。加快新型建筑工业化技术标准的研究、编制，以满足工程设计、施工、验收的需要。研究制定装配式住宅设计导则，加强部品构件管理。建立装配式住宅部品构件质量监督机制，强化新型建筑工业化项目质量安全监督管理，切实保障工程质量和施工安全。工程造价管理部门按照新型建筑工业化要求，及时补充、调整计价依据，将实施新型建筑工业化项目的建设费用列入项目概算投资。必须严格新型建筑工程审查和质量监督管理。

（2）鼓励项目主动实施新型建筑工业化。对土地出让合同或土地划拨决定书未明确实施新型建筑工业化项目，项目建设单位主动采用新型建筑工业化方式建设的，项目实施后经相关部门认定，可适用建筑面积奖励等相关政策。

（3）强化合同履约监管。对未按照土地出让合同或土地划拨决定书要求实施新型建筑工业化的项目，由相关部门取消相应优惠政策，依据有关规定予以处罚，责令责任单位限期退回或补交相关资金及承担其他违约责任。

（4）运输不可解体且超长、超宽、超高预制构配件或运输线路经过桥梁、隧道等，涉及桥梁、隧道安全运行的，企业应按照有关规定提前办理特许通行手续，相关部门应当给予开通绿色通道。新型建筑工业化项目在设计审查和商品房预售手续办理时，可给予政策支持。

9.1.8 强化组织保障

（1）健全新型建筑工业化工作决策领导体系，促进各方资源密切协作。强化技术管理力度，加强新型建筑工业化建筑设计、部品构件和建筑性能认定、标准编制、项目建设方案论证等相关技术工作。

（2）通过报刊、网络、电视等媒体，加大对新型建筑工业化的宣传力度，发挥龙头企业的导向作用，提高公众对新型建筑工业化的认知度、认同度。加强对各类企业和管理部门相关人员的分类培训。促进建筑企业与相关高校、职业教育机构合作，培养实用技术人员。依托试点示范工程，通过企业内部培训，培养建筑产业化相关技术人员。

9.2　行业协会层面的政策建议

（1）大力推广以新型建造方式为背景下的建筑产业现代化，推动建筑生产方式深层次变革。

认真贯彻落实国务院相关指导意见，把工作重点放在推进新型建造方式的经验交流上，包括举办研讨会和培训班，组织企业管理人员和技术工人到现场观摩学习等，帮助企业尽快掌握其施工技术，打造新的效益增长点。大力推进工程总承包，实现工程项目管理组织方式创新。高度关注新型城镇化基础设施建设市场模式创新中的工程总承包经验，加大典型经验交流推广力度，配合工程总承包项目管理人员培训，降低企业管理与运行成本，提升工程建设质量，推动企业转型升级。

（2）切实推动工程质量安全提升行动深入开展。

配合住房城乡建设部工程质量安全提升行动，深入开展"工程质量安全提升行动万里行"活动，组织专家深入一线开展咨询指导，组织媒体采访优秀企业，总结推广先进经验，加强舆论宣传力度，持续营造全社会共同关注工程质量安全的良好氛围，进一步促进工程质量安全管理水平提升。

深入推动工程质量安全标准化管理。以装配式建筑、创建鲁班奖工程为载体，大力推广应用 BIM 技术，建立完善高危工程项目质量安全管控和事故隐患排查预防机制，通过运用先进适用技术提升质量安全水平。

（3）引导企业实施创新驱动战略，不断推动行业科技进步与管理创新。

开展先进适用创新技术与优秀管理成果交流。以推广 BIM 技术为主导，加强信息化建设，大力推广应用建筑业 10 项新技术，做好技术交流推广服务，充分发挥示范引领作用，促进企业科技进步，探索新的经济增长点。结合宣贯《建设工程项目管理规范》，建立完善项目管理的系统化科学管控体系，促进项目管理创新和升级。

做好企业和地方标准的立项、制定、发布工作，加强规范标准管理，健全完善协会标准工作管理制度，组织分支机构编制专业领域标准。

（4）加强行业诚信体系建设。

引领企业树立遵纪守法、诚信经营和质量效益型的发展理念，为建筑业的持续健康发展创造良好的市场环境。剖析优秀企业竞争实力与经营管理的先进经验，充分发挥龙头企业的标杆引领作用。

强化四库一平台建设工作，加强行业自律建设，有效规范建筑业企业的履约能力、经营能力、资本和资产等信息，为市场选择承包人提供便利，同时促使企业诚信守法经营，实现可持续发展。

（5）做好行业培训，夯实基础，筑牢根基。

积极参与新型建造方式有关的设计、施工、监理、验收、物管等规范规定的制定，做好新政策新标准宣贯工作。密切关注行业新出台的重要政策与标准规范，及时开展宣贯培训工作。重点做好《装配式混凝土建筑施工工艺规程》、《建设工程项目管理规范》、《建设工程质量管理规范》、《模板工职业技能标准》等标准规范宣贯培训工作，增强工程建设各方的主体责任意识，提高企业管理人员的业务素质，加大规范标准的执行力度。

加强对一线操作人员与基层技术人员的培训，强化职业教育和技能培训，会同各地协会采取有效措施培养高技能、高水平的一线新型产业工人队伍，逐步建立起由政府指导、行业协会方组织、教育培训机构参加、企业为主体的行业上下联合、优势互补的职业技能培训体系。举办行业各类职业技能竞技活动，为高技能人才提供良好的展示平台，从而鼓励广大一线操作人员立足本职岗位，刻苦钻研专业技术，充分发扬精益求精的匠人精神，助推企业培养造就一支素质优良、技艺精湛的建筑产业队伍。

（6）深入调查研究，反映企业诉求。

围绕行业热点难点开展调研。深化建筑业改革，促进行业发展，针对最低价中标、拖欠工程款、企业注册地及异地纳税等建筑市场多年来难以解决的问题开展专题调研，继续跟踪调研"营改增"后建筑业企业所遇到的新情况新问题，切实为企业减负排忧解难，维护企业的合法权益。

（7）加强交流合作，助推"一带一路"。

加强与各地建筑行业协会的沟通交流。分层次组织召开全国建筑行业研讨会，围绕建筑业与协会改革发展的重要问题进行深度探讨，总结交流协会建设的成功经验。

加强与境外同行的交流合作，做好建筑产业国际合作联盟组织工作。围绕践行"一带一路"倡议，发布相关信息，开展交流活动，提供合作平台。加大境外工程监管力度，并组织好境外建设工程质量检查工作。

9.3 企业层面的政策建议

9.3.1 创新管理模式，激发管理活力

按照"引进、消化、发展、创新"的方针，要大力加强对国外建筑产业先进管理模式的深入分析和研究。

（1）创新项目管理组织模式，进行专业化管理。

在现有项目管理模式下，加大专业化管理程度，从而更好地体现专业优势、技术优势、资源优势和成本优势。企业原则上只对项目进行政策导向、规则制定、技术指导、监督考核，项目的组织、运营和协调等工作由专业化管理组织具体实施并承担相应责任，从而充分发挥企业优势，调动项目专业化管理的积极性，提高企业整体效益。

（2）创新成本管理体系，提高管理效益。

建立市场开发和项目管理一体化的成本核算体系，杜绝市场开发与项目管理相互脱节。加强项目投标前评估和中标后测算管理，明确项目利润目标，做到投标有底线，管理有目标。通过成本管理体系不断创新，实现项目管理效益的最大化。

（3）创新项目经理及班子成员的竞聘管理模式，选拔有思想、有能力的人才。

从企业长远发展的高度制定项目经理队伍建设规划，抓好建造师资格认证工作，加大项目经理的培训力度，尽快提高项目经理队伍的整体素质，重视项目经理后备人才队伍储备。逐步完善项目经理委托任命和授权模式，选择有资格、有能力、素质高的人才担任项目经及项目班子成员。同时要重视和加强职能部门管理人员、作业队长专业技能人员的培养和管理，建设培养高素质的项目管理人才团队。

（4）创新设备物资配置模式。

对建设工程实施所需的资源由企业资源管理部门根据专业要求集中统一采购，项目现场按核定标准使用，在降低采购成本的同时又提高配置效率。

（5）优化项目分包模式。

企业应加强法制化管理，特别是在工程分包方面，有效应用专业分包或劳务分包。

（6）推行标准化模式。

在标准化建设方面，创新工作机制标准化、安全管理标准化、文明施工标准化、劳动保护标准化管理，规范施工现场，做到有序管理、文明施工，展示企业良好形象。

（7）推行项目化管理模式。

全面推行《建设工程项目管理规范》，加强项目管理体系建设，强化目标管理，针对工作任务与管理过程建立立体控制网络，确保各项工作目标明确、范围清晰、组织科学、资源合理、监控到位、效果明显。

（8）推行信息化集成化建设。

加强项目管理信息集成系统的建设，有效规划工程项目管理信息系统，进一步梳理各个工程管理的流程，提高工程项目管理工作效率，同时实时掌握项目实施动态，及时发现问题、解决问题、提高效率。

（9）创新项目管理理念。

加强企业文化建设和内涵建设，从战略发展的高度提出适应企业发展和市场需求的科学管理理念，逐步改变项目管理的粗放模式。

9.3.2 加强项目管理，提高管理水平

（1）加强项目部的组织管理的建设，明确管理职责，确保项目部各职能部门健全、精干、合理、高效。建立和完善竞争、激励约束、监督、考核等机制，加大竞争上岗制度力度，促进工作作风转变，提高工作和办事效率，激发职工的生产积极性。强化激励约束和考核机制，围绕管理制度、管理流程，建立全方位的监督与责任追溯和处罚制度。

（2）完善技术管理制度与机构设置，加强过程管控与管理意识，提高规范化程度。强化施工组织设计、施工方案管理工作，为有效控制施工进度、质量、成本提供技术支持。加强鼓励技术革新和工艺创新。

（3）加强计划管理，项目管理计划是项目实施的关键和基础，可以指导项目实施、进行项目控制。同时项目计划制定应涵盖项目全过程，在项目的实施过程中会根据项目的执行情况进行调整。加强合同管理，制定项目部合同管理履约指标，明确目标严重滞后或违约责任，合理控制或规避合同风险，提高法律与履约意识。

（4）加强成本管理，有效编制施工成本预算计划，确定项目目标成本，严格监督成本执行情况，进行成本核算与成本分析，计算和反映项目盈亏，检查成本控制目标是否实现，并总结成本控制的经验教训。通过集中采购，降低设备物资采购及运行成本。

（5）加强分包管理，依法规范进行分包运作。强化对项目的监督和考核，指导项目部在新的管理模式、管理程序、管理机制、管理方法组织项目管理，顺利完成设定的具体目标，并对实施情况进行考核。加强专业人员的岗前施工技能培训、强

化施工人员的安全防范意识、实行企业安全生产管理机制。按标准化建设要求，将诱发风险的各种危险源进行辨识、评价，并制定防范措施。

（6）加强人才的管理，培养、配备各类专业人才，解决人员结构不合理的问题。同时做好人文关怀，避免专业技术人员，特别是骨干员工的流失。让员工在公司管理体系和机制下看到希望，发挥积极性和创造性。充分利用激励与约束机制，通过绩效考核，让全体员工既要有压力还要有动力。

（7）制定资金预算，合理分配与使用，保障项目顺利实施。从实际出发，适应市场变化，坚持"企业是利润中心，项目是成本控制中心"的基本原则，坚持系统化、专业化、全过程管理，运用有效机制，把责、权、利对等、切实地落到实处。

9.3.3　协同合作，融合共赢

协同是经济新常态下企业实现管理创新、技术发展的重要途径。协同主要包括产业协同、专业协同和业务协同，涉及投融资、建造运营协同，设计、采购、施工协同，市场、技术、商务协同等各个方面。协同至少包括两个层面：对外关键是培育和经营好与相关方的合作关系，有切实可行的合作机制保障；对内则要利用管理机制，加强各业务线、各部门之间的协同。实现协同必须以共享机制为基础，加强与全产业链各方参与者紧密协作，助力行业整体发展水平的提升。

9.3.4　加强信息化技术与传统技术的融合

随着"互联网＋"的发展，智慧建造、智慧工地逐渐得到关注。为进一步构建大数据格局，完善互联网平台，综合运用 BIM、大数据、物联网、人工智能等技术，实现数据的自动采集、设备的智能监控。未来，云筑智联将逐步构建生态圈，以"智慧"为手段，以工地为起点，在"互联网＋"的新时代背景下促进建筑行业现代化发展。

在 BIM、大数据、云计算、人工智能、VR、3D 打印等数字技术冲击下，建筑业生产方式由碎片化、粗放型劳动密集型转为集成化、精细化技术密集型。目前，欧美等发达国家正积极探索数字建造新技术，抢占数字建造新高地，应用潜力空间巨大。无人建造作为一种颠覆性建造方式，在不久的将来或许会成为现实。

加强和大力推进建筑信息化已经成为工程项目管理创新发展的必然选择。建筑业企业存在着项目分散、组织结构复杂、运作模式传统等状况，这就决定了要注重结合自身发展特点搭建信息集成管理平台，推动业务流程和管理模式的革新，实现覆盖项目全寿命周期以及项目工期、质量、安全、成本、环保节能等各项目标的施工管理体系和流程。以 BIM 和大数据技术为特征的智慧建造将彻底改变工程建设管理模式。利用数据集成及分析将施工过程涉及的人、机、料、法、环等要素信息采集并整合在一个平台上，使建设全过程处于受控状态，从而大幅度提升施工过程管控水平。施工安全管理逐渐由人工方式转变为信息化、智能化管理，大大节省了工程安全管理成本。但智能化管理不是工程管理的终点，实现项目管理全过程信息综合分析，形成企业乃至行业级资源库，将智能管理作为建筑产业链重要决策数据，才是工程管理的重要发展方向。建筑企业应该顺应时代发展潮流，主动掌握高新技术产业，进一步改进和优化革新项目管理体系和模式。

9.3.5 积极探索 PPP 模式下创新路径

PPP 项目的全面推进，已成为政府主导地方建设的重要方式。应积极探索工程项目施工管理的先进方法，创新思路，适应新形势、把握新机遇、迎接新挑战。PPP 项目应通过集成管理来实现设计、采购、施工的协同，而不是将简单相加。应提高管理、技术人员的复合能力。PPP 项目的管理贯穿全生命周期，为确保'投资—设计—建设—运营'各阶段的顺利实施，企业必须有更精准的目标定位、更强大的资源整合能力以及更先进的管理方法。

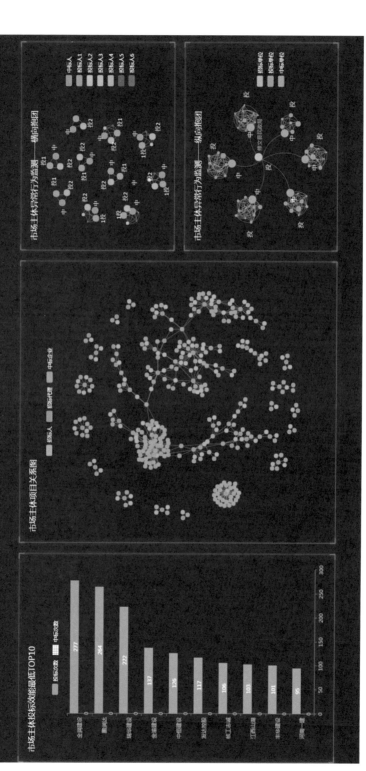